Kohlhammer

Praktische Theologie heute

Herausgegeben von

Stefan Altmeyer
Christian Bauer
Kristian Fechtner
Thomas Klie
Helga Kohler-Spiegel
Benedikt Kranemann
Isabelle Noth
Birgit Weyel

Band 196

Inga Kreusch

Absichtsvoll predigen

Rhetorik und *New Homiletic*

Verlag W. Kohlhammer

Der Druck des vorliegenden Bandes wurde gefördert durch
die Evangelische Kirche in Hessen und Nassau und
die Vereinigte Evangelisch-Lutherische Kirche Deutschlands.

1. Auflage 2024

Gesamtherstellung: W. Kohlhammer GmbH, Stuttgart

Print:
ISBN 978-3-17-044502-4

E-Book-Format:
pdf: 978-3-17-044503-1

Inhalt

Vorwort

Die vorliegende Arbeit wurde unter dem Titel „Rhetorische Homiletik. Impulse aus der *New Homiletic*“ im Wintersemester 2021/2022 von der Evangelisch-Theologischen Fakultät der Ruhr-Universität Bochum als Dissertation angenommen. Für die Drucklegung wurde sie geringfügig überarbeitet.

Ich danke Prof. Dr. Isolde Karle, die als Erstgutachterin und Betreuerin die Arbeit von der ersten Idee bis zur Fertigstellung engagiert begleitet hat. Mit ihrer eigenen Begeisterung für US-amerikanische Homiletik hat sie mich angesteckt. Somit war sie nicht nur maßgeblich an der Entstehung der Forschungsidee beteiligt, sondern hat auch deren Erarbeitung mit großem Engagement, beständigem Zuspruch und versierter Kritik begleitet. Ich bin dankbar, dass ich durch die Mitarbeit am Lehrstuhl für Praktische Theologie und Institut für Religion und Gesellschaft vom intensiven Miteinander von Forschung und Lehre profitieren durfte, was dieser Arbeit sehr zugute kam. Mein Dank gilt darüber hinaus Prof. Dr. Hanna Roose, die dankenswerter Weise das Zweitgutachten übernommen und interessiert und konstruktiv Anteil genommen hat an der Entstehung der Arbeit.

Ich danke den Herausgeber*innen für die Aufnahme der Arbeit in die Reihe „Praktische Theologie heute“ und konstruktive Hinweise zur Überarbeitung. Ebenso danke ich Dr. Sebastian Weigert und Florian Specker für die überaus unkomplizierte, hilfsbereite und stets freundliche Begleitung hin zur Veröffentlichung.

Mein Dank gebührt darüber hinaus der Evangelischen Kirche in Hessen und Nassau und der Vereinigten Evangelisch-Lutherischen Kirche Deutschlands für ihre finanzielle Unterstützung bei der Drucklegung dieser Arbeit.

Ich danke außerdem allen, mit denen ich die Höhen und Tiefen des Promovierens teilen konnte. Von Herzen danke ich meinen Kolleg*innen am Lehrstuhl für offene Ohren, intensiven Austausch und gegenseitiges Korrekturlesen, besonders Dr. Katja Dubiski, Verena Kroll, Nicole Kirschbaum und Dr. Christine Siegl. Auch den Teilnehmenden des Doktorandenkolloquiums, der Sozietät und meiner Lehrveranstaltungen danke ich für den anregenden Austausch und die weiterführenden Diskussionen.

Ebenfalls von Herzen danke ich Dr. May-Britt Melzer, Julia Freund und Christian Ehrens für die vielen gemeinsamen Stunden in der Hamburger Bibliothek und die Einblicke in ganz andere Fragen und Kontexte. Auch Dr. Daniel Lehmann bin ich dankbar für seine Unterstützung und Nachsicht. Schließlich danke ich meinen Freundinnen und Freunden und meiner Familie für ihre stetige Ermutigung und Unterstützung bei diesem Projekt und weit darüber hinaus.

Mainz, im Herbst 2023 *Inga Kreusch*

I. Einleitung

„Predigtmachen ist Kunst unter Künsten."[1] So beschrieb MARTIN NICOL vor einigen Jahren das der Dramaturgischen Homiletik zugrunde liegende Predigtverständnis und nahm damit das Predigen als Kunst neu in den Blick. Mit dieser Perspektive hat er die Wahrnehmung der Predigt in Analogie zur Kunst um eine weitere Facette ergänzt und damit die Bedeutung der Rezeptionsästhetik für die Homiletik unterstrichen. Es bleibt jedoch zu fragen, ob die Analogie zur Kunst das Predigen zutreffend und für die Predigtlehre zielführend beschreibt.[2]

Bereits seit den 1980er Jahren wird die Rezeptionsästhetik verstärkt für die Homiletik erschlossen und fruchtbar gemacht. GERHARD MARCEL MARTIN ging der Frage nach, ob die Predigt zutreffend als „offenes Kunstwerk"[3] zu beschreiben ist und brachte damit die von UMBERTO ECO entwickelte *Theorie des offenen Kunstwerks* in die Homiletik ein. Seitdem wurde die homiletische Rezeptionsästhetik verschiedentlich weiterentwickelt, beispielsweise in Form der semiotischen Homiletik von WILFRIED ENGEMANN.[4] Auch die von Martin Nicol und später gemeinsam mit ALEXANDER DEEG entwickelte Dramaturgische Homiletik ist durch eine rezeptionsästhetische Perspektive geprägt. Indem sie das Predigen als „Kunst unter Künsten"[5] verstehen, haben sie die Kanzelrede in die Nähe der *Performing Arts* gerückt und aus dieser Perspektive heraus innovative Impulse für die homiletische Didaktik gewonnen. Zahlreiche Einsichten und Überlegungen, die Martin Nicol und Alexander Deeg entwickelt haben, entstammen dabei der nordamerikanischen Homiletik, die sie für die deutschsprachige Homiletik fruchtbar gemacht haben.

Die nordamerikanische Homiletik zeichnet ein Neuaufbruch seit den 1960er Jahren aus, der als *New Homiletic* bezeichnet wird. Die verschiedenen Konzepte dieser Aufbruchsbewegung eint in erster Linie die gemeinsame Ablehnung der als überholt wahrgenommenen, traditionellen Predigtlehre und -praxis. Sie unterscheiden sich allerdings in ihren Konzeptionen deutlich voneinander und basieren beispielsweise auf einem induktiven, narrativen oder imaginativen An-

---

1 MARTIN NICOL, Einander ins Bild setzen. Dramaturgische Homiletik, Göttingen ^{2}2005, 102.

2 Vgl. dazu auch ALBRECHT GRÖZINGER, Kein Streit um des Kaisers Bart, in: ALEXANDER DEEG/ DIETER RAMMLER (Hgg.) im Auftrag des Ateliers Sprache e. V. im Theologischen Zentrum Braunschweig, Dramaturgische Homiletik. Eine Zwischenbilanz, Leipzig 2020, 13–22.

3 GERHARD MARCEL MARTIN, Predigt als ‚offenes Kunstwerk'? Zum Dialog zwischen Homiletik und Rezeptionsästhetik, EvTh 44,1 (1984) 46–58.

4 Vgl. u. a. WILFRIED ENGEMANN, Semiotische Homiletik. Prämissen – Analysen – Konsequenzen, Tübingen/Basel 1993.

5 MARTIN NICOL, Einander ins Bild setzen, 102.

satz, reflektieren das Predigen vor dem Hintergrund der Predigtkultur der *Black Churches* oder rücken die Frage nach der Verständlichkeit ins Zentrum ihres Nachdenkens. Die homiletischen Konzeptionen von DAVID BUTTRICK (*Homiletic. Moves and Structures*) und THOMAS G. LONG (*The Witness of Preaching*) verdeutlichen das rhetorische Profil der *New Homiletic* besonders anschaulich. Ihre homiletischen Konzeptionen folgen nicht primär dem rezeptionsästhetischen, sondern dem rhetorischen und kommunikationswissenschaftlichen Paradigma. Sie verstehen das Predigen nicht als Kunst, sondern als absichtsvolles Reden, das homiletisch-rhetorisch überzeugend gestaltet sein muss. Predigen ist somit eine handwerkliche Fertigkeit, die gelernt und geübt werden kann. Didaktische Überlegungen und Handreichungen berücksichtigen sie daher auf grundlegende Weise. Anhand zahlreicher gelungener Beispiele zeigen sie auf, wie ihre theoretischen Ausführungen umgesetzt werden können. Predigerinnen und Predigern vermitteln sie darüber hinaus Handreichungen und durchdachte Kriterien, die individuelle praktische Umsetzung weiterführend anleiten.

Diese rhetorische Homiletik Nordamerikas ist hierzulande bislang nur unzureichend wahrgenommen worden. Neben Martin Nicol hat auch JEFFREY T. MYERS bereits in den 1990er Jahren die *New Homiletic* in den Blick genommen. Seine 1996 erschienene Dissertation berücksichtigt jedoch nur die nordamerikanische Homiletik bis 1985 und reflektiert diese vor dem Hintergrund der damaligen deutschsprachigen Homiletik.[6] Da zahlreiche rezeptionsästhetische Überlegungen und Konzeptionen, wie beispielsweise die Dramaturgische Homiletik, erst später entwickelt wurden, bezieht sich Myers Ausarbeitung nicht auf wesentliche Fragen der gegenwärtigen homiletischen Diskurse. DANIEL J. SCHMIDT hat in seiner Dissertation den homiletischen Ansatz von GERHARD AHO untersucht und dafür auch die *New Homiletic* als Entstehungshintergrund skizziert.[7] Zuletzt hat ISOLDE KARLE auf die Wiederentdeckung der Rhetorik in der US-amerikanischen Homiletik am Beispiel von David Buttrick hingewiesen.[8]

Die *New Homiletic* ist damit in erster Linie von Martin Nicol und Alexander Deeg für den deutschen Forschungsdiskurs erschlossen worden. Das rhetorische Profil ist allerdings auch von ihnen nicht wahrgenommen und herausgearbeitet worden. Die Rezeption der *New Homiletic* durch die Dramaturgische Homiletik legt vielmehr den Eindruck nahe, dass seit dem homiletischen Neuaufbruch der *New Homiletic* in den 1960er Jahren die Rhetorik keine grundlegende Bedeutung mehr für die Predigttheorie und -praxis hat. Das Gegenteil ist der Fall, wie die vorliegende Studie zeigen wird.

---

6 JEFFREY T. MYERS, Unfinished ‚Errand into the Wilderness'. Tendenzen und Schwerpunkte in der Homiletik in den USA 1960–1985 (EHS 23, 581), Frankfurt a. M. 1996.

7 DANIEL J. SCHMIDT, Der homiletische Entwurf von Gerhard Aho (1923–1987). Studie zur Rekonstruktion eines nordamerikanischen lutherischen Predigtkonzepts, Leipzig 2014.

8 Vgl. ISOLDE KARLE, Praktische Theologie, Lehrwerk Evangelische Theologie (LETh) 7, Leipzig 2020, 220ff.

Als Hintergrund und Verstehenshorizont dient ein Überblick über die antike Rhetorik, der sich in **Kapitel II** findet. Im ersten Schritt wird die Entstehung der antiken Rhetorik nachgezeichnet – sowohl mit Blick auf die Beredsamkeit als auch die theoretische Reflexion. Bereits in dieser Anfangszeit zeigen sich zwei wesentliche Momente: Es wurde lange um ein allgemeingültiges Verständnis von Rhetorik gerungen, so dass nicht von einem Konsens ausgegangen werden kann. Zum anderen gab es schon in der Antike zahlreiche Versuche, der Rhetorik den Rang einer Wissenschaft abzusprechen und ihren gesellschaftlichen Nutzen zu bezweifeln. Dies prägt bereits antike Konzeptionen und Debatten.

Im zweiten Schritt dieses Kapitels wird in das System der antiken Rhetorik eingeführt. Darunter sind die rhetorischen Techniken und Methoden zu verstehen, die bereits in der Antike systematisiert zusammengestellt und reflektiert wurden. Es werden also jene Ausführungen vorgestellt, die in der Antike dazu anleiten, eine Rede zu erarbeiten, ihre einzelnen Redeteile differenziert zu reflektieren und übergreifende Dimensionen wie die Wirkungsfunktionen einer Rede umzusetzen. Wichtige Begrifflichkeiten werden bei dieser Darstellung des Systems der antiken Rhetorik ebenso vorgestellt wie elementare Lehrwerke. Von zentraler Bedeutung für die Darstellung ist QUINTILIANS *Institutio oratoria*, die als Höhepunkt der theoretischen Reflexion der Rhetorik in der Antike gilt. Es zeigt sich, dass ein Großteil der bereits in der Antike gewonnenen Einsichten und entwickelten Methodiken von ungebrochener Aktualität sind und auch heute noch Grundlegendes für die Erarbeitung und Reflexion einer Rede vermitteln.

In **Kapitel III** folgt der Brückenschlag zur Homiletik: Mit Hilfe einer konzentrierten Darstellung der homiletischen Rezeptions- und Wirkungsgeschichte soll aufgezeigt werden, worin die besondere Relevanz rhetorischer Fragestellungen für die Homiletik liegt. Das Verhältnis der beiden Disziplinen ist im Verlauf der Geschichte immer wieder von Spannungen gekennzeichnet, die ein fruchtbares interdisziplinäres Arbeiten erschwert oder zeitweise verhindert haben. Der pejorative Verdacht, die Rhetorik diene nur manipulativen oder missbräuchlichen Absichten, schlägt sich auch in homiletischen Diskursen wieder. Besonders eklatant zeigt sich dies in der strikten Ablehnung jeglicher homiletisch-rhetorischer Reflexion durch die dialektische Theologie. Zugleich gibt es aber auch zahlreiche homiletische Konzeptionen, die sich um eine Wiederentdeckung der Rhetorik bemühen und dies mit unterschiedlichen Perspektiven und Schwerpunkten in ihren homiletisch-rhetorischen Entwürfen verdeutlichen. In diesem Kapitel werden die homiletischen Ansätze von der Rezeption der Rhetorik bei AUGUSTIN bis zur unterschiedlichen Gewichtung der Rhetorik in einigen Homiletikentwürfen der Gegenwart wahrgenommen. Die Entwürfe von WILFRIED ENGEMANN, WILHELM GRÄB, MARTIN NICOL und ALEXANDER DEEG werden dargestellt, auf ihr Rhetorikverständnis hin befragt und auf die Implikation für die homiletische Rhetorik hin untersucht. Der Überblick über die Rezeptions- und Wirkungsgeschichte der antiken Rhetorik in der Homiletik verdeutlicht: Die Bedeutung der Rhetorik ist für die Homiletik von bleibender Aktualität. Als religiöse Rede ist die Predigt auf die rhetorische Reflexion angewiesen. Zugleich weisen auch die gegenwärtigen homiletischen Konzepte aus rhetorischer Perspektive Schwachstellen auf und berücksichtigen beispielsweise Fragen der angewandten Rhetorik und ihrer Didaktik zu wenig oder betonen zu stark den Kunstcharakter der Predigt und verkennen dadurch die Bedeutung der Redeabsicht und der darauf abgestimmten Gliederung und Gestaltung der Predigt.

Um für den deutschsprachigen Homiletikdiskurs neue Impulse aus rhetorisch-homiletischer Perspektive zu gewinnen, wird in **Kapitel IV** rhetorische Homiletik aus den USA in den Blick genommen. Historisch bedingt ist die Rhetorik als Grundlagenwissenschaft in den USA breiter als in Deutschland im Bildungssystem verankert, so dass nicht nur das Wissen um rhetorische Einsichten und Methoden weiterverbreitet ist, sondern auch die Ausbildung rhetorischer Kompetenzen allgemein stärker gefördert wird. Dies schlägt sich auch in den verschiedenen homiletischen Konzeptionen, die der homiletischen Erneuerungsbewegung *New Homiletic* zuzurechnen sind, nieder. Die *New Homiletic* eint die Ablehnung der traditionellen Homiletik und Predigtpraxis. In den homiletischen Neukonzeptionen spielen rhetorische Fragestellungen eine zentrale Rolle. Die vorliegende Studie geht diesen rhetorischen Fragestellungen nach und leistet dadurch einen Beitrag zur differenzierten Rezeption in der deutschsprachigen Homiletik. Die Studie zielt darauf ab, das *rhetorische Profil* der US-amerikanischen Homiletik zur Geltung zu bringen und für die Forschungsdiskurse der deutschsprachigen Homiletik fruchtbar zu machen.

Es werden zwei rhetorisch besonders profilierte Homiletikentwürfe aus der *New Homiletic* vorgestellt und die rhetorischen Implikationen für die Predigttheorie und -praxis herausgearbeitet. Dies ist zum einen das 1987 erschienene Standardwerk *Homiletic. Moves and Structures* von David Buttrick. Buttrick verfolgt einen phänomenologisch und rhetorisch geprägten Ansatz und möchte durch einen hoch reflektierten und präzise ausgearbeiteten Predigtaufbau und -stil die Verständigung erleichtern. Er entwickelt ein Predigtmodell, das aus einzelnen, in sich geschlossenen rhetorischen Einheiten (*moves*), besteht, die jeweils einen Gedanken oder eine Idee formulieren. Für diese entwickelt er zahlreiche konstruktive und zugleich kreative Vorgaben und Hinweise zur Gestaltung. Zugleich legt er den Fokus auf einen umsichtig reflektierten und stimmigen Gesamtzusammenhang (*structure*), der der rednerischen Kommunikationsabsicht entspricht und auch aus rhetorischer Perspektive überzeugt.

Als zweiter Entwurf wird die Homiletik von Thomas G. Long, *The Witness of Preaching* vorgestellt. Diese ist 2016 in dritter Auflage erschienen und konzipiert das Predigen in erster Linie als absichtsvollen Kommunikationsakt. Long skizzierte die Erarbeitung einer Predigt als gezielte Umsetzung der zuvor reflektierten Redeabsicht. Er baut dabei auf Buttricks Konzeption auf, entwickelt diese innovativ weiter und zeigt didaktisch hilfreiche Wege der Predigterabeitung und -gestaltung auf. Das Predigen als zu erlernende Fertigkeit verdeutlicht er besonders aufschlussreich.

Buttrick und Long eint, dass sie das Predigen nicht als Kunst verstehen, sondern als Kunsthandwerk. Dieses reflektieren beide umsichtig und vermitteln ihre homiletische Didaktik aufschlussreich und anregend. In **Kapitel V** werden fünf Impulse für die deutschsprachige Homiletik formuliert. Sie zeigen, wie rezeptionsästhetische und rhetorische Perspektiven sich fruchtbar ergänzen können. Damit verdeutlichen sie, dass die homiletisch-rhetorischen Konzeptionen von David Buttrick und Thomas G. Long nicht nur weiterführende Anregungen und innovative Impulse für die deutschsprachigen Forschungsfragen beinhalten, sondern auch in didaktischer Hinsicht zahlreiche Anregungen für die hiesige Predigtlehre bieten.

II. Die Ursprünge der Rhetorik in der Antike

Als Rhetorik wird gemeinhin sowohl die praktische Redekunst, das Vermögen, gut und wirkungsvoll zu reden, als auch deren theoretische Reflexion, die Theorie der Beredsamkeit bezeichnet.[1] Dies zeichnet sie seit ihren Anfängen in der Antike aus, auch wenn die sprachliche Differenzierung beider Dimensionen erst im 17. Jahrhundert eingesetzt hat. Trotz zahlreicher Transformationen und moderner Entwicklungen gelten die Erkenntnisse der antiken Rhetorik bis heute als wegweisend. Wesentliche Aspekte dessen, was ARISTOTELES, CICERO oder QUINTILIAN über die *ars bene dicendi*, die Kunst gut und wirkungsvoll zu reden, und ihre theoretische Entfaltung in ihren Anfängen ausgearbeitet haben, hat bis heute Bestand. Zugleich zeigen die Ursprünge der Rhetorik in der Antike noch ein weiteres, wichtiges Moment: Seit ihrer Entstehung wird der Rhetorik immer wieder abgesprochen, eine eigenständige und der Gesellschaft dienliche Wissenschaft zu sein. Der pejorative Verdacht, sie verhelfe nur zur Durchsetzung der eigenen Interessen und Absichten, haftet ihr bis in die Moderne an. Nicht nur um das allgemeingültige Verständnis wurde bereits in der Antike intensiv gerungen, sondern auch um die Relevanz von Erfahrung und Begabung, die Methodik oder die möglichen Gegenstandsbereiche der Beredsamkeit. Die Entwicklung der Rhetorik prägt seit ihren Anfängen, dass sie immer neue Transformationen ihres eigenen Fachs hervorzubringt, die sie auch für die moderne heterogene und interdisziplinäre Wissenschaftslandschaft anschlussfähig und relevant bleiben lässt.[2]

Im Folgenden wird daher im ersten Schritt in die historische Entwicklung der antiken Rhetorik nachgezeichnet. Dieser Überblick skizziert das Ringen um ein allgemein anerkanntes Rhetorikverständnis und dessen gesellschaftliche und wissenschaftliche Relevanz. Platon und Aristoteles entwickeln früh diametrale Auffassungen, die auch in der Folgezeit immer wieder aufgegriffen und weiterentwickelt werden. Mit der Etablierung der römischen Rhetorik kommt es zudem zu einer nachhaltigen Verlagerung hin zur juristischen Rhetorik, auch die Lehrbücher werden weiter ausgebaut und erreichen mit Quintilians *Institutio oratoria* ihren Höhepunkt.

---

1 Im deutschen Sprachgebrauch hat sich darüber hinaus die Differenzierung zwischen der Angewandten oder Praktischen Rhetorik und der Allgemeinen Rhetorik (als Bezeichnung für die Theorie der Rhetorik) etabliert.

2 Vgl. GERT UEDING/BERND STEINBRINK, Grundriß der Rhetorik. Geschichte – Technik – Methode, Stuttgart/Weimar [5]2011, 1f.

Im zweiten Schritt wird in das System der antiken Rhetorik eingeführt und zugleich elementare Termini, Techniken und Zusammenhänge erläutert. Das System der antiken Rhetorik umfasst die Reflexion der klassischen Produktionsstadien einer Rede, die Charakterisierung der einzelnen Teile einer Rede sowie weitere übergreifende Aspekte wie die Wirkungsfunktionen.

1. Die historische Entwicklung der antiken Rhetorik

In der Antike setzte die theoretische Reflexion des guten und wirkungsvollen Redens ein. Auch wenn es die praktische Redekunst schon vorher gab, wuchs die Bedeutung des guten und überzeugenden Redens erst durch das Entstehen von demokratischen Verfahren und Institutionen. Die Überlieferungen weisen darauf hin, dass die beiden Sizilianer KORAX und TEISIAS sich als Erste mit der Theorie und der Technik der Beredsamkeit befasst haben. Vermutlich hat der Umsturz der Tyrannenherrschaft im 5. Jahrhundert v. Chr. sie dazu gebracht, sich näher mit der Beredsamkeit zu befassen, da infolgedessen die Beredsamkeit bedeutsamer wurde. Korax und Teisias haben sich insbesondere mit dem in juristischen Kontexten gebräuchlichen Wahrscheinlichkeitsbeweis, heute als Indizienbeweis bezeichnet, beschäftigt.[3]

Zum nachhaltigen Aufschwung der Rhetorik kommt es wenig später in Griechenland. Die politische Situation in den demokratischen Stadtstaaten (πόλεις) beförderte dies entscheidend. Durch die demokratischen Strukturen entstand eine neue Berufsgruppe angestellter Sprecher für die Volksversammlungen, ein solcher Sprecher wurde als ῥήτωρ bezeichnet. Erst deutlich später wird dieser Begriff zum *terminus technicus* im Sinne eines Lehrers der Beredsamkeit. Im fünften Jahrhundert etablierte sich die Bezeichnung „Sophisten" (Σοφιστής). Damit wurden nicht länger die Gebildeten und Gelehrten bezeichnet, sondern speziell diejenigen, die die Beredsamkeit vermittelten.[4]

Im Jahr 427 v. Chr. sorgt der ebenfalls aus Sizilien stammende GORGIAS VON LEONTINOI (ca. 485–ca. 385 v. Chr.) in Athen mit eindrucksvollen Reden für öffentliches Aufsehen. Auf ihn gehen die ersten theoretischen Reflexionen zu einem spezifischen Thema der Rhetorik zurück.[5] Gorgias entdeckte das Potenzial und die Relevanz, die in der Verbindung von Rhetorik, Dialektik und Stilistik lagen. Rhetorik sei daher in ihrer Macht unbegrenzt, richtig angewendet könne mit ihr

---

3 Vgl. GERT UEDING/BERND STEINBRINK, Grundriß der Rhetorik, 13.

4 Vgl. MANFRED FUHRMANN, Die antike Rhetorik. Eine Einführung, Mannheim [6]2011, 15.

5 Vgl. THOMAS PAULSEN, Art. Rhetorik. B. Geschichte. I. Quellengeschichte, HWRh Bd. 7, Tübingen 2005, 1439–1446: 1439.

alles durchgesetzt werden.[6] Er versteht sie als „eine Streitkunst, eine Waffe, [... die] benutzt [wird] um auf Menschen zu wirken, sie zu beherrschen."[7] Man könne folglich gute wie schlechte Absichten verfolgen und unterschiedliche Wirkungen erzielen. Neben seiner Tätigkeit als Rhetor war Gorgias auch didaktisch tätig und vermittelte sein Wissen anhand von Musterreden.

Um das Jahr 390 gründete ISOKRATES die erste Fachschule für Rhetorik und beförderte damit die Eingliederung der Rhetorik in das allgemeine Bildungssystem maßgeblich. Die Fachschule entwickelte sich zur Modellschule der höheren Bildung und wurde zu einer der wirkungsmächtigsten Bildungseinrichtungen im gesamten antiken Raum.[8] Philosophische und ethische Fragen wurden von Isokrates ausführlich behandelt, doch trotz des breiten Horizontes stand die Ausbildung in Rhetorik im Vordergrund. Ihm gelang es, die entwickelten Techniken der Sophisten mit einer professionellen Praxis zu verbinden. Davon zeugt auch seine nicht vollständig erhaltene Rede *Gegen die Sophisten*, in der er autobiographisch über sein Bildungsprogramm Rechenschaft ablegt und Kritik an den professionellen Erziehern seiner Zeit übt. Er betont die Relevanz der Meinungsbildung und -äußerung, die auf Grund der inneren Bildung des Menschen auch stilistisch anspruchsvoll und ansprechend gestaltet sein sollte. Rhetorik ist für ihn auch eine Philosophie, weshalb sie zu erfolgreichem Handeln und zur Lebensbewältigung anzuleiten und zu befähigen habe.[9] Seine Konkurrenz mahnt er zu einer realistischen Einschätzung des Potenzials von Bildung. Er kritisiert, dass sie den großen Einfluss von Begabung und Erfahrung nicht wahrnehmen und nicht berücksichtigen, wie entscheidend beides ist, um aus den gelernten rhetorischen Elementen eine rundum überzeugende Rede zu fertigen.[10] Ohne die nötige Begabung könne zwar einiges erlernt werden, ein wahrer Rhetor zu werden, ist aber nicht denkbar.[11] Seine Kritiker und seine Konkurrenz unterteilt er in drei Gruppen: die Eristiker, im heutigen Sinne die Philosophen, sowie zwei Gruppen von Rhetoren. Bei den Rhetoren unterscheidet er zwischen den in der politischen Führungsschicht Aktiven und jenen, die als Anwälte tätig sind. Die Eristiker, zu denen die Schüler des Sokrates und vornehmlich Platon zu zählen sind, kritisiert er auf Grund ihres ethischen Rigorismus, der zu einer schlechten Einschätzung der Welt führe, die es ihnen unmöglich mache, sich auf diese einzulassen. An den politischen Rhetoren bemängelt er ihre Ausrichtung auf Regeln, da dadurch Begabung und Erfahrung in den Hintergrund treten. Die

---

6 Vgl. MANFRED FUHRMANN, Die antike Rhetorik, 19.

7 GERT UEDING/BERND STEINBRINK, Grundriß der Rhetorik, 18.

8 Vgl. THOMAS PAULSEN, Art. Rhetorik, 1439.

9 Zur Zeit von ISOKRATES wird der Begriff „Philosophie" für jede Art von Wissen oder Bildung verwendet, erst durch Platon und Aristoteles kommt es zur Festschreibung des Begriffs für die Disziplin, die der Wahrheit und dem Erkenntnisgewinn verpflichtet ist. Vgl. MANFRED FUHRMANN, Die antike Rhetorik, 25.

10 Vgl. a. a. O., 26f.

11 Vgl. a. a. O., 27.

schärfste Kritik allerdings gilt den vor Gericht tätigen Rhetoren: Ihnen wirft Isokrates vor, unmoralisch zu sein.[12]

Das sophistische Rhetorikverständnis kritisiert auch PLATON (427–347 v. Chr.), ein Schüler von SOKRATES. Möglicherweise in direkter Abgrenzung und als Reaktion auf Isokrates Wirken gründet er ca. 386 v. Chr. die sogenannte *Akademie*, eine eigene Schule in Athen. Die Auseinandersetzungen zwischen Isokrates und Platon prägen die Debatten in Athen mehrere Jahrzehnte lang. Platons anfängliche kategorische Ablehnung der Rhetorik hat das Verständnis von Rhetorik nachhaltig geprägt.

Im Anschluss an Sokrates übt auch Platon scharfe Kritik an den Sophisten und wirft insbesondere denjenigen, die Rhetorik zum Zweck der Machterlangung im demokratischen Athen einsetzten, Amoralität vor. Besonders explizit äußert er dies im Dialog *Gorgias*, der vermutlich in den 80er Jahren des 4. Jahrhunderts vor Christus entstand. Darin spiegelt sich die während der gesamten Antike befeuerte Debatte über das Wesen der Rhetorik wider, die um die Frage kreiste, ob Rhetorik als Kunst, als Wissenschaft oder als rein auf Erfahrung basierende Routine einzustufen sei. In *Gorgias* streiten die beiden Dialogpartner Sokrates und der Sophist und Rhetor Gorgias um das Wesen der Rhetorik. Gorgias bezeichnet die Beredsamkeit als τέχνη ῥητορική. Dies impliziert, dass die Redekunst auf Grund von tradierten und lehrbaren Regeln erlernt werden kann und eine Kunst darstellt, mit der jede beliebige Rede erstellt werden kann. Folglich ist ein Missbrauch dieser Kunstfertigkeit nur dem Redner selbst, nicht aber der Kunst an sich vorzuwerfen.[13] Dies bestreitet Sokrates und wertet die Rhetorik vor allem deshalb ab, da sie dem Menschen nicht in seinem Streben nach Wahrheit dienlich ist. Weder die Rhetorik noch die Sprache an sich vermögen es, die Erkenntnis über die Wahrheit zu fördern. Wie der Wahrscheinlichkeitsbeweis bei Gerichtsprozessen verdeutliche, habe die Rhetorik lediglich das Ziel, das Wahrscheinliche auszudrücken und eine möglichst große Wirkung zu erzielen. So werde nur ein verzerrter Schein der Wahrheit abgebildet, wodurch die Rhetorik nicht zur Wahrheit hinführe, sondern von ihr weg.[14] Darum kann die Rhetorik weder als Wissenschaft noch als Kunst anerkannt werden; sie ist nichts mehr als „Schmeichelei“[15] und „amoralische Scheinkunst“[16], die strikt abzulehnen ist.[17]

Im deutlich später verfassten Dialog *Phaidros* ist Platon von der kategorischen Ablehnung abgerückt. Seine dezidierte Kritik gilt darin der vorherrschen-

---

12 Vgl. ebd.

13 Vgl. a. a. O., 13.

14 Vgl. KARL-HEINZ GÖTTERT, Einführung in die Rhetorik. Grundbegriffe – Geschichte – Rezeption (UTB 1599), Paderborn ^{5}2009, 76.

15 PLATON, Gorgias, in: Sämtliche Werke, Übersetzt v. Friedrich Schleiermacher, mit der Stephanus-Numerierung, Hamburg 1959, Bd. 1, 463a–b.

16 THOMAS PAULSEN, Art. Rhetorik, 1440.

17 Vgl. GERT UEDING/BERND STEINBRINK, Grundriß der Rhetorik, 20f.

den sophistischen Rhetorik, da sie weder als τέχνη noch als eigenständige Theorie anzuerkennen sei. Darüber hinaus sieht er es als nicht gerechtfertigt an, dieser Rhetorik eine mit der Philosophie vergleichbare Relevanz im Rahmen der Wissensgebiete beizumessen.[18] Die Relevanz von Rhetorik liegt für Platon vielmehr darin, die an der Wahrheit orientierte Seelenbildung des Menschen zu fördern.[19] Der perfekte Redner müsse sich folglich der Dialektik bedienen, um mit den Methoden der Dialektik Einsicht in die wahre Beschaffenheit der Redegegenstände zu erlangen. Damit liegt ein eigener, neuartiger Rhetorikentwurf vor, bei dem „auf Grundlage und im Sinne einer Philosophie die Erkenntnis der Wahrheit zur conditio sine qua non der Redekunst erhoben [wird]."[20]

Platons Rhetorikdefinition und die damit einhergehende kategorische Abwertung der Rhetorik in seinen frühen Schriften hat deutliche Spuren in der weiteren Geschichte hinterlassen. Der pejorative Verdacht, Rhetorik diene nur der Persuasion und Durchsetzung eigener Interessen, haftet bis heute an ihr.[21]

Sein Schüler ARISTOTELES (384–322 v. Chr.) prägte ebenso wirkmächtig den weiteren Fortgang der Geschichte der Rhetorik. In Auseinandersetzung mit Platons Ausführungen entwickelt er ein eigenes, vom platonischen klar abgegrenztes Rhetorikverständnis, auch wenn er mit ihm in einigen Aspekten übereinstimmt.[22] Mit dem dreibändigen Werk *Rhetorik*, dessen Entstehung vermutlich in die 30er Jahren des 4. Jh. v. Chr. zu datieren ist, liegt eine Art Vorlesungsmanuskript des Rhetoriklehrers vor, welches als bedeutendste rhetorische Schrift in griechischer Sprache angesehen wird.[23] Aristoteles *Rhetorik* ist zwar kein eingängiges und eindeutiges Werk, dennoch ist aus dem griechischen Raum kein ähnlich vollständiger Systematisierungsversuch der Rhetorik bekannt.

Im ersten Band behandelt er neben der Beweislehre und den Beweismitteln die drei Redegattungen Beratungsrede, Festrede, Gerichtsrede. Die Affektenlehre sowie die allgemeine Beweislehre stellt er im zweiten Band dar. Im dritten Band befasst er sich mit den Stilmitteln und der Gestaltung der einzelnen Redeteile. Als besonders charakteristisch gilt Aristoteles deduzierender Stil. Schrittweise entfaltet er die rhetorische Theorie, wodurch sich seine Didaktik deutlich von anderen Handbüchern der Zeit unterscheidet.[24]

---

18 Vgl. JOACHIM KNAPE, Allgemeine Rhetorik, Stuttgart ²2015, 27.

19 Vgl. THOMAS PAULSEN, Art. Rhetorik, 1440.

20 GERT UEDING/BERND STEINBRINK, Grundriß der Rhetorik, 21. WOLFGANG WIELAND spricht in diesem Zusammenhang auch von einer „Reformrhetorik", die Platon im letzten Teil von „Phaidros" entwirft. Vgl. WOLFGANG WIELAND, Aristoteles als Rhetoriker und die exoterischen Schriften, Hermes 86 (1958), 323–346: 338.

21 Vgl. THOMAS SCHIRREN, Art. Rhetorik. I. Antike. 1. Griechisch, RGG⁴ Bd. 7, Tübingen 2004, 492–494: 493.

22 Wie PLATON betont ARISTOTELES die logische Komponente der Rhetorik und sieht sie als Gegenüber der Dialektik. Vgl. THOMAS SCHIRREN, Art. Rhetorik, 493.

23 Vgl. THOMAS PAULSEN, Art. Rhetorik, 1440.

24 Vgl. MANFRED FUHRMANN, Die antike Rhetorik, 34. Als markantes Beispiel sei z. B. auf den Beginn von Aristoteles Affektenlehre (Bd. 1,3) verwiesen.

Aristoteles hat die Unterteilung der Redegattungen maßgeblich geprägt und ausführlich dargelegt. Die Haltung des Zuhörers bzw. das Verhältnis zwischen Redner, den Hörern und dem Redegegenstand wird für ihn zum entscheidenden Kriterium für die Unterscheidungen der unterschiedlichen Gattungen: So beobachtet er, dass Lobreden primär zum Genuss gehört werden und Beratungsreden wiederum den Zweck erfüllen, den Mitgliedern von (Volks-)Versammlungen zu helfen, über ihr zukünftiges Handeln zu entscheiden. Reden vor Gericht (Gerichtsreden) hingegen dienen dazu, ein Urteil über Vergangenes zu fällen.[25] Die drei Genera eines Redeanlasses kombiniert er zugleich mit der zeitlichen Dimension, auf die sie sich beziehen, so dass eine beratende Rede auf die Zukunft und eine Gerichtsrede auf die Vergangenheit bezogen ist und eine Fest- oder Lobrede die Gegenwart in den Blick nimmt.[26] Zugleich muss dabei berücksichtigt werden, dass eine trennscharfe Unterscheidung nicht möglich ist und auch innerhalb der Rhetorik erörtert wurde.[27]

Aristoteles legt erstmals eine fundierte differenzierte Analyse der Beweislehre vor, welche zuvor aus Regeln bestand, die nicht zu einem größeren Erkenntnisgewinn anleiteten und lediglich auf Erfahrung und Gewohnheit basierten. Er nimmt eine vermittelnde Position zwischen Platon und Isokrates ein, indem er resümiert, dass ethische Überlegungen für die Rhetorik essenziell seien, doch auf Grund der dominierenden Erfolgsorientierung in der praktischen Umsetzung seien Kompromisse unvermeidbar und gingen daher mit einer gewissen moralischen Indifferenz einher.[28] Rhetorik definiert er als τέχνη, als formale Disziplin, die in großer Nähe zur Logik und Dialektik steht. Darüber hinaus ist sie verwoben mit der Theorie der Politik und der Ethik, weshalb Aristoteles sie auch in ein philosophisches Lehrsystem integriert.[29] Die Kriterien für den Status einer Wissenschaft sieht Aristoteles bei der Rhetorik allerdings nicht als gegeben an, da sie nicht den wahren Erkenntnisgewinn zum Ziel habe, sondern lediglich „ein mehr oder minder treffsicheres Meinen".[30] Als solches sei sie aber für verschiedene Wissenschaften relevant.[31] Darüber hinaus entwickelt er eine Theorie der Affekte und der charakteristischen Verhaltensweisen, die als „wissenschaftli-

---

25 Vgl. ARISTOTELES, Rhetorik. Übers. v. Franz G. Sieveke, München ²1980, I,3,1–3 [1358a 36–1358b 13]. Vgl. ferner KARL-HEINZ GÖTTERT, Einführung in die Rhetorik, 21. Vgl. ferner JOHANNES ENGELS, Art. Genera causarum, HWRh Bd. 3, Tübingen 1996, 701–721.

26 Vgl. THOMAS SCHIRREN, Art. Rhetorik, 493, vgl. ferner: ARISTOTELES, Rhetorik I,1–2.3.

27 Vgl. CLEMENS OTTMERS, Rhetorik. Aktualisiert und überarbeitet von Fabian Klotz, Stuttgart/Weimar ²2007, 21ff. Erst in der Frühen Neuzeit erfolgt eine weitere Ausdifferenzierung der Gattungen, so dass neben dem Brief auch die Predigt als eigene Gattungen wahrgenommen werden. Vgl. a. a. O., 29f.

28 Vgl. THOMAS PAULSEN, Art. Rhetorik, 1440.

29 Vgl. MANFRED FUHRMANN, Die antike Rhetorik, 33.

30 A. a. O., 14.

31 Vgl. ARISTOTELES, Rhetorik, I,1. Als Wissenschaft (episteme) wird die Rhetorik erst von den Stoikern angesehen. Vgl. MANFRED FUHRMANN, Die antike Rhetorik, 14.

che, auf exakt definierte[n] Begriffe[n] sich gründende Psychologie“[32] anerkannt wird.

Ins Zentrum seiner Rhetorik rückt er die Trias der Überzeugungsmittel πίστεις: Logos, Ethos, Pathos.[33] Eine Beschränkung der möglichen Redegegenstände auf bestimmte Themengebiete lehnt er ab:

> „Die Rhetorik stelle also das Vermögen dar, bei jedem Gegenstand das möglicherweise Glaubenerweckende zu erkennen. Denn dies ist die Funktion keiner anderen Theorie. Jede andere nämlich will über den ihr zukommenden Gegenstand belehren und bezeugen: wie die Medizin über das, was gesund bzw. krank ist, die Geometrie über die Vorgänge, die die Größe betreffen, die Arithmetik über die Zahl und in gleicher Wise auch die übrigen theoretischen Anweisungen und Wissenschaften. Die Theorie der Beredsamkeit dagegen scheint sozusagen in der Lage zu sein, das Glaubenerweckende an jedem vorgegebenen Gegenstand zu untersuchen. Darum behaupten wir auch von ihr, daß sie kein ihr eigenes, auf eine bestimmte Gattung beschränktes Gebiet theoretischer Anweisungen besitzt.“[34]

Aristoteles trägt umfänglich dazu bei, das System der Rhetorik weiterzuentwickeln. Insgesamt gelingt ihm dadurch ein Paradigmenwechsel, durch den sich ein Verständnis von Rhetorik etabliert, das Rhetorik „als erkenntnisfördernde und emotionssteigernde Instanz innerhalb des Wissensuniversums“[35] definiert. Als solche ist sie eine auf die Praxis bezogene Theorie, die Eloquenz vermittelt.[36] Dieses Rhetorikverständnis steht fortan der von Platon vorgebrachten Ablehnung der Rhetorik als unmoralischer Scheinkunst entgegen. Die gegensätzlichen Positionen von Platon und Aristoteles werden darüber hinaus auch daran ersichtlich, dass Aristoteles die Redekunst in großer Nähe zur Ästhetik und Poesie sieht.[37]

In der Folgezeit bringt der Übergang von der hellenistischen in die römische Zeit den weitreichenden Verlust zahlreicher rhetorischer Quellenschriften mit sich. Dies lässt sich exemplarisch an einem Schüler von Aristoteles, Theophrast von Eresos (371–287 v. Chr.), aufzeigen, der die Rhetorik seines Lehrers zwar wei-

---

32 A. a. O., 33.

33 Die genauere Darstellung der Überzeugungsmittel sowie der weiteren Bestandteile des rhetorischen Systems s. Kap. II.2.

34 Aristoteles, Rhetorik. I,2,1. [1355b].

35 Gonslav K. Maienberger, Rhetorica I. Reden mit Vernunft. Aristoteles, Cicero, Augustinus. Frankfurt a. M. 1987, 242.

36 Vgl. a. a. O., 243.

37 Vgl. Aristoteles, Poetik. Griechisch/deutsch. Übersetzt und herausgegeben von Manfred Fuhrmann. Bibliografisch ergänzte Ausgabe, Stuttgart 1994,1450b 4–12; 1451a 36–1451b 11. Vgl. ferner Gert Otto, Art. Rhetorik, TRE Bd. 29, Berlin/New York 1998, 177–191: 178. Auch die „Rhetorik an Alexander“ wird in der Antike Aristoteles zugeschrieben, sie ist aber vermutlich von Anaximenes von Lampsakos verfasst worden. Die Schrift ist als sophistisch geprägte Rhetorik einzuordnen, die in erster Linie am Erfolg des Redners orientiert ist. Vgl. Thomas Paulsen, Art. Rhetorik, 1441.

terentwickelt und ihr zum Eingang in die Schulrhetorik verholfen hat, doch dessen Schriften nicht erhalten sind. Erst aus der Zeit kurz nach 90 v. Chr. sind wieder Werke erhalten.[38] Auf Grund der fehlenden Meinungsfreiheit zur Zeit des Hellenismus gerät die politische Rede ins Abseits und wird bedeutungslos, da eloquente Redner nur noch für die Selbstverwaltung und vor Gericht gebraucht wurden. Zugleich gewann die Rhetorik als Bestandteil der mittelständischen Allgemeinbildung neues Ansehen, was ihr zu breiter Rezeption im römischen Reich verhalf.[39]

Infolgedessen wird in der Folgezeit das System der Rhetorik massiv ausgebaut. Vermutlich etabliert sich im zweiten Jahrhundert v. Chr. die Form, die auch in den römischen Lehrschriften Ausdruck findet.[40] Auch die früheren Aversionen zwischen Rhetorik und Philosophie werden zunehmend geringer. Im zweiten Jahrhundert v. Chr. findet die griechische Rhetorik Eingang in die römische Welt, deren politisches System sich als fruchtbarer Boden erweist. Anfangs bekämpften konservative Kräfte die Rhetorik zwar vehement, doch rasch wird das Potenzial der Beredsamkeit für den politischen Kampf erkannt und genutzt. Auch in der römischen Republik sind die Entscheidungsträger darauf angewiesen, durch ihre mündliche Redekunst zu überzeugen und das Publikum für sich einzunehmen. So entwickelt sich bald eine lebendige rhetorische Praxis, die theoretische Unterweisung blieb anfangs allein der führenden Schicht vorbehalten.[41] Bereits früh erweist sich die institutionelle Eingliederung der Rhetorik in das römische Bildungssystem als höchst umstritten, da keine Einigkeit über das Wesen der Rhetorik erreicht wird.[42] Insbesondere die wichtigsten römischen Rhetoriker Marcus Tullius Cicero (106–43 v. Chr.) und Marcus Fabius Quintilianus (ca. 35 – ca. 96 n. Chr.) befassen sich intensiv mit der Frage, ob Rhetorik als Kunst oder als auf Talent beruhende Fähigkeit anzusehen ist.[43]

Das Hauptmerkmal der römischen Rhetorik bildet sich ebenfalls rasch heraus: In der römischen Republik gilt das primäre Interesse nicht länger einer umfassenden Theoriebildung, sondern der praktischen Redekunst und der konkreten Redesituation. Ein Schwerpunkt liegt besonders auf Prozessreden, wes-

---

38 Vgl. Thomas Paulsen, Art. Rhetorik, 1441f.; vgl. Manfred Fuhrmann, Die antike Rhetorik, 37.

39 Vgl. Manfred Fuhrmann, Die antike Rhetorik, 37f.; vgl. Thomas Paulsen, Art. Rhetorik, 1442.

40 Vgl. Manfred Fuhrmann, Die antike Rhetorik, 37.

41 Vgl. a. a. O., 45.

42 Vgl. Martin F. Meyer, Art. Rhetorik. A. Begriff und aktuelle Bedeutung. II. Begriffsgeschichte. 1. Antike, HWRh Bd. 7, Tübingen 2005, 1480–1494: 1486f.

43 Vgl. Manfred Fuhrmann, Die antike Rhetorik, 44. Besonders erbittert setzte sich der hochrangige konservative Politiker Cato der Ältere gegen den Einzug griechischer Werte und Traditionen zur Wehr, von ihm stammt auch die älteste rhetorische Schrift in lateinischer Sprache, darüber hinaus das erste lateinische Handbuch, welches lediglich fragmentarisch erhalten ist. Vgl. Martin F. Meyer, Art. Rhetorik, 1486.

halb die römische Rhetorik auch primär als juristische Rhetorik betrachtet werden kann.[44]

Davon zeugt bereits die ca. 80 v. Chr. verfasste *Rhetorik an Herennius*, welche die älteste, vollständig erhaltene römische Schrift ist. Sie stellt zudem das erste Lehrbuch dar, indem das rhetorische System formal entlang aller fünf Produktionsstadien der mündlichen Rede entfaltet wird. Sie verdeutlicht damit „[d]ie Tendenz, die Rhetorik in das öffentliche Leben der römischen Republik zu integrieren und das Kriterium ihrer Qualität an den Erfolg beim Publikum zu binden."[45] Dies zeigt sich einerseits in der leicht verständlichen Sprache, in der das Lehrbuch geschrieben ist, und andererseits in der Forderung an den Redner, selbst auch allgemein verständlich und klar zu reden.[46]

Als „[d]as Meisterwerk der römischen Rhetoriktheorie"[47] gilt hingegen Ciceros Hauptwerk *De oratore* aus dem Jahr 55 v. Chr. Zum Zeitpunkt des Verfassens der Schrift hatte Cicero sich bereits langjährig mit Rhetorik beschäftigt, wovon sein Frühwerk *De inventione* zeugt. Darin hat er den Mehrwert der Rhetorik für die römische Bildung umfassend erarbeitet. Im Anschluss an Aristoteles verortet er die Beredsamkeit außerdem in unmittelbare Nähe zur Ethik und Politik. Seine Definition des Wesens und des Ziels der Rhetorik ist zudem stark vom persuasiven Moment geprägt.[48]

De oratore verfasste Cicero, nachdem er als Politiker gescheitert und aus der Verbannung zurückgekehrt war. Er knüpft darin an die großen Diskurse über Rhetorik im griechischen Raum an und konzipiert es als Grundlagenwerk für die lateinische Sprachwelt.[49] Dennoch ist es nicht als Lehrbuch gedacht, sondern führt in Dialogform ein in den theoretischen Unterbau und die wesentlichen Diskurse. Der Fokus liegt dabei auf dem Orator als dem rhetorisch Handelnden und der konkreten Redesituation. Rhetorik sieht er grundsätzlich als nützliches Mittel an, um philosophisches Wissen sprachlich darzustellen und zu vermitteln. Cicero verortet es damit als Bindeglied zwischen Theorie und Praxis.[50]

Wie bedeutsam der philosophische Einfluss ist, zeigt sich auch in dem Idealbild des Redners, das Cicero skizziert. Es ist das Ideal des vollkommenen Redners (*perfectus orator*), das zwar als Maßstab für jeden Redner fungiert, zugleich aber als unerreichbar angesehen wird. Die Verbindung aus umfangreicher Bildung, die bereits von den Sophisten geforderten Allgemeinbildung, mit rhetorischer Kompetenz soll einen Redner dazu befähigen, stets tugendhaft zu handeln. Dafür ist die Kenntnis der Ethik, also „die Lehre von der Lebensführung und den Sit-

---

44 Vgl. CLEMENS OTTMERS, Rhetorik, 3.
45 MARTIN F. MEYER, Art. Rhetorik, 1487.
46 Vgl. GERT UEDING/BERND STEINBRINK, Grundriß der Rhetorik, 32.
47 JOACHIM KNAPE, Allgemeine Rhetorik, 91.
48 Vgl. MARTIN F. MEYER, Art. Rhetorik, 1487.
49 Vgl. JOACHIM KNAPE, Allgemeine Rhetorik, 91.
50 Vgl. GERT UEDING/BERND STEINBRINK, Grundriß der Rhetorik, 33.

ten“[51], unabdingbar, um über jeden Redegegenstand angemessen und überzeugend sprechen zu können. Seine Fokussierung auf den Redner und dessen notwendige philosophische Bildung charakterisiert auch seine weiteren späteren Schriften.[52] Ciceros Rhetorik ist im Ganzen als „Verbindung einer [...] philosophisch fundierten Rhetorik mit den [...] praktisch-politischen Erfordernissen zu deuten.“[53] Cicero hat die weitere Entwicklung der Rhetorik wirkmächtig geprägt, auch heute noch sind seine Ausführungen grundlegend und weiterführend.

Im Jahr 31 v. Chr. kommt es zum Ende der römischen Republik und damit zur Abschaffung der freien Meinungsäußerung in der Öffentlichkeit. Die Rhetorik verkommt dadurch in theoretischer Hinsicht zur reinen Stillehre. Auch in praktischer Hinsicht verkümmert sie.[54] Bald darauf kommt es zur Wiederentdeckung der Rhetorik in ihrer Gesamtheit: MARCUS FABIUS QUINTILIANUS veröffentlicht im Jahr 95 n. Chr. das umfangreichste rhetorische Werk der Antike. In der 12-bändigen *Institutio oratoria* schlägt sich seine 20-jährige Lehrerfahrung nieder: Rhetoriklehrern legt er darin nicht nur die Gesamtheit der rhetorischen Erkenntnisse dar, sondern zeigt anhand von Lehrplan und didaktischen Leitgedanken die Ausbildung vom Schüler hin zum vollkommenen Redner auf. Die moralische Dimension ist dabei von zentraler Bedeutung, denn auch Quintilian bettet die rhetorische Ausbildung in ein umfassendes Bildungsprogramm ein und behandelt im ersten Buch der *Institutio* vorbereitende Aspekte zu Grammatik, Musik und Geometrie.[55] Im zweiten Band folgen erste rhetorische Übungen, ehe er im dritten Band seine Einführung in das System der Rhetorik darlegt. Erst in den anschließenden Bänden geht er eingehend auf die einzelnen Redeteile (Buch IV–VI), die Statuslehre (Buch VII) und die verschiedenen Stilqualitäten (Buch VIII–XI) ein. Neben einem Lektürekanon eines vollkommenen Redners im zehnten Buch stellen die Abhandlungen zu Charakter und allgemeinem Bildungsstand des idealen Redners im zwölften Buch den Schluss der *Institutio* dar.[56] Das Wesen der Rhetorik umschreibt Quintilian mit „Rhetoricam esse bene dicendi scientiam“[57], der Wissenschaft des guten Redens. Essenziell ist für ihn das Ideal des „vir bonus dicendi peritus“[58], zu übersetzen mit „Ehrenmann, der

51 MARCUS TULLIUS CICERO, De oratore. Über den Redner. Lateinisch und deutsch. Übersetzt und herausgegeben von Harald Merklin, Stuttgart 1976, 1,68.

52 So befasst sich CICERO z. B. im 46 v. Chr. entstandenen Dialog „Brutus“ mit der Geschichte der Rhetorik und vor allem den verschiedenen Rednertypen und ihren Charakteristika, in „Orator“ thematisiert er neben den Stilarten auch die Wirkungsfunktionen einer Rede und betont erneut die Notwendigkeit einer umfassenden philosophischen Bildung eines Redners. Vgl. MARTIN F. MEYER, Art. Rhetorik, 1488.

53 Ebd.

54 Vgl. ebd.

55 Vgl. a. a. O., 1489. Sowie THOMAS PAULSEN, Art. Rhetorik, 1444.

56 Vgl. ebd.

57 MARCUS FABIUS QUINTILIANUS, Institutionis oratoria. Libri XII. Ausbildung des Redners. Zwölf Bücher. Lateinisch und deutsch, hg. u. übers. v. Helmut Rahn. Darmstadt [6]2015, II, 15, 38.

58 MARCUS FABIUS QUINTILIANUS, Institutionis oratoria, XXII, 1, 1.

reden kann".[59] Dieses Leitbild wurde erstmals von Cato dem Älteren angeführt und findet bei Quintilian besonders starke Rezeption. Das Ideal drückt aus, dass sowohl der Charakter als auch die intendierte Wirkung des Handelns von der tatsächlichen Tugendhaftigkeit und Moralität des Redners zu zeugen hat.[60] Nicht eine philosophische Lebensweise zeichnet folglich den idealen Redner aus, sondern seine auf praktischer Erfahrung und Tugendhaftigkeit beruhende Beredsamkeit.[61] Damit ist die Leitvorstellung weniger unerreichbar als bei Cicero.

In der *Institutio oratoria* verfolgt Quintilian das Anliegen, den vollkommenen Redner auszubilden (*formare perfectum oratorum*), was sich für ihn nicht als philosophische, sondern als genuin rhetorische Aufgabe darstellt und die Beredsamkeit selbst zur Tugend werden lässt.[62] Indem er der umfassenden Bildung eine zentrale Rolle zuweist, möchte er das Argument des Missbrauchs der Rhetorik entkräften: Ein nach seinen Vorstellungen integrer und perfekter Redner weiß, dass er die Rhetorik nur zu guten Zwecken einsetzen darf und handelt dementsprechend.[63] Ein guter Redner ist nicht im Stande etwas moralisch Verwerfliches hervorzurufen.[64] Auf Grund dessen ist die vielfach gestellte Frage, ob die Rhetorik einen gesellschaftlichen Nutzen besitzt, hinfällig. Die Ausbildung des Einzelnen in der Beredsamkeit trägt ihm zufolge zur Verbesserung der Allgemeinheit und des gesamten Staates bei. Daher ist die Rhetorik als Teil der Staatskunst anzusehen, auch wenn ihre Redegegenstände nicht auf öffentliche Themen zu reduzieren sind.[65] Quintilian hat die Rhetorik im römischen Reich wirkmächtig geprägt, wozu seine Darstellung der Rhetorik in der *Institutio* maßgeblich beigetragen hat. Auch heute dient sie als Grundlage und Maßstab für die Reflexion einzelnen Elemente der Rede und ihrer Konzeption und wird daher auch für die folgende Darstellung des Systems der antiken Rhetorik von elementarer Bedeutung sein.[66]

Es zeigt sich, dass sich in der Antike allmählich verschiedene Auffassungen von Rhetorik entwickeln. Viele gehen mit dem Versuch einher, die Theorie der *ars bene dicendi* systematisch zu erschließen und darzulegen. Zahlreichen Ansätzen ist gemein, die Rhetorik als *ars*/τέχνη zu begreifen. Eine solche Kunstlehre zeichnet bis heute aus, lehr- und lernbar zu sein:

---

59 Vgl. MARCUS FABIUS QUINTILIANUS, Institutionis oratoria, 10. Vgl. ferner FRANZ-HUBERT ROBLING, Art. Vir bonus dicendi peritus, HWRh Bd. 9, Tübingen 2009, 1134–1138: 1134.

60 Vgl. ebd.

61 Vgl. z. B. MARCUS FABIUS QUINTILIANUS, Institutionis oratoria, XII, 2, 7. Vgl. ferner zur Kritik Quintilians an der Philosophie: MANFRED FUHRMANN, Die antike Rhetorik, 71.

62 Vgl. MARTIN F. MEYER, Art. Rhetorik, 1490.

63 Vgl. ebd.

64 Vgl. MARCUS FABIUS QUINTILIANUS, Institutionis oratoria, II, 16, 11. Vgl. ferner MARTIN F. MEYER, Art. Rhetorik, 1490.

65 MEYER sieht hier die platonisch-stoische Ethik mit dem Bildungsideal von ISOKRATES verbunden. Vgl. ebd.

66 Vgl. GERT UEDING/BERND STEINBRINK, Grundriß der Rhetorik, 209.

> „[E]ine ars (τέχνη) [ist] ein System aus der Erfahrung (ἐμπειρία) gewonnener, aber nachträglich logisch durchdachter, lehrhafter Regeln zur richtigen Durchführung einer auf Vollkommenheit zielenden, beliebig wiederholbaren Handlung, die nicht zum naturnotwendigen Geschehensablauf gehört und nicht dem Zufall überlassen werden soll.“[67]

Die Definition als Kunstlehre impliziert das Wissen um die Grenzen: Die Regeln einer *ars* werden durch die *licentia*, die (künstlerische) Freiheit, begrenzt, insbesondere der Erfahrung kommt eine tragende Rolle beim Erlernen zu.[68] Der Tübinger Rhetoriker DIETMAR TILL konstatiert daher, dass „die rhetorische Praxis generell ihre theoretische Konzeptualisierung [übersteige].“[69] Auch Quintilian räumt ein, dass im Zweifelsfall die Erfahrung (*experimenta*) dem Rhetor von größerem Nutzen ist als es die Regeln (*praecepta*) sind.[70]

Den Regeln und Vorgaben der Rhetorik wurde vor allem in der europäischen Rezeption eine immense normative Kraft zugeschrieben. Doch es darf nicht übersehen werden, dass diese „von Anbeginn auf Überschreitung und ‚Entgrenzung‘ angelegt [waren]“[71]. Daher dient der Überblick über die Entstehung der antiken Rhetorik und ihres Systems im Rahmen dieser Studie primär als Hintergrund und Grundlage für die weitere Ausarbeitung der homiletischen Fragestellungen.

2. Das System der antiken Rhetorik

Bereits in der Antike wurden die Techniken und Methoden des rhetorischen Arbeitens systematisch erfasst und reflektiert. Auch wenn sich die moderne und wissenschaftliche Rhetorik ausdifferenziert hat, ist die antike Rhetorik bis heute von bleibender Aktualität. GERT UEDING und BERND STEINBRINK konstatieren daher,

> „daß theoretische Differenziertheit, Problembewußtsein, methodischer und technischer Rang der antiken Rhetorik bislang unerreicht geblieben sind und daß gerade ihre Ausrichtung auf Praxis und Produktion der Rede, die immer gewahrte Einheit von *rhetorica docens* und *rhetorica utens*, ihr einen weiteren Vorzug vor modernen, oft selbstzweckhaften Theoriemodellen verschafft, welche ihre Bedeutung in den Institutionalisierungen des modernen Wissenschaftsbetriebes erschöpfen.“[72]

---

67 HEINRICH LAUSBERG, Handbuch der literarischen Rhetorik. Eine Grundlegung der Literaturwissenschaft, Stuttgart ^{4}2008, § 4.

68 Vgl. a. a. O., § 3.

69 Vgl. DIETMAR TILL, Art. Rhetorik. B. Geschichte. III. Systemgeschichte. 1. Antike, HWRh Bd. 7, Tübingen 2005, 1540–1586: 1542.

70 Vgl. MARCUS FABIUS QUINTILIANUS, Institutionis oratoria, II, 5, 15; vgl. DIETMAR TILL, Art. Rhetorik, 1542.

71 Ebd.

72 GERT UEDING/BERND STEINBRINK, Grundriß der Rhetorik, 209. Vgl. Zur Unterscheidung von Rhetorica docens und Rheotrica utens: Beate Czapla, Art. Rhetorica docens, Rhetorica utens, HWRh, Bd. 7, 1407–1412.

Der Begriff des rhetorischen Systems für das Regelwerk der Rhetorik kam erst im frühen 17. Jahrhundert auf. Doch schon die frühen Handbücher der Antike „zeigen bei allen Unterschieden in Umfang und Niveau sehr augenfällige Übereinstimmungen in der Art und Weise, wie sie ihren Stoff darbieten. Sie gehen nämlich allesamt systematisch vor, d. h. die einzelnen Vorschriften sind dort nur über ein Fächerwerk von einander übergeordneten Schemata zugänglich.“[73] Es zeigt sich, dass stets dieselbe Methodik der Über- und Unterordnung verwendet wurde, die bereits ANAXIMENES AUS LAMPSAKOS im ältesten Handbuch von ca. 340 v. Chr. angewandt hatte.[74] Das Prinzip der Unter- und Überordnung bestand darin, „die Theorie der Rede [...] in Form einer möglichst geschlossenen Begriffspyramide“[75] anzuordnen, bei der es eine festgelegte Reihenfolge gab.[76] Diese Methodik und schematische Darstellung wurden jahrhundertelang übernommen, lediglich die einzelnen Sachverhalte wurden unterschiedlich gewichtet und im Schema eingeordnet.[77] Erst im Mittelalter und zu Beginn der Frühen Neuzeit wurde darauf aufbauend die Kapiteluntergliederung in den Lehrbüchern vorgenommen.[78]

Im Laufe der Zeit wurde das System der Rhetorik weiter ausgebaut und verschieden akzentuiert. Vielfach wurde auch über die Offen- oder Geschlossenheit des rhetorischen Systems diskutiert. Doch auch wenn das System bisweilen einen starren und kasuistischen Eindruck erwecken kann, betont WALTER JENS: „[S]eine einzelnen Bestandteile ergeben kein geschlossenes, überzeitlich-verpflichtendes Lehrgebäude [...], sondern sind im Gegenteil höchst fungibel und, den Bedürfnissen der jeweiligen Epoche entsprechend, adaptierbar.“[79] Daher ist vor allem die Kontinuität innerhalb des rhetorischen Systems hervorzuheben, das trotz der zahlreichen Anpassungen und Weiterentwicklungen im Kern unverändert geblieben ist. Denn:

> „Auch wenn das rhetorische System in der über zweieinhalbtausendjährigen Geschichte der Rhetorik vielfach Gegenstand von Adaptions- und Transformationsprozessen geworden ist, so läßt sich doch ein einigermaßen fester Grundbestand von Vorschriften und Regeln aus dem historischen Lehrbuch-Material abstrahieren, der – zumindest im Schulunterricht – bis ins 19. Jahrhundert hinein gültig ist.“[80]

---

73 MANFRED FUHRMANN, Die antike Rhetorik, 73.

74 Vgl. ebd.

75 Ebd.

76 Ausgehend von der obersten Gattung (γένος/*genus*), welche vielfach die Kunst der Rede war, erfolgte die Einteilung in die darunter anzusiedelnde Gattung (διαίρεσις/*divisio, distributio*), sodann die Kategorisierung der Art (εἶδος/*species*) und anschließend die Definition (ὅρος/*definitio*) des jeweiligen Sachverhalts. Erst danach wurde der eigentliche Sachverhalt inhaltlich beschrieben und wurden die zu beachtenden Regeln und Vorgaben aufgelistet. Vgl. ebd.

77 Vgl. a. a. O., 73f.

78 Vgl. DIETMAR TILL, Art. Rhetorik, 1540f.

79 WALTER JENS, Art. Rhetorik, RDL Bd. 3, Berlin/New York ^{2}2001 (1977), 432–456: 439.

80 DIETMAR TILL, Art. Rhetorik, 1541.

Dieser zentrale Grundbestand des Systems der antiken Rhetorik wird im Folgenden umrissen. Dazu zählen neben den klassischen Produktionsstadien einer Rede auch die verschiedenen Redeteile, die Wirkungsfunktionen, der Redeschmuck und die Bedeutung der Übung für das Erlernen der Rhetorik. Die Darstellung des rhetorischen Systems orientiert sich vor allem an QUINTILIANS *Institutio oratoria*, da in seiner Abhandlung die theoretische Reflexion der Antike über die Rhetorik ihren Höhepunkt findet.[81]

2.1 Die Produktionsstadien einer Rede

Das Erarbeiten einer Rede wurde bereits in der Antike als planvolles Vorgehen konzipiert, für das eine Abfolge von Schritten und Produktionsstadien entwickelt wurde. Die Arbeitsschritte zeigen auf, wie eine Rede erarbeitet werden kann, unabhängig davon, ob sie schriftlich festgehalten oder mündlich vorgetragen werden soll. Sie finden sich bei Cicero pointiert zusammengefasst:

> „[Der Redner] müsse erstens finden, was er sagen solle, zweitens das Gefundene nicht nur hinsichtlich der Anordnung, sondern auch nach der Bedeutung und entsprechend seinem Urteil ordnen und zusammenstellen, es schließlich drittens in wirkungsvolle Worte kleiden, dann im Gedächtnis aufbewahren und endlich würdevoll und elegant vortragen."[82]

Die klassische Erarbeitung einer Rede sieht eine sukzessive Ausarbeitung vor. Im Hintergrund des Schemas der Produktionsstadien steht die „antike sprachtheoretische Vorstellung einer prinzipiellen Trennung von ‚Dingen' bzw. gedanklichen Inhalten (‚was?'; *res*) und ‚Worten' bzw. der sprachlichen Formulierung (‚wie?'; *verba*)"[83]. Vielfach wurde versucht, diese res-verba-Trennung auf die Produktionsstadien anzuwenden und Stadien, in denen die gedanklichen Inhalte erarbeitet werden, von jenen zu unterscheiden, in denen die sprachliche Form entsteht. Dass der Inhalt nicht losgelöst von seiner Form reflektiert werden sollte, wurde dabei bereits in der Antike erkannt.[84]

---

81 Vgl. Dietmar Till, Art. Rhetorik. Geschichte. Begriffsgeschichte. Antike, HWRh, Bd. 7, 1540–1586: 1542, sowie GERT UEDING/BERND STEINBRINK, Grundriß der Rhetorik, 209. Berücksichtigt wird allerdings auch, dass viele Sachverhalte bereits lange vor QUINTILIAN entwickelt wurden und die wichtigsten Einteilungsprinzipien des rhetorischen Systems bereits vollständig in der „Rhetorik ad Herennius" aus dem 1. Jahrhundert v. Chr. zu finden sind. Vgl. MANFRED FUHRMANN, Die antike Rhetorik, 75.

82 MARCUS TULLIUS CICERO, De oratore, 1,142.

83 DIETMAR TILL, Art. Rhetorik, 1547.

84 Vgl. z. B. MARCUS TULLIUS CICERO, De oratore, III,19. Vgl. ferner DIETMAR TILL, Art. Rhetorik, 1547.

Während es im Griechischen für die Produktionsstadien eine einheitliche Bezeichnung gibt (ἔργα τοῦ ῥήτορος), sind im Lateinischen verschiedene Begriffe dafür gebräuchlich.[85] Hier findet im Folgenden *opera oratoris* als lateinischer *terminus technicus* Verwendung.[86]

2.1.1 Die Klärung des Gegenstandes

Ehe eine Rede ausgearbeitet werden kann, braucht es Klarheit über ihren Inhalt, über ihren Redegegenstand. Im ersten Arbeitsschritt *intellectio* geht es um „das Erkennen aller Sachen, Umstände und Beziehungen, die ein vorgegebener Redestoff beinhaltet"[87]. Ehe die konkrete Arbeit an der Rede beginnen kann, muss ein Überblick über den Redestoff gewonnen und die zutreffende Redegattung festgelegt werden. Sofern es eine zentrale Fragestellung gibt, soll diese herausgearbeitet und ihre Beantwortung geklärt werden. Die konkrete Vorgehensweise in diesem Produktionsstadium ist stark vom jeweiligen Thema abhängig, daher gibt es keine detaillierteren Anweisungen und Instruktionen.[88]

Drei Herangehensweisen wurden entwickelt, um der unüberschaubaren Vielfalt der möglichen Redegegenstände zu begegnen und eine weitere Untergliederung vorzunehmen. Die erste Möglichkeit besteht darin, sich mit Hilfe von bestimmten Fragen dem Redegegenstand zu nähern. Es soll beispielsweise geklärt werden, ob es sich um einen spezifischen oder um einen unbegrenzten Redegegenstand handelt, der eine konkrete oder allgemeine Thematisierung bzw. Beantwortung erforderlich macht. Insbesondere am Beispiel der Gerichtsrede lassen sich die verschiedenen Begründungsoptionen aufzeigen, um den Streitstand (*status*) zu erörtern. Dazu gehört zu klären, „ob es sei, was es sei und wie es sei"[89], was Tatfeststellung und -hergang, Beurteilung der Rechtmäßigkeit der Tat oder auch den Prozess umfasst.

Die zweite Möglichkeit liegt in der Charakterisierung des Verhältnisses von Redegegenstand zum Publikum bzw. vom Publikum zum Redegegenstand, also einer gattungsspezifischeren Reflexion. Durch den Fokus auf die Perspektive der Zuhörerinnen und Zuhörer und ihre Haltung zum Redegegenstand können spe-

[85] Als Begriffe werden opera oratoris, officia oratoris, partes artis sowie rhetorices partes verwendet.

[86] Verbreitet ist ebenfalls die Bezeichnung „*officia oratoris*". Diese findet sich insbesondere in modernen Lehrbüchern wie dem von Manfred Fuhrmann und ist auch auf antike Ursprünge zurückzuführen. Doch diese Terminologie ist insofern problematisch, als dass sie Missverständnisse begünstigt: Denn seit der Antike ist die Bezeichnung „*officia oratoris*" für die drei Wirkungsweisen einer Rede deutlich besser belegt, u. a. bei Cicero. Vgl. dazu ausführlicher CHRISTINE WALDE, Art. Officium, HWRh Bd. 6, Tübingen 2003, 405–408.

[87] GERT UEDING/BERND STEINBRINK, Grundriß der Rhetorik, 211.

[88] Vgl. ebd.

[89] MARCUS FABIUS QUINTILIANUS, Institutionis oratoria, III, 6, 80. [Im Original hervorgehoben.]

zifische Anforderungen an die genaue Redegestaltung gestellt werden. So ist bei belanglosen und uninteressanten Themen Wert darauf zu legen, die Aufmerksamkeit des Publikums zu gewinnen, bei überraschenden oder schockierenden Themen ist wiederum mit besonderer Sorgfalt und Umsicht vorzugehen.[90]

Innerhalb der Rhetorik wurde die Frage, ob lediglich bestimmte Themen als potenzielle Redegegenstände der Rhetorik anzusehen sind oder ob alle Themen dafür in Frage kommen, vielfach diskutiert. Quintilian lehnt – im Anschluss an Aristoteles – eine Begrenzung der möglichen Themen ab und konstatiert, „daß der Stoff der Rhetorik alle Gegenstände sind, die sich ihr zum Reden darbieten“[91].

2.1.2 Das Finden des Redestoffes

Erst wenn ein Überblick und eine erste Klarheit über den Redegegenstand gewonnen ist, kann das „Auffinden der Gedanken und stofflichen Möglichkeiten, die sich aus einem Thema bzw. aus einer Fragestellung entwickeln lassen“[92], folgen. In diesem Schritt (*inventio*) gilt es die einzelnen Argumente und Beweisgründe herauszuarbeiten und hinsichtlich ihrer Relevanz und Evidenz abzuwägen. Dies dient der Vorbereitung des nächsten Arbeitsschrittes, der sprachlichen Ordnung und Gestaltung (*dispositio*), auf die auch schon vorausgegriffen werden kann.[93]

Der Vorgang der *inventio* ist kein objektiver Arbeitsschritt, sondern eine Produktionsphase, die maßgeblich von der eigenen Subjektivität und Parteilichkeit geprägt ist. Der jeweilige Standpunkt muss gefunden und die weiteren Argumente und Aspekte müssen möglichst dienlich ausgewählt werden, um eine überzeugende Rede zu entwerfen. Cicero rät daher: „Wenn ein Gesichtspunkt derart ist, daß er mehr nützt als schadet, beschließe ich ihn vorzubringen; das, worin ich mehr Negatives als Positives finde, verwerfe ich vollkommen und lasse es beiseite.“[94]

Ausschlaggebend sind für die *inventio* damit Fähigkeiten, die nicht die Rhetorik lehrt: wissenschaftliche Expertise etwa oder Scharfsinnigkeit und Strebsamkeit, welche als Teil der „Naturanlagen“ (*natura*) angesehen werden. Da durch Fleiß zahlreiche andere natürlichen Veranlagungen in den Prozess miteinbezogen werden können, wird ihm eine besondere Relevanz zugeschrieben.[95]

---

[90] Vgl. Gert Ueding/Bernd Steinbrink, Grundriß der Rhetorik, 214.

[91] Marcus Fabius Quintilianus, Institutionis oratoria, II, 21, 4.

[92] Gert Ueding/Bernd Steinbrink, Grundriß der Rhetorik, 214. Ferner betont Cicero: „Sobald ich einen Fall und Sachverhalt erst gründlich kenne, zeigt sich mir sogleich der springende Punkt in der Auseinandersetzung.“ Marcus Tullius Cicero, De oratore, 2,104; vgl. Ferner a. a. O., 2,132.

[93] Vgl. Gert Ueding/Bernd Steinbrink, Grundriß der Rhetorik, 214.

[94] Marcus Tullius Cicero, De oratore, II,102.

[95] Vgl. Gert Ueding/Bernd Steinbrink, Grundriß der Rhetorik, 215.

2.1.3 Die Ordnung bzw. Gliederung des Redestoffes

Nachdem die einzelnen Argumente inhaltlich und in ihrer Relevanz reflektiert wurden, folgt die Anordnung der Argumente zu einer ersten Gliederung der Rede(*dispositio*). Dieser Arbeitsschritt wird *dispositio* genannt. QUINTILIAN beschreibt ihn als „eine Form der Zusammenstellung, die in der rechten Weise das Folgende mit dem Vorausgehenden verknüpft“[96].

Für die Festlegung einer stimmigen und überzeugenden Anordnung ist die Reflexion der eigenen Redeabsicht notwendig. Die Argumente müssen dafür einerseits in einen sinnstiftenden Zusammenhang gebracht werden und andererseits braucht es eine adäquate sprachliche Gestaltung. Wichtige Kriterien für die Anordnung und die spätere sprachliche Ausgestaltung sind die drei Wirkungsweisen einer Rede, die dazu beitragen, dass eine Rede als ansprechend oder überzeugend wahrgenommen wird. Die Wirkungsweisen werden auch als Aufgaben eines Redners (*officia oratoris*) bezeichnet und umfassen die Funktionen *docere* (zu unterrichten), *movere* (Leidenschaften zu erregen) und *delectare* (zu unterhalten).[97] Diese gehen auf die Einsicht zurück, dass eine Rede ihre persuasive Wirkung auf unterschiedlichen Wegen erreichen kann. Wird beispielsweise primär sachgerecht argumentiert oder eine These begründet, strebt eine Rede mit Hilfe des Logos ein intellektuelles Wirkungsziel an, indem die Zuhörer von der Richtigkeit der Argumentation überzeugt werden sollen. Wird hingegen intendiert, das Publikum zu erfreuen oder für sich zu gewinnen, rückt das Ethos in den Vordergrund der Darstellung, so dass beispielsweise der Charakter oder die Glaubwürdigkeit des Redners akzentuiert wird. Neben diesem milden Affektziel gibt es außerdem das leidenschaftliche Affektziel, das durch Pathos zu überzeugen versucht. Dabei wird versucht, günstig auf die Stimmung und die Emotionen der Zuhörenden einzuwirken und sie emotional zu bewegen. Für Aristoteles liegt das Ziel der Rhetorik darin, für jeden möglichen Redegegenstand und Sachverhalt die geeigneten Überzeugungsmittel zur Verfügung zu stellen.[98] Innerhalb einer Rede wird ein ausgewogenes Verhältnis von emotionalen und rationalen Überzeugungsmitteln angestrebt. Doch zeigt sich, dass rationale Überzeugungsmittel besser in argumentativen Redeabschnitten geeignet sind, während die emotionalen Überzeugungsmittel besonders gut zu Beginn und am Ende einer Rede zur Geltung kommen.[99]

---

96 MARCUS FABIUS QUINTILIANUS, Institutionis oratoria, VII, 1, 1.

97 Vgl. dazu ausführlicher unter Kap. II.2.3.

98 Vgl. ARISTOTELES, Rhetorik, I,2,1.

99 Als *captatio benevolentiae* bezeichnet man beispielsweise die auf emotionalen Überzeugungsmitteln basierende Redefigur, die zu Beginn einer Rede das Wohlwollen und die Gunst des Publikums hervorrufen soll. Sie gilt als eine der wirkungsvollsten und oft verwendeten Stilmittel. Vgl. BURKHARD WESSEL, Art. Captatio benevolentiae, HWRh. 2, Tübingen 1994, 121–123. Vgl. ferner GERT UEDING/BERND STEINBRINK, Grundriß der Rhetorik, 215.

Cicero beschreibt die Berücksichtigung der Wirkungsfunktionen für die Gliederung einer Rede prägnant:

> „Ehe wir zur Sache kämen, gelte es zunächst, die Herzen der Zuhörer zu gewinnen, dann die Sache darzulegen, danach den strittigen Punkt festzustellen, so dann unseren Standpunkt zu erhärten, darauf die Gegenargumente abzuweisen, am Schluß der Rede aber das, was für uns spreche, groß herauszustellen und hervorzuheben, was für die Gegenseite spreche, zu entkräften und zu widerlegen."[100]

Jenseits der eigenen Redeabsicht geben darüber hinaus Ordnungsschemata Orientierung zur Gliederung der Argumente. Als elementare Ordnungsschemata ist neben der sogenannten natürlichen Ordnung (*ordo naturalis*) auch die künstliche Ordnung (*ordo arificialis*) zu nennen. Das natürliche Ordnungsprinzip wird als Imitation der gegebenen Ordnung der Dinge betrachtet. Im Kontext einer Rede bedeutet dies ein Redeaufbau bestehend aus Einleitung, Argumentation und Schluss. Alle davon abweichenden Gliederungsmöglichkeiten werden im künstlichen Ordnungsprinzip subsumiert und differenzieren den Aufbau hinsichtlich ihrer inhaltlichen wie sprachlichen Anfertigung. Als übersichtlich, klar und hörerfreundlich gilt etwa die zweigliedrige, antithetische Disposition, bei der gegenteilige Argumente unmittelbar aufeinander folgen und die insbesondere bei kürzeren Beiträgen zu empfehlen ist. Besteht hingegen eine Rede aus Einleitung, Hauptteil und Schluss kann insbesondere der argumentative Hauptteil weiter untergliedert werden (drei-, vier-, fünf- oder mehrgliedrig), entsprechend der Art der Rede und der intendierten Wirkung.[101]

2.1.4 Die Arbeit am sprachlichen Ausdruck

Auf die Ordnung der einzelnen Argumente folgt die sprachliche Ausarbeitung (*elocutio*).[102] In der Abfolge der Produktionsstadien hat dieser Schritt das Ziel, die in *intellectio* und *inventio* gefundenen und in der *dispositio* geordneten Begriffe, Argumente und Gedankengänge sprachlich adäquat auszudrücken. Cicero umschreibt dies damit, den Redestoff „in wirkungsvolle Worte [zu] kleiden"[103]. Die Form darf dabei nicht losgelöst vom Inhalt betrachtet werden, vielmehr ist die Zusammengehörigkeit von Form und Inhalt, von Denken und Sprechen essenziell:

> „Die eigentliche rhetorische Lehre besteht also in der Einheit von Denken und Sprechen, so daß Reden oder Schreiben dann nicht mehr bloß eine Bekleidung von Sa-

[100] Marcus Tullius Cicero, De oratore, 1,143.
[101] Vgl. Gert Ueding/Bernd Steinbrink, Grundriß der Rhetorik, 216ff.
[102] Vgl. Marcus Fabius Quintilianus, Institutionis oratoria, VIII, Vorrede, 13.
[103] Marcus Tullius Cicero, De oratore, 1,142.

chen mit Worten bedeutet, sondern Erkenntnis produziert und dadurch selber eine *ars inveniendi*, eine Erfinde- und Findekunst, darstellt."[104]

Die separate Reflexion beider Abläufe auf theoretischer Ebene ist daher auf Grund von didaktischen Gründen ratsam. Nur so können die zahlreichen einzelnen Aspekte detailliert betrachtet und erlernt werden. Dies verdeutlicht, wie stark die Rhetorik als Handwerkskunst von ihrer Einübung und Erfahrung geprägt ist.[105]

Damit die sprachliche Gestaltung gelingt, entwirft Cicero ein spezifisches Vorgehen bzw. eine Priorisierung der Kriterien:

„[...] daß wir erstens sprachlich richtig, zweitens klar und deutlich, drittens wirkungsvoll und viertens der Würde unseres Themas angemessen und gleichsam schicklich formulieren."[106]

Cicero formuliert damit die wichtigsten Tugenden (*virtutes elocutionis*) dieses Arbeitsschrittes: Sprachrichtigkeit (*latinitas*), Klarheit (*perspicuitas/claritas*), Angemessenheit (*aptum*) und der geeignete Redeschmuck (*ornatus*). Sie betreffen den sprachlichen Ausdruck auf der Wortebene (*verba singula*) als auch auf der Ebene der Wortverbindungen (*verba coniuncta*). Während die Sprachrichtigkeit den syntaktisch und idiomatisch einwandfreien Sprachausdruck anstrebt, zielt die Klarheit auf die treffendste Wortwahl und Ausdrucksgestaltung. Das Kriterium der Angemessenheit gilt sowohl für alle Bestandteile innerhalb einer Rede als auch für das Verhältnis einer Rede zu äußeren Umständen wie Charakteristika des Publikums oder Zeitpunkt der Rede. Es durchdringt nahezu alle rhetorischen Fragestellungen und orientiert jede Entscheidung innerhalb des rhetorischen Arbeitens.[107] Abschließend gilt auch die Schönheit des Ausdrucks durch den passenden Redeschmuck als wichtiges Kriterium, wobei QUINTILIAN betont, dass übermäßiger Redeschmuck einer Rede mehr schaden als nützen kann.[108] In den rhetorischen Lehrwerken wird betont, dass gegen diese Tugenden nicht verstoßen werden sollte, sondern jeder Fehler (*vitium*) nur bei schlüssigen Begründungen legitim sein kann.[109] Dem Kriterium der Angemessenheit kommt eine regulierende Funktion zu, weshalb es sich auf alle anderen Aspekte auswirkt. Innerhalb der Tugenden kommt der Angemessenheit daher eine herausgehobene Rolle zu, was sich auch an ihrer grundlegenden Relevanz zeigt. Für ethisch-rhe-

---

104 GERT UEDING/BERND STEINBRINK, Grundriß der Rhetorik, 219.

105 Vgl. ebd.

106 MARCUS TULLIUS CICERO, De oratore, 1,144.

107 Vgl. KARL-HEINZ GÖTTERT, Einführung in die Rhetorik, 62f. Vgl. ferner Bernhard Asmuth, Art. Angemessenheit, HWRh, Bd. 1, Tübingen 1992, 579–604.

108 Vgl. MARCUS FABIUS QUINTILIANUS, Institutionis oratoria, XI, 1, 2.

109 Vgl. GERT UEDING/BERND STEINBRINK, Grundriß der Rhetorik, 221f. Auf eine ausführlichere Darstellung aller Tugenden würde den hier vorliegenden Rahmen sprengen, vgl. daher a. a. O., 222–234.

torische Fragestellungen gilt sie ebenso als grundlegendes Kriterium wie für die Vortragsweise.[110] Cicero setzt daher eine besondere Urteilsfähigkeit (*iudicum*) als rednerische Notwendigkeit voraus, um bei den vielen Entscheidungen zur inhaltlichen Ausrichtung und zur sprachlichen Gestaltung sorgsam abzuwägen und maßvoll zu agieren.[111]

Der Arbeitsschritt der *elocutio* darf nicht missverstanden werden als bloße Reflexion einer stilistisch und sprachlich-ästhetisch ansprechenden Gestaltung. Im Gegenteil, Quintilian warnt explizit davor, mit zu viel Akribie eine wohlgefällige Ausdrucksweise zu verfolgen. Die Qualität der gesamten Rede nimmt ab, da

> „[...] die besten Ausdrücke am wenigsten weit hergeholt sind und dem einfachen, aus dem wirklichen Wesen der Sache selbst stammenden ähneln. Denn die Ausdrücke, die die Mühe verraten, die sie gemacht haben, und es sogar wollen, dass man sie für erfunden und gekünstelt hält, finden nicht nur keinen Anklang, sondern verlieren auch ihre Glaubwürdigkeit deshalb, weil sie den Sinn verdunkeln und ihn ersticken, wie die Saat bei üppigem Graswuchs erstickt."[112]

Mit dem Arbeitsschritt der *elocutio* kommt die formale Gestaltung der Rede zu ihrem Ende. Dies erfordert große Umsicht und Sorgfalt, damit sie auf die beabsichtigte Wirkung der Rede abgestimmt ist, und zugleich einen natürlichen Eindruck erweckt. Auch wenn die sprachliche Gestaltung einer Rede maßgeblichen Einfluss darauf hat, ob die rednerische Wirkungsabsicht erreicht wird, sollte die formale Ebene nicht überbewertet werden.

2.1.5 Das Memorieren der Rede

Sobald eine Rede sprachlich ausgearbeitet ist, schließt das Memorieren (*memoria*) an. Die bisher erarbeitete Rede gilt es einzuprägen, um sie möglichst präsent vortragen zu können. In der Antike war das freie Reden besonders wichtig, daher war das erfolgreiche und detaillierte Einprägen der Rede besonders wichtig. Ein Redner sollte sich sowohl den inhaltlichen Aussagegehalt einer Rede merken sowie die Reihenfolge der Gedanken und den erarbeiteten sprachlichen Ausdruck. Auch Gestik und Mimik werden in diesem Arbeitsschritt memoriert.

Spezielle Mnemotechniken leiteten bereits in der Antike dazu an, die Gedächtnisleistung gezielt auszubauen.[113] In Lehrbüchern fanden sich Anweisun-

---

110 Vgl. a. a. O., 221ff.

111 Vgl. a. a. O., 223.

112 Marcus Fabius Quintilianus, Institutionis oratoria, VIII, Vorrede, 23. Ähnlich warnte auch Cicero vor dem schmalen Grat zwischen Wohlgefallen und Überdruss; letzterer entstehe schnell bei einer äußerst harmonischen, schönen und gut betonten Rede. Vgl. Marcus Tullius Cicero, De oratore, III,100.

113 Vgl. etwa Marcus Fabius Quintilianus, Institutionis oratoria, XI,2, 1ff. Oder Marcus Tullius Cicero, De oratore, 2,354ff.

gen, die zumeist mit visuellen Vorstellungstechniken wie der Loci-Methode arbeiteten. Bei diesem Vorgehen, das in der Antike weit verbreitet war, werden bestimmte Punkte von vertrauten Orten oder Wegen in festgelegter Reihenfolge mit den aufeinanderfolgenden Aspekten der Rede verknüpft. Die dadurch entstehenden eindrücklichen Bilder ermöglichen effektives Memorieren.[114]

2.1.6 Das Vortragen der Rede

> „Der Vortrag, sage ich, hat in der Redekunst allein entscheidende Bedeutung. Denn ohne ihn gilt auch der größte Redner nichts, ein mittelmäßiger, der ihn beherrscht, kann aber oft die größten Meister übertreffen.“[115]

Nicht nur Cicero erkannte die Schlüsselrolle der angewandten oder praktischen Rhetorik. Die Hochschätzung des konkreten Redeaktes in der Antike zeigt sich auch darin, dass das Vortragen einer Rede (*pronuntiatio, actio*) noch zu den Produktionsstadien (*opera orationis*) zählt.

Dieser Arbeitsschritt umfasste das breite Spektrum des Vortragens, wozu die stimmliche Darbietung ebenso zählt wie Gestik, Körperhaltung und weitere Elemente der Inszenierung. Erst im Laufe der Zeit etablierte sich die Differenzierung in *pronuntiatio* als Bezeichnung für den stimmlichen Vortrag und *actio* für die körperliche Dimension der Beredsamkeit. Übereinstimmend leiten die antiken Anleitungen dazu an, das Vortragen einer Rede auf die Überzeugungsleistung abzustimmen. Dafür sind die emotionalen Wirkweisen einer Rede, verhandelt als *ethos* und *pathos*, zu reflektieren. *Ethos* bringt die Überzeugungsleistung, die an die Person des Rhetors geknüpft ist, zum Ausdruck, da ein glaubwürdiges Auftreten als zuverlässiger *vir bonus* seine inhaltlichen Aussagen ausschlaggebend unterstützen und somit das Geneigtsein der Zuhörer befördern kann. Weder stimmlich noch körperlich soll der Rhetor versuchen, einen Eindruck zu erwecken, der nicht den Tatsachen entspricht, vielmehr wird vorausgesetzt, dass der Redner als *vir bonus* auch ethisch äußerst reflektiert vorgeht. Während die Schauspielerei die Realität lediglich nachahmt, geht es in der Rhetorik um die Darstellung der Realität, wie Cicero betont.[116]

Zu den affekterregenden Mitteln einer Rede gehört neben der Körpersprache auch das Präsentieren von Zeugen, Beweisgegenständen etc. oder das In-Szene-Setzen des Redeortes. Quintilian mahnt daher zu konsequenter Angemessenheit und Feinfühligkeit, um das Potenzial der Rhetorik nicht zu missbrauchen. Er hebt hervor, „daß nur ein Redner von höchster Kraft und Begabung sich daran wagen darf, zu Tränen zu rühren“[117].

---

114 Vgl. Gert Ueding/Bernd Steinbrink, Grundriß der Rhetorik, 235.

115 Marcus Tullius Cicero, De oratore, 3,213.

116 Vgl. Marcus Tullius Cicero, De oratore, 3,214.

117 Marcus Fabius Quintilianus, Institutionis oratoria, VI, 1, 44.

Bereits diese knappen Ausführungen zu den klassischen Produktionsstadien einer Rede verdeutlichen, wie umfassend die Gesamtheit rhetorischer Fragestellungen im Rahmen der *opera oratoris* thematisiert und reflektiert wird.[118] Auch heute noch erhellen sie den Erarbeitungsprozess einer Rede. Da sich allein von den Produktionsstadien nicht alle Dimensionen des Systems der Rhetorik in ihrer Tiefe erschließen lassen, folgt die Darstellung einiger übergreifender Aspekte.

2.2 Der klassische Aufbau einer Rede

Nicht nur die Erarbeitung einer Rede wurde in der Antike intensiv reflektiert und methodisch angeleitet, sondern auch ihr Aufbau und ihre einzelnen Bestandteile (*partes orationis*). Der idealtypische Aufbau einer Rede setzte sich aus einer Einleitung, einem erzählendem und einem argumentierenden Hauptteil und einem Redeschluss zusammen.[119] Besonderen Wert wurde dabei auch auf die Gestaltung der Übergänge gelegt, damit die Rede in ihrem Gesamtarrangement harmoniert und ihre Wirkung entfalten kann. Im Folgenden werden die Charakteristika aller Redeteile skizziert.

2.2.1 Die Einleitung

CICERO definiert die Einleitung (*exordium*) als „[den] Teil der Rede, der das Gemüt des Zuhörers in geeigneter Weise für den übrigen Vortrag vorbereitet; dies wird eintreten, wenn er ihn wohlwollend, aufmerksam und belehrbar macht."[120] Damit umschreibt er die doppelte Funktion einer Einleitung: Sie soll in das Thema einführen und die Zuhörenden ansprechen, so dass sie interessiert und zugewandt der Rede folgen. Die Einleitung muss präzise auf die restliche Rede abgestimmt sein, was sich nicht nur in ihrem Inhalt und ihrer sprachlichen Gestaltung zeigt, sondern auch hinsichtlich ihrer spezifischen Funktion. Aus diesem Grund rät Cicero dazu, sie als letztes anzufertigen.[121]

Die spezifischen Anforderungen an eine Einleitung ergeben sich maßgeblich aus dem Redegegenstand einer Rede. Stellt ein einfaches und interessantes Thema den Redegegenstand dar (*genus honestum*), genügt eine direkte und knappe Einleitung. Handelt es sich jedoch um ein problematisches Thema oder eine heikle Fragestellung (*genus obscurum*), sollte die Einleitung das primäre Ziel

---

118 Vgl. MANFRED FUHRMANN, Die antike Rhetorik, 75.

119 Vgl. GERT UEDING/BERND STEINBRINK, Grundriß der Rhetorik, 259.

120 MARCUS TULLIUS CICERO, De inventione rhetorica. Rhetorik oder von der rhetorischen Erfindungskunst. Übersetzt von Theodor Nüßlein, Darmstadt 1998, I,15,20.

121 Vgl. MARCUS TULLIUS CICERO, De oratore, 2,320f.

verfolgen, die Hörerinnen und Hörer so anzusprechen, dass sie sich auf die Rede und ihr schwieriges Thema einlassen können (*docilem parare*). Quintilian zufolge kann das gelingen, indem ausschweifende Vorbemerkungen vermieden werden und „wenn wir kurz und klar die Hauptsache [...] angeben“[122].

Liegt hingegen ein zunächst uninteressanter Regegenstand (*genus humile*) vor, wird das Erlangen der Aufmerksamkeit (*attentum parare*) als wichtigstes Ziel der Einleitung definiert. Damit Aufmerksamkeit erzeugt werden kann, sollte Desinteresse vorgebeugt werden. Das Publikum sollte vor Beginn der Rede nicht müde, übersättigt oder gelangweilt sein.[123] QUINTILIAN rät darüber hinaus, zu Beginn eine kurze und knappe Rede anzukündigen und auch in der Einleitung mit wenigen Sätzen auszukommen. Ebenso empfiehlt er hervorzuheben, inwiefern der Redegegenstand die Belange und Interessen der Hörenden betrifft (*tua res agitur*) und daher relevant ist.[124] Auch zu unterstreichen, wie innovativ oder wichtig sich das Themenfeld der Rede darstellt, kann ein Mittel sein, um die Aufmerksamkeit des Publikums zu erlangen.

Während bei einem tendenziell uninteressanten Redegegenstand die Einleitung primär auf die Aufmerksamkeit und das Interesse der Zuhörerinnen und Zuhörer auszurichten ist, erfordert es ein zwiespältiges Thema, das Wohlwollen des Publikums (*captatio benevolentiae*) zu gewinnen. Als *captatio benevolentiae* bezeichnet man die auf emotionalen Überzeugungsmitteln basierende Redefigur, die zu Beginn einer Rede das Wohlwollen und die Gunst des Publikums hervorrufen soll. Ursprünglich wurde sie primär bei Gerichtsreden verwendet, doch inzwischen gilt sie als eines der wirkungsvollsten und meistverwendeten Stilmittel.[125] Dies liegt auch daran, dass nicht nur der Bezug zur eigenen Person, zu den Hörerinnen und Hörern oder zu Opponenten, sondern auch eine Sachlage als Ausgangspunkt verwendet werden kann, um sich beim Publikum einzuschmeicheln oder es wohlwollend zu stimmen. Vor allem bei Gerichtsreden wurde empfohlen, „die eigene Person bzw. Sache in gutem und die gegnerische in schlechtem Lichte erscheinen zu lassen und die Zuhörer/Richter durch Hinweise auf ihre früheren richtigen Entscheidungen oder auf ihr hohes Ansehen günstig zu stimmen.“[126]

Liegt hingegen ein Redegegenstand vor, der die Zuhörenden schockieren könnte (*genus turpe*), sind andere Mittel für die Gestaltung der Einleitung zu wählen. Bei einem derart schwerwiegenden Thema sollte beispielsweise nicht zu Beginn der Rede um das Wohlwollen des Publikums geworben werden. Stattdessen

---

122 MARCUS FABIUS QUINTILIANUS, Institutionis oratoria, IV, 1, 34.

123 Vgl. a. a. O., IV, 1, 48.

124 CICERO merkt hierbei völlig richtig an, dass dies „ein heftiger und kämpferischer Eingangsteil der Rede“ (MARCUS TULLIUS CICERO, De oratore, 2,317) und daher nur selten nötig sei.

125 Vgl. BURKHARD WESSEL, Art. Captatio benevolentiae, 121ff. Es finden sich daher auch zahlreiche Belege in der Literatur, beispielsweise zu Beginn von Thomas Manns „Der Zauberberg“. Vgl. ebd.

126 KLAUS SCHÖPSDAU, Art. Exordium, HWRh, Bd. 3, Tübingen 1996, 136–140.

plädiert Quintilian für eine indirekte Einleitung, die ablenkt und stärker mit affektiven Mitteln arbeitet. Er schlägt vor, den Sachverhalt als weniger gewichtig oder anders intendiert darzustellen, um den eigenen Standpunkt zu stärken. Gibt es wie bei Gericht eine Partei mit gegensätzlicher Meinung, kann diese in schlechtes Licht gerückt oder die eigene Absicht besonders akzentuiert werden. Quintilian hält fest: „Macht uns die Sache zu schaffen, so muß die Person aushelfen; ist es die Person, so muß es die Sache.“[127] Er rät dazu, stets das in den Vordergrund zu rücken, was unkritisch ist – je nach Sachlage kann das mal eine beliebte Person oder ein völlig unstrittiger Sachverhalt sein.[128]

Die Differenzierungen zur funktionalen Ausrichtung und Gestaltung einer Einleitung verweisen auf die Relevanz für das Gelingen der weiteren Rede. Daher sollte die Einleitung mit ebenso viel Sorgfalt entworfen werden wie die restlichen Redeteile und umsichtig auf sie abgestimmt werden.

2.2.2 Die Erzählung

Auf die Einleitung folgt die Erzählung (*narratio*), die Quintilian als „nützliche Darstellung eines tatsächlichen oder scheinbar tatsächlichen Vorgangs“[129] beschreibt. Sie dient der Veranschaulichung und Plausibilisierung des eigenen Standpunktes. Als wichtigste Tugenden zählen dabei Kürze, Klarheit, Deutlichkeit und Glaubhaftigkeit, die bei jeder Erzählung berücksichtigt und eingehalten werden sollten. Das soll zweierlei sicherstellen: Erstens kann dann die Erzählung als möglichst sachliche Belehrung über den Sachverhalt fungieren und zweitens wird damit Desinteresse auf Seiten der Hörenden abgewehrt. Zugleich räumt Cicero ein, dass die strikte Einhaltung nicht höchste Priorität hat, da

> „eine Erzählung, die man erzählt, sowohl glaubwürdiger ist, wenn man darlegt, wie sie sich zugetragen hat, als auch verständlicher, wenn man zuweilen bei ihr innehält und nicht mit solcher Kürze über sie hinweghuscht“[130].

Entscheidender als die strikte Einhaltung aller Tugenden ist für Cicero, dass die Erzählung verständlich und anschaulich ist, andernfalls schadet es der gesamten Rede.[131]

Auch Exkurse und Abschweifungen sind erlaubt, sofern sie den Aufbau der Rede nicht unterbrechen und eine Funktion erfüllen, sei „es nun für Unwillen, Mitleid, Entrüstung, Schelten, Entschuldigen, Gewinnen oder Abwehr von

---

127 Marcus Fabius Quintilianus, Institutionis oratoria, IV, 1, 44.

128 Vgl. Gert Ueding/Bernd Steinbrink, Grundriß der Rhetorik, 261; vgl. ferner Klaus Schöpsdau, Art. Exordium, 136–140.

129 Marcus Fabius Quintilianus, Institutionis oratoria, IV, 2, 31.

130 Marcus Tullius Cicero, De oratore, 2,328–329.

131 Vgl. a. a. O., 2,329.

Schmähungen"[132] zu sorgen oder zur Beweisführung überzuleiten. Die Beweisführung folgt in der Regel auf die Erzählung. Allerdings kann es auch Gründe dafür geben, die Erzählung aufzuteilen und an verschiedenen Stellen in die Rede einzubauen.[133]

Bei der narrativen Gestaltung der Erzählung gibt es daher einige Freiheiten, wie Quintilian ausführt:

> „Ich leugne ja nicht, daß bei der Erzählung so, wie manches bestritten, manches hinzugesetzt, manches geändert, so auch manches verschwiegen werden muß. Aber verschweigen muß man, was zu verschweigen sich als nötig und als möglich erweist."[134]

Es ist somit umsichtig zu reflektieren, welche Funktion die Erzählung innerhalb der Rede einnehmen soll und wie sie bestmöglich auf die eigene Redeintention abzustimmen ist. In ihrer inhaltlichen Ausrichtung sowie ihrer sprachlichen Gestaltung ist die Erzählung an die restliche Rede anzupassen.

2.2.3 Die Beweisführung

Ausgehend von einer Gerichtsrede, die die römische Rhetorik wesentlich geprägt hat, gilt als wichtigster Redeteil die eigentliche Beweisführung *(argumentatio)*. In diesem Redeteil soll die Streit- oder Ausgangsfrage möglichst stichhaltig und überzeugend geklärt werden. Die Beweisführung kann sich auf Zeichen, Beweise und Beispiele stützen und ist auf die restlichen Redeteile angemessen abzustimmen. Emotionale Überzeugungsmittel können ebenso hinzugenommen werden, wobei der Schwerpunkt auf der rationalen Belehrung liegen soll.

Quintilian empfiehlt, zu Beginn der Beweisführung die Redeziele zu nennen, um das Zuhören zu erleichtern und das Wesentliche stärker zu akzentuieren. Auch wenn dadurch im späteren Verlauf keine Überraschungseffekte mehr zu erzielen sind, überzeugt diese Herangehensweise als „handgreifliche, klare und sinnvolle Grundlage für den ganzen Fall."[135]

Es gibt zwei Arten der Beweisführung, die sich darin unterscheiden, dass sie die Argumentation zugunsten eines Sachverhalts darbringen (*probatio*) oder diese zu widerlegen suchen (*refutatio*). Sowohl die Beweisführung als auch die Widerlegung greifen auf dieselben Beweismittel zurück. Sie werden vielfach am Beispiel der positiven Beweisführung erläutert. Die positive Beweisführung kann entweder auf äußere Beweismittel, sogenannte Kunstmittel, zurückgrei-

---

132 Marcus Fabius Quintilianus, Institutionis oratoria, IV, 3, 15. Vgl. a. a. O., IV, 3.

133 Vgl. Gert Ueding/Bernd Steinbrink, Grundriß der Rhetorik, 264. Vgl. ferner Manfred Fuhrmann, Die antike Rhetorik, 89.

134 Marcus Fabius Quintilianus, Institutionis oratoria, IV, 2, 2–3.

135 A. a. O., IV, 5, 3ff.

fen, oder mit solchen arbeiten, „die er aus dem Fall selbst bezieht und gewissermaßen erzeugt."[136] „[G]erichtliche Vorentscheidungen, Gerüchte, [...] Urkunden, Eidesleistungen und Zeugenaussagen"[137] werden als Beweisführungen ohne Kunstmittel angesehen, da sich ihre Beweise aus dem jeweiligen Sachverhalt ergeben. Sie spielen beispielsweise bei Augenzeugenberichten oder sachlichen Berichten eine zentrale Rolle. Ergeben sich die Beweise nicht von selbst, bieten sich dem Rhetor verschiedene Ansätze, mit Hilfe von technischen Beweismitteln die Argumentation aufzubauen. Die Argumentation kann auf logischen Zusammenhängen oder Wahrscheinlichkeitsannahmen beruhen. Des Weiteren kann sie sowohl induktiv als auch deduktiv konzipiert sein. Beim induktiven Vorgehen werden die Argumente aus Beispielen und Indizien hergeleitet, das deduktive Vorgehen sieht das Schlussfolgern der Argumente von logischen Zusammenhängen oder Wahrscheinlichkeitsannahmen vor.[138]

Um der eigenen Beweisführung nachdrücklich Gewicht zu verleihen, ist schließlich noch das Mittel der Steigerung und Vergrößerung bzw. der Verringerung und Abschwächung eines Arguments zu nennen. Die leichte Überzeichnung der Vor- bzw. Nachteile eines Sachverhalts wird als unverzichtbarer Teil der Beweisführung und Mittel für mehr Klarheit (*perspicuitas*) anerkannt. Daher gilt sie als besonders wichtig.[139]

2.2.4 Der Redeschluss

Auch das Ende einer Rede (*peroratio*) muss präzise reflektiert und angemessen gestaltet werden. An den Redeschluss werden zwei Anforderungen gestellt: Er soll zum einen die wesentlichen Aspekte der gesamten Rede so zusammenfassen, dass sie sich bei den Hörenden besonders gut einprägen. Zum anderen soll er den eigenen Standpunkt pointiert und nachdrücklich zur Geltung bringen, um die Hörenden vollends davon zu überzeugen.[140] Der Redeschluss sollte in erster Linie kurz und klar gestaltet werden, „[d]enn falls wir uns dabei aufhalten, ergibt es [...] gleichsam eine neue Rede."[141] Zugleich ist darauf zu achten, dass sich der Redeschluss organisch an die vorangegangene Rede anschließt und weder inhaltlich noch in der Gestaltung unvorhergesehenes kommuniziert. QUINTILIAN rät dazu, sich bei der zusammenfassenden Aufzählung der zuvor genannten Thesen und Beweise kurz zu fassen und diese in sprachlich leicht veränderter Form

---

136 A. a. O., V, 1, 1.

137 A. a. O., V, 1, 2.

138 Vgl. GERT UEDING/BERND STEINBRINK, Grundriß der Rhetorik, 264ff. Darüber hinaus gibt es zahlreiche Charakteristika, die auf alle Beweisarten zutreffen. Vgl. MARCUS FABIUS QUINTILIANUS, Institutionis oratoria, V, 8, 4ff.

139 Vgl. GERT UEDING/BERND STEINBRINK, Grundriß der Rhetorik, 272ff.

140 Vgl. MARCUS TULLIUS CICERO, De oratore, 2,332.

141 MARCUS FABIUS QUINTILIANUS, Institutionis oratoria, VI, 1, 2.

darzulegen. Er wertet dies als Ausdruck des eigenen Zutrauens in die Gedächtnisleistung der Zuhörenden.[142] Zur Erregung der Affekte empfiehlt er, alles aufzubieten, wozu der Rhetor im Stande ist, damit der Redeschluss als „krönende[r] Abschluss der Rede“[143] zur Geltung kommt:

> „Denn einerseits werden wir nun, wenn wir im Übrigen gut gesprochen haben, das Herz der Richter besitzen, und andererseits können wir nun, nachdem unser Schiff das gefährliche Klippengebiet verlassen hat, volle Segel setzen, und da der größte Teil des Epilogs in der Steigerung besteht, dürfen wir unsere Worte und Gedanken in all ihrem Glanze und Schmuck zur Geltung bringen.“[144]

Insbesondere die Gefühlsregungen, die in die Kategorien des *Pathos* (*movere*) und *Ethos* (*delectare*) gehören, sind für den Redeschluss von Bedeutung. Sie werden im nächsten Kapitel beleuchtet.

2.3 Die drei Wirkungsfunktionen einer Rede

Rhetorik ist nicht als reine Argumentationstheorie zu verstehen. Jede Rede ist eine kommunikative Handlung und damit intentional.[145] Erst durch ihre Wirkung wird eine Rede persuasiv, da sie die Hörenden überzeugen und zu einer veränderten Haltung bewegen kann. Dabei sind auf kognitiver wie emotionaler Ebene sind die Menschen anzusprechen.

> „Überzeugung [soll] also einerseits aufgrund von intellektueller Einsicht, andererseits aber auch aufgrund von affektiver Motivation zustandekommen, wobei teils die Besänftigung, teils die Erregung der Affekte (Leidenschaften) eine Rolle spielt.“[146]

Seit der Antike werden daher mit der Trias *docere* (belehren), *delectare* (erfreuen), *movere* (bewegen) die Aufgaben eines Redners (*officia oratoris*) umschrieben, die mit drei unterschiedlichen Wirkweisen einer Rede einhergehen. „Die Belehrung durch das *docere* richtet sich in erster Linie an den Intellekt, die Erschütterung durch *movere* vor allem an das Gefühl, während die Unterhaltung durch *delectare* beides betrifft.“[147] Vor allem die Wirkungsweisen *delectare* und *movere*, also die auf den Affekten basierenden Wirkungsfunktionen, werden als eigentliche Domäne der Rhetorik betrachtet, da sie einem Redner viel Erfahrung, Wissen und

---

142 Vgl. ebd.

143 A. a. O., VI, 1, 55.

144 A. a. O., VI, 1, 52.

145 Vgl. ANDREAS BÖHN, Art. Wirkung, HWRh Bd. 9, Tübingen 2009, 1377–1383: 1378.

146 KARL-HEINZ GÖTTERT, Einführung in die Rhetorik, 27.

147 ANDREAS BÖHN, Art. Wirkung, 1378.

Fingerspitzengefühl abverlangen.[148] Bereits in der Antike wird betont, dass diese Wirkungsfunktionen maßvoll und klug eingesetzt werden müssen.[149]

Trotz der Differenzierung und separaten Analyse der einzelnen Wirkweisen ist zu beachten, dass das eigentliche Anliegen der Rhetorik das Zusammenspiel aller Wirkungsfunktionen ist, der intellektuellen wie der emotionalen. Erst durch das Zusammenspiel können bei den Zuhörern die Affekte geweckt werden, die in ihrer Gesamtwirkung dazu beitragen, das Ziel einer Rede zu erreichen.[150] Das Ineinandergreifen inhaltlicher und formaler Aspekte einer Rede erweist sich somit als entscheidend.

Im Zuge der *offica oratoris* rückt der Mensch ganzheitlich in den Blick: Der Rhetor soll alle drei Wirkungsfunktionen in einer Rede berücksichtigen und selbst als Mensch mit Herz und Verstand erkennbar werden. Seine kognitiven, wie emotionalen Fähigkeiten sollen gleichermaßen in die Rede einfließen. Zugleich sollen auch die Hörenden ganzheitlich angesprochen werden und keineswegs nur auf der Ebene ihres Verstandes. Werden sie hingegen als intellektuelle und emotionale Gegenüber wahrgenommen und angesprochen, ist es deutlich wahrscheinlicher, dass sie sich überzeugen lassen und bereit sind, ihre Meinung zu überdenken oder zu ändern.[151]

Die Relevanz des Zusammenspiels der drei Wirkungsfunktionen ist unbestritten. Doch die Bedeutung der einzelnen Wirkungsfunktionen wird unterschiedlich gewichtet; CICERO etwa betont in besonderer Weise die Erregung der Leidenschaften (*movere*), ohne diese Wirkungsfunktion zu verabsolutieren.[152]

Im Zusammenhang mit den Wirkungsfunktionen wird das Potenzial, die rhetorischen Mittel zu missbräuchlichen Zwecken einzusetzen, offenbar. Dies wurde bereits in der Antike erkannt. Man versuchte dem entgegenzuwirken, indem man die Rhetorik selbst als Tugend charakterisiere.[153] Als vollkommener Rhetor wird nur anerkannt, wer einen tugendhaften Charakter hat und entsprechend tugendhaft handelt. Bezogen auf die drei Aufgaben eines Redners und die Wirkungsfunktionen einer Rede resümiert Cicero:

---

148 Quinitilian hält daher in Abgrenzung fest, dass „die Beweisgründe [...] sich meist aus der Natur des Falles [ergeben ...], so daß, wer durch sie zum Sieg gelangt ist, nur weiß, daß sein Anwalt nicht versagt hat." MARCUS FABIUS QUINTILIANUS, Institutionis oratoria, VI, 2, 4.

149 „Ein Mann aber, der den Richter mitreißen und in jede gewünschte Stimmung zu versetzen vermag, so daß dieser unter der Macht seiner Rede weinen oder in Zorn geraten muß, ist immer eine Seltenheit vor Gericht gewesen. Und doch ist es diese Gabe, die vor Gericht das Szepter schwingt; sie macht die Beredsamkeit zur Königin." MARCUS FABIUS QUINTILIANUS, Institutionis oratoria, VI, 2, 3f. Vgl. a. a. O., VI, 2, 4–8.

150 Vgl. ANDREAS BÖHN, Art. Wirkung, 1378. Dies steht in Verbindung mit Platons Vorstellung der Psychagogie, der Lenkung des Gemüts. Vgl. ebd.

151 Vgl. KARL-HEINZ GÖTTERT, Einführung in die Rhetorik, 27.

152 Vgl. ebd.

153 Vgl. MARCUS FABIUS QUINTILIANUS, Institutionis oratoria, II, 20, 4.

„Der vollkommene Redner [...] wird also der sein, der auf dem Forum und in Zivilprozessen so spricht, daß er beweist, daß er unterhält, daß er beeinflußt. Beweisen ist Sache der Notwendigkeit, Unterhalten eine Frage des Charmes, Beeinflussen aber bedeutet den Sieg: dieses vermag ja am meisten von allem die Entscheidung zu bestimmen. Jedoch so viele Aufgaben des Redners, so viele Stilarten gibt es auch: die einfache beim Beweisen, die gemäßigte beim Unterhalten, die heftige beim Beeinflussen; und auf diesem einen Punkt beruht also die ganze Macht eines Redners. Über große Urteilskraft und ebenso auch über höchste Fähigkeiten wird also verfügen müssen, wer die Nuancen dieses dreifach gegliederten Bereichs meistern und beherrschen will. Denn er wird zu beurteilen haben, was jeweils nötig ist, und wird imstande sein müssen, so zu reden, wie es der jeweilige Fall erfordert."[154]

Darüber hinaus weist Cicero hier erstmals auf die Verbindung der drei Wirkungsfunktionen und einer entsprechenden Stilart hin. Denn um die jeweilige Wirkungsfunktion sprachlich umzusetzen, ist ein bestimmter, dem Ziel angemessener Stil zu wählen.[155] Dies wird in der genaueren Besprechung der drei *officia oratoris* im Folgenden deutlich.

2.3.1 Das Belehren

Die rednerische Aufgabe zu belehren, wird im Lateinischen mit *docere* (belehren) und *probare* (beweisen) umschrieben. Der Schwerpunkt liegt auf der intellektuellen Ansprache, auf sachlich-nüchternen Argumenten und auf Logik basierenden Schilderungen eines Sachverhalts. Diese Wirkungsfunktion ist für jede Rede relevant, denn eine inhaltliche und rationale Auseinandersetzung mit dem Redegegenstand ist unumgänglich.[156] Seinen vorrangigen Ort hat diese Wirkungsfunktion zum einen im Rahmen der Erzählung (*narratio*), um die wesentlichen Aspekte des Vorgangs kurz, klar und glaubwürdig wiederzugeben.[157] Zum anderen ist die Beweisführung (*argumentatio*) darauf angelegt zu belehren und zu beweisen.[158]

Soll eine Rede primär das Ziel verfolgen, Sachverhalte und Schlussfolgerungen besonders klar und nachvollziehbar darzustellen, ist ein schlichter Stil (*genus subtile*) und einfacher Redeschmuck zu wählen.[159] Die Ausführungen sollten nüchtern gehalten und auf Klarheit ausgerichtet sein, was zugleich das Risiko

---

154 MARCUS TULLIUS CICERO, Orator. Lateinisch-deutsch, hg. und übersetzt von Bernhard Kytzler, 4. durchgesehene Auflage (Sammlung Tusculum), Düsseldorf/Zürich 1998, 21,69f.

155 Hieraus entwickelte sich die Dreistillehre, welche sich auf Grund ihrer Differenziertheit durchsetzte und somit die konkurrierende Situation einer Vielzahl von Stillehren und -perspektiven beendete. Vgl. KURT SPANG, Art. Dreistillehre, HWRh Bd.2, Tübingen 1994, 921–972.

156 Vgl. MARCUS TULLIUS CICERO, Orator, 21,69.

157 Vgl. Georg Wöhrle, Art. Docere, HWRh, Bd. 2, Tübingen 1994, 894–896: 894.

158 Vgl. HEINRICH LAUSBERG, Handbuch der literarischen Rhetorik, § 257.

159 Vgl. Georg Wöhrle, Art. Docere, HWRh, Bd. 2, Tübingen 1994, 894–896: 894.

der Monotonie und Langeweile birgt. Daher ist bei dieser „feingearbeiteten Stilart“[160] sorgfältig darauf zu achten, die Ausführungen punktuell aufzulockern, um Überdruss bei den Zuhörenden zu vermeiden.

Docere gilt als intellektuelle Wirkungsfunktion, die auf Logik und nicht auf den Affekten beruht. Doch dies bedeutet nicht, dass eine belehrende Überzeugungsleistung ohne Emotionen geschehen sollte. Das Gegenteil ist festzuhalten:

> „Sachlichkeit, Nüchternheit, Verständigkeit in Rede und Gedankenführung erwecken vielmehr Vertrauen und Beifälligkeit, also zwar schlichte aber dafür auch besonders dauerhafte Gefühle, die dann häufig über die Person des Redners (als Ausweis seiner Geradheit und Redlichkeit) vermittelt werden und damit zum Bestandteil seiner Charakterwirkung werden (*ethos*).“[161]

2.3.2 Das Erfreuen

In einer Rede kann auch angestrebt werden, die Sympathie des Publikums zu gewinnen – für den Rhetor selbst oder für den Redegegenstand. Diese Wirkungsfunktion wird in der antiken Rhetorik als *delectare* (erfreuen) und *conciliare* (gewinnen) bezeichnet. Es meint „das Hervorbringen einer geneigt machenden Emotion von der Charakter- und Sittendarstellung“[162], welches „eine Emotion des Wohlwollens, der Freundlichkeit, der Geneigtheit, auch offenbar der Gelassenheit“[163] evoziert. Es handelt sich somit um eine sanfte und milde Erregungsstufe der Affekte, die sich deutlich von der wesentlich intensiveren Erregung der Leidenschaften (Pathos/*movere*) abhebt.[164]

Der besonders geeignete Redegegenstand zur Sympathiegewinnung des Publikums ist die Charakter- und Selbstvorstellung des Redners. Der Redner sollte sich als unbescholten und gefestigt präsentieren und von seinen Zuhörern als Vorbild anerkannt werden.[165] Diese Wirkungsfunktion ist nicht auf einen spezifischen Redeteil festgelegt, vielmehr ist „die ganze Rede hindurch Raum für Gefühlswirkungen“[166]. Wie im Zusammenhang der *captatio benevolentiae* ausgeführt, kann die Sympathiegewinnung der Zuhörenden zu Beginn der Rede von herausgehobener Bedeutung sein. QUINTILIAN rät daher zu einer sorgfältig erarbeiteten, aber unscheinbar anmutenden Einleitung,[167] so „daß unsere Rede

---

[160] MARCUS FABIUS QUINTILIANUS, Institutionis oratoria, VII, 10, 50.

[161] GERT UEDING/BERND STEINBRINK, Grundriß der Rhetorik, 281.

[162] KLAUS DOCKHORN, Macht und Wirkung der Rhetorik. Vier Aufsätze zur Ideengeschichte der Vormoderne (Res publica literaria Bd. 2), Bad Homburg v. d. H. u. a. 1968, 52.

[163] A. a. O., 53.

[164] Vgl. MARCUS FABIUS QUINTILIANUS, Institutionis oratoria, VI, 2.

[165] Vgl. GERT UEDING/BERND STEINBRINK, Grundriß der Rhetorik, 281.

[166] MARCUS FABIUS QUINTILIANUS, Institutionis oratoria, VI, 2, 2.

[167] Vgl. a. a. O., IV, 1,60.

sorgfältig scheine aber nicht schlau“[168]. Auch in der *narratio* und der *argumentatio* sollte auf angemessenen Redeschmuck geachtet werden, damit die Anwesenden mit Genuss zuhören und aufmerksam bleiben.[169] Quintilian begründet dies zum einen damit, dass

> „weniger lang erscheint, was unterhaltsam ist, wie eine schöne bequeme Reise, auch wenn die Strecke länger ist, weniger anstrengt als ein Abkürzungsweg durch rauhes, dürres Gelände.“[170]

Zum anderen „ist es kaum zu sagen, wieviel leichter [der Richter] auch glaubt, was ihm beim Anhören gefällt und sich durch sein Vergnügen zum Vertrauen führen lässt.“ Für die Wirkungsfunktion *delectare* ist die mittlere Stilebene am passendsten, doch ist auch stilistisch auf eine abwechslungsreiche Gestaltung zu achten, damit diese Wirkungsfunktion vollends zur Geltung kommen kann.[171]

2.3.3 Das Bewegen

Die dritte Wirkungsfunktion und Aufgabe eines Reders wird als *movere* bezeichnet, sie steht für das, was „die Beredsamkeit zur Königin“[172] werden lässt: die Erregung der Leidenschaften und der starken Affekte. In der Antike wurde mit „Pathos“ bezeichnet, was

> „ein zwar akuter und temporärer, aber heftiger, spannungsreicher Gefühlsablauf [ist], der durch ein Zusammenspiel von äußeren Ursachen, kognitiven Bewertungen und seelischen Dispositionen veranlaßt ist und am Ende meist in eine (häufig einen Handlungsimpuls beinhaltende) Affektentladung mündet, deren Verlauf in Tempo und Intensität vom individuellen Temperament bestimmt ist.“[173]

Diese Wirkungsfunktion ist damit wesentlich intensiver und kurzweiliger als die Wirkungsfunktion *delectare* aufzufassen. Neben *movere* (bewegen) steht im Lateinischen auch *concitare* (aufstacheln) für diese Wirkungsfunktion, was deren Intensität veranschaulicht. Insbesondere im Zusammenhang der Gerichtsrede ist mit dieser Wirkungsfunktion die Intention verbunden, entweder das Publikum zu einer ablehnenden Haltung gegenüber der gegnerischen Partei oder aber zur Solidarität mit der eigenen Position zu bewegen.[174] Dies kann auf verschiedene Weise geschehen und umfasst das gesamte Spektrum menschlicher Emotio-

[168] A. a. O., IV, 1, 58.
[169] Vgl. a. a. O., IV, 2, 119.
[170] A. a. O., IV, 2, 46.
[171] Vgl. Gert Ueding/Bernd Steinbrink, Grundriß der Rhetorik, 281.
[172] Marcus Fabius Quintilianus, Institutionis oratoria, VI, 2, 3f. Vgl. a. a. O., VI, 2, 4–8.
[173] Manfred Kraus, Art. Pathos. Definition, HWRh Bd. 6, Tübingen 2003, 689–691: 689f.
[174] Vgl. a. a. O., 690.

nen.[175] Die Wirkungsfunktion *movere* eignet sich in besonderer Weise als Mittel für einen fulminanten Höhepunkt zum Abschluss der Rede, um die größtmögliche Wirkung zu entfalten.[176]

Für die persuasive Leistung einer Rede wird der Erregung der Leidenschaften eine zentrale Funktion zugeschrieben, CICERO schreibt ihr gar die wichtigste Funktion zu.[177] Dass diese jedoch erst auf vorangegangene Argumente und Beweise aufbauen, betont QUINTILIAN:

> „Denn Beweise bringen es ja freilich zustande, daß die Richter unsere Sache für die bessere halten, die Gefühlswirkungen leisten es, daß sie das auch wollen; doch das, was sie wollen, glauben sie auch."[178]

Er bringt damit treffend auf den Punkt, welchen Einfluss die Gemütslage auf Beurteilungen und Entscheidungen ausüben kann und dass dies für eine Rede zu berücksichtigen ist.

Mit der Erregung der Leidenschaften geht der erhabene Stil (*genus grande*) einher, der auch als pathetisch, schwer und groß umschrieben wird. Er lebt von einer reichlichen bis exzessiven Anreicherung mit Tropen und Figuren, also wesentlichen Elementen des Redeschmucks.[179] Der erhabene Stil sollte wohldosiert eingesetzt werden, da er seine größte Wirkung punktuell entfaltet und andernfalls schnell einen künstlichen und verkrampften Eindruck hervorruft.[180]

Die Darstellung der eigenen Leidenschaften eignet sich in besonderer Weise für die Umsetzung des Movere. Indem der Redner seine eigene Gemütslage darstellt und seine eigenen Emotionen in die Rede einfließen lässt, gelingt es besser, auch die Gemütslage der Zuhörenden anzusprechen. Dies soll nicht nur sprachlich, sondern auch durch die Demonstration von Indizien oder bildlichen Zeugnissen geschehen. Regulierend und wegweisend fungiert auch hier das Kriterium der Angemessenheit (*aptum*).[181]

Zur Auswahl der geeigneten Vorgehensweise und der jeweiligen Mittel formuliert Quintilian folgende Regel:

---

175 So zählt CICERO auf, dass diese Art der Rede „zu Haß oder Liebe treibt, zu Neid oder Wohlwollen, zu Furcht oder Hoffnung, zu Begierde oder Schauder, zu Freude oder Trauer, zu Mitleid oder dem Wunsch nach Bestrafung und zu anderen Gefühlen, die solchen Regungen etwa verwandt und ähnlich sind." (MARCUS TULLIUS CICERO, De oratore, 2,185.)

176 GERT UEDING/BERND STEINBRINK, Grundriß der Rhetorik, 282f.

177 Vgl. MARCUS TULLIUS CICERO, Orator, 21,69.

178 MARCUS FABIUS QUINTILIANUS, Institutionis oratoria, VI, 2,5.

179 Vgl. GERT UEDING/BERND STEINBRINK, Grundriß der Rhetorik, 282.

180 Vgl. GERT UEDING, Klassische Rhetorik, München [5]2011, 77.

181 Vgl. MARCUS FABIUS QUINTILIANUS, Institutionis oratoria, VI, 1, 38 sowie ARISTOTELES, Rhetorik, III, 7, 1, 1408a.10f. Als prominentes Beispiel für eine besonders eindrucksvolle Umsetzung dessen gilt die Rede des Antonius in WILLIAM SHAKESPEARES Drama *Julius Caesar*. Während dieser Rede bleibt die Leiche des Ermordeten auf der Bühne zu sehen und trägt so maßgeblich dazu bei, eine mitreißende und eindrucksvolle Wirkung zu entfalten. Vgl. GERT UEDING/BERND STEINBRINK, Grundriß der Rhetorik, 282.

> „[D]er Redner möge sich alles, was an dem Fall Zugkraft hat, vor Augen stellen; und wenn er sieht, was in dem Sachverhalt Neid, Gunst, Abscheu und Mitleid erweckend ist oder scheinen kann, soll er das sagen, wodurch er selbst, wenn er Richter wäre, am stärksten erregt würde. Doch ist es sicherer, die Einzelheiten durchzusprechen."[182]

Abschließend ist festzuhalten, dass das dreigliedrige Wirkungsschema von *docere, delectare* und *movere* nicht nur „zum Grunddispositionsschema der römischen Rhetorik geworden [ist]"[183], sondern es auch „dem Abendland zu dauerndem Bildungsbesitz"[184] wurde. Hierfür sind die Werke und deren nachhaltige Rezeption von Cicero und Quintilian ursächlich.[185] Auch in der theologischen und homiletischen Wirkungsgeschichte kommt der Wirkungsfunktion Movere eine wichtige Rolle zu, worauf die zahlreichen Diskussionen verweisen.[186]

2.4 Der Redeschmuck

Der Schmuck einer Rede (*ornatus*) umfasst all jene „Phänomene der Wohlgeformtheit, Wohleingerichtetheit, Wohlgeordnetheit und kunstvollen Gestaltung des Textes mittels Wortwahl, Satzbau, Klang und Rhythmus"[187]. Bereits in der *Rhetorik an Herennius* wird zu einer eleganten und würdigen sprachlichen Ausdrucksweise geraten, die beispielsweise durch Abwechslung erzielt werden soll.[188] Es wird differenziert zwischen Redeschmuck, der auf einzelnen Wörtern basiert, und auf Wortverbindungen beruhendem Redeschmuck.[189]

Auch für CICERO stellt es die hohe Kunst der Beredsamkeit dar, geschmückt und damit ästhetisch ansprechend reden zu können. Er schätzt es, den Redestoff „in wirkungsvolle Worte [zu] kleiden."[190] QUINTILIAN hingegen bezeichnet als Redeschmuck all das, „was mehr ist als nur durchsichtig und einleuchtend"[191]. Er sieht den Redeschmuck nicht durch seinen Selbstzweck ausgezeichnet, sondern durch die Relation zum Redegegenstand und zur Intention des Redners:

---

[182] MARCUS FABIUS QUINTILIANUS, Institutionis oratoria, VI, 1, 11.
[183] Vgl. KLAUS DOCKHORN, Macht und Wirkung der Rhetorik, 51.
[184] Vgl. ebd.
[185] Vgl. ebd.
[186] Vgl. Kap. III.
[187] JOACHIM KNAPE/DIETMAR TILL, Art. Ornatus, HWRh Bd. 6, Tübingen 2003, 432–440: 432.
[188] Vgl. GERT UEDING/BERND STEINBRINK, Grundriß der Rhetorik, 287ff.300ff.
[189] Vgl. JOACHIM KNAPE/DIETMAR TILL, Art. Ornatus, 432.
[190] MARCUS TULLIUS CICERO, De oratore, 1,142.
[191] MARCUS FABIUS QUINTILIANUS, Institutionis oratoria, VIII, 3, 61.

> „Denn aller Schmuck ist nicht so sehr durch seine eigene Schönheit bedingt wie vielmehr durch den Gegenstand, für den er in Anspruch genommen wird."[192]

In der Antike konnte sich Quintilian nicht durchsetzen. Es gab weder in terminologischer noch in systematischer Hinsicht eine allgemeine Auffassung und Abhandlung des Redeschmucks, sondern eine Vielzahl.[193] Diese unterschiedlichen Entwürfe weisen elementare Unterschiede auf, was in konträren Definitionen des Redeschmucks deutlich wird. Vertreter der *Ornatus*-Theorie sehen den Redeschmuck an „als etwas, das dem auf eigentliche Ausdrucksformen beschränkbaren Text als Ornament oder als Applikation hinzugefügt wird und ihm äußerlich bleibt."[194] Dieses Verständnis legt auch der deutsche Begriff „Redeschmuck" nahe. Im Gegensatz dazu betonen die Vertreter der Expressions-Theorie die funktionale Einheit von formaler und inhaltlicher Ebene.[195] Quintilian fasst seine Ablehnung gegenüber der Ornatus-Theorie mit den Worten zusammen: „Niemals läßt sich, was wirklich schön aussieht, trennen von der Zweckmäßigkeit."[196]

Die enge Relation zum Inhalt zeigt sich auch an der Verortung des Redeschmucks im System der antiken Rhetorik. Er gilt als eine der *virtutes elocutionis* und hat damit einen festen Platz und eine grundlegende Relevanz im Rahmen der Reflexion und Ausgestaltung des sprachlichen Ausdrucks. Ihm wird zugeschrieben, zum Teil in besonderer Weise die Aufmerksamkeit des Publikums hervorzurufen (*attentum parare*) und durch die ästhetisch ansprechenden Ausdrucksformen die Zuhörenden zu erfreuen und wohlgesinnt zu stimmen (*delectatio*). Zugleich steht der Ornatus-Begriff auch „für die kunstvolle Textüberformung mit Hilfe der Tropen/Figuren und der Prosakompositionslehre (*compositio*)."[197]

Die Systematisierung des Redeschmucks gilt als äußerst kompliziert. In der Vergangenheit wurden vielfach die verschiedenen Stilarten und Schmuckformen listenartig zusammengestellt, was dazu geführt hat, dass die spezifische Leistung der verschiedenen Formen des Redeschmucks zu wenig Berücksichtigung fand. Darüber hinaus kann eine bloße listenartige Zusammenstellung die zu beachtenden Zusammenhänge nicht hinreichend vermitteln. Das verleitete

---

192 A. a. O., XI, 1, 7. Vgl. ebenso a. a. O., VIII, 3, 16ff. sowie MARCUS TULLIUS CICERO, De oratore, 3,100.150. Ähnlich hält auch CICERO fest: „Der größte Vorzug der Beredsamkeit liegt aber in der Ausgestaltung eines Themas durch den Schmuck der Rede; sie eignet sich nicht nur dazu, etwas zu steigern und in der Darstellung hervorzuheben, sondern auch zur Abschwächung und Verkleinerung" (MARCUS TULLIUS CICERO, De oratore, 3,104). Vgl. ferner GERT UEDING/BERND STEINBRINK, Grundriß der Rhetorik, 284.

193 Vgl. JOACHIM KNAPE/DIETMAR TILL, Art. Ornatus, 432.

194 A. a. O., 433.

195 Vgl. ebd.

196 MARCUS FABIUS QUINTILIANUS, Institutionis oratoria, XI, 1, 7. Vgl. ebenso a. a. O., VIII, 3, 16ff. Sowie MARCUS TULLIUS CICERO, De oratore, 3,100.150.

197 JOACHIM KNAPE/DIETMAR TILL, Art. Ornatus, 433.

zum simplen Auswendiglernen und vermittelte ein unzureichendes Bild des eigentlichen Zwecks des Redeschmucks.[198]

An den Redeschmuck werden verschiedene Anforderungen gestellt, um ein richtiges Maß und eine präzise Ausgestaltung zu erreichen. Dies betrifft zum einen die Darstellung des Redestoffs:

> „Der größte Vorzug der Beredsamkeit liegt aber in der Ausgestaltung eines Themas durch den Schmuck der Rede; sie eignet sich nicht nur dazu, etwas zu steigern und in der Darstellung hervorzuheben, sondern auch zur Abschwächung und Verkleinerung."[199]

Neben der Auswahl und Anordnung der Gedanken in der *inventio* kommt dem Redeschmuck auch zu, den Redestoff und den Redner im günstigen Licht darzustellen.[200] Darüber hinaus soll der Redeschmuck in alle Richtungen angemessen sein, also sowohl inhaltlich stimmig als auch situativ adäquat sein (inneres und äußeres *aptum*).[201] Außerdem soll der Redeschmuck ästhetisch ansprechend sein und für eine sowohl abwechslungsreiche als auch anschauliche Darstellung sorgen.[202] Zugleich wird explizit davor gewarnt, zu viel Redeschmuck einzusetzen und damit über das Ziel hinauszuschießen.[203] Den Redeschmuck angemessen und zielführend umzusetzen, verlangt daher Klugheit und rhetorisches Können.[204]

Um die eigene Ausdrucksfähigkeit zu verbessern, kennt die Rhetorik einige allgemeine Mittel, die den Redeschmuck etwas systematisieren. Dazu zählt die Kürze (*brevitas*). Auch der Redeschmuck soll davon zeugen, dass auf Überflüssiges und Unnötiges zu verzichten ist. Quintilian lehnt deshalb überbordende Verzierungselemente ab und nennt als Ziel des Redeschmucks, den Inhalt „nicht nur deutlich vor Augen zu stellen, sondern in knappem Umriß und rasch."[205] Er resümiert:

> „Doch, um es kurz zu machen: jedes Wort, das weder das Verständnis fördert noch den Schmuck, kann fehlerhaft genannt werden."[206]

Zugleich gilt die Augenscheinlichkeit (*evidentia*) als weiteres wichtiges Mittel. Die anschauliche und ansprechende Darstellung der Redegegenstände soll so ge-

---

198 Vgl. Karl-Heinz Göttert, Einführung in die Rhetorik, 45f.

199 Marcus Tullius Cicero, De oratore, 3,104. Vgl. ferner Gert Ueding/Bernd Steinbrink, Grundriß der Rhetorik, 284.

200 Vgl. a. a. O., 285.

201 Vgl. Marcus Tullius Cicero, De oratore, 3,100. 150; Marcus Fabius Quintilianus, Institutionis oratoria, VIII, 3, 16ff.

202 Vgl. Gert Ueding/Bernd Steinbrink, Grundriß der Rhetorik, 285f.

203 Vgl. a. a. O., 284.

204 Vgl. Marcus Tullius Cicero, De oratore, 3,212.

205 Marcus Fabius Quintilianus, Institutionis oratoria, VIII, 3, 61.

206 A. a. O., VIII, 3, 55.

lingen, „daß man eher glaubt, sie zu sehen als zu hören".[207] Der Redeschmuck soll so visualisiert werden, dass die Zuhörenden quasi zu Augenzeugen des Gesagten werden.[208]

Auch dem Mittel des Gleichnisses (*similitudo*) und dem Vergleichen misst Quintilian grundlegende Bedeutung zu. Dieses gehört für ihn zum Kernbestand des rhetorischen Verfahrens und trägt dazu bei, die Rede kraftvoll und anschaulich sowie „erhaben, blühend, lieblich und staunenswert"[209] zu gestalten. Neben syntaktisch hergestellten Vergleichen („stark wie ein Löwe sein") können Vergleiche auch als Allegorie oder Metapher eingesetzt werden.[210]

Auf einzelnen Worten basierender Redeschmuck kann durch das Austauschprinzip hergestellt werden. Dabei werden bedeutungsgleiche oder -ähnliche Worte ausgetauscht mit Worten, die „anständiger, erhabener, glänzender, lieblicher und klangvoller"[211] erscheinen und darüber hinaus auch dem Kriterium der Angemessenheit entsprechen.[212] Ausschlaggebend kann der Klang sein oder aber die Bezeichnungskraft, die eine bestimmte Wortwahl nahelegt. Beim Austausch eines Wortes kann die Wahl auf „[ein] ungewöhnliche[s], [ein] neugebildete[s] und [ein] übertragene[s] Wort"[213] fallen. Besonders letzteres eröffnet ein weites Feld der „kunstvolle[n] Vertauschung der eigentlichen Bedeutung eines Wortes oder Ausdrucks mit einer anderen"[214], auch Tropen genannt.[215] Auch wenn diese hier nicht näher beleuchtet werden, ist festzuhalten, dass durch den Austausch eines Wortes eine gesteigerte Wirkung erzielt wird, beispielsweise durch ein Synonym, ein besonders klangvolles Wort mit ähnlicher Bedeutung oder durch eine gezielte Übertreibung.

Redeschmuck, der auf Wortverbindungen basiert, ist nicht immer trennscharf von Redeschmuck, der sich aus Wortverbindungen ergibt, zu differenzieren. Darauf weisen die beiden Formen der Metapher und Allegorie hin, die in beiden Varianten vorkommen können.[216] Beim Redeschmuck, der aus Wortver-

---

207 Quintilian, Institutio oratoria, IX, 2, 40.

208 Als gelungenes Beispiel führt QUINTILIAN den Satz „Selbst kam er lodernd vor Verbrecherwut auf das Forum, es glühten seine Augen, sein ganzes Gesicht war erfüllt von Grausamkeit" an. Vgl. MARCUS FABIUS QUINTILIANUS, Institutionis oratoria, IX, 2, 40.

209 MARCUS FABIUS QUINTILIANUS, Institutionis oratoria, VIII, 3, 74. Vgl. Quintilian, Institutio oratoria, V, 11, 22ff. Vgl. ferner GERT UEDING/BERND STEINBRINK, Grundriß der Rhetorik, 287.

210 Vgl. ebd.

211 MARCUS FABIUS QUINTILIANUS, Institutionis oratoria, VIII, 3, 16.

212 Vgl. GERT UEDING/BERND STEINBRINK, Grundriß der Rhetorik, 287.

213 MARCUS TULLIUS CICERO, De oratore, 3,152.

214 MARCUS FABIUS QUINTILIANUS, Institutionis oratoria, VIII, 6, 1.

215 Zur ausführlichen Darstellung aller verschiedenen Tropen s. GERT UEDING/BERND STEINBRINK, Grundriß der Rhetorik, 288–300; sowie HEINRICH LAUSBERG, Handbuch der literarischen Rhetorik, §§ 552–598.

216 Vgl. MARCUS FABIUS QUINTILIANUS, Institutionis oratoria, VIII, 6, 3. Darüber hinaus sind die Tropen nicht immer einfach von Figuren zu unterscheiden, was auch Quintilian bereits thematisiert hat. Vgl. ebd.

bindungen besteht, sind zum einen vom üblichen Sprachgebrauch abweichende Figuren zu nennen.[217] Diese Figuren stellen „[ein] Repertoire an Mitteln oder Verfahren [dar], um Starres (nämlich die logischen Begriffe) lebendig werden zu lassen oder starr Gewordenes (eingefahrene *res* und *verba*) in neuer Form zu aktualisieren."[218] Mittels ungewohnter Formulierungen oder durch eine besondere Anordnung der Worte kann auf diese Weise pointiert Aufmerksamkeit hervorgerufen oder Verfremdung erzeugt werden. Während der auf einzelnen Wörtern gründende Redeschmuck vorrangig durch das Prinzip des Austauschs gebildet wird, beruht die Figur der Wortverbindungen auf Hinzufügung, Auslassung und Umstellung.[219] Solche syntaktischen Veränderungen können jedoch auch eine Modifikation der Bedeutung mit sich bringen.[220] Daher wird mitunter zwischen Wort- und Gedankenfiguren differenziert.[221]

2.5 Die Bedeutung von Übung und Erfahrung

„Die Trias von *natura*, *doctrina* und *exercitatio*, also Talent, Kunstlehre und Übung, bilden rhetorisch eine Einheit, von der kein Teil getrennt werden kann, soll der Unterricht Erfolg haben."[222] Bereits früh stand es in der antiken Rhetorik außer Frage, dass Beredsamkeit erlernbar ist und bestimmte Herangehensweisen dafür besonders förderlich sind. So plädiert CICERO einerseits dafür, Rhetorik mit „spielerische[r] Übung"[223] zu erlernen. Andererseits betont er, dass das schriftliche Anfertigen von Reden die wirkungsvollste Lernmethode für einen guten Rhetor darstellt. Durch die kontinuierliche Übung mittels sorgfältiger schriftlicher Ausarbeitungen können alle Argumente in Ruhe und mit Sorgfalt abgewogen und

---

217 Vgl. a. a. O., II, 13, 11.

218 GERT UEDING/BERND STEINBRINK, Grundriß der Rhetorik, 300.

219 Vgl. MARCUS FABIUS QUINTILIANUS, Institutionis oratoria, IX, 3, 27–28.58

220 Vgl. GERT UEDING/BERND STEINBRINK, Grundriß der Rhetorik, 301.

221 Vgl. MARCUS FABIUS QUINTILIANUS, Institutionis oratoria, IX, 1, 17. Vgl. dazu auch CICERO: „Figuren des Ausdrucks und des Gedankens gibt es aber fast unzählige [...]. Doch zwischen den Figuren des Ausdrucks und denen des Gedankens besteht ein Unterschied insofern, als man die Figuren des Ausdrucks zerstört, wenn man die Worte ändert, während die des Gedankens bestehen bleiben, welcher Worte man sich auch bedient. Wenn ihr auch danach handelt, muß ich euch doch wohl ermahnen, die Leistung eines Redners, soweit sie ausgezeichnet und bewundernswert sein soll, in nichts anderem zu sehen als darin, daß ihr euch bei Einzelworten an die drei Möglichkeiten haltet, häufig übertragene Ausdrücke, zuweilen neu gebildete und nur selten aber auch veraltete zu wählen; was aber die Darstellung im Zusammenhang betrifft, so müssen wir, wenn wir der Glätte der Verbindung und der Rhythmisierung, die ich nannte, Rechnung getragen haben, die ganze Rede gleichsam mit Glanzlichtern des Gedankens und des Ausdrucks schmücken und beleben." MARCUS TULLIUS CICERO, De oratore, 3,200–201.

222 GERT UEDING/BERND STEINBRINK, Grundriß der Rhetorik, 327.

223 MARCUS TULLIUS CICERO, De oratore, 1,147.

kann die optimale Gliederung erarbeitet werden. Auf diesem Weg werden die entscheidenden Kompetenzen der Redekunst erlernt. Die Stimmbildung oder das Halten spontaner Übungsreden nimmt nur eine untergeordnete Rolle ein.[224]

Schriftliche Schreibübungen stellen nur eine Möglichkeit dar, rhetorische Fertigkeiten zu erlernen. Daneben wurden zahlreiche Hör- und Leseübungen entwickelt und schließlich auch mündliche Aufgaben gestellt, um alle rhetorischen Dimensionen zu berücksichtigen. Als Ziel wurde nicht nur die Nachahmung von Beispielen angesehen, sondern auch ihre Überbietung.[225]

Für das abendländische Bildungssystem war die praktische Ausübung der Redekunst, wie sie seit der Antike bekannt war, konstitutiv. Auch heute noch ist das Zusammenspiel von Begabung, Aneignung von Wissen und beständiger Übung anerkannt. Zugleich kritisieren GERT UEDING und BERND STEINBRINK, dass das Wissen um Rhetorik und das Erlernen des rhetorischen Handwerks nur unzureichend im heutigen Bildungssystem verankert ist:

> „Unsere Sprach- und Redekultur entspricht nirgendwo auch nur entfernt den Bedürfnissen einer versprachlichten Gesellschaft wie der unseren. Sich sprachlich wirkungsvoll und sachlich zugleich auszudrücken, kann man nur in Ausnahmefällen in unseren Bildungsinstitutionen lernen […].“[226]

Dies gilt auch für weite Bereiche der homiletischen Ausbildung, bei der das Wissen um rhetorische Einsichten und Techniken sowie das Einüben und Ausprobieren der angewandten Beredsamkeit eine untergeordnete Rolle spielt. Der folgende Abriss über die homiletische Rezeptions- und Wirkungsgeschichte der Rhetorik zeigt das wechselvolle Verhältnis beider Disziplinen auf und erörtert die historischen Ursachen für das Spannungsverhältnis.

224 Vgl. MARCUS TULLIUS CICERO, De oratore, 1,149ff.
225 Vgl. GERT UEDING/BERND STEINBRINK, Grundriß der Rhetorik, 329.
226 A. a. O., 333.

III. Die homiletische Rezeptions- und Wirkungsgeschichte antiker Rhetorik

Das Verhältnis von Homiletik und Rhetorik lässt sich insgesamt als „Spannungsverhältnis, das von Abgrenzungsbedürfnis und Selbstbehauptung, von Anlehnung und Rivalität bestimmt ist“[1], beschreiben.[2] Dies zeigt sich bereits in den Anfängen des Nachdenkens über die christliche Verkündigung. TERTULLIAN verurteilt das antike Kultur- und Gedankengut als Irrlehre und beförderte die Ansicht, die Kultur der Antike sei veraltet.[3] Die Missbilligung gilt den drei Hauptdisziplinen Rhetorik, Grammatik und der Dialektik gleichermaßen. Als *sapientia saeculi,* als weltliche und menschliche Weisheiten, werden sie gegenüber der *sapientia spiritualis*, der geistlichen und göttlich inspirierten Weisheit, als minderwertig und überflüssig angesehen.[4]

Dies ändert sich durch die grundlegend neue Situation im Zuge des Mailänder Toleranzedikts 318 n. Chr. und der Erhebung des Christentums zur Staatsreligion im Jahr 381. Im Zuge dessen gibt es eine differenzierte Auseinandersetzung mit der Rhetorik und wird auf eine neue Verhältnisbestimmung hingewirkt. Rhetorik wird nicht als bloße Schönrednerei verstanden, vielmehr prägt das Ideal der Einfachheit das Verständnis der Beredsamkeit. Den Beitrag der Rhetorik für einen klaren sprachlichen Ausdruck erkennt man neu an und vereinzelt wird auch die Bedeutung des Redeschmucks aufgewertet.[5] Sichtbar wird diese Entwicklung an den Predigten der wirkungsvollsten Vertreter der Alten Kirche wie GREGOR VON NAZIANZ, BASILEIOS DER GROẞE und IOANNES CHRYSOSTOMOS. Sie

---

1 HANS M. MÜLLER, Art. Homiletik, HWRh Bd. 3, Tübingen 1996, 1496–1510: 1497.

2 Vgl. dazu auch: MICHAEL MEYER-BLANCK (Hg.), Handbuch Homiletische Rhetorik (Handbücher Rhetorik Band 11), Berlin/Boston 2021.

3 TERTULLIAN begründete dies im Anschluss an Kol 2,8 („Seht zu, dass euch niemand einfange durch die Philosophie und leeren Trug, die der Überlieferung der Menschen und den Elementen der Welt folgen und nicht Christus“) und hält fest: „Wir indessen bedürfen seit Jesus Christus des Forschens nicht mehr, auch nicht des Untersuchens, seitdem das Evangelium verkündet worden ist. Wenn wir glauben, so wünschen wir über den Glauben hinaus weiter nichts mehr. Denn das ist das erste, was wir glauben: es gebe nichts mehr, was wir über den Glauben hinaus noch zu glauben haben“ (TERTULLIAN, De praescriptione haereticum [Prozeßeinrede der Irrlehrer], zitiert nach K. HEILMANN, Quellenbuch der Pädagogik, 5. erw. Auflage Dortmund 1955, 2). Tertullian legt damit einen wesentlichen Grundstein für die biblisch begründete Ablehnung der Lehre der Redekunst.

4 Vgl. GERT UEDING/BERND STEINBRINK, Grundriß der Rhetorik, 49.

5 Vgl. a. a. O., 50.

genossen eine profunde hellenistische Bildung und waren somit auch rhetorisch gebildet. Erst dadurch waren sie fähig, ihre rhetorische Kompetenz für die christliche Verkündigung einzusetzen und derart nachhaltig für den christlichen Glauben einzutreten.[6] Das Christentum in dieser Zeit kann als „rhetorische Religion"[7] beschrieben werden, da die Werke dieser Zeit verdeutlichen, dass „ein christlicher Führer zugleich Schriftsteller und Redner, Lehrer, Apologet, Briefeschreiber, Prediger war, ein Mann, der das geschriebene Wort sich ganz zu Diensten machte."[8]

1. Die erste christliche Rhetorik von Aurelius Augustinus

In besonderer Weise gilt dies für Aurelius Augustinus (354–430), der die Rhetorik erstmals umfangreich für die Homiletik erschloss. Als Sohn eines römischen Veteranen und einer gläubigen Christin wuchs er in Nordafrika auf und genoss eine umfassende Bildung nach antikem Vorbild. Er war zunächst erfolgreicher und angesehener Rhetoriklehrer, ehe er sich zum Christentum bekehrte und sich neu der Rhetorik zuwandte.

Um 397 verfasst er die ersten drei Bände zur Hermeneutik der christlichen Lehre *De doctrina christiana*. Darin behandelt er das Wesen und die Aufgaben der christlichen Lehre und zeigt auf, wie die Bibel zu verstehen und zu interpretieren ist. Deutlich später, erst im Jahr 426, vollendet er das Werk mit dem abschließenden vierten Band. Darin thematisiert er die Vermittlung der gewonnenen Lehren und geht explizit homiletischen Fragestellungen nach. Mit diesem letzten Band legt Augustin eine christliche Rhetorik vor, die als Meilenstein in der Geschichte der Homiletik zu betrachten ist.

Augustin sieht sich mit Vorwurf konfrontiert, die biblischen Schriften seien ohne jede Art der Kunst und Kunstfertigkeit erstellt worden. Dies bestreitet er vehement, denn er erkennt, dass auch die biblischen Schriften mit Hilfe von rhetorischen Mitteln angefertigt und durch stilistische Entscheidungen gestaltet wurden. Ausführlich stellt er dies am Beispiel der Stilgattungen vor, die alle in der Bibel zu finden sind.[9] Die Legitimität rhetorischer Mittel im christlichen Kontext untermauert außerdem, dass Kirchenväter wie Cyprian oder Ambrosius in ihren Werken die verschiedenen Redestile überzeugend umgesetzt haben.

---

6 Vgl. ebd.

7 Martin Lowther Clarke, Die Rhetorik bei den Römern. Ein historischer Abriß, Göttingen 1968, 190.

8 Ebd.

9 Vgl. Aurelius Augustinus, Vier Bücher über die christliche Lehre (De doctrina christiana). Des Heiligen Kirchenvaters Aurelius Augustinus ausgewählte Schriften. Aus dem Lat. übers. und mit Einl. vers. von P. Sigisberg Mitterer (BKV 49), München 1925, 4,20,39ff.

Ihre Schriften sollten daher als aufschlussreiche Beispieltexte und Vorlagen für rhetorische Übungs- und Imitationszwecke anerkannt werden.[10] Er führt ferner aus:

> „[W]er wagte [...] die Behauptung, die Wahrheit müsse in ihren Verteidigern gegen die Lüge unbewaffnet sein? [...] Jene sollen durch trügerische Beweisgründe die Wahrheit bekämpfen und der Lüge Geltung verschaffen dürfen, diese aber sollen weder die Wahrheit zu verteidigen noch die Lüge zu widerlegen vermögen! Jene sollen bei dem Versuch, ihre Zuhörer um jeden Preis in den Irrtum zu treiben, deren Gemüt schrecken, betrüben, erfreuen, feurig ermahnen dürfen; die Verteidiger der Wahrheit aber sollen eine kalte und matte Rede voll Schläfrigkeit halten müssen! Wer ist so töricht, eine solche Forderung zu ersinnen? Da also die Gabe der Rede an sich etwas Neutrales ist und zur Überredung sowohl zu guten als auch zu schlechten Dingen viel vermag, warum soll sie dann von dem Eifer der Guten nicht zu dem Zwecke erworben werden, um der Wahrheit Dienste zu leisten, während sie doch auf der anderen Seite schlechte Menschen zur Stütze verkehrter und nichtiger Dinge, zum Gebrauch der Ungerechtigkeit und des Irrtums mißbrauchen?“[11]

Augustin weiß um das Missbrauchspotenzial rhetorischer Mittel und plädiert dafür, die Legitimation der Rhetorik von ihrer Anwendung und ihrem Nutzen abhängig zu machen: „Diese Regeln [sc. der Beredsamkeit] selbst sind wahr, obgleich auch durch sie Falsches geraten werden kann. Weil aber das Angeratene auch wahr sein kann, so ist nicht die Gabe der Beredsamkeit an sich schuldbar, sondern der verkehrte Wille jener, die davon einen schlechten Gebrauch machen.“[12]

Rhetorik versteht er in erster Linie als Regelwerk, das einem Redner und Prediger das nötige Instrumentarium bereitstellt.[13] Folglich sind die rhetorischen Mittel vom einzelnen Redner klug und bedacht einzusetzen. Hierfür bedarf es einer rhetorischen Ausbildung, die für Augustin fest im Studium der *artes liberales* verankert ist. Neben Rhetorik zählt Grammatik, Dialektik, Arithmetik, Geometrie, Musik und Astronomie zu den Möglichkeiten, Erkenntnis zu erlangen. Das Studium aller Fächer ist die Voraussetzung für jede weiterführende Beschäftigung mit einer der Disziplinen.[14]

Augustin nimmt die Rhetorik nicht nur eklektisch zur Kenntnis, ihm geht es vielmehr um die Rezeption der Rhetorik in Gänze, um die Erschließung des ge-

---

10 Vgl. a. a. O., 4,21,45–50.

11 A. a. O., 4,2,3.

12 A. a. O., II,36,54.

13 AUGUSTINS Rhetorikverständnis ist damit stärker von PLATON als von ARISTOTELES geprägt. Das instrumentelle Verständnis erfährt jedoch Begrenzung durch seine theologische Einbindung, da sich auch die rhetorisch versierte Predigt an der Wahrheit der Offenbarung zu orientieren kann und das Instrumentarium der Rhetorik dem entsprechend auszuwählen und einzusetzen ist. Vgl. GERT OTTO, Art. Rhetorik, 179.

14 Vgl. ALFRED SCHINDLER, Art. Augustin/Augustinismus. I. Augustin, TRE Bd. 4, Berlin/New York 1979, 645–698: 665.675.

samten Instrumentariums.[15] Daher stellt *De doctrina christiana* auch keine oberflächlich „christianisierte" Version der klassisch-heidnischen Rhetorik dar, sondern ist als überaus innovativer und wirkmächtiger Entwurf einer christlichen Rhetorik zu betrachten.[16]

Im Studium der Rhetorik mahnt Augustin zu Fleiß beim Erlernen der Technik. Zugleich folgt er dem Verständnis von Rhetorik als Erfahrungswissenschaft und weiß um die Bedeutung von natürlicher Begabung sowie um den Einfluss von kontinuierlicher Imitation zu Übungszwecken. Beides kann seiner Ansicht nach beredsamer machen als das bloße Erlernen der Regeln.[17] Andererseits bedarf es neben den intellektuellen Fertigkeiten auch einen gebildeten Charakter. Augustin greift das antike Ideal des *vir bonus* auf: Ein guter Redner ist man demzufolge, wenn man in allen Lebensbereichen integer und tugendhaft handelt. Augustin fordert christliche Prediger daher zu einem vorbildlichen Lebenswandel auf, denn „das praktische Leben des Redners [hat] größeres Gewicht als jegliche Erhabenheit des Ausdrucks."[18]

Den Nutzen der Rhetorik sieht Augustin in den Möglichkeiten, die christlichen Überzeugungen im Diskurs klarer zu verdeutlichen und zu verteidigen. Dabei erkennt er auch, dass eine rhetorisch reflektierte Kommunikation Menschen eine Hilfe sein kann, sich dem christlichen Glauben zuzuwenden und sich von dessen Wahrheitsgehalt zu überzeugen.[19] Augustin sieht in der Rhetorik ein großes Potenzial. In weiten Teilen orientiert sich Augustin dabei an CICEROS Schriften und seinem Rhetorikverständnis.[20] Er übernimmt dessen Herausstellung der *officia oratoris* sowie die daran anknüpfende Ausarbeitung der drei Stilarten und rät:

---

15 Vgl. KARL-HEINZ GÖTTERT, Einführung in die Rhetorik, 123.

16 GAETANO LETTIERI hebt hervor: „Die außergewöhnliche Innovation […] besteht darin, Gott selbst als obersten Redner und damit als Subjekt des *docere, delectare* und *flectere* aufzufassen, dessen Willen die heilige Schrift verkündigt und der in ihr mit verschiedenen Absichten und in verschiedenen Stilarten wirkt, die sich in analoger Weise auch in der klassisch-heidnischen Rhetorik finden, da es sich um die Prinzipien einer natürlichen Lehre handelt." GAETANO LETTIERI, De doctrina christiana. (Über die christliche Wissensaneignung und Lehre), in: Volker Drecoll (Hg.), Augustin Handbuch (UTB 4187), Göttingen 2007, 377–393: 388f.

17 Vgl. AURELIUS AUGUSTINUS, De doctrina christiana, 4,3,5.

18 A. a. O., 4,27,59. AUGUSTIN untermauert dies mit Paulus Aufforderung im 1.Tim 4,12b: „Du aber sei den Gläubigen ein Vorbild im Wort, im Wandel, in der Liebe, im Glauben, in der Reinheit." Zugleich räumt er auch ein, dass auch Menschen mit schlechtem Lebensstil dem Guten dienen können.

19 Vgl. a. a. O., 4,4,6.

20 AUGUSTIN rezipiert sowohl *De oratore* als auch *Orator* intensiv, was MARTIN LOWTHER CLARKE dazu veranlasst, De oratore christiana „als eine christliche *Ars Rhetorica* oder besser als ein christliches *De Oratore* [zu] begreifen, denn das Werk hat mehr mit Cicero als mit der Tradition der Schulen gemein" (MARTIN LOWTHER CLARKE, Rhetorik bei den Römern, 192).

> „Wenn also der kirchliche Redner eine Pflicht einschärft, dann muss er nicht bloß lehren, um zu unterrichten und darf nicht bloß ergötzen, um zu fesseln, sondern er muß auch rühren, um zu siegen. Denn derjenige muß noch durch eine erhabene Beredsamkeit zur Zustimmung hingerissen werden, bei dem dies weder der bis zu seinem Zugeständnis geführte Beweis der Wahrheit noch auch die Zugabe des anmutigen Stiles bewirkte."[21]

Insbesondere bei der Stillehre zeigt sich darüber hinaus Augustins Vermögen, Einsichten Ciceros eigenständig und innovativ mit christlichen Inhalten zu verbinden. So übernimmt er Ciceros Dreistillehre nicht unverändert, sondern betont, dass der gott- und glaubensbezogene Redestoff christlicher Rede zwar der „immer erhaben[e] Stoff"[22] ist, aber trotzdem nicht nur im erhabenen Stil behandelt werden sollte. Stattdessen ist er der Ansicht, dass der erhabene Stil nur gewählt werden sollte, wenn ein Prediger auf seine Zuhörenden einwirken möchte, sie beispielsweise umstimmen oder zum Handeln motivieren möchte.[23] Augustin erkennt an, dass die Dreistillehre, bei der Redestoff und Redestil kongruent einander zugeordnet werden, im Kontext der Gerichtsreden sinnvoll ist.[24] Christliche Reden hingegen sollte nicht nur in einer Stilart gestaltet werden, sondern von Abwechslung bestimmt sein:

> „Niemand soll es nun für einen Verstoß gegen die Rhetorik halten, wenn man diese drei Stilgattungen miteinander vermischt, im Gegenteil: die Rede soll darin, soweit es angängig erscheint, einen Wechsel aufweisen. Denn wenn sie einmal in einem Stil zu lange fortgesponnen wird, dann fesselt sie den Zuhörer nicht mehr so stark; geht man aber von einem Stil zum anderen über, so schreitet die Rede selbst bei längerer Dauer geziemend fort."[25]

Augustin erkennt, dass die Gestaltung einer Rede in einem Stil schnell monoton wird und empfiehlt daher Abwechslung, um mehr Aufmerksamkeit zu erzielen. Die Orientierung an den Hörenden und den Bedingungen des Verstehens ist für Augustin ausschlaggebend. Zahlreiche Belege und Beispiele aus der Heiligen Schrift und den Werken der Kirchenväter untermauern dabei seine Ausführun-

---

21 AURELIUS AUGUSTINUS, De doctrina christiana, 4,13,29.

22 A. a. O., 4,18.

23 Vgl. a. a. O., 4,18,35. 4,19.38.

24 Vgl. KURT SPANG, Art. Dreistillehre, 932.

25 AURELIUS AUGUSTINUS, De doctrina christiana, 4,22,51. AUGUSTIN führt ferner aus: „Obgleich der christliche Lehrer ein Redner über große Dinge ist, so darf er doch darüber nicht die ganze Zeit im erhabenen Stil sprechen, sondern muß auch einmal im niederen reden, wenn er über etwas belehrt, und im gemäßigten, wenn er etwas lobt oder tadelt. Soll aber etwas getan werden und sprechen wir zu jenen, die es tun sollen, es aber nicht tun wollen, dann müssen große Dinge in erhabener und auf Rührung des Gemüts berechnender Weise gesprochen werden. Und manchmal kann es sogar vorkommen, daß über ein und dieselbe bedeutsame Sache im niederen Stil gesprochen wird, wenn sie gelehrt wird, im gemäßigten, wenn sie gepriesen wird und im erhabenen, wenn das ihr abgeneigte Gemüt zur Umkehr bestimmt wird. Was gibt es denn Größeres als Gott selbst?" A.a.O, 4,19,38.

gen und sollen den Vorwurf abwehren, er beziehe sich bloß auf heidnische Autoren.[26]

Von Augustin sind zahlreiche seiner Predigten überliefert, die die praktische Umsetzung seiner rhetorisch-homiletischen Ausführungen zeigen. Sie lassen die Intention erkennen, seine Zuhörenden zu innerer Zustimmung zu bewegen. Vor allem aber kommuniziert er in seinen Predigten die Grundwahrheiten des christlichen Glaubens, indem er sie den Zuhörenden zuspricht und sie als Adressaten in den Blick nimmt. Er hält seine Predigten in einem schlichten Stil, weshalb sie als neue Predigtform (*sermo humilis*) gelten und stilbildend für die Predigtkultur der nächsten Jahrhunderte wirken.[27] Augustin hat die aufkommende christliche Rede sowie die weitere Theologie maßgeblich geprägt und ist in seiner Bedeutung „kaum zu überschätzen“[28].

Nach Augustin nahm die Predigttätigkeit deutlich ab. Bis ins 10. Jahrhundert hinein finden sich zahlreiche Mahnungen, der Aufgabe und der Pflicht des Predigens nachzukommen.[29] Die Predigenden waren vielfach unzulänglich ausgebildet, was sich nicht nur auf theologischer, sondern auch auf rhetorischer Ebene zeigte. Die zu der Zeit starke Fokussierung auf den sakramentalen Charakter des Gottesdienstes förderte zudem die Vernachlässigung der Predigt. Die Predigten wurden primär dazu genutzt, die Grundtexte sowie den kirchlichen Normenkodex zu verdeutlichen.[30] Nur vereinzelt gab es rhetorisch versierte Prediger, zu denen beispielsweise BERNHARD VON CLAIRVAUX zu zählen ist.[31] Hervorzuheben ist ebenso die scholastische Themenpredigt mit ihrem charakteristischen Aufbau, die an den französischen Kathedralschulen und den frühen Universitäten entstand. Doch ihr hochartifizieller Predigtstil erfüllte die damaligen religiösen Bedürfnisse und Erwartungen nur unzureichend und erwies sich daher nicht als zukunftsweisend.[32] Auch in Reaktion darauf kamen die Volkspre-

---

[26] Vgl. a. a. O., 4,20,39–4,21,50. Vgl. ferner KURT SPANG, Art. Dreistillehre, 932.

[27] Vgl. ALBRECHT BEUTEL, Art. Predigt. II. Geschichte der Predigt, RGG[4] Bd. 6, Tübingen 2003, 1585–1591: 1586.

[28] GERT OTTO, Art. Rhetorik, 180. Aus heutiger Sicht ist festzuhalten, dass Augustin zwar ein tendenziell instrumentelles Rhetorikverständnis formuliert hat, aber dies nicht uneingeschränkt auf seine Ausführungen zutrifft. Dies wurde in seiner Rezeption nicht immer ausreichend wahrgenommen. Vgl. ebd.

[29] Vgl. ALBRECHT BEUTEL, Art. Predigt. II. Geschichte der Predigt, 1586.

[30] Darüber hinaus sind besondere Zuspitzungen zu erkennen, wie die starke Bezugnahme auf spezifische situative Bedingungen bei Missions-, Kloster- und Kreuzzugspredigten oder die thematische Fokussierung bei Predigten zu Buße und Gericht im 11./12. Jahrhundert, zur Passion Christi ab dem 13. Jahrhundert oder das ab dem 14. Jahrhundert auch in Predigten immer deutlicher vorgebrachte Drängen auf kirchliche Reformen. Vgl. ebd.

[31] BERNHARD VON CLAIRVAUX wird als einer der wirkmächtigsten Prediger des Mittelalters angesehen, von dem mehr als 300 Predigten erhalten sind, die trotz nachträglicher Bearbeitung „von der rhetorischen Qualität, theologischen Dichte, spirituellen Tiefe und moralischen Entschiedenheit [zeugen], die ihn als Prediger so anziehend machten.“ A. a. O., 1587.

[32] Vgl. ebd.

digten der Bettelorden auf, die ansprechend, anschaulich und unmittelbar das Ideal der *vita apostolica* thematisierten und europaweit sehr populär waren. Außerdem entstanden die kontemplativen Predigten in mystischen Strömungen und auch die Theologie und Predigttätigkeit von MEISTER ECKHART wirkte sich auf die gewöhnlichen Predigten aus. Auch die Predigtkapläne und die in einigen Regionen etablierten Predigtgottesdienste im ausgehenden Mittelalter haben dazu beigetragen, dass „die Predigt ein allgegenwärtiges Element des kirchlichen Lebens [war], doch hatte sie sich, wie zahllose Klagen zeigen, von ihrer genuinen Aufgabe der gegenwartsorientierten Schriftauslegung nicht selten erheblich entfernt."[33]

2. Rhetorik als Grundlage aller Bildung: Das Zeitalter der Reformation

Mit der Reformation änderte sich dies grundlegend. Die Reformatoren sehen die Bedeutung der Predigt für die Heilsvermittlung und werten sie als Zentrum des Gottesdienstgeschehens auf. Der Predigt wird als Gottes Wort angesehen.[34] Auch die *Confessio Augustana* betont die Schlüsselrolle der Predigt in zweifacher Hinsicht: Gemäß dem fünften Artikel der *Confessio Augustana* hat das Predigtamt seine Bestimmung darin, durch Evangeliumsverkündigung und Stiftung der Sakramente Glauben zu wirken.[35] Zum anderen betont der siebte Artikel die ekklesiologische Zentralstellung der Predigt, denn Kirche ist überall dort, wo „das Evangelium rein gepredigt und die heiligen Sakramente lauts des Evangelii gereicht werden"[36].

Im weiteren Verlauf der Reformation nimmt die Predigt neben den Flugschriften eine entscheidende Rolle bei der Verbreitung der neuen Lehre ein. Es bekräftigt ihre Zentralstellung und lässt sie zum „Wahrzeichens des evangelischen Christentums"[37] werden.

---

33 Ebd.

34 Vgl. MARTIN LUTHER, Wider Hans Worst (1541), in: D. Martin Luthers Werke. Kritische Gesamtausgabe. 51. Band (WA 51), Weimar 1914, 461–572: 517.

35 Vgl. Die Augsburgische Konfession. Confessio oder Bekanntnus des Glaubens etlicher Fürsten und Städte uberantwortet Kaiserlicher Majestat zu Augsburg Anno 1530, in: Die Bekenntnisschriften der Evangelisch-Lutherischen Kirche (BSLK). Kartonierte Studienausgabe der 12. Auflage von 1998, Göttingen [13]2010, 31–137: Artikel V, 58. Ähnlich hat es bereits Paulus in Röm 10, 17 formuliert: „So kommt der Glaube aus der Predigt, das Predigen aber durch das Wort Christi."

36 Vgl. Die Augsburgische Konfession, Artikel VII, 61.

37 DIETRICH RÖSSLER, Grundriß der Praktischen Theologie, 2. erweiterte Auflage, Berlin/New York 1994, 351. Daher wurde die „[freie] Predigt des Evangeliums" und die Einsetzung evangelischer Predigten in vielen Städten und Gegenden zu Beginn der Reformation gefordert und trug wesentlich zur weiteren Entwicklung der Reformation bei. Vgl. MARTIN

Die als homiletisches Hilfsmittel gedachten Postillenpredigten sollten die Bildungs- und Erfahrungslücken vieler Prediger ausgleichen und ein grundlegendes Niveau der reformatorischen Verkündigung absichern. Die im Zuge der Visitationen festgestellten Bildungsmissstände bei den Pfarrern waren mitunter so eklatant, dass einige Kirchenordnungen verpflichtend vorschrieben, dass Prediger nicht nur eine Bibel besitzen, sondern auch mit Hilfe der Postillen ihre eigene Predigtkompetenz ausbauen sollten. Die Postillen, die von einigen Reformatoren im Umlauf waren, entfalteten eine große Breitenwirkung und prägten die Predigtlandschaft nachhaltig.[38] Die Predigt sollte als Rede und insbesondere als Lehrpredigt hohe Erwartungen erfüllen, weshalb auch den rhetorischen Fähigkeiten eine große Relevanz beigemessen wurde. Im Zuge der Professionalisierung des Theologiestudiums wurde daher auch das Studium der *artes liberales* verpflichtend eingeführt, wobei die Ausbildung rhetorischer Fähigkeiten besonders im Fokus stand.[39] Das ist zum großen Teil der Verdienst PHILIPP MELANCHTHONS, denn es sind seine Schriften, die als Beginn der protestantischen Homiletik anzusehen sind.[40] Er trägt maßgeblich zur humanistischen Renaissance der Rhetorik als Disziplin bei und legt den Grundstein für eine rhetorisch profilierte Homiletik.[41] Der Humanist Melanchthon erkennt die Rhetorik als grundlegendes und überaus wichtiges Instrument für die protestantische Predigt an und nimmt die rhetorische Unterteilung verschiedener Redegattungen in seine Predigttheorie auf. In der Predigt sollen primär die wichtigsten und grundlegenden Fragen des christlichen Glaubens behandelt und vermittelt werden. Diese Aufgabe kann nur durch eine umfassende Bildung gelingen, weshalb das Studium der Rhetorik für Melanchthon von elementarer Bedeutung ist. Indem die Predigt in diesen Bildungszusammenhang der Rhetorik verortet wird, werden die wissenschaftlichen Anforderungen an sie gefestigt.[42]

Ähnlich wie Melanchthon ist auch MARTIN LUTHER fest in der rhetorischen Bildungstradition verankert, weshalb er sie weder rechtfertigen noch ausführ-

---

BRECHT, Martin Luther, Bd. 2 Ordnung und Abgrenzung der Reformation: 1521–1532, Stuttgart (1986), 73–78.

[38] So wurde früh lamentiert, dass die Gemeindeglieder das Lesen der Postillen dem Gottesdienstbesuch vorziehen. Gegen Ende des 16. Jahrhunderts waren Pfarrer teilweise noch so auf die Postillen angewiesen, dass einige Kirchenordnungen Verschärfungen einführten, um die Selbstständigkeit und Predigtkompetenz der einzelnen Pfarrer zu stärken. Vgl. UDO STRÄTER, Art. Predigt B.III. Neuzeit. 1. Reformation bis Gegenwart: Protestantische Predigt, HWRh Bd. 7, Tübingen 2005, 65–84: 67.

[39] Vgl. ebd.

[40] Zu den aus rhetorischer Perspektive relevanten Schriften zählen neben den Loci Communes (1521/1559; Werke II.1 und II.2) auch De Rhetorica libri III (1519), Institutiones Rhetoricae (1521), Elementorum Rhetorices libri II (1531). Vgl. dazu DIETRICH RÖSSLER, Grundriß der Praktischen Theologie, 367f.

[41] Vgl. JOACHIM KNAPE, Philipp Melanchthons „Rhetorik“ (Rhetorik-Forschungen Bd. 6), Tübingen 1993.

[42] Vgl. DIETRICH RÖSSLER, Grundriß der Praktischen Theologie, 368.

lich thematisieren muss. Luther äußerte sich folglich nur wenig zu Rhetorik, wenn er es tat, aber in sehr pointierter Weise.[43] Es findet sich in Luthers Schriften keine umfassende oder systematische Abhandlung der Rhetorik, was allerdings die elementare Bedeutung der Rhetorik für seine Predigtpraxis und -theorie eher untermauert als relativiert.[44] Zugleich sind mit Luthers Ausführungen zu Rhetorik immer auch didaktische Überlegungen verbunden, was die enge Verflechtung beider Disziplinen als elementare Bildungsgrundlage verdeutlicht.[45] Luther plädiert für einen reflektierten Gebrauch rhetorischer Mittel, des Predigtaufbaus und der Redeabsicht. In seinen Predigten zeigt sich dahingehend eine Veränderung, denn „parallel zur Überwindung des vierfachen Schriftsinns verzichtet er zunehmend auf filigrane Gliederungssystematik sowie auf die rhetorisch kunstvolle Ausgestaltung von *exordium* und *peroratio*: Nahezu unvermittelt nennt er zumeist den zentralen Predigtgedanken, der dann nicht linear entwickelt, sondern variierend umkreist und eingeübt wird."[46]

Luther wendet sich von einem instrumentellen Rhetorikverständnis ab: Die Rhetorik stellt sich für ihn nicht als ein feststehendes und einzuhaltendes Regelwerk dar. Viel wichtiger schätzt er das Kriterium der Angemessenheit (*aptum*) ein, um passend für den jeweiligen Kontext und die Hörenden zu sprechen. Vielfach orientiert er sich dabei auch an QUINTILIAN, den er in einem Brief als ausgezeichneten Lehrer auch für Theologen hervorhebt.[47]

Als begrenzt versteht er auch die Verantwortung und die Aufgabe des Predigenden: „Das wort soll wir predigen, aber die volge sol got alleyn in seim gefallen sein."[48] Die Rezeption der Predigt, wie und ob sie bei den Hörenden aufgenommen wird und was sie im Leben der Hörenden bewirkt, liegt außerhalb des

---

43 So bezeichnet er in einer der Tischreden etwa Christus als „eloquentia selbst", vgl. ALBRECHT BEUTEL, In dem Anfang war das Wort. Studien zu Luthers Sprachverständnis, Tübingen 1991, 479.

44 Vgl. ALBRECHT GRÖZINGER, Lehrbuch Praktische Theologie, Bd. 2 Homiletik, Gütersloh 2008, 183.

45 Vgl. GERT OTTO, Art. Rhetorik, 181.

46 ALBRECHT BEUTEL, Art. Predigt. II. Geschichte der Predigt, 1588.

47 Vgl. ULRICH NEMBACH, Predigt des Evangeliums. Luther als Prediger, Pädagoge und Rhetor. Neukirchen-Vluyn 1972, 130f.

48 MARTIN LUTHER, Predigten des Jahres 1522, in: D. Martin Luthers Werke. Kritische Gesamtausgabe. 10./III. Band (WA 10/III), Weimar 1905, 15.11f. Ausführlicher legt er dar: „Aber predigen soll mans, schreiben und verkündigen, das die Messe in der weyße gehalten sonderlich ist: doch sol mann niemants mit dem haer darvon ziehen oder reyssen, dann gotte sol mans herjnn geben und sein wort alleyne würcken lassen, nit unser zuthun und werck. Warumb? dann jch hab nit in meiner gewalt oder handt jr hertzen (der menschen) als der ha(e)ffner den leymen, mit jm zuschaffen nach meynem gefallen. Ich kann nit weytter kommen dann zu den orn, jns hertz kan ich nit kommen: dieweyl ich dann den glauben jns hertz nit giessen kann, so kann noch sol ich niemants darzu zwingen noch dringen, wenn got thut das alleyne und macht, das er vor jm hertzen lebt. Darumb sol mann das wort frey lassen und nit unser werck darzu thun: wir haben wol jus verbi aber nicht executionem" (Martin Luther, Predigten des Jahres 1522, in: WA 10/III, 14,16–15,10).

Einflusses des Predigers. Zu seiner Verantwortung zählt es hingegen, reflektiert und verständlich zu predigen. In einer Tischrede ist die Äußerung LUTHERS überliefert:

> „Alle Prediger sollen sich gewöhnen, daß sie schlicht und einfältig predigen, und sollen bei sich bedenken, daß sie jungen unverständigen Leuten predigen, Bauern, die ebenso wenig verstehen wie die Jungen unter 12, 13, 14, 20 Jahren [...]. Man muß nicht predigen und tapfer mit großen Worten prächtig und kunstreich herfahren, daß man sehe, wie man gelehrt sei, und seine Ehre suchen. Hier ist nicht der Ort dafür. Man soll sich hier den Zuhörern anpassen; und dass ist der allgemeine Fehler aller Prediger, daß sie predigen, daß das arme Volk gar wenig draus lernt. Einfältig zu predigen ist eine große Kunst. Christus tuts selber; er redet allein vom Ackerwerk, vom Senfkorn usw. und braucht eitel grobe, bäuerische Gleichnisse."[49]

Dafür müssen Prediger rhetorische Kenntnisse und Fähigkeiten ausbilden, um nicht nur die Gestaltung unter rhetorischen Gesichtspunkten zu reflektieren, sondern ebenso die Kommunikationsabsicht und intendierte Wirkung der Kanzelrede klug zu bestimmen. Deutlich lehnt Luther jeden darüber hinausreichenden Zwang und jede Druckausübung ab:

> „Summa summarum predigen wil ichs, sagen will ichs, schreiben wil ichs, aber zwingen und dringen mit der gewalt will ich niemand, denn der Glaub will willig und ungenötigt sein und ohne zwang angenommen werden."[50]

Zum Glauben kann und darf niemand gezwungen werden. Die Predigt muss daher die Freiheit der Hörenden wahren und rhetorische Mittel dürfen nicht zur Bevormundung, Überredung oder gar zur Manipulation der Hörenden missbraucht werden. Luther betont entsprechend seiner Grundüberzeugung des Priestertums aller Gläubigen die Entscheidungshoheit der Predigthörenden als eigenständige Individuen vor Gott.[51] Die Predigt soll die Menschen zwar zum Glauben „anhalten, reitzen und locken"[52], doch ist die Predigtgestaltung dabei in allen Aspekten am Kriterium der Angemessenheit auszurichten. Für Luther

---

[49] MARTIN LUTHER, in: KURT ALAND (Hg.), Luther deutsch. Die Werke Martin Luthers in neuer Auswahl für die Gegenwart, Göttingen [4]1983, Bd. 9, 148.

[50] MARTIN LUTHER, Predigten des Jahres 1522, 18, 28ff. Fast wortgleich ebenfalls in a. a. O., 10ff. LUTHER führt als Veranschaulichung seine eigene Gewaltlosigkeit in den verschiedenen Auseinandersetzungen an. Auch in den schwierigen Situationen rund um den Ablassstreit habe er bloß gepredigt und dabei jede Form der Gewalt abgelehnt. Zugleich schreibt er die weiteren Entwicklungen allein dem Wort zu. Vgl. a. a. O., 18,31–19,3.

[51] Dies fügt sich ein in seine Bestimmung des Gottesdienstes als dialogisches Geschehen zwischen göttlichem Reden und menschlichem Hören und Antworten, wie er sie in der sogenannten Torgauer Formel aufgeführt hat, vgl. MARTIN LUTHER, Predigt am 17. Sonntag nach Trinitatis, bei der Einweihung der Schloßkirche zu Torgau gehalten 1544, gedruckt 1546 (Nr. 35), in: D. Martin Luthers Werke. Kritische Gesamtausgabe. 49. Band (WA 49), Weimar 1913, 588–615: 588, 16ff.

[52] MARTIN LUTHER, Der 117. Psalm ausgelegt (1530), in: D. Martin Luthers Werke. Kritische Gesamtausgabe. 30./I. Band (WA 30/I), Weimar 1913, 219–257: 234, 27.

impliziert dies auch, dass Prediger sich in einer Predigt beschränken müssen auf ausgewählte Aspekte. Er plädiert dafür, dass sie diese Aspekte im Vorfeld festlegen, zu Beginn der Predigt kommunizieren und beim Predigen nicht stark davon abweichen:

> „Das ist ein närrischer Prediger, der da meint, er will alles sagen, was ihm einfällt. Ein Prediger soll bei der Proposition bleiben und das verrichten, was er vorhat, auf daß man das gut verstehe. Und die Prediger, die alles sagen wollen, was ihnen einfällt, erinnern mich an Mägde, die zu Markte gehen. Wenn ihnen eine Magd begegnet, so halten sie mit ihr einen Ständerling; begegnet ihnen dann die zweite Magd, so halten sie auch mit der ein Gespräch und ebenso mit der dritten und vierten auch, und so kommen sie langsam zu Markte. So tun die Prediger auch, die zu weit von ihrem Thema abgehen, sie meinen, sie wollten alles gerne auf einmal sagen; aber es geht nicht!“[53]

Luthers eigene Predigten veranschaulichen die Umsetzung dieser Ausführungen und Überzeugungen. Hervorzuheben ist seine Sprache, die als „plastisch, schlicht, bisweilen derb, doch stets von erdhafter Lebendigkeit“[54] beschrieben werden kann.[55] Insbesondere durch die direkte Anrede, aussagekräftige Metaphern, das Einbeziehen von populären Sprichwörtern und Redensarten gelingt es ihm, die Menschen direkt und konkret anzusprechen und „den Hörern die Welt der Bibel unmittelbar [zu vergegenwärtigen] und so deren individuelle menschliche Lebensgeschichten auf die göttliche Heilsgeschichte hin transparent werden [zu lassen].“[56]

Luther war jedoch nicht der Einzige der Reformatoren, der die Bedeutung der Rhetorik für die Predigt erkannte und beispielsweise mit Predigtpostillen homiletische Hilfsliteratur zur Verfügung stellte. Sowohl HULDRYCH ZWINGLI als auch JOHANNES CALVIN waren als brillante Prediger bekannt. Beide lehnten die sonntägliche Perikopenordnung ab und predigten stattdessen der *lectio continua* folgend fortlaufend über biblische Bücher. Zwinglis Predigten gelten als besonders klar und deutlich, authentisch und einfach, so dass sie seine eindeutigen Positionierungen zu sozialpolitischen Themen deutlich zur Geltung brachten. Durch die unbedingte Autorität, die Calvin der Bibel beimaß, haben seine Pre-

---

53 MARTIN LUTHER, in: KURT ALAND (Hg.), Luther deutsch, Bd. 9, 149.

54 ALBRECHT BEUTEL, Art. Predigt VIII. Evangelische Predigt vom 16.–18. Jahrhundert, TRE Bd. 27, Berlin/New York 1997, 296–311: 297.

55 Luther forderte dies nicht nur, sondern seine Predigten verdeutlichen dies aufschlussreich. Stets ist die in Christus repräsentierte Mitte der Heiligen Schrift das exklusive Zentrum seiner Predigt und zugleich sind seine Ausführungen konkret auf die Lebenswelt der Hörenden ausgerichtet, um die individuellen Lebensgeschichten auf die göttliche Heilsgeschichte hin transparent werden zu lassen. Vgl. ebd.

56 A. a. O., 297f. LUTHER schreibt dazu: „Denn da ligts an einem guten Prediger, das er könne eine sach fur sich nemen und kurz mit zwey oder dreien worten fassen und schliessen. Und darnach, wo es not, auch ausstreichen und erkleren mit Sprüchen und Exempeln und aus einer Blumen ein gantze Wiese machen.“ (UDO STRÄTER, Art. Predigt, 66.)

digten einen ausgeprägten Gemeindebezug, der zugleich pädagogische und gesetzliche Tendenzen aufweist. Dabei sprach er außerordentlich bildreich und folgte grundsätzlich dem Aufbau von *explicatio* und *applicatio*. Seine Predigtweise wurde deshalb auch als luzide und rhetorisch reflektiert wahrgenommen. Doch im Gesamteindruck wirkte sich die Länge und unzureichende Gliederung seiner thematisch oft ausufernden Ausführungen wiederum negativ aus. Die so entstehende Unübersichtlichkeit konnte auch nicht durch wiederkehrende Zwischenfazits, die Calvin als Verstehenshilfen einfügte, ausgeglichen werden.[57]

Die Zeit der Reformation erweist sich damit als Zeit, in der die evangelische Predigt profiliert und die Rezeption von Rhetorik auf grundlegender und praktischer Ebene erkannt und vorangetrieben wird. Damit liefert sie der Homiletik entscheidende Impulse hin zu einer substanziellen Homiletik, bei der theologische Inhalte, lebensweltliche Erfahrungsdimensionen sowie rhetorische Kriterien und Kompetenzen eng aufeinander bezogen sind.[58]

3. Rhetorik im konfessionellen Zeitalter

Im konfessionellen Zeitalter schließt sich eine Zeit der Predigt an, in der die Predigt vor allem durch die „biblisch fundierte Aufgabe einer Heilszueignung durch Wort und Glaube sowie dem Ziel einer lebenspraktischen Verifikation der *doctrina*“[59] geleitet ist und andere zentrale Aspekte verblassen lässt.

Konkret sind es drei Faktoren, die die Predigtpraxis maßgeblich prägen und zu ihrem eigentümlichen Charakter beitragen. Zum einen schreiben die Kirchenordnungen eine sehr hohe Zahl an Predigten vor, so dass Prediger durchschnittlich 200 Predigten im Jahr verfassen mussten, die zumeist länger als eine Stunde waren. Zum anderen wirkt sich insbesondere im lutherischen Raum die Verpflichtung aus, die Sonntagspredigt auf Grundlage der jeweiligen Perikope erarbeiten zu müssen. Eine Vielzahl homiletischer Hilfsliteratur sowie „ein differenziertes und variables Dispositionsschema, in dem die aus der *explicatio* des Textes gewonnen *doctrina* auf ihre applikative Nutzanwendung (*usus*) hin konkretisiert werden sollte“[60], stellen die wesentlichen Mittel dar, mit dem man beiden Faktoren begegnet. Die schwierige Predigtsituation wird allerdings noch durch das altprotestantische Schriftprinzip der Verbalinspiration verschärft, da eine Beschränkung auf zentrale Passagen oder Aussagen nicht intendiert ist. Dies trägt dazu bei, dass die Botschaft und die Relevanz des christlichen Glau-

57 Vgl. ALBRECHT BEUTEL, Art. Predigt. VIII. Evangelische Predigt vom 16.–18. Jahrhundert, 298f.
58 Vgl. ISOLDE KARLE, Praktische Theologie, 177.
59 ALBRECHT BEUTEL, Art. Predigt. VIII. Evangelische Predigt vom 16.–18. Jahrhundert, 300 [Hervorhebung im Original].
60 ALBRECHT BEUTEL, Art. Predigt. II. Geschichte der Predigt, 1588 [Hervorhebungen durch I. K.].

bens für viele nicht transparent wird. Darüber hinaus wurde die Schriftgemäßheit mancherorts als Schriftgelehrsamkeit fehlinterpretiert, wodurch die Predigt zu Demonstrationszwecken der eigenen Gelehrsamkeit und Belesenheit missbraucht wurde. Überwiegend zeigt sich im konfessionellen Zeitalter das Bestreben, den wahren Glauben mit der rechten Lehre zu verbinden. Predigten von JOHANN ARNDT, die die Bedeutung der eigenen, gelebten Frömmigkeit vielfach ausführen, veranschaulichen dies beispielhaft.[61]

Die Hinwendung zum wahren Glauben und der eigenen Frömmigkeitspraxis setzte sich im Pietismus fort. Auch wenn Rhetorik an pietistischen Schulen gelehrt wird, wirken sich die antirhetorischen Züge der theologischen Grundausrichtung sowie des spezifischen Frömmigkeitsverständnis spürbar aus.[62] Insbesondere PHILIPP JACOB SPENER etabliert die Auffassung, dass die evangelische Verkündigung nicht in Einklang mit Rhetorik zu bringen sei, da die Wirkung von Gottes Wort nicht der menschlichen Beredsamkeit bedarf.[63] In *Pia desideria* fordert er als letzten Aspekt einer notwendigen Kirchenreform eine veränderte Predigtpraxis. Anstatt Gelehrsamkeit und filigrane Redekunst zu demonstrieren, sollen die Prediger wieder stärker darauf bedacht sein, „daß der Zweck [...], nämlich Glauben und dessen Früchte hervorzubringen, bei den Zuhörern bestmöglich erreicht werde."[64] Spener betont, dass das gesamte Christentum auf den inneren, den neuen Menschen ausgerichtet ist, weswegen dieser auch in der Predigt ganzheitlich und ernsthaft in den Fokus genommen werden müsse. Den in-

---

61 Vgl. Albrecht Beutel, Art. Predigt VIII. Evangelische Predigt vom 16.–18. Jahrhundert, in: TRE Bd. 27, Berlin/New York 1997, 296–311: 300f.

62 In einem Gedicht von Joachim Feller heißt es bezeichnenderweise: „Denn dieses machts nicht aus/wenn man nach Rhetoristen-|und Disputanten Art/sich auf der Canzel ziert. | Und nach der Lehre nicht lebt heilig/wie gebührt/| Die Pietät muß vor aus im Hertzen nisten. Der baut auch zehnmal mehr/ als wohlgesetzte Wort/ Ja alle Wissenschafft/ sie nutzt auch hier und dort." (zit. nach: AUGUST HERMANN FRANCKE, Streitschriften, hg. v. Erhard Peschke, Berlin/New York 1981, 10.) Die zwar anerkannte, aber der frommen Einstellung deutlich untergeordnete Relevanz der Rhetorik wird damit besonders ersichtlich.

63 Vgl. GERT OTTO, Art. Rhetorik, 181.

64 PHILIPP JACOB SPENER, Pia desideria. Herzliches Verlangen nach Gottgefälliger Besserung der wahren evangelischen Kirche sammt einigen einfältig dahin abzweckenden christlichen Vorschlägen. Aufs neue überarbeitet und mit Anmerkungen versehen von F.W.P. Ludwig Feldner, Niesky 1846, 94. Weiter schreibt SPENER: „Wie Manche tragen mehr Sorge dafür, daß der Eingang passend, und der Uebergang natürlich, daß die Eintheilung kunstreich genug, und alle Theile recht nach der Redekunst abgemessen und ausgezieret seien, als daß sie solche Materien wählten und durch Gottes Gnade ausführeten, wovon die Zuhörer im Leben und Sterben Nutzen haben könnten. So soll es aber nicht sein, denn weil die Kanzeln nicht der Ort ist, wo man seine Kunst mit Pracht sehen lassen, sondern das Wort des herrn einfältig, aber gewaltig predigen, und dies das göttliche Mittel sein soll, die Leute selig zu machen, so sollte auch billig Alles auf die Erreichung dieses Zweckes eingerichtet werden. Der Prediger sollte sich überhaupt vielmehr nach seinen Zuhörern richtigen, weil diese ihn sonst nicht verstehen, und dabei sollte er stets mehr auf die Einfältigen sehen, die den größten Theil ausmachen, als auf etliche wenige Gelehrte, wo sich dergleichen finden lassen." Ebd.

neren Menschen und seinen Glauben gilt es zu stärken und auf dieses Ziel hin ist alles Predigen und Auslegen der Heiligen Schrift auszurichten.[65] Spener kritisiert damit zutreffend Missstände, die weder aus homiletischer noch aus rhetorischer Sicht gutzuheißen sind. Seine grundsätzliche Forderung, sich stärker am Fassungsvermögen und Nutzen der Hörenden auszurichten, ist gerade auch aus rhetorischer Sicht überzeugend. Doch sein Ansatz, dies durch biblischere Predigten, einen simplen und wenig ansprechenden Stil und eine vorrangig ermahnend-applikative Auslegung auszugleichen, führte vielfach zu sehr gefühlsbetonten und affektierten Predigten, die darüber hinaus schnell gesetzliche Züge annahmen.[66]

Speners eigene, überaus zahlreiche Predigten verdeutlichen, wie gekonnt er unter rhetorischen Gesichtspunkten Form und Inhalt miteinander verknüpfen konnte. Seine Predigten sind unprätentiös, aber präzise ausgearbeitet, werden also der rhetorischen Tugend der Klarheit (*perspicuitas/claritas*) gerecht und folgen in der Regel dem gleichen, klaren Aufbau.[67] Seine rhetorische Kompetenz zeigt sich auch darin, dass ihm die Produktionsphase der Memorierung wichtig war; er lernte seine Predigten wörtlich auswendig und legte Wert auf seine Präsentationskompetenz.[68]

Spener und auch anderen Vertretern des Pietismus ist es gelungen, die Predigtpraxis neu zu beleben und eine Rückbesinnung auf die eigentliche Aufgabe und Intention der Predigt voranzutreiben. Verstärkt wurde die Perspektive der Hörenden in den Blick genommen und wurden die Bedingungen eines gelingenden Verstehens- und Rezeptionsprozesses reflektiert.

Dennoch brachen die bereits seit 1600 überlieferten Klagen über die Wirkungslosigkeit der Predigt nicht ab. Es wurde erkannt, dass das Problem nicht allein durch eine verbesserte Predigtarbeit behoben werden konnte. Der öffentliche Strukturwandel, der sich insbesondere im 17. und 18. Jahrhundert vollzog, ließ die Predigt innerhalb und außerhalb der Kirche massiv an Ansehen verlieren und sie in Konkurrenz zu profanen Schriften treten, die sich ebenfalls zu religiös-moralischen Themen äußerten und eine Alternative zur christlichen Weltdeutung zu bieten versuchten.[69] Die *artes liberales* verloren ihre bindende Funktion für die Allgemeinbildung, wodurch auch die Rhetorik ihre selbstverständliche Relevanz einbüßte. Zugleich wurde sie zunehmend formalisiert und

65 Vgl. a. a. O., 96f.

66 So wird vielfach kritisiert, die pietistischen Predigten seien zu gefühlsbetont und die starke Betonung der Predigt als Heiligungshilfe für die Menschen impliziere vielfach eine gesetzliche Disposition. Vgl. ALBRECHT BEUTEL, Art. Predigt VIII. Evangelische Predigt vom 16.–18. Jahrhundert, 303.

67 Auch SPENER baut seine Predigten in der Regel nach dem Schema *explicatio – applicatio* auf: Nach einer eingehenden Exegese folgt die Lehre und abschließend erfolgt die praktische Anwendung erst durch Vermahnung und abschließend durch Trost. Vgl. ebd.

68 Vgl. ebd.

69 Vgl. a. a. O., 304f.

als Regelrhetorik aufgefasst, wodurch das Wissen um ihr Potenzial verblasste. Im homiletischen Bereich wurden aber auch in dieser Zeit dezidiert rhetorische Homiletikentwürfe erarbeitet, beispielsweise von J. L. VON MOSHEIM, oder FRANZ VOLKMAR VON REINHARD.[70] Hervorzuheben ist ferner FRIEDRICH ANDREAS HALLBAUER (1692–1750), der sich in der *Anweisung zur Verbesserten Teutschen Oratorie* intensiv mit der geistlichen Beredsamkeit auseinandersetzte und scharfe Kritik am verbreiteten, wortreichen und ausgeschmücktem Redestil übte. In Abgrenzung dazu betont er die Relevanz eines korrekten, sachlichen und klaren Ausdrucks.[71] Er fordert in Predigten weniger Texterklärung und kunstvolle Ausarbeitungen, sondern vielmehr eine auf die Zuhörer ausgerichtete und angemessene Rede.[72]

Die Predigt zur Zeit der Aufklärung kennzeichnet ein starker thematischer Fokus und vielfach auch ein moralischer Duktus. Die Auseinandersetzung mit dem biblischen Text und insbesondere die Orientierung an der Perikopenordnung wurde teilweise stark vernachlässigt. Kritiker bemängelten vielfach die einseitige Konzentration auf alltägliche Lebensbezüge wie Ackerbau und Viehzucht, Gesundheits- oder Haushaltsfragen, hinter denen die eigentliche Botschaft des christlichen Glaubens verblasste und darüber hinaus banalisiert wurde. Dennoch ist die Intention, durch diese Thematisierung die allgemeinen Lebensumstände zu verbessern, ebenso hervorzuheben, wie die klare, verständliche Sprache und die Absicht, auf das Leben der Menschen einzuwirken. Aus rhetorischer Perspektive ist die umfassende Berücksichtigung der spezifischen Situation der Predigtrezipienten zu würdigen.[73]

---

70 Vgl. GERT OTTO, Art. Rhetorik, 181.

71 HALLBAUER schreibt: „Zu einem guten stilo wird erfordert, daß er richtig 1), rein 2), deutlich 3), üblich 4), zusammenhangend 5), ungezwungen 6), gleich 7), zierlich 8) und nach der Materie, den Lesern oder Zuhörern, auch nach der Absicht gerichtet sey." FRIEDRICH ANDREAS HALLBAUER, Anweisung zur Verbesserten Teutschen Oratorie. Nebst einer Vorrede von Den Mängeln der Schul-Oratorie. Jena 1725. Nachdr. Kronberg/Ts. 1974, 496. Er bringt damit die aufklärerische Abgrenzung vom Redestil des vorangegangenen Jahrhunderts präzise zum Ausdruck, die den wortreichen und ausgeschmückten Redestil nicht weiter anstrebte. Vgl. ferner GERT UEDING/BERND STEINBRINK, Grundriß der Rhetorik, 113.

72 „Denn die Homilie ist keine Kunst / sondern eine Klugheit. [...] Eine Predigt soll nicht lang, aber durch und durch erbaulich seyn. [...] Überhaupt muß man die Materien auf der Canzel nicht auf eine Schul-Art ausführen / sondern wie es einem Redner und zwar vor Zuhörern / deren der größte Theil ungelehrte sind / geziemet. [...] Wer einfältig (erbaulich) predigt, predigt gelehrt; wer gelehrt predigt, predigt einfältig. [...] Es ist leicht, aus commentariis und Büchern gelehrte Sachen auszuschreiben: es erfordert mehr Geschicklichkeit, nach eigener Überlegung alles zur Erbauung zu richten." FRIEDRICH ANDREAS HALLBAUER, Anweisung zur Verbesserten Teutschen Oratorie, 766ff.

73 Vgl. UDO STRÄTER, Art. Predigt, 75.

4. Rhetorische Reflexion bei Friedrich Schleiermacher

Das ausgehende 18. Jahrhundert ist für die Kirche als Zeit der Krise zu beschreiben, in der die Konkurrenz durch Literatur und Philosophie stark war. Der fortschreitende Relevanzverlust von Religion und christlicher Kirche wirkte sich sowohl gesamtgesellschaftlich als auch in der Lebensführung der Einzelnen aus, so dass vielenorts leere Kirchen zu beklagen waren. Eine der prägendsten Figuren dieser Zeit ist FRIEDRICH DANIEL ERNST SCHLEIERMACHER (1768–1834), der maßgeblich dazu beitrug, grundlegende Erneuerungen in Kirche und Theologie voranzubringen. Sein 1799 zunächst anonym veröffentlichtes Werk *Über die Religion. Reden an die Gebildeten unter ihren Verächtern* beinhaltete eine Neuinterpretation des Religionsbegriffs, der sich abgrenzte von den vorherrschenden Auffassungen von Orthodoxie, Aufklärung und Pietismus. Nur unter den Gesichtspunkten von Moral und Vernunft ist Religion für Schleiermacher nicht hinlänglich zu begreifen, denn „[i]hr Wesen ist weder Denken noch Handeln, sondern Anschauung und Gefühl“[74]. Religion wird missverstanden, wenn man sie nur als Möglichkeit betrachtet, die Welt zu erklären oder Menschen zu moralischem Handeln zu bewegen. Religion ist vielmehr „Sinn und Geschmack fürs Unendliche“[75], wie er formuliert. Damit bringt er zum Ausdruck, „dass die Wirklichkeit im Vorhandenen und Begreiflichen nicht aufgeht“[76]. Diese Grundüberzeugung beinhaltet homiletische Implikationen, denn Religion kann nach diesem Verständnis weder gelehrt noch rein rational begriffen werden. Das alles bestimmende religiöse Gefühl, die Erfahrung mit dem Göttlichen, kann nur geweckt und geteilt werden.

Für Schleiermacher hat die Predigt weder die Aufgabe, belehrend oder aufklärerisch zu sein, ebenso wenig sollen missionarische Absichten im Vordergrund stehen. Er grenzt sich von pietistischen, orthodoxen oder aufklärerischen Tendenzen entschieden ab und steht damit im Widerspruch zur allgemeinen Auffassung, wie der kirchlichen Krise zu begegnen ist. Er macht gerade nicht den mangelnden Glauben oder die verbreitete Religionsverachtung zum Thema.[77] Vielmehr ist er geleitet von der Überzeugung, dass der christliche Glaube und die Kirche auch in Zukunft bestehen werden:

---

[74] FRIEDRICH D. E. SCHLEIERMACHER, Über die Religion. Reden an die Gelehrten unter ihren Verächtern (1799), in: DERS., Schriften aus der Berliner Zeit. 1796–1799 (Kritische Gesamtausgabe I/2), hg. v. Günter Meckenstock, Berlin/New York 1984, 185–326: 211.

[75] A. a. O., 212.

[76] WILHELM GRÄB, Gelebte Religion als Thema der Praktischen Theologie, in: CHRISTIAN DANZ et al. (Hgg.), Religion zwischen Rechtfertigung und Kritik. Perspektiven philosophischer Theologie, Frankfurt a. M. 2005, 153–169: 159.

[77] Vgl. dazu auch ISOLDE KARLE, Praktische Theologie, 179.

> „Andern wird freilich Manches wunderlich vorkommen; zum Beispiel daß ich immer so rede als gäbe es noch Gemeinen der Gläubigen und eine christliche Kirche; als wäre die Religion noch ein Band, | welches die Christen auf eine | eigenthümliche Art vereinigt. Es sieht freilich nicht aus, als verhielte es sich so: aber ich sehe nicht, wie wir umhin können es vorauszusezen. [...] Vielleicht kommt auch die Sache dadurch wieder zu Stande, daß man sie voraussetzt."[78]

Es wird zu Schleiermachers Methode, die allgegenwärtige Infragestellung des christlichen Glaubens nicht perpetuierend zu thematisieren und damit zu intensivieren. Auch die wiederkehrende Thematisierung von Zweifeln oder unzureichenden Glaubensüberzeugungen der Gemeindeglieder sieht er nicht als produktiv an. Stattdessen fordert er: „Wir müssen die Zuhörer als Christen aufnehmen, und nicht als solche die es erst werden sollen [...]."[79]

In seinen Predigten setzt Schleiermacher dies um. Er spricht seine Zuhörenden als Christen an und übergeht die Frage, inwiefern sie sich mit den christlichen Überzeugungen identifizieren. Damit nimmt er seine Zuhörenden in ihrer Individualität und Eigenverantwortung ernst. Er möchte sie weder missionieren noch belehren. Darüber hinaus begreift er die Predigt grundsätzlich als darstellendes und nicht als wirksames Handeln. Wirksames Handeln strebt eine direkte, unmittelbare Auswirkung durch eine Predigt in der im Kultus versammelten Gemeinde an, die über die Predigt selbst hinaus geht. Das lehnt Schleiermacher ab. Der primäre Zweck der Predigt liegt für Schleiermacher in der Erbauung der im Gottesdienst zusammenkommenden Gemeinde, die durch die Zirkulation des religiösen Bewusstseins aller erreicht wird. Daher geht Schleiermacher davon aus, dass die selbstverständliche und für sich stehende Darstellung und Beschreibung des christlichen Glaubens und die gemeinsame Basis von Prediger und den Zuhörenden der richtige Ansatz ist, um Menschen von der Plausibilität des christlichen Glaubens zu überzeugen. Folglich ist es besser, den Zuhörenden Glauben zu unterstellen und sie so positiv anzusprechen.[80]

---

[78] FRIEDRICH D. E. SCHLEIERMACHER, Erste Sammlung 1801 mit den Varianten der 2. Auflage 1806 und der 3. Auflage 1816, in: DERS., Predigten. Erste bis Vierte Sammlung (1801–1820) mit den Varianten der Neuauflagen (1806–1826) (Kritische Gesamtausgabe III/1), hg. v. Günter Meckenstock. Anhang: Günter Meckenstock. Kalendarium der überlieferten Predigttermine Schleiermachers, Berlin/Boston 2012,1–201: 8f. ISOLDE KARLE hält fest: „Schleiermacher erkennt damit in Vorwegnahme einer konstruktivistischen Hermeneutik, dass die Annahmen über die Realität, die einer Kommunikation zugrunde liegen, wesentlich darüber mitbestimmen, was *soziale Geltung* erlangt und als Realität überhaupt wahrgenommen wird." ISOLDE KARLE, Praktische Theologie, 179 [Hervorhebung im Original].

[79] FRIEDRICH D. E. SCHLEIERMACHER, Die praktische Theologie nach den Grundsäzen der evangelischen Kirche im Zusammenhange dargestellt (Sämtliche Werke I/13). Aus Schleiermachers handschriftlichem Nachlasse und nachgeschriebenen Vorlesungen hg. v. Jacob Frerichs, Berlin 1850, Nachdruck Berlin/New York 1983, 239.

[80] ISOLDE KARLE hebt hervor, dass dies „in gewisser Weise [als] Vorgriff auf Kommunikationstheorien, die erst im 20. Jahrhundert entwickelt werden", zu sehen ist; insbesondere zu

In der praktischen Umsetzung ist sich Schleiermacher bewusst, dass auch belehrende Aspekte notwendig sein können, doch dürfen sie die Predigt nicht dominieren:

> „Die bestehende Form der religiösen Rede müssen wir uns als zufällig denken, dann wird sich ergeben, was wesentlich und unwesentlich ist. Dabei müssen wir auf den *Begriff der religiösen Rede* zurückgehen. Sie ist eine zusammenhängende Folge von Gedanken; der Zwekk zu dem sie ausgestellt wird, ist kein anderer als das religiöse Bewußtsein der anwesenden zu beleben, so wie wir schon früher gesagt haben, die ganze Anstalt des Cultus sei eine Anstalt für die Circulation des religiösen Bewußtseins. Daß nun hier die Belehrung allerdings auch ein Moment bildet, ist natürlich nicht zu läugnen, aber nur ein untergeordnetes. Die Hauptsache bleibt immer die Belebung des religiösen Bewußtseins, die *Erbauung*."[81]

Das Ziel der Predigt ist für Schleiermacher positiv als die Erbauung des Einzelnen durch die Belebung des religiösen Bewusstseins bestimmt. Dies deckt sich mit seinem Gemeindeverständnis, denn auch „[d]er eigentliche Zwekk der religiösen Gemeinschaft ist also die Circulation des religiösen Interesses, und der Geistliche ist darin nur ein Organ im Zusammenleben."[82] Die gemeinschaftliche Dimension ist für ihn von elementarer Bedeutung, weder in der Predigt noch im gesamten Dasein der Kirche geht es nur um individuelle Selbstdarstellung. Individualität und gemeinschaftliches Miteinander sieht er in einem reziproken Verhältnis, welches ein gemeinsames Bewusstsein formt, das auf Christus gründet und auf ihn hin orientiert ist. Das Ziel allen kirchlichen Handelns, auch der Predigt, ist folglich die Anregung dieses gemeinsamen Bewusstseins. Dabei ist der Prediger nur ein Beteiligter von vielen, denn „alle wirken und lassen auf sich wirken."[83]

Damit sind diverse Anforderungen an den Prediger gestellt: Seine Arbeit soll auf der Bibel gründen, denn „sie muß das Centrum aller Gedankencombinationen"[84] darstellen. Dies soll sich in einem dialogischen Verfahren bewähren, denn die Predigterarbeitung „ist ein Dialog mit seiner Schriftstelle, die er fragt und die ihm antwortet und mit seiner Gemeinde."[85] In der Predigt sollte insofern nicht nur der biblische Text berücksichtigt werden, sondern auch die Perspektiven und die Erwartungen der Gemeinde.[86] Vor dem Hintergrund der Lebensrealität der Gemeinde, ihrer Fragen, Bedürfnisse und Themen gilt es den biblischen Text in seiner gegenwärtigen Relevanz herauszuarbeiten und den christlichen

---

dem von Paul Watzlawick herausgearbeiteten Beziehungsaspekt der Kommunikation. Vgl. Isolde Karle, Praktische Theologie, 179.

81 Friedrich D.E. Schleiermacher, Die praktische Theologie nach den Grundsäzen der evangelischen Kirche im Zusammenhange dargestellt, 216.

82 A. a. O., 65.

83 A. a. O., 50.

84 A. a. O., 242.

85 A. a. O., 248.

86 Vgl. a. a. O., 240.

Glauben zu plausibilisieren. Schleiermacher legt damit eine bis heute zutreffende Beschreibung der Predigtarbeit vor, die an Aktualität nichts eingebüßt hat. ISOLDE KARLE akzentuiert, dass Schleiermacher damit bereits im 19. Jahrhundert eine Predigttheorie entwickelte, die in der zweiten Hälfte des 20. Jahrhundert mit den Begriffen des homiletischen Dreiecks und des homiletischen Zirkels formuliert wurde.[87]

Thematisch kann nach Schleiermacher in der Predigt alles thematisiert werden, was für das religiöse Bewusstsein relevant ist. Es ist lediglich entscheidend, dass es aus religiöser Perspektive thematisiert und interpretiert wird und sich für die Gemeinde als nützlich und relevant erweist.[88] Neben dieser inhaltlichen Ebene ist für Schleiermacher auch die formale Gestaltung der Predigt von grundlegender Bedeutung. Damit eine Predigt den formalen Anforderungen entspricht, bedarf es einer ausgeprägten rhetorischen Kompetenz. Schleiermacher betont, dass die Predigt eine religiöse Rede ist und als solche einen reflektierten und einheitlichen Gesamtaufbau benötigt, der den Inhalt klar und nachvollziehbar zur Geltung bringt. Darüber hinaus betont Schleiermacher eine leicht verständliche sprachliche Gestaltung, die ebenfalls zur Klarheit (*perspicuitas/claritas*) beiträgt. Dies ist für Schleiermacher zentral, damit Predigten ihre erbauliche Wirkung entfalten können.[89] Darüber hinaus spricht er sich für eine abwechslungsreiche stilistische Gestaltung aus, für variierende Intonation und einen zurückhaltenden Habitus während des Predigens. Sein Ziel ist, dass die Predigt „eine Mitteilung des religiösen Bewußtseins [ist], die die Versammlung leicht auffassen kann, und die in einer solchen Region sich bewegt, dass die Hörer geneigt sind sie aufzufassen.“[90]

Es zeigt sich, dass Schleiermacher bereits auf grundlegender Ebene eine rhetorisch reflektierte und versierte Homiletik konzipiert hat, bei der rhetorische wie theologische, inhaltliche sowie formale Aspekte elementar sind. Schleiermachers Ausführungen zu Homiletik haben die Praktische Theologie in der Moderne nachhaltig geprägt und wirken sich bis heute auf die homiletischen Diskurse aus.[91]

---

87 Vgl. ISOLDE KARLE, Praktische Theologie, 179.

88 Vgl. a. a. O., 204f.

89 Vgl. a. a. O., 217.

90 A. a. O., 213.

91 Vgl. WILHELM GRÄB, Predigtlehre. Über religiöse Rede, Göttingen 2013; FRANK LÜTZE, Absicht und Wirkung der Predigt. Eine Untersuchung zur homiletischen Pragmatik (APrTh 29), Leipzig 2006; vgl. RUTH CONRAD, Weil wir etwas wollen! Plädoyer für eine Predigt mit Absicht und Inhalt (Evangelisch-katholische Studien zu Gottesdienst und Predigt Bd.2), Neukirchen-Vluyn/Würzburg 2014. Vgl. ISOLDE KARLE, Praktische Theologie, 202–247; vgl. MANUEL STETTER, Die Predigt als Praxis der Veränderung. Ein Beitrag zur Grundlegung der Homiletik, Göttingen 2018.

5. Der Relevanzverlust der Rhetorik im 19. Jahrhundert

Aus rhetorischer Perspektive sind Schleiermachers Werke und sein Wirken charakteristisch für das Verhältnis von Rhetorik und Homiletik im beginnenden 19. Jahrhundert. Im fortschreitenden 19. Jahrhundert verliert die Rhetorik allerdings sukzessive an Relevanz. Insbesondere als wissenschaftliche Disziplin ist die Rhetorik von Veränderungen betroffen, die sich „als komplexe Verflechtung von Wandel, Transformation und Verdrängung“[92] darstellen. Schleiermachers Hochschätzung der Rhetorik stellt insofern eine Ausnahme dar, als dass die Rhetorik als eigenständige Wissensdisziplin bereits seit der Aufklärung ihren Einfluss einbüßte und im Bildungssystem marginalisiert wurde. GERT UEDING und BERND STEINBRINK beschreiben den anhaltenden Verfall der Rhetorik als wissenschaftlicher Disziplin eindrücklich:

> „Gerade die Epoche, die von den Historikern auch das bürgerliche Zeitalter genannt worden ist, bringt den entscheidenden, bis heute auch nicht annähernd überwundenen Einschnitt in der Geschichte der Rhetorik. Sie verliert ihren wissenschaftlichen Einfluss in Hochschule und Schule, die ihr gewidmeten Lehrstühle werden bald von den Germanisten und Historikern, Philosophen und sogar Naturwissenschaftlern besetzt, und die Literatur im weitesten Verständnis (von der Poesie bis zur wissenschaftlichen Abhandlung, von der Parlamentsrede bis zu Drama und Roman) löst sich von ihrem rhetorischen Begriff, wird Gegenstand anderer, problem- und sachbezogener Disziplinen, denen die Wirkungsintention und Formkultur der geschriebenen oder gesprochenen Rede entweder gleichgültig oder nur als isoliertes Phänomen der Stilanalyse zugänglich ist.“[93]

Dies wirkt sich zunehmend auch auf die Homiletik aus. Ähnlich wie die Theorie der Rede verliert auch die Theorie der Predigt an Bedeutung. Die eigentliche Bedeutung der Rhetorik im 19. Jahrhundert zeigt sich nicht in tiefgreifenden theoretischen Auseinandersetzungen, sondern in der praktischen, angewandten Rhetorik. Zu den sich ausbildenden Spezialrhetoriken zählt auch die sogenannte geistliche Beredsamkeit, die praktische und angewandte christliche Redekunst.[94] Nicht die Theorie, als vielmehr die praktische Anwendung und Ausübung prägt

---

92 GERT UEDING/BERND STEINBRINK, Grundriß der Rhetorik, 136.

93 Ebd.

94 Vgl. a. a. O., 136–158. Im 18. Jahrhundert veränderten sich die gebräuchlichen Begriffsbezeichnungen und fortan war nicht mehr „*rhetorica*“ die übliche Bezeichnung für die rhetorische Theorie, sondern „Redekunst“. Der Terminus „Beredsamkeit“ löste „*eloquentia*“ oder „*oratoria*“ als Bezeichnungen für die Redepraxis ab. Da die Redepraxis im christlichen/geistlichen Kontext als eins der klassischen Anwendungsgebiete galt, etablierte sich „geistliche Beredsamkeit“ rasch als eigene Gattungsbezeichnung. Als eigene Bezeichnung etablierte sich zudem die „Wohlredenheit“, die gattungsübergreifend eine außergewöhnliche Stilqualität zum Ausdruck brachte. Vgl. a. a. O., 124.

die Rhetorik im 19. Jahrhundert. Besonders gewandte Prediger wie Schleiermacher konnten für großes Aufsehen mit ihren Kanzelreden sorgen und hatten großen Einfluss.[95] Die geistliche Beredsamkeit durchdrang auf diese Weise das gesellschaftliche Leben, so dass kein Bereich von ihrem Einfluss ausgenommen war.[96]

Innerhalb der praktisch-theologischen und homiletischen Diskurse spielte die Rhetorik allerdings eine untergeordnete Rolle. Nur wenige betonen die Bedeutung der Rhetorik: Nach Schleiermacher finden sich zu Beginn des 19. Jahrhunderts nur zwei homiletische Entwürfe, die ein rhetorisches Profil aufweisen.[97] Auch Wilhelm Löhes Empfehlung, „ehe man zur Homiletik schreitet, die Rhetorik zu studieren"[98], spiegelt nur eine singuläre Sichtweise wider. Verbreitet ist hingegen die Überzeugung von der Überflüssigkeit der Rhetorik, wie sie Alexander Schweizer vertrat. Bei der Erarbeitung der Predigt wird ihm zufolge die „homiletische Form durch den Stoff selbst"[99] festgelegt, wodurch eine Reflexion der Predigt aus rhetorischer Perspektive überflüssig wird. Insbesondere von Vertretern der Erweckungsbewegung waren Predigten auf die affektive Ansprache der Zuhörenden ausgerichtet und durch eine deutliche Wirkungsintention geprägt. Sie zeugen von einer dezidiert rhetorischen Gestaltung, auch wenn die Rhetorik auf theoretischer Ebene wenig Beachtung fand.[100]

Darüber hinaus setzte sich die Auffassung von der Predigt als Mittel der Belehrung durch. Die Kanzelreden wurden dementsprechend gestaltet und fielen durch ihre Gleichförmigkeit auf. Rasch wurden sie als stereotyp und wirkungslos kritisiert, mitunter auch als „geistliche[r] Jargon, der nur auf Kanzeln und in Sonntagsblättern sein Dasein fristet"[101], markiert.

---

95 Zum Teil wurde den Predigten eine größere Strahlkraft als etwa dem Theater beigemessen. Vgl. a. a. O., 151.

96 Vgl. a. a. O., 152.

97 Vgl. Franz Theremien, Die Beredsamkeit eine Tugend oder Grundlinien einer Systematischen Rhetorik, 2. verbesserte Auflage, Berlin 1837 (1814). Vgl. Heinrich August Schott, Theorie der Beredsamkeit mit besonderer Anwendung auf die geistliche Beredsamkeit in ihrem ganzen Umfange dargestellt, 2. verbesserte Auflage, Leipzig 1833 (1815). Vgl. ferner A. Grötzinger, Homiletik 2008, 183.

98 Wilhelm Löhe, Der evangelische Geistliche. Bd. 2, Neuendettelsau ^{3}1876, 98.

99 Alexander Schweizer, Homiletik der evangelisch-protestantischen Kirche systematisch dargestellt, Leipzig 1848, 105. Vgl. dazu ferner Friedrich Wintzer, Die Homiletik seit Schleiermacher bis in die Anfänge der ‚dialektischen Theologie' in Grundzügen (APTh 6), Göttingen 1969, 22ff.

100 Beispielhaft kann hierbei Ludwig Hofacker genannt werden, der mit seinen Predigten direkt das Herz der Hörenden erreichen wollte, um „einen Keil in das Herz des Menschen [zu] schlagen", also eine rein auf die Affekte abzielende Wirkung anstrebte, bei der eine rationale Belehrung ausgelassen werden konnte. Zit. n. Alfred Niebergall, Die Geschichte der christlichen Predigt, Leit., Bd. 2 (1955): 181–353: 327.

101 Reinhold Seeberg, Die Kirche Deutschlands im neunzehnten Jahrhundert. Leipzig ^{3}1910, 215; vgl. ferner a. a. O., 213–219. Seeberg beschreibt die Lage und Herausforderung seiner Zeit eindrücklich: „Es gibt in unserer Mitte eine Unverzagtheit und Hoffnungslosigkeit, die

6. Die Wiederentdeckung der Rhetorik durch die Predigtreformbewegung und die Liberale Theologie

Um die Überwindung einer überholten Predigtkultur war die nächste, wirkungsmächtige Erneuerungsbewegung in der deutschen Homiletik bemüht. Ab 1890 entwickelte sich unter dem Label der „modernen" Predigt eine Reformbewegung, die die Absicht verfolgte, sowohl die Predigttheorie als auch die Predigtgestaltung in Einklang zu bringen mit den Herausforderungen der Moderne. Die gesellschaftlichen wie geistigen Veränderungen beeinflussten auch die kirchliche und religiöse Situation und äußerten sich unter anderem in einem fortschreitenden Bedeutungsverlust des Christentums in der Gesellschaft, der mitunter als „Abfall der Massen"[102] wahrgenommen wurde. Die Predigten galten als altmodisch, denn „sie antworten auf Fragen, die niemand stellt, und auf die Fragen, die jeder stellt, antworten sie nicht"[103]. Deutlich wirkte sich auch das Erstarken der parteipolitischen Redekultur und die entstehende Publizistik auf die Predigtrezeption aus. Dadurch wurde nicht nur der Verlust des öffentlichen Redemonopols der Kirchen offenbar, sondern auch ihre Unfähigkeit, die Menschen kommunikativ zu erreichen.

In der Predigtreformbewegung sollten empirische Erkenntnisse anderer Wissenschaften rezipiert werden, um das Predigen zu reformieren und mehr Kenntnisse über den bzw. die modernen Menschen zu erlangen.[104] Konkret bedeutete dies:

---

sehr fromm und gläubig tun kann und doch nicht glaubt. Man glaubt was man predigt, aber man glaubt nicht, daß diese Predigt Kraft des Heiles für alle ist. Daher so oft der matte Ton, die Ängstlichkeit es mit neuen Formen zu versuchen, die Resignation den großen Aufgaben des Tages gegenüber. Man vergesse es doch nie, wir stehen in einer neuen Zeit, vor einer Wandlung der Bildung und der Kulturziele. Da gilt es arbeiten und streben, es gilt die Zeit und das Evangelium für die Zeit zu verstehen." A. a. O., 218.

102 Otto Baumgarten, Predigt-Probleme. Hauptfragen der heutigen Evangeliumsverkündigung, Tübingen/Leipzig 1904, 2.

103 Friedrich Niebergall, Die moderne Predigt (1905), in: Gert Hummel (Hg.), Aufgabe der Predigt, Darmstadt 1971, 9–74: 9.

104 Friedrich Niebergall führt aus: „[E]inmal müssen wir *den* Menschen, und dann müssen wir *die* Menschen kennen zu lernen suchen. Den Menschen, nämlich die psychologische Grundorganisation, so weit sie für uns Interesse hat, das ganze Getriebe der Seele, sofern es sich um das Wollen herumbewegt. Und dann müssen wir ein paar Streifzüge in die Leute hinein machen, soweit sie uns interessieren. Das eine ist eine psychologische, das andere eine volkskundliche Aufgabe." Friedrich Niebergall, Wie predigen wir dem modernen Menschen? Teil 1: Eine Untersuchung über Motive und Quietive, Tübingen (1902) [4]1920, 64 [Hervorhebungen im Original].

> „Mehr gesunde Psychologie, mehr gesunder Realismus, mehr lebendiges Eingehen auf die Bedürfnisse der Gemeinde und ihre Eigenart, mehr kasuelle Gestaltung, mehr spezielle Themen und dabei sichere Zielstrebigkeit der einzelnen Predigt, dabei eine von falschem Pathos und schlechter Aesthetik freie Sprache, eine natürliche, von allem falsch Pastoralen freie Haltung des Geistlichen auf der Kanzel, ist ihr Programm. Vor allem: die Predigt persönliche Bezeugung erlebter und erlebbarer Frömmigkeit; die Predigt nicht Lehre, wohl aber voll von begrifflicher Klarheit."[105]

Die Erkenntnisse anderer Wissenschaften wurden intensiv bearbeitet und es entstanden empirisch arbeitende Subdisziplinen der Praktischen Theologie wie die Religiöse Volks- und Kirchenkunde und die Religionspsychologie. Erarbeitet wurden zahlreiche verschiedene Ansätze, die sich beispielsweise um eine gelingendere Kommunikation mit dem Hörer, um psychologisch adäquates Predigen sowie ethische und wahrhaftige Predigten bemühten.[106] In ihrem grundsätzlichen Bemühen um eine verständlichere und der Lebenswelt der Hörenden angemessenere Kanzelrede verfolgt die Predigtreformbewegung genuin rhetorische Anliegen. Dies trifft sowohl auf PAUL DREWS als auch OTTO BAUMGARTEN als auch FRIEDRICH NIEBERGALL zu, die als prägende Figuren dieser Zeit angesehen werden können. Während Drews sich intensiv mit den Spezifika der Religiösen Volkskunde auseinandersetzte und zwischen Dorf- und Stadtpredigt differenzierte[107], kritisierte Baumgarten die damalige Predigtpraxis umfassend als „langweilig"[108]. Er forderte Predigten, die nicht nur die biblischen Texte erklären, sondern Religion anhand lebensweltlicher Phänomene, aktueller Ereignisse und lokaler Besonderheiten in den Blick nehmen. Prediger sollen daher nicht nur moderne Literatur, sondern auch gegenwärtige soziale und politische Fragestellungen aufgreifen und sich nicht als Allwissende, sondern als Menschen mit ähnlichen Fragen und Suchbewegungen zeigen. Baumgarten ging davon aus, dass individuelle und konkrete Predigten auf größeres Interesse und eine höhere Aufmerksamkeit stoßen würden.[109]

---

105 PAUL DREWS, Art. Predigt, RGG[1] Bd. 4, Tübingen 1913, 1736–1755: 1754.

106 Vgl. FRIEDRICH WINTZER, Die Homiletik seit Schleiermacher bis in die Anfänge der ‚dialektischen Theologie' in Grundzügen, 180.

107 Vgl. dazu: FRIEDRICH WINTZER, Die Homiletik seit Schleiermacher bis in die Anfänge der ‚dialektischen Theologie' in Grundzügen, 137ff.

108 OTTO BAUMGARTEN, Predigt-Probleme, 36. Die Predigten seien weder gut gemacht, zugeschnitten auf die Bedürfnisse der Hörenden noch inhaltlich überzeugend: „Die meisten Predigten sind langweilig, das heißt, sie lassen die Zeit lang erscheinen, das Ende herbeiwünschen, aufatmen, wenn der pathetische Schluss kommt und enttäuscht sein, wenn unerwartet noch ein Teil kommt, wie es denn Leute gibt, die sich nur mit zwei Schlüssen genügen lassen. Die meisten Predigten sind langweilig, weil sie den Geist nicht beschäftigen und die Aufmerksamkeit nicht fesseln." Ebd.

109 Vgl. a. a. O., 42ff. Zugleich kritisiert WINTZER, dass der neue Predigtstil, den u. a. Baumgarten mitentworfen hat, um eine überzeugende Hermeneutik hätte ergänzt werden müssen, damit das Interesse primär über die Darlegung des Inhalts geweckt werden kann. Stattdessen führten „alle Versuche, die Predigt durch ein Potpourri von Geschichten, Zitaten und

Auch Friedrich Niebergall erweist sich in Hinblick auf zahlreiche Aspekte von rhetorischen Kategorien oder Erkenntnissen geleitet.[110] Mit seinem dreibändigen Werk *Wie predigen wir dem modernen Menschen?* aus den Jahren 1902–1921 stellt er *die* Frage der Zeit. Er fordert eine Abkehr vom falschen und abstrakten Bild der Predigthörenden und stattdessen eine intensive Kenntnis und ein konkretes Eingehen auf die moderne Lebenswirklichkeit. Damit verfolgt er einen bestimmten Predigtzweck: „Das letzte Ziel unserer Evangeliumsverkündigung ist gewiß dies, die uns anvertrauten Seelen mit Christus und Gott in Berührung zu bringen und des ewigen Reiches teilhaftig zu machen. Der mittelbare Zweck ist aber der, die Menschen in diesem Leben in eine Verfassung und Haltung hineinzubringen, welche jenem Endziel entspricht."[111]

Es muss in einer Predigt um die praktische und konkrete Unterstützung bei der Lebensbewältigung gehen. Die Prediger sollen ihre eigenen Erfahrungen und Beispiele ihrer Lebensbewältigung und Glaubensgestaltung in ihre Predigten einfließen lassen. Außerdem soll eine Predigt Motive und Quietive vermitteln, d. h. sie soll einerseits durch die Quietive eine tröstende und erbauliche Wirkung entfalten, und andererseits den Menschen Motive kommunizieren, die ihnen bei

---

Erlebnissen interessanter zu machen" (FRIEDRICH WINTZER, Die Homiletik seit Schleiermacher bis in die Anfänge der ‚dialektischen Theologie' in Grundzügen, 158) in die falsche Richtung.

110 NIEBERGALL mahnt beispielsweise an: „Dabei war der Gedanke maßgebend, daß die Predigt gesprochen und darum gehört werden soll. Nur darin entfaltet sie all ihre Vorzüge, wenn im Auge und im Klang die Seele des Predigers mitspricht und auch über das Verständnis des Wortes und des Sinnes hinaus sich den Hörern mitteilt. Wir überschätzen allgemein das, was von unsern Hörern aufgenommen und behalten wird. Darum sollten wir ihnen nicht bloß in solch anschaulichen und behaltbaren großen Schauungen, sondern auch mit Wiederholungen, ja wirklich mit Wiederholung zu dienen suchen. Diese ist nicht bloß erlaubt, sondern geboten, wenn sie es unternimmt, die Hauptsache herauszuarbeiten und in die Hörer hineinzumengen. Das wird so häufig unterlassen, weil der Prediger meint, er sage es ja doch genug, wenn er es einmal sage. Aber er vergißt dabei, daß seine Hörer es noch nicht wissen, was er zu sagen hat. Die Hauptsache darf nicht bloß einmal irgendwo gesagt werden, so daß sie dann gleichsam in der Ecke stehenbleibt, sondern sie muß herausgearbeitet und hineingeschafft werden." FRIEDRICH NIEBERGALL, Wie predigen wir dem modernen Menschen? Teil 3: Predigten, Andachten, Reden, Vorträge, Tübingen 1920, 212–215. Niebergall mahnt an, die Predigt am Hörvermögen der Zuhörenden zu orientieren und erkennt Wiederholungen der zentralen Aspekte als grundlegend an für eine gelingende Kommunikationsbemühung auf der Kanzel. Damit folgt er offensichtlich rhetorischen Überlegungen. Ferner hält er fest: „Die allgemeine Aufgabe heißt ‚kultische Gemeindeseelsorge'; es kommt darauf an, soweit das mit einer an eine Allgemeinheit gerichteten Rede möglich ist, Menschen in ihren seelischen Nöthen zu helfen, oder Menschen, die weiter wollen, dazu die Hand zu breiten. Das sei die Predigtarbeit als Ganzes. Die einzelne Predigt ist davon nur ein Teil. Sie sei kein Kunstwerk im üblen Sinn, keine Befriedigung des Ehrgeizes und der Eitelkeit, nicht das übliche Tun, als ob; sondern sie sei ein Glied in der Gesamtarbeit, Menschen dazu zu helfen, daß sie sich in dem Höchsten finden, was es geben kann, in Gott und in seinem Reich." Ebd.

111 FRIEDRICH NIEBERGALL, Wie predigen wir dem modernen Menschen? Teil 1, 1.

den Herausforderungen des Lebens helfen und sie in ihrem Handeln unterstützen.[112] Damit strebt Niebergall an, dass eine Predigt in den Hörenden etwas bewirkt und ihnen eine Hilfe für ihr konkretes Leben ist. Zahlreiche Aspekte seines Bemühens um eine moderne, überzeugende und wirkungsvolle Kommunikation in der Kirche sind dabei rhetorisch geprägt. Niebergall spricht der Rhetorik insgesamt aber keine große Relevanz zu. Auch im beginnenden 20. Jahrhundert setzt sich die Marginalisierung der Rhetorik fort, eine negative Beurteilung ist weit verbreitet. Ihr Potenzial jenseits eines formalisierten Regelsystems und eines instrumentellen Rhetorikverständnisses nimmt auch Niebergall nicht wahr.[113] Stattdessen beschäftigt er sich mit dem „Weg zum Willen"[114] der Hörenden und rezipiert umfassend psychologische Erkenntnisse. Insbesondere die Erkenntnisse der pädagogischen Psychologie und der Religionspsychologie erkennt er als weiterführend an für die Homiletik.[115] Während die Rhetorik keine Relevanz mehr für die homiletische Theoriebildung hat, gewinnen im Zuge dessen die Naturwissenschaften an Bedeutung.

7. „Darum erste Regel: Keine Beredsamkeit auf der Kanzel!" – Die Ablehnung der Rhetorik durch die dialektische Theologie

Noch in den 1920er Jahren entsteht die dialektische Theologie, die in den nachfolgenden Jahrzehnten zur treibenden Kraft in Kirche und Theologie wird. Als einer der Begründer gilt KARL BARTH, der zu einem der wirkmächtigsten Theologen des 20. Jahrhunderts wurde. Karl Barth nimmt Anstoß an der von der Predigterneuerungsbewegung vorangetriebenen Annäherung von Kirche und Theologie an die moderne Lebenswelt.[116] Durch die starke Ausrichtung an den

---

112 Vgl. a. a. O., 133ff.

113 Vgl. GERT OTTO, Von geistlicher Rede. Sieben rhetorische Profile, Gütersloh 1979, 91.

114 So heißt es im Titel des zweiten Bandes zu „Wie predigen wir dem modernen Menschen?". Vgl. FRIEDRICH NIEBERGALL, Wie predigen wir dem modernen Menschen? Teil 2: Eine Untersuchung über den Weg zum Willen, 3. Durchgesehene Auflage, Tübingen 1917.

115 Vgl. F. WINTZER, Homiletik seit Schleiermacher, 174f.

116 Mitunter wird dies auch von den Vertretern selbst kritisch reflektiert. Vgl. etwa die selbstkritische Rückschau des liberalen Theologen FRIEDRICH RITTELMEYER im Jahr 1910: „Was uns schwach gemacht hat, ist gerade das, worauf wir stolz waren, nämlich unsere Versöhnung zwischen Christentum und Kultur, an der wir auch dort unbewußt arbeiteten, wo wir das Schlagwort vielleicht mißbilligten. Aber vereinigen und versöhnen macht schwach, nur große Gegensätze machen stark." FRIEDRICH RITTELMEYER, Was fehlt der modernen Theologie? Vortrag vor den Freunden der Christlichen Welt in Nürnberg. 28. September 1910. ChW 24 (1910), 1034–1043: 1042f.

der modernen Lebenswelt droht Kirche und Theologie ihr eigentliches Wesen und ihre eigentliche Aufgabe aus dem Blick zu verlieren.[117]

Der Erste Weltkrieg und vor allem dessen Ende stürzen Kirche und Gesellschaft in eine tiefe Krise und setzte dem zuvor erstarkten Kulturoptimismus ein jähes Ende. Barth konstatierte früh eine Predigtkrise und -not. Bereits 1916 kritisierte er die kulturprotestantisch geprägte Pfarrerschaft, indem er konstatierte: „[Der Pfarrer] ist ja doch nur ein Angestellter der Menschen“[118], er ist einer, „der es den Leuten recht macht“[119]. Die Predigt sieht Barth auf diese Weise zur Lebenshilfe zweckentfremdet. Barth grenzt sich entschieden davon ab, da weder die Kirche an sich, noch die Predigten „die Ambulanzen auf dem Schlachtfelde des Lebens“[120] seien. Nicht die Befindlichkeiten der Menschen oder der kulturelle und gesellschaftliche Zeitgeist dürften die Ausgangspunkte des Predigens sein, sondern das Wort Gottes. Im 1924 gehaltenen Vortrag *Menschenwort und Gotteswort* führt Barth dies aus und nennt in der ersten These seine grundlegende Prämisse: „Die christliche Predigt geschieht in der Voraussetzung, dass Gottes in seiner Offenbarung gesprochenes und in der Schrift bezeugtes Wort unter Dienstleistung der Kirche auch heute sich hören lassen will.“[121]

Alles Weitere baue darauf auf, dass Gott auch heute noch zu den Menschen spricht. Leitend ist für Barth dabei das Bekenntnis Heinrich Bullingers, dass im Predigtwort Gott selbst zur Sprache kommt und Gott selbst sich im menschlichen Wort mitteilen will.[122] Folglich besteht die Aufgabe der Predigt darin, „Gottes eigenem Wort Aufmerksamkeit, Respekt und sachliches Verständnis zu verschaffen“[123] und damit „Dienst am Wort Gottes“[124] zu sein. Barth erkennt die

---

[117] Dass diese Kritik auch eine Berechtigung hatte, zeigt sich in Niebergalls Charakterisierung der zeitgenössischen Prediger, die „möglichst der Zuhörerschaft auf den Leib [...] rücken, um ganz eindringend einzuschärfen: *tua res agitur*, ich kenne dich und deine Not, erkenn auch mich und meine Hilfe.“ FRIEDRICH NIEBERGALL, Die moderne Predigt (1905), 44 [Hervorhebung im Original].

[118] KARL BARTH, ‚Der Pfarrer, der es den Leuten recht macht‘, gehalten am 6. Februar 1916 in Safenwil, Hes. 13,1–16, in: DERS., Predigten 1916, hg. v. Hermann Schmidt (Karl Barth Gesamtausgabe I/29), Zürich 1998, 44–61: 47.

[119] Ebd.

[120] KARL BARTH, Homiletik. Wesen und Vorbereitung der Predigt. Nachschrift des homiletischen Seminars 1932/33, besorgt v. Günter Seyfferth, Zürich ³1986, 35.

[121] KARL BARTH, Menschenwort und Gotteswort in der christlichen Predigt, in: DERS., Vorträge und kleinere Arbeiten 1922–1925, hg. v. Holger Finze (Karl Barth Gesamtausgabe III), Zürich 1990, 430–457: 430. [Im Original hervorgehoben.]

[122] BARTH bezieht sich hier auf das erste Kapitel der *Confessio Helvetica Posterior*, in der es heißt „Praedicatio Dei est verbum Dei“ (CONFESSIO HELVETICA POSTERIOR [1562/66], in: E. F. K. MÜLLER [Hg.], Die Bekenntnisschriften der reformierten Kirche. Bd. 1, Leipzig 1903. Nachdr. Waltrop 1999, 170–221: 171).

[123] KARL BARTH, Menschenwort und Gotteswort in der christlichen Predigt, 441. [Im Original hervorgehoben.]

[124] KARL BARTH, Die Gemeindemäßigkeit der Predigt, in: GERT HUMMEL (Hg.), Aufgabe der Predigt, Darmstadt 1971, 165–178: 172. [Hervorhebung im Original.]

Predigt zwar als menschliche Rede an[125] und hält die Differenzierung zwischen menschlichem und göttlichem Wort aufrecht. Er betont aber, dass das göttliche Wort den Menschen stets nur verborgen vorliege und die Prediger sich darauf beschränken müssten, das Wort Gottes „[zu] *verkündigen*; d. h. Kunde von ihm [zu] geben, annuntiare, κηρύσσειν, seine Herolde oder Vorläufer [zu] sein.“[126] Predigen ist für Barth in erster Linie Verkündigung und die Rolle des Predigers ist die des Zeugen, der unverfälscht die Botschaft übermittelt.[127]

Zu predigen ist für Barth in erster Linie ein Dienst am Wort Gottes, wodurch die Aufgabe der Predigt nicht die Behandlung eines Themas oder die Vermittlung von Wahrheit ist. Viel eher „[muß] Dienst am Wort Gottes [...] nach der Heiligen Schrift heißen: Bezeugung des in seinem Wort und in seinem Handeln offenbaren Gottes selber. Der Gegenstand der Predigt ist nicht eine Wahrheit, eine Erkenntnis, er ist eine Person: der Sohn des Vaters, offenbar durch den Heiligen Geist.“[128] Barth blendet dabei die Gemeinde und ihre Situation nicht gänzlich aus.[129] Doch er warnt vor jeder Form der menschlichen Hybris, die zur Verfälschung der Verkündigung und einer Herrschaft des Predigers über die Gemeinde führen könne.[130] Nicht das menschliche Tun steht für ihn im Vordergrund, sondern der Dienst am Wort Gottes. Das bedeutet, dass die Predigt in erster Linie Auslegung der Schrift ist. Er strebt nicht eine möglichst überzeugende Interpretation für die Gegenwart an, sondern eine möglichst aufmerksame Hinwendung zum Wort Gottes. Auch wenn Barth betont, dass Exegese und Predigt nicht gleichzusetzen sind, hält er fest, dass „[die Predigt] in ihrer Substanz nichts anderes sein kann als eben Exegese.“[131]

---

125 Vgl. KARL BARTH, Menschenwort und Gotteswort in der christlichen Predigt, 441.

126 A. a. O., 444 [Hervorhebung im Original]. Indem Barth sich hier allein auf das Griechische κηρύσσειν beruft, kommt es zu einer Engführung, die die neutestamtliche Verkündigung in ihrer Vielfalt außer Acht lässt. Vgl. dazu etwa GOTTFRIED VOIGT, Die Predigt muß etwas wollen, in: WILFRIED ENGEMANN/FRANK M. LÜTZE (Hgg.), Grundfragen der Predigt. Ein Studienbuch, Leipzig ²2009, 33–42: 38f.

127 Aussagekräftig sieht BARTH dies in der Darstellung Johannes des Täufers auf dem Isenheimer Altar verbildlicht, der von sich selbst weg auf den gekreuzigten Christus verweist. Vgl. KARL BARTH, Menschenwort und Gotteswort in der christlichen Predigt, 444.

128 KARL BARTH, Die Gemeindemäßigkeit der Predigt, 172 [Hervorhebung im Original].

129 Vgl. a. a. O., 174. BARTH betont dabei: „Er soll seine Gemeinde kennen, je gründlicher desto besser.“ Ebd.

130 Barth den Predigern zu einem demütigen Selbstverständnis, denn „Sie dürfen nicht meinen, eine Predigt könne jemals ein Meisterwerk sein, Sie könnten als Prediger triumphieren in irgendeinem Sinn. Und Sie müssen nicht meinen, es gäbe eine zu erlernende Technik, mit Hilfe derer die Predigt gemeindemäßig gestaltet werden könnte. Auch in der recht verstandenen Textauslegung gibt es keine Meisterschaft in diesem Sinn.“ A. a. O., 178.

131 BARTH führt weiter aus: „Sie hat sich aber, die Gedanken der Schrift nachdenkend, selber denkend, an die Menschen zu wenden, das Gespräch zu führen zwischen dem ewigen Anliegen Gottes und den zeitlichen Anliegen der Menschen – aber als Gottes Parteigängerin –, die kleinen Fragen der Menschen in das Licht der großen Antwort Gottes zu rücken und

Dies liegt in Barths primärem Interesse an Fragen der prinzipiellen Homiletik begründet. WILHELM GRÄB beschreibt Barths homiletischen Ansatz daher als „prinzipielle Homiletik in praktischer Absicht“[132]. Für Barth lauten die zentralen Fragen: „was heißt predigen?, und – nicht: wie *macht* man das?, sondern: wie *kann* man das?“[133] Barth sieht den Prediger in einem unausweichlichen Dilemma, weil er als Mensch von Gott reden soll:

> „Wir sollen als Theologen von Gott reden. Wir sind aber Menschen und können als solche nicht von Gott reden. Wir sollen Beides, unser Sollen und unser Nicht-Können, wissen und eben damit Gott die Ehre geben. Das ist unsere Bedrängnis. Alles Andre daneben ist Kinderspiel.“[134]

Der Prediger kann als Mensch nicht angemessen von Gott sprechen. Diese Aporie ist unauflöslich und verweist auf Barths Verständnis des Menschen: Menschen könnten ihrem Wesen nach nur nach Gott fragen und könnten aus sich heraus keine Antworten generieren. Sie sind darauf angewiesen, dass Antworten von Gott kommen. Dieser Umstand muss Theologen bewusst sein und sie dazu anleiten, dem Wort Gottes und damit den Antworten auf die menschlichen Fragen Gehör zu verschaffen.[135]

Fragen der Predigtgestaltung sind für Barth ein „Kinderspiel“[136]. Weder die Hörenden und ihr Auffassungsvermögen oder ihre Bedürfnisse verdienen besondere Reflexion, noch der Prediger und seine individuelle Interpretation der Botschaft, noch die konkreten Gestaltungsfragen der Predigt. Die rhetorisch-homiletische Reflexion ist nicht wichtig. Allein Gott soll im Zentrum stehen. Barth bringt der praktischen Umsetzung seiner Predigttheorie nicht nur wenig Interesse entgegen, er ist auch der Überzeugung, dass das Predigen nicht mit Hilfe der Rhetorik zu erlernen ist. Daher warnt er Pfarrer vor der homiletischen Berücksichtigung der Rhetorik: „[...] Sie müssen nicht meinen, es gäbe eine zu erlernende Technik, mit Hilfe derer die Predigt gemeindemäßig gestaltet werden könnte.“[137] Die Predigt ist für ihn „letztlich nicht Arbeit, sondern Gebet“[138].

---

dadurch in Zusammenhang mit ihrer eigenen großen Frage und dadurch die große Antwort Gottes ihnen ans Herz zu legen.“ KARL BARTH, Menschenwort und Gotteswort in der christlichen Predigt, 451.

[132] Vgl. WILHELM GRÄB, Predigt als Mitteilung des Glaubens. Studien zu einer prinzipiellen Homiletik in praktischer Absicht, Gütersloh 1988.

[133] KARL BARTH, Not und Verheißung der christlichen Verkündigung, in: DERS. Vorträge und kleinere Arbeiten. 1922–1925 (Karl Barth Gesamtausgabe III), hg. v. H. Finze, Zürich 1990, 65–97: 72. [Hervorhebung im Original.]

[134] KARL BARTH, Das Wort Gottes als Aufgabe der Theologie, in: ALBRECHT BEUTEL (Hg.), Homiletisches Lesebuch. Texte zur heutigen Predigtlehre, Tübingen 1989, 42–58: 43.

[135] Vgl. KARL BARTH, Menschenwort und Gotteswort in der christlichen Predigt, 446.

[136] KARL BARTH, Das Wort Gottes als Aufgabe der Theologie, 43.

[137] KARL BARTH, Die Gemeindemäßigkeit der Predigt, 178.

[138] Ebd.

Barths eigene Predigten zeugen davon, dass er selbst ein begabter Prediger war und sehr wohl auf seine Hörenden einzugehen wusste.[139] Seine Theorie blendet diese Aspekte aus. In der Folge wird die Predigtpraxis dominiert von der reinen Auslegung des biblischen Textes. Vernachlässigt wird die Interpretation der Gegenwart im Allgemeinen und die der homiletischen Situation im Besonderen. Die Person des Predigers wird ebenfalls nicht reflektiert.[140] Die Theorieansätze der dialektischen Theologie waren äußerst wirkmächtig und führten dazu, dass die Rhetorik in der Homiletik bedeutungslos wurde und auch rhetorisch weniger talentierte Prediger keinerlei Ausbildung bekamen.

Maßgeblichen Einfluss auf die homiletische Ausbildung hatte auch EDUARD THURNEYSEN. Noch deutlicher als Barth entwirft er „einen [...] Predigtbegriff, dessen Pointe darin besteht, eben just die Unmöglichkeit menschlicher Rede von Gott zur Voraussetzung der Predigt zu erheben.“[141] Wie auch Barth betont er die für die dialektische Theologie charakteristische Unterscheidung zwischen dem sündhaften Menschen und Gott als dem ganz Anderen und beschreibt die tiefe Kluft zwischen beiden. Davon ausgehend kommt er zum Ergebnis, dass „[n]ur in der tiefen Erkenntnis gepredigt werden [kann], daß eigentlich *nicht* gepredigt werden kann.“[142]

Thurneysen sieht die Aufgabe der Predigt darin, „[d]en Tod des Menschen und alles Menschlichen zu verkündigen“[143]. Das bedeutet „das radikale Zu-Ende-Sein, den Tod alles Menschlichen rücksichtslos aufzudecken, damit der Sinn für das, was jenseits alles Menschlichen möglich ist und wird, der Sinn für Gott und sein unbegreifliches Erbarmen mit der verlorenen Menschheit unter den Schuttbergen unserer gottlosen Frömmigkeit, endlich, endlich wieder erwache.“[144] Es

---

139 Insbesondere die Predigten Mitte der 1960er Jahre in der Basler Strafanstalt sind sehr situationsbezogen und stark auf Verständlichkeit und Lebensnähe ausgerichtet. Vgl. z. B. KARL BARTH, Aber seid getrost!, in: DERS., Predigten 1954–1967, hg. v. H. Stoevesandt (Karl Barth Gesamtausgabe I/19), Zürich 1979, 242–251.

140 BARTH formuliert selbst pointiert: „[I]ch habe nicht etwas zu sagen, sondern nur etwas nachzusagen“ (KARL BARTH, Homiletik, 34). Darüber hinaus übersieht Barth die grundlegenden Wirkungsweisen eines Zeugen. Denn die Relevanz eines Zeugen und seines Zeugnisses liegt gerade darin, dass der Zeuge auf Grund seiner persönlichen Erfahrung für die Wahrheit dessen einsteht. MANFRED JOSUTTIS hat hierauf später hingewiesen und hält fest: „Das Zeugnis zeigt immer über sich hinaus auf eine jenseits seiner selbst liegende Sache oder Person. Insofern kann der Inhalt des Zeugnisses nie mit der Person des Zeugen zusammenfallen. Auf der anderen Seite ist aber auch daran festzuhalten, daß es ein Zeugnis an der Person des Zeugen vorbei nicht gibt.“ MANFRED JOSUTTIS, Der Prediger in der Predigt, in: WILFRIED ENGEMANN/FRANK M. LÜTZE (Hgg.), Grundfragen der Predigt. Ein Studienbuch. Leipzig ^{2}2009, 81–103: 95.

141 RUTH CONRAD/MARTIN WEEBER (Hgg.), Protestantische Predigtlehre. Eine Darstellung in Quellen (UTB 3581), Tübingen 2012, 159.

142 EDUARD THURNEYSEN, Die Aufgabe der Predigt (1921), in: GERT HUMMEL (Hg.), Aufgabe der Predigt, Darmstadt 1971, 105–118: 107 [Hervorhebung im Original].

143 A. a. O., 108.

144 A. a. O., 109.

ist Abstand zu nehmen vom Predigtstil gegenwärtiger, populärer Predigten, die „auf Erfolg und Wirkung ins Breite hin angelegt [sind]“[145] und ihr Gewicht mehr auf das Wort des Predigers als auf das Wort Gottes legen.

Die erste Regel, die Thurneysen für die neue Predigtpraxis aufstellt, lautet daher: „*keine Beredsamkeit!*“[146]. Thurneysen lehnt die Beredsamkeit auf der Kanzel gänzlich ab, sie ist „glatter Verrat an der Sache“[147]. Die Unvereinbarkeit von Rhetorik und Theologie begründet er ähnlich wie Barth:

> „*Der Prediger ist, wenn er ist, was er sein soll, nicht Agitator und nicht Krämer.* Er ist Zeuge vor Gericht, der eine Aussage macht (was sollen da alle rednerischen Künste!), er redet nicht aus eigenem Antriebe, sondern in Auftrag; wo aber Auftrag ist, da ist eigener Antrieb Nebensache und wirkt *nur* verdunkelnd, wenn er sich hervordrängt. Die größten Prediger Gottes sind *gegen* ihren eigenen Antrieb redende Prediger gewesen. [...] Wo *Gott* verkündigt wird, da ersterben die armseligen Versuche menschlicher Redekunst.“[148]

Thurneysen lehnt Rhetorik kategorisch ab. Weder das Bemühen um rednerische Kompetenz noch die rhetorische Reflexion homiletischer Fragestellungen erkennt er an, da sie der Rede von Gott abträglich sind.[149] Hier zeigt sich, wie grundlegend Thurneysen die Rhetorik missversteht. Indem er der Rhetorik Werbeambitionen und politische Propaganda unterstellt, verkennt er ihr Wesen sowie ihr Potenzial und ihre grundlegende Relevanz für die öffentliche Rede.

Dieser Eindruck wird durch Thurneysens zweite Regel bestätigt, die „vor dem *Eingehen auf das* sogenannte *Bedürfnis des Hörers*“[150] warnt. Er fordert, dass allein das Ringen um Gotteserkenntnis und die rechte Gottesverkündigung im Fokus zu stehen habe. Die Kirche sei nicht dazu da, „daß ein Mensch auf andere Menschen eingehe, sondern darum, daß alle Menschen allem Menschlichen den Rücken kehren und auf Gott eingehen.“[151] Wenn in einer Predigt erst Menschliches und daran anschließend Gott thematisiert wird, verkomme Gott zum menschlichen Götzen.[152]

---

145 A. a. O., 111.

146 Ebd. [Hervorhebungen im Original].

147 Ebd.

148 A. a. O., 112 [Hervorhebungen im Original].

149 Dass THURNEYSEN selbst rhetorisch begabt war, wird aus seinen Ausführungen überaus deutlich und führt seine Ausführungen ad absurdum.

150 EDUARD THURNEYSEN, Die Aufgabe der Predigt, 113 [Hervorhebungen im Original].

151 Ebd. [Hervorhebungen im Original]. Konkret fordert er: Also *keine* Bemühungen um die *Psychologie* des Predigthörers und um sogenannte *Menschenkenntnis* mehr! Keine Mitteilung von Lebenserfahrung, auch nicht von frommer Lebenserfahrung [weder fremder noch zu allererst eigener!] auf der Kanzel zu Zwecken der Anregung neuer Lebenserfahrung bei anderen!“ Ebd. [Hervorhebungen im Original].

152 Zur weiteren Theologie Thurneysens vgl. bspw. GOL RINN, Gottes Wort, Verkündigung und Kirche. Die systematisch-theologischen Grundlagen der Theologie Eduard Thurneysens, Münster 2000. Wie wenig sich Thurneysen selbst an diese Regeln gehalten hat verdeutlichen seine eigenen Predigten, besonders verwiesen sei auf die Konfirmationspredigt vom

Damit die Verkündigung des Wortes Gottes möglichst wirkmächtig und nachhaltig bei den Menschen Gehör findet, rät er: „*Keine Abwechslung in der Predigt!* Es muß jeden Sonntag *alles* und darum jeden Sonntag das *gleiche* gesagt werden."[153] Das Wort Gottes von der Vergebung der Sünden und der Auferstehung hat für ihn eine derart existentielle Tragweite, dass diese Themen in keiner Predigt ausgelassen werden dürfen.[154]

Die Warnungen der Vertreter der dialektischen Theologie, dass die christliche Botschaft nicht der Beliebigkeit des Zeitgeists preisgegeben werden darf, sind von zeitloser Bedeutung. In ihrer kategorischen Ablehnung der Rhetorik verkennen sie aber das Potenzial der Rhetorik als umfassender Kommunikationstheorie. Rhetorik stellt für sie nur ein Werkzeug für Werbe- und Manipulationszwecke dar, dass dem christlichen Glauben schadet. Dass sie die Ablehnung der Rhetorik allerdings rhetorisch geschickt vertreten, verstärkt den Eindruck des Selbstmissverständnisses, das hier vorliegt. ALBRECHT GRÖZINGER weist darauf hin: „Wenn Thurneysen etwa die forensische Redeweise als unangemessen für die Rede von Gott deklariert, so führt er damit ein genuin rhetorisches Argument an, nämlich das des *aptum*, das nach der Angemessenheit der jeweiligen Sprachgestalt angesichts des zu versprachlichenden Sachverhalts fragt."[155]

Die Ablehnung der Rhetorik durch die dialektische Theologie hat in der protestantischen Homiletik den pejorativen Verdacht gegenüber der Rhetorik verstärkt und die Reflexion homiletisch-rhetorischer Fragestellungen verhin-

13.4.1924 in: EDUARD THURNEYSEN, Die neue Zeit. Predigten 1913–1939, hg. v. Wolfgang Gern, Neukirchen-Vluyn 1982, 190ff.

153 EDUARD THURNEYSEN, Die Aufgabe der Predigt, 116 [Hervorhebungen im Original].

154 Eindrücklich resümiert THURNEYSEN: „Wir haben aus dem Göttlichen eine bloße Begleitmelodie für das Menschliche werden lassen. Und diese das Leben begleitende Melodie ertönt nun Sonntag für Sonntag in vielfacher Abwechslung der jeweiligen Lage des Menschen in Zeit und Welt entsprechend von den Kanzeln. Während des Krieges hielten wir Kriegspredigten, und nun sogenannter Friede herrscht, suchen wir den Frieden religiös zu verstehen und zu begleiten. Es entsteht eine christliche Friedensideologie mit Friedensworten und Friedensweltbünden. Das eine ist nicht besser als das andere. Beides ist ein Zeichen dafür, daß wir kein eigenes Thema mehr haben, daß das Gefühl für *Gottes eigene Sache*, die mit keiner Menschensache verwechselt werden darf, verlorengegangen ist. Und weil dieses Gefühl für Gottes Unantastbarkeit uns nicht mehr beherrscht und durchdringt, darum unsere Entgleisung ins Menschliche, Weltliche, Zeitliche. Darum fehlt uns Glaubwürdigkeit. Unsere Worte werden im Grunde nicht ernst genommen. Sie werden verstanden als unmaßgebliche fromme Betrachtung und Beleuchtung des Weltlaufs, aber nicht als Zeugnis einer kommenden Wirklichkeit. Sie sind dies auch längst nicht mehr. – Es gibt nur *eine* Aufgabe der Kirche, und die heißt: ringen um neuen Respekt vor Gott. Diese Aufgabe ist die zentrale Aufgabe der Predigt." A. a. O., 116f. [Hervorhebungen im Original].

155 ALBRECHT GRÖZINGER, Rhetorik und Stilistik in der Theologie, in: ULLA FIX et al. (Hgg.), Rhetorik und Stilistik/Rhetoric and Stylistics. Ein internationales Handbuch historischer und systematischer Forschung/An International Handbook of Historical and Systematical Research, Halbband 2, Berlin/New York 2009, 1798–1810: 1805.

dert.[156] Bis in die 1950er Jahre und darüber hinaus blieb das antirhetorische Vorurteil in der protestantischen Theologie fest verankert.[157] Auf Grund der Entwicklungen in Deutschland im 19. und 20. Jahrhundert war es darüber hinaus besonders wirkmächtig.[158] Auch die Predigtpraxis war lange Zeit von den Vorstellungen und Vorgaben der dialektischen Theologie bestimmt. Wie groß dabei die Kluft zwischen den Idealen in der Theorie und der Umsetzung dessen in der Praxis war, zeigte Dietrich Rössler im vielbeachteten Aufsatz „Das Problem der Homiletik" im Jahr 1966 auf. Er konstatiert:

> „Die Homiletik, die gegenwärtig das Feld beherrscht, diejenigen Kernsätze, die nicht mehr diskutiert dieser Homiletik Grundlagen und Grenzen geben, sie haben mit der tatsächlichen und wirklichen Predigt nichts zu tun. Was immer die Funktion dieser Homiletik sein mag, es ist nicht die, die konkrete Sonntagspredigt anzuleiten, zu prägen, zu bilden. Es soll also dieser Homiletik irgendeine Funktion nicht abgesprochen werden. Aber sie leistet offenbar nichts für das Bedürfnis derer, die sonntags zu predigen haben."[159]

Den Predigern selbst ist daher nur bedingt ein Vorwurf zu machen, da ihnen die Anleitung in Theorie und Praxis fehlte, ihre Predigtpraxis auch unter rhetorischen Gesichtspunkten oder unter Berücksichtigung soziologischer Methoden zu reflektieren. Zwar wurde nach dem 2. Weltkrieg versucht, die Predigtpraxis mit neuen Impulsen weiterzuentwickeln, doch diese veränderten zunächst wenig. Noch zu Beginn der 1960er Jahre wurde konstatiert, dass „durch die Predig-

---

[156] Es mutet ironisch an, dass ausgerechnet die wirkmächtigsten Kritiker der Rhetorik stets selbst begnadete Redner waren und – ohne die rhetorischen Kategorien zu reflektieren – sehr geschickt und effektiv ihrer Sprache Überzeugungskraft verleihen konnten. Vgl. dazu auch Albrecht Grözinger, Rhetorik und Stilistik in der Theologie, 1805.

[157] Im Jahr 1959 hielt Martin Doerne fest: „Merkwürdig früh und fest wurden die Ansätze christlicher Homiletik in den suggestiven Bann der säkularen *Rhetorik* verstrickt" (Martin Doerne, Art. Homiletik, RGG^3 Bd. 3. Tübingen 1959, 438–440: 438) und bringt damit pointiert den pejorativen Verdacht gegenüber der Rhetorik zum Ausdruck.

[158] Gert Ueding und Bernd Steinbrink konstatieren: „Nicht in allen Ländern war diese Auflösung und Zerstückelung rhetorischer Theorie so umfassend wie in Deutschland, sie wurde in Frankreich durch eine anderes Literatur- und Sprachverständnis, in den angelsächsischen Ländern durch die Kontinuität der demokratischen Tradition verhindert" (Gert Ueding/Bernd Steinbrink, Grundriß der Rhetorik, 159). Ende der 1950er Jahre beginnt das antirhetorische Vorurteil allmählich abzunehmen und in den 60er Jahren beginnt zunehmend die Wiederentdeckung rhetorischer Fragestellungen und Erkenntnisse in diversen wissenschaftlichen Disziplinen.

[159] Dietrich Rössler, Das Problem der Homiletik, ThPr 1 (1966), 14–28: 25. Die Kluft zwischen Theorie und Praxis zu überwinden, nimmt er als Herausforderung seiner Zeit wahr: „Eine Predigtlehre, in der sich Prinzip und Erfahrung kritisch vermitteln, mag in jeder Epoche eine neue Aufgabe sein. Ganz gewiß ist sie das homiletische Problem der Gegenwart." A. a. O., 28.

ten auf deutschen Kanzeln nicht selten ein Hauch gespenstischer Monotonie [weht].“[160]

8. Die Renaissance der Rhetorik seit der zweiten Hälfte des 20. Jahrhunderts und das Aufkommen der Rezeptionsästhetik

In der zweiten Hälfte des 20. Jahrhunderts kommt es zu einer Wiederentdeckung der Rhetorik und ihrer Bedeutung für die Homiletik. Dies zeigt sich in verschiedenen Entwürfen mit je unterschiedlichen Perspektiven und Schwerpunkten.

8.1 Die Predigt als Kommunikation des Evangeliums: Ernst Lange

> „Predigen heißt: Ich rede mit dem Hörer über sein Leben. Ich rede mit ihm über seine Erfahrungen und Anschauungen, seine Hoffnungen und Enttäuschungen, seine Erfolge und sein Versagen, seine Aufgaben und sein Schicksal. Ich rede mit ihm über seine Welt und seine Verantwortung in dieser Welt, über die Bedrohungen und Chancen seines Daseins. Er, der Hörer, ist mein Thema, nichts anderes; freilich, er der Hörer vor Gott. Aber das fügt nichts hinzu zur Wirklichkeit seines Lebens, es deckt vielmehr die eigentliche Wahrheit dieser Wirklichkeit auf.“[161]

Mit diesem Predigtverständnis prägt ERNST LANGE in den 1960er Jahren die Homiletik nachhaltig. Die Predigt ist eine *Rede*, ein Kommunikationsgeschehen. Nicht nur die Hörerinnen und Hörer gewinnen an Bedeutung, sondern mit ihnen die Rhetorik.

> „Predigt ist formal gesehen ein Auftrag zur *Kommunikation.* Sie ist Mitteilung an den Hörer, die auf sein Einverständnis und seine Einwilligung zielt. Sind Einverständnis und Einwilligung als Akte persönlicher Entscheidung letztlich unverfügbar, so setzen sie doch allemal *Verständigung* voraus. Für das Gelingen solcher Verständigung sind die Kommunizierenden voll verantwortlich.“[162]

---

160 MARTIN DOERNE, Art. Homiletik, 440. Als Beispiel für diese Monotonie kann die „‚nicht-sondern‘-Sprachfigur“ (FRIEDRICH WINTZER, Art. Predigt. IX. Evangelische Predigt im 19. und 20. Jahrhundert, TRE Bd. 27, Berlin/New York 1997, 311–330: 323) gelten, die vielfach verwendet wird, um zu verdeutlichen, dass *nicht* der sündige Mensch, *sondern* Gott im Mittelpunkt zu stehen habe.

161 ERNST LANGE, Zur Aufgabe christlicher Predigt, in: DERS., Predigen als Beruf. Aufsätze zu Homiletik, Liturgie und Pfarramt, hg. v. Rüdiger Schloz, München ^{2}1987, 52–67: 58.

162 ERNST LANGE, Zur Theorie und Praxis der Predigtarbeit, in: DERS., Predigen als Beruf. Aufsätze zu Homiletik, Liturgie und Pfarramt, hg. v. Rüdiger Schloz, München ^{2}1987: 9–51: 49 [Hervorhebungen im Original].

Die Predigt wird damit nicht länger als einseitige Verkündigung betrachtet, sondern als ein Kommunikationsgeschehen, als Kommunikation des Evangeliums.[163] Die Aufgabe der Predigt besteht für Lange darin, „die christliche Überlieferung in ihrer Relevanz für die gegenwärtige Situation des Hörers und der Hörergemeinde“[164] darzulegen und zu interpretieren.[165] Einerseits dem biblischen Text und der christlichen Tradition, andererseits der Hörergemeinde verpflichtet, soll die Predigt den christlichen Glauben bezeugend interpretieren und mit der heutigen Lebenswirklichkeit „ver – sprechen“.[166] Durch die Predigt sollen die Hörenden ihren Glauben vergegenwärtigen und ihn als sinnstiftend und relevant für ihr Leben wahrnehmen. „Für den Hörer entscheidet sich die Relevanz der Predigt mit der Klarheit und der Stringenz ihres Bezuges auf seine Lebenswirklichkeit, auf seine spezifische Situation.“[167] Beim Kommunikationsgeschehen der Predigt geht es Lange zwar um Persuasion, aber keinesfalls um Manipulation. Vielmehr zeigt sich bei Lange, dass er nicht nur aus hermeneutischer, sondern auch aus praktischer Sicht rhetorische Aspekte reflektiert und sie umsichtig in seine Neubesinnung einfließen lässt.

Lange konzipiert eine neue Form der Predigterarbeitung, die eine Nähe zur Rhetorik offenbart. Die Predigterarbeitung ist als prozesshaftes Verfahren, als hermeneutischer Zirkel mit den Größen Prediger, biblischer Text und Situation bzw. Hörergemeinde wahrzunehmen.[168] Das mehrfache Abschreiten des Zirkels

---

[163] In dieser Zeit gewinnen Fragen der materialen und formalen Homiletik neue Relevanz und drängen Fragen der prinzipiellen Homiletik zurück. Vgl. dazu DIETRICH RÖSSLER, Das Problem der Homiletik, 26ff. Der Beitrag Rösslers findet sich in der ersten Ausgabe der neu gegründeten Zeitschrift „Theologia Practica“, die dieses Umdenken verdeutlicht und als Einschnitt und Neubeginn in der Praktischen Theologie zu verstehen ist. Vgl. dazu ferner WILHELM GRÄB, Praktische Theologie als Praxistheorie, PrakTh 40,3 (2005), 191–196.

[164] ERNST LANGE, Zur Theorie und Praxis der Predigtarbeit, 20.

[165] Unter dem Begriff der Situation subsumiert LANGE zum einen die „Lage vor Ort“, die konkreten und besonderen Gegebenheiten der Gemeinde und der Menschen. Zum anderen gehört dazu auch die „homiletische Großwetterlage“, d. h. die Charakteristika und die Strukturen auf gesellschaftlicher, politischer und soziologischer Ebene und insbesondere ihre Auswirkungen auf das Leben der Menschen. Lange fordert eine „Klärung“ der homiletischen Situation, d. h. die Situation auf Grund des biblischen Textes hin zu befragen und den biblischen Text auf Grund der jeweiligen Situation hin zu befragen und dadurch zu erhellenden, irritierenden und relevanten Aussagen zu gelangen. Vgl. ERNST LANGE, Zur Theorie und Praxis der Predigtarbeit, 25–30. Vgl. ferner JAN HERMELINK, Die homiletische Situation, Göttingen 1992.

[166] ERNST LANGE, Zur Theorie und Praxis der Predigtarbeit, 49. Vgl. a. a. O., 28.

[167] ERNST LANGE, Zur Aufgabe christlicher Predigt, 57. Lange entwickelt seine Theologie vor dem Hintergrund der Veränderungsprozesse der spätmodernen Gesellschaft und ist als Reaktion auf die beginnende Entkirchlichung gedacht.

[168] Das neue homiletische Verfahren zur Erarbeitung der Predigt liegt bis heute den Predigtstudien zugrunde und setzt den Gedanken der doppelten Anwaltschaft methodisch um. Vgl. ERNST LANGE, Zur Theorie und Praxis der Predigtarbeit, 35–51. Lange schreibt dazu: „Soviel ist aber richtig, daß der Prediger, selbst der voll partizipierende Prediger nicht anders zu wachsender Klarheit über seine homiletische Situation kommt als so, daß er in ihr

hilft nicht nur den entscheidenden Predigteinfall hervorzubringen, sondern auch die Klarheit des Predigers zu befördern. Sowohl die Findung des Redestoffs (Predigteinfall) als auch Klarheit sind wesentliche Gesichtspunkte antiker Rhetorik.[169] Den Prediger charakterisiert Lange als „Anwalt der Hörergemeinde in ihrer jeweiligen Lage und [als] Anwalt der Überlieferung in der besonderen Gestalt des Textes." Diese bilden ein Gegengewicht zur subjektiven Perspektive des Predigers.[170]
Das Predigen ist für Lange eine anspruchsvolle Aufgabe, die erlernbar ist.[171] Wichtig ist dafür die Rhetorik, deren Erbe und Fragestellungen es neu zu erschließen gilt, „[d]enn die Predigt ist ein Verständigungsauftrag und als solcher angewiesen auf den kontrollierten Einsatz aller sprachlichen Einwirkungsmöglichkeiten"[172]. Der verantwortliche Umgang mit der Sprache in der Predigt erfordert daher nicht nur kommunikationstheoretisches Wissen, sondern auch methodische Anleitung in Form der Predigtkritik.[173]

Auch der Rhetoriker Walter Jens trägt in den 1960er Jahren wesentlich zur wissenschaftlich-reflektierten Auseinandersetzung mit der Rhetorik bei. Er beleuchtet dabei auch die Relevanz der Rhetorik für die Homiletik.[174] Pragmatisch hält er fest: „[I]n der Nacht zum Sonntag [wird] eine Rede geschrieben. Eine Rede, nichts weiter. Ein Manuskript, formuliert von einem Pfarrer, für den das

---

nach seinem Text fragt, und zu wachsender Klarheit über seinen Text so, daß er von ihm her nach seiner Situation fragt. Es ist also nicht so, daß die Frage nach der Situation und die Frage nach dem Text und seiner Eigenaussage zwei voneinander getrennte Arbeitsschritte wären. Text und Situation bilden einen Verstehenszirkel, der im Verlauf der Predigtvorbereitung mehrfach abgeschritten wird." A. a. O., 32. Vgl. a. a. O., 32f. Der hermeneutische Zirkel wurde im Nachhinein als „homiletisches Dreieck" bezeichnet und ist bis heute zentral für die Homiletik. Zuletzt wurde er für eine stärkere Berücksichtigung des gottesdienstlichen und liturgischen Kontextes erweitert, Jan Hermelink spricht deshalb vom „homiletisches Viereck". Vgl. Jan Hermelink, Homiletik, in: Kristian Fechtner et al., Praktische Theologie. Ein Lehrbuch (ThW 15), Stuttgart 2017, 152–170, 153f.

169 S. zum Arbeitsschritt *inventio* Kapitel II.2.1.2 und zur Klarheit als rednerischen Tugend Kapitel II.2.1.4. Vgl. ferner Volker Drehsen, Homiletische Recherche, PTSt(S) 2011/2012,1 (2011), 9–14.

170 Die Rolle des Predigers bezeichnet Lange daher als „Anwalt der Hörergemeinde in ihrer jeweiligen Lage und [als] Anwalt der Überlieferung in der besonderen Gestalt des Textes Ernst Lange, Zur Theorie und Praxis der Predigtarbeit, 30.

171 Zugleich nimmt Lange wahr, dass nicht jedem die rhetorische und interpretatorische Begabung dafür gegeben ist und erwägt daher eine Ausdifferenzierung des Pfarrdienstes, um den jeweiligen Kompetenzen Rechnung zu tragen. Vgl. Ernst Lange, Zur Theorie und Praxis der Predigtarbeit, 43f.

172 A. a. O., 44f.

173 Vgl. a. a. O., 45.

174 1969 veröffentlicht Jens mit *Von deutscher Rede* eine Analyse des Zusammenhangs des politischen Systems mit der Rezeption von Rhetorik. Pointiert resümiert er: „Herrscht das Volk, regiert die Rede; herrscht Despotismus, dann der Trommelwirbel." Walter Jens, Von deutscher Rede, in: ders., Von deutscher Rede, München 1969, 16–45: 17.

Predigen eine Tätigkeit unter anderen ist"[175]. Luzide plädiert er für „de[n] Entwurf einer evangelischen *rhetorica nova*"[176] sowie für einen „Aufstand der Praxis"[177], der auch die weitere Theoriebildung beeinflussen sollte.

8.2 Das Ineinander von Form und Inhalt der Predigt: Manfred Josuttis

„Als das Stück Sprache im Akt öffentlicher Rede, das die Predigt darstellt, ist sie [...] nur durch das Ineinander von Form und Inhalt zu charakterisieren."[178] MANFRED JOSUTTIS versteht die Predigt als öffentliche Rede, die sich an alle Menschen richtet und ohne Spezialkenntnisse zu verstehen sein soll. Es ist die Sprache, die Inhalte der Predigt mit ihrer Gestaltungsform verschränkt und die Predigt kennzeichnet. Nicht im gottesdienstlichen Kontext, einem besonderen Redner oder allein im Inhalt liegt der besondere Charakter der Predigt begründet, sondern in ihrer Sprache. Die Aufgabe des Predigers liegt darin, „an der Sprache des Textes in der Sprache der Lehre die Sprache der Verkündigung zu verantworten"[179]. Die Homiletik ist daher auf Rhetorik angewiesen: „Auch derjenige, der [die Rhetorik] aus Überzeugung ablehnt oder über sie aus Unkenntnis nicht reflektiert, praktiziert Rhetorik: indem er die Sache des Evangeliums in der Sprache öffentlicher Rede vertritt."[180] Josuttis fordert daher einen ver-

---

175 WALTER JENS, Predigt – Erweckung oder Manipulation? Plädoyer für eine neue Rhetorik, DtPfBl 1976, 720–725: 722. JENS grenzt sich damit insbesondere von der dialektischen Theologie ab, bei der er eine theologische Überhöhung und Überforderung der Predigenden wahrnimmt: „Während man hier [im Umfeld der dialektischen Theologie] Meditationen über Art und Weise verbaler Transsubstantiation vorexerziert und, in einer Art nimmermüdem Glasperlenspiel, den Spannungsbogen zwischen Menschenwort und Gotteswort zu analysieren versucht, wird dort, in der Nacht zum Sonntag, eine Rede geschrieben. [...]" Ebd.

176 A. A. O., 722ff. Als menschliche, deutende und ankündigende Rede von Gott ist die Predigt auf Rhetorik angewiesen: „Der Prediger ist weder ein Krämer, noch ein Reklameagent. Er spricht nicht, mit Worten disziplinierend, als Agitator, sondern bezieht, in einem Akt des Lautdenkens, die Gemeinde in seinen Denkvorgang ein. Er ist also das Gegenteil von einem Propagandisten: Wenn er von Gott spricht, dann in der Frageform. Wenn er Ihn nennt, dann setzt er Seinen Namen in Anführungszeichen. Wenn er die Wirklichkeit beschwört: dann als eine Realität, die Gott, der Herr, fragwürdig macht." A. a. O., 725.

177 Vgl. a. a. O., 724f.

178 MANFRED JOSUTTIS, Homiletik und Rhetorik, PTh 57 (1968), 511–527: 514.

179 A. a. O., 520 [im Original hervorgehoben].

180 Ebd. JOACHIM KNAPE weist darauf hin, dass Josuttis' Rhetorikverständnis aus rhetorischer Perspektive unzureichend sowie unzufriedenstellend ist und Rhetorik weder als Hilfswissenschaft noch als unredliche Kunst der Manipulation misszuverstehen ist. Vgl. JOACHIM KNAPE, Rhetorik und Predigt. Wieviel Rhetorik braucht die Predigt?, in: MICHAEL

antwortungsbewussten und reflektierten Umgang mit der Sprache in der Predigt.[181]

8.3 *Der rhetorisch-homiletische Ansatz von Gert Otto: „Die Predigt ist eine Rede."*

Auch GERT OTTO hat die grundlegende gesellschaftliche Relevanz von Rhetorik erkannt und sich eingehend mit der Verhältnisbestimmung von Rhetorik und Homiletik beschäftigt. Er hält sieben Kennzeichen einer rhetorischen Predigt fest:

1. Die Predigt ist eine Rede.
2. Tendenziell will die Predigt einen Dialog eröffnen.
3. Die Sprache bietet viele Möglichkeiten.
4. Gottesdienst (Ritual) nötigt zur Predigt.
5. Der Prediger spricht zu Menschen in Situationen.
6. Die Predigt ist nur eine unter anderen Mitteilungsformen.
7. Viele Wege führen zur Predigt (nicht nur die Exegese).[182]

Die auf den ersten Blick simpel anmutenden Thesen offenbaren ein reflektiertes rhetorisches Predigtkonzept, das Implikationen, Voraussetzungen sowie Konsequenzen bedenkt und dabei nicht nur hermeneutische, sondern auch praktische Fragestellungen einbezieht. So verdeutlicht die Bestimmung der Predigt als Rede, dass die Predigt sich nicht per se von allen anderen Formen der menschlichen Rede unterscheidet, sondern dass sie als Form menschlicher Rede verstan-

---

MEYER-BLANCK et al. (Hgg.), Homiletische Präsenz. Predigt und Rhetorik (ÖSP7), München 2010, 29–51: 35ff.

[181] Welche rhetorischen Mittel für die Predigt als legitim anzusehen sind, war damit jedoch noch nicht geklärt. ULRICH VON DEN STEINEN sprach sich 1979 noch dafür aus, alle Mittel der Rhetorik für die Homiletik zu nutzen: „Für die Mitteilung und Durchsetzung von Wahrheit sollte dem Prediger, als Zeugen und Redner im Namen Gottes, jedes rhetorische Gestaltungsmittel recht sein. Warum sollte er nicht überreden (suggerieren, insinuieren, propagieren usw.), wenn Wahrheit als Wort Gottes des Alten und Neuen Testaments auf dem Spiele steht? Wahrheit ist unerbittlich; sie verträgt weder Toleranz noch Kompromiß – andernfalls wird sie korrumpiert. Sie verträgt weder Räsonnement noch Diskussion mit dem Ziel eines Konsens zwischen Redner und Hörer – was wäre, käme dieser Konsens nicht zu stande?" (ULRICH VON DEN STEINEN, Rhetorik – Instrument oder Fundament christlicher Rede?, EvTheol 39,2 [1979], 101–127: 126). Bereits in der Antike war es dagegen Konsens, nur auf gesellschaftlich akzeptierte Mittel zurückzugreifen. In der jüngeren Vergangenheit hat der Kommunikationsphilosoph HERBERT PAUL GRICE Kommunikationsmaxime aufgestellt, die eine adäquate und gelingende Kommunikation gewährleisten sollen. Vgl. HERBERT PAUL GRICE, Logik und Konversation, in: GEORG MEGGLE (Hg.), Handlung, Kommunikation, Bedeutung. Frankfurt a. M. 1993 (1975), 243–265. Vgl. ferner JOACHIM KNAPE, Rhetorik und Predigt, 36ff.

[182] Vgl. GERT OTTO, Predigt als Rede, Stuttgart u. a. 1976, 21–33.

den auch auf die kritische und wissenschaftliche Reflexion der Rede, der Rhetorik, angewiesen ist.[183] Die Thesen verdeutlichen, dass auch für Otto der Zusammenhang von Form und Inhalt der Kanzelrede unabdingbar ist und die Rhetorik nicht als Reflexion allein der formalen Ebene verstanden werden darf.[184] Ottos Interesse galt dabei sowohl der Hermeneutik wie der praktischen Erarbeitung einer rhetorisch reflektierten Predigt.[185] Dies zeigt auch der „rhetorische Zirkel"[186], der den hermeneutischen Zirkel nach Ernst Lange in rhetorischer Perspektive weiterentwickeln und präzisieren soll.

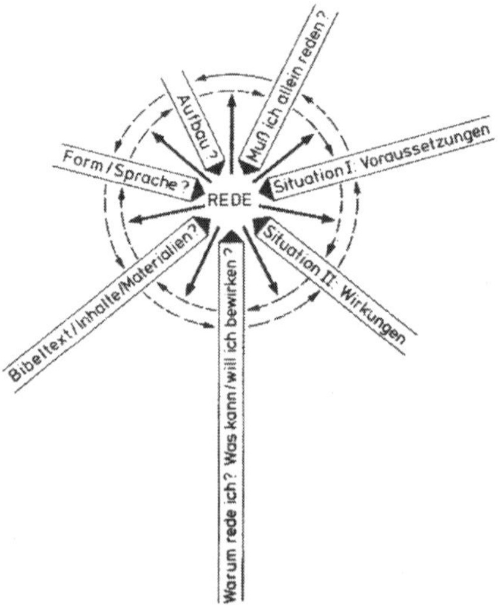

Abbildung 1: Der rhetorische Zirkel
(GERT OTTO, Rhetorische Predigtlehre, 149).

Die verschiedenen Perspektiven sowie ihre variablen Relationen verdeutlichen das Vorgehen, bei dem sich die Reflexion jeder Perspektive „korrigierend, widerlegend, bestätigend"[187] auf die vorherigen und weiteren Überlegungen auswirkt. Der Zirkel leitet nicht nur die Erarbeitung einer Predigt an, sondern auch deren kritische Durchsicht.

183 Vgl. dazu auch ALBRECHT GRÖZINGER, Lehrbuch Praktische Theologie, Bd. 2 Homiletik, 194ff.

184 Vgl. ferner GERT OTTO, Predigt als Rede, 10. Eine andere Form der Abwehr instrumentell verstandener Rhetorik findet sich im zweibändigen Grundkurs von ROLF ZERFAß, der darin nicht nur den Entwurf einer „kritischen Rhetorik" darlegt, sondern auch der Frage nachgeht, welche homiletischen Methoden eine chancengleiche und missbrauchsfreie Kommunikation fördern. Vgl. ROLF ZERFAß, Grundkurs Predigt. Teil 1. Spruchpredigt. unter Mitarbeit von Klaus Roos, Düsseldorf [4]1995 (1987); sowie DERS., Grundkurs Predigt. Teil 2. Textpredigt, Düsseldorf 1992. Vgl. dazu ferner JOACHIM KNAPE, Rhetorik und Predigt, 44ff.

185 Vgl. etwa GERT OTTO, Wie entsteht eine Predigt?, München 1982; DERS., Rhetorische Predigtlehre. Ein Grundriss, Mainz/Leipzig 1999. Zum Zusammenhang von Form und Inhalt vgl. GERT OTTO, Predigt als Rede, 22f. sowie die spätere, ästhetisch geprägte Überarbeitung seines Standpunktes mit Rekurs auf ALBRECHT GRÖZINGER: GERT OTTO, Rhetorische Predigtlehre. Ein Grundriss, Mainz/Leipzig 1999, 104–109.

186 GERT OTTO, Predigt als Rede, 90. Vgl. ebenso: DERS., Rhetorische Predigtlehre, 148ff. In einer früheren Version hatte OTTO den Aspekt des biblischen Textes nicht explizit erwähnt, sondern lediglich unter „Inhalte/Materialien" subsumiert, was Anlass zu Kritik gab (vgl. DERS., Predigt als Rede, 90). Otto hebt in den späteren Arbeiten die Bedeutung der exegetischen Vorarbeiten stärker hervor, hält jedoch auch fest, dass diese nicht als Paraphrasierung des biblischen Textes missverstanden werden dürfe und auch alle anderen in der Predigt verwendeten Materialien einer der Exegese vergleichbaren Analyse und Reflexion unterzogen werden müssten. Vgl. a. a. O., 151f.

187 A. a. O., 151.

Bei alledem ging es Otto um „[die] Kunst, verantwortlich zu reden“[188], weshalb er auch ästhetischen und ethischen Fragestellungen eine grundlegende Rolle einräumte.[189]

8.4 *Die rezeptionsästhetische Wende: Die Predigt als „offenes Kunstwerk“*

In den 1980er Jahren verschiebt sich der „Koalitionswechsel der Homiletik von den Kommunikationswissenschaften zur Ästhetik“[190], indem vor dem Hintergrund der Rezeptionsästhetik und der *Theorie des offenen Kunstwerks* das Predigtgeschehen und insbesondere die Beteiligung der Hörenden neu wahrgenommen wird.[191] Die Rezeptionsästhetik gründet in der Auffassung, „dass der Sinngehalt eines Textes nicht am Text allein zu erheben ist, sondern dass dieser Sinngehalt erst dadurch entsteht, dass Leser und Leserinnen den Text *rezipieren* – deshalb *Rezeptionsästhetik*.“[192] Die Rezeptionsästhetik rückt die Frage nach der Wirkung eines Textes in den Mittelpunkt des Interesses. Von den Literaturwissenschaften ausgehend, wird sie in anderen Wissenschaften, u. a. der Homiletik, rezipiert und weiterentwickelt. Der rezeptionsästhetische Ansatz perspektiviert den Entstehungsprozess eines Werkes neu: Ein Werk entsteht nicht nur durch die Autorin, sondern ebenso durch die Rezeption der Hörenden oder Lesenden. Damit werden die Hörenden bzw. Lesenden zum Bestandteil des Werkes und sind aktiv sowie produktiv Beteiligte, indem sie individuell und originell neue Verstehens- und Sinnhorizonte erschließen. Entscheidend ist außerdem, dass die Rezeption nicht wahllos oder zufällig geschieht. Vielmehr wird davon ausgegangen, dass der Text durch seine spezifische Struktur das Verstehen leitet und so angelegt sein muss, dass seine Interpretation zwar mehrdeutig, aber keineswegs beliebig ist.[193]

Die von Umberto Eco entworfene *Theorie des offenen Kunstwerks* basiert auf einem Konsens der Ästhetiktheorien: „[D]as Kunstwerk gilt als eine grundsätz-

---

188 Ders., Die Kunst, verantwortlich zu reden. Rhetorik – Ästhetik – Ethik. Gütersloh 1994.

189 Vgl. a. a. O., 99.

190 Gerhard Marcel Martin, Predigt als ‚offenes Kunstwerk‘?, 49.

191 Zur anfänglichen Kritik an der Rezeptionsästhetik vgl. Henning Schröer, Umberto Eco als Predigthelfer? Fragen an Gerhard Marcel Martin, EvTh 44,1 (1984) 58–63; vgl. ferner Albrecht Grözinger, Lehrbuch Praktische Theologie, Bd. 2 Homiletik, 88f. Zur Weiterentwicklung vgl. Erich Garhammer/Karl-Heinrich Schöttler (Hgg.), Predigt als offenes Kunstwerk. Homiletik und Rezeptionsästhetik, München 1998; vgl. Albrecht Grözinger, Praktische Theologie und Ästhetik, IJPT 2 (1999), 269–294.

192 Albrecht Grözinger, Lehrbuch Praktische Theologie, Bd. 2 Homiletik, 89 [Hervorhebungen im Original].

193 Vgl. a. a. O., 89f.

lich mehrdeutige Botschaft, als Mehrheit von Signifikaten (Bedeutungen), die in einem einzigen Signifikanten (Bedeutungsträger) enthalten sind."[194] Die *Theorie des offenen Kunstwerks* reflektiert nicht primär die faktische Struktur eines Textes, sondern die Art der Rezeption. Diese wird als „offen" beschrieben, was jedoch nicht mit beliebig und zufällig gleichzusetzen ist. Die Interpretation ist mehrdeutig. Es ist die spezifische Struktur, die die Rezeption, Interpretation und Aneignung leitet und begrenzt, so dass der Text selbst darauf hinweist, wie er verstanden werden will.[195] Ein Text eröffnet somit verschiedene Möglichkeiten der individuellen Assoziation, die Eco mit „konnotative[r] Aura", „Suggestivitätsfeld"[196] und „Reizfeld"[197] umschreibt. Diese leiten die Aufnahme und ermöglichen zugleich verschiedene Rezeptionen und Interpretationen. Zu jedem Kunstwerk gibt es daher unzählige Lesarten, die durch die individuelle Wahrnehmung bedingt sind und das Werk „neu [beleben]"[198].

Gerhard Marcel Martin rezipiert Ecos *Theorie des offenen Kunstwerks* als neues Paradigma für den Aufnahmeprozess der Predigt durch die Hörenden.[199] Er sieht darin die Chance, die Hörenden als produktiv Tätige in den Blick zu nehmen, da das Modell „für freie Reaktionen einen offenen Raum vorsieht [und] zu Assoziationen und zur emotionalen Rezeption einlädt"[200]. Ein Kunstwerk kann prinzipiell zwar alles darstellen, doch das entscheidende Wesensmerkmal muss seine spezifische Struktur sein, die eine Wirkung evoziert.[201] Die Pointe liegt in der individuellen Aneignung des Gehörten: „Wo der Text ‚zwischen den Zeilen' Freiheit läßt, lädt er ein zur aktiven und produktiven Interpretation als Fortsetzung, als Ergänzung", so dass „die Rezeption reicher sein kann und muß als die Vorlage."[202] Die Predigt als offenes Kunstwerk erschließt damit neue Möglichkeiten, das Anliegen einer Predigt umzusetzen. Soll eine Predigt etwa dazu dienen, sich der Relevanz des christlichen Glaubens zu vergewissern, geschieht dies nicht, indem die Sichtweise des Predigers unmittelbar nachvollzogen und ihm zugestimmt wird. Vielmehr fordert die Predigt die Hörenden dazu auf, sich mit der Frage nach der Relevanz selbst auseinanderzusetzen und zu einer neuen Sichtweise zu gelangen:

> „Predigt als offenes Kunstwerk räumte den Hörern selbst die Gelegenheit ein, ihre Situation in das Predigtgeschehen einzubringen. Es wäre dann nicht mehr primär die Aufgabe des Predigers, die Situation anderer und für andere zu klären. Die Suche

194 Umberto Eco, Das offene Kunstwerk, Frankfurt a. M. [7]1996, 8.
195 Vgl. Gerhard Marcel Martin, Predigt als ‚offenes Kunstwerk'?, 53.
196 Umberto Eco, Das offene Kunstwerk, 72.
197 A. a. O., 80.
198 A. a. O., 57.
199 Vgl. Gerhard Marcel Martin, Predigt als ‚offenes Kunstwerk'?, 46–58.
200 A. a. O., 49.
201 Vgl. Albrecht Grözinger, Lehrbuch Praktische Theologie, Bd. 2 Homiletik, 91.
202 Gerhard Marcel Martin, Predigt als ‚offenes Kunstwerk'?, 55.

nach der homiletischen Großwetterlage und der Lage vor Ort würde damit nicht gegenstandslos, wohl aber entdramatisiert."[203]

Dies impliziert eine Abwendung von der Rhetorik, insbesondere der rhetorisch-technischen Dimension der Predigterarbeitung und die damit verbundene (zu) starke Fokussierung auf den Prediger als Subjekt im Predigtgeschehen.[204] Nicht nur die Rhetorik als Wissenschaft sondern auch wesentliche rhetorische Tugenden wie die Reflexion der Angemessenheit, Klarheit und Eindeutigkeit des Redegegenstandes werden abgelehnt oder nur untergeordnet einbezogen. Auch die Frage nach der rednerischen Intention wird nicht in den Blick genommen.

Besonders ersichtlich wird dies im Entwurf der semiotischen Homiletik, den WILFRIED ENGEMANN vorgelegt hat.[205] Mit Hilfe des Vokabulars der Zeichenlehre, der Semiotik[206], reformuliert er die Theorie des offenen Kunstwerks.[207] Engemann rückt die strukturelle, „ambiguitäre"[208] Anlage des Textes in den Mittelpunkt seines Interesses. Unter Ambiguität versteht Engemann die „Struktur mehrdeutiger Zeichengebilde"[209]. Auf Grund der Mehrdeutigkeit von Zeichen ist auch eine Predigt prinzipiell offen für verschiedene Interpretationsauffassungen, auch wenn neben einer guten Struktur möglichst maximale Klarheit und Eindeutigkeit angestrebt wird.[210] Dies schlägt sich in der Struktur des Textes nieder und muss spezifisch und reflektiert gestaltet werden, damit die prinzipielle

---

203 A. a. O., 49f.

204 Bereits früh mahnte dies beispielsweise HENNING LUTHER an und konstatierte, dass die „‚Predigt als Rede' [...] nur *poetisch*, nicht aber technisch realisiert werden [kann]" (HENNING LUTHER, Predigt als inszenierter Text. Überlegungen zur Kunst der Predigt, PrTh 18,3 [1983], 89–100: 89 [Hervorhebung im Original]).

205 Vgl. WILFRIED ENGEMANN, Semiotische Homiletik.

206 Vgl. WILFRIED ENGEMANN, Art. Semiotik. III. Praktisch-theologisch, TRE Bd. 31, Berlin/New York 2000, 134–142.

207 Die Bedeutung von Zeichen ist abhängig vom sozialen Kontext und wird maßgeblich vom Verhältnis der inhaltlichen Seite eines Zeichens mit dessen Ausdrucksseite bestimmt. Nur wenn diese Verbindung der beiden Seiten erschlossen werden kann, gelingt die Verständigung mittels Zeichen. Engemann plädiert für einen kreativen Umgang mit Zeichen im religiösen Bereich und die Aufwertung der Hörenden, da sie an der Zeichenproduktion zu beteiligen sind. Vgl. a. a. O., 134f.

208 WILFRIED ENGEMANN, Einführung in die Homiletik (UTB 2128), 3. durchgehend neu bearbeitete, aktualisierte und erweiterte Auflage Tübingen/Basel 2020, 259.

209 WILFRIED ENGEMANN, Personen, Zeichen und das Evangelium. Argumentationsmuster in der Praktischen Theologie, Leipzig 2003, 201. ENGEMANN unterscheidet dabei zwischen faktischer und taktischer Ambiguität. Faktische Ambiguität ist für ihn unvermeidbar, da vollständige Klarheit und Eindeutigkeit nicht zu realisieren sind. Die taktische Ambiguität hingegen ist die bewusste, inszenierte Ambiguität, die ein offenes und zugleich geschlossenes Kunstwerk kennzeichnet (vgl. DERS., Einführung in die Homiletik, 258). Engemann umschreibt die Struktur ferner als „dialektische Spannung zwischen [...] Rätselhaftigkeit und [...] Hinweischarakter, zwischen Wahrnehmungsstörung und Wahrnehmungshilfe" (WILFRIED ENGEMANN, Einführung in die Homiletik, 256).

210 Vgl. a. a. O., 257.

Offenheit keine Beliebigkeit impliziert. Ein Text bzw. ein Kunstwerk ist dann *„offen aufgrund seiner Geschlossenheit“*[211]. Ein Kunstwerk provoziert somit die Beschäftigung und Reflexion mit ihm und verwehrt zugleich eine eindeutige Botschaft und Aussageabsicht. Diese besondere Qualität trifft nach Engemann auch auf die Predigt zu, die durch ein Changieren „zwischen Sinnverweigerung und Sinngenerierung [...] den Hörer zu je konkreter Sinnbildung anleitet.“[212] Als eigentliche Herausforderung der Predigt sieht Engemann es an, dass die Hörenden durch die Predigt zu einer eigenständigen Auseinandersetzung, zu einem eigenen Text über den biblischen Text gelangen.[213] Bei ihrer Aufnahme der Predigt entsteht das „Auredit“[214], das individuelle, mentale Skript des Gehörten. Das Auredit ist als gleichwertig gegenüber dem Manuskript der Predigtperson anzusehen.

Nach semiotischem Verständnis muss die Predigt von einem „Idiolekt“[215], einer eigenen, spezifischen Sprache charakterisiert sein: „Es geht also um eine Predigt, die etwas Eigenes hat. Von einem Idiolekt spricht man jedoch nur dann, wenn dieses Eigene *alle* Ebenen der Gestaltung bestimmt, wenn also – bezogen auf eine Rede – Wortwahl, Satzbildung, Verwendungen von Metaphern, Sprechweise zusammenpassen.“[216] Damit reflektiert auch die semiotische Homiletik das reziproke Verhältnis von formaler und inhaltlicher Ebene der Predigt und weist darauf hin, wie vielschichtig die Entstehungsprozesse der Predigt sind. Als eigenständiger Text wird die Predigt aufgewertet, da ihr Wesen und ihre Funktion über die reine Erklärung einer biblischen Perikope hinausgeht.[217] Die semiotische Perspektive wirft somit einen innovativen Blick auf sprachliche Kommunikation und ihre Voraussetzungen und zeigt auf, wie komplex und

---

211 A. a. O., 256 [Hervorhebungen im Original]. ENGEMANN führt dies weiter aus: „Es ist insofern offen, als es unvollendet bleibt, bevor es nicht ein Betrachter, Leser oder Hörer wahrnimmt, interpretiert und versteht. In seiner formvollendeten Gestalt jedoch, in seiner perfekten Präsentation, einfacher gesagt, in seiner ästhetischen Qualität, hat es nichts Beliebiges, wohl aber etwas Bezwingendes. Das offene Kunstwerk fordert zur Auseinandersetzung mit sich heraus und ist ansprechend.“ A. a. O., 255f.

212 A. a. O., 258.

213 Vgl. WILFRIED ENGEMANN, Personen, Zeichen und das Evangelium, 53. Wie Engemann sich dies konkret vorstellt, verdeutlicht die exemplarische Umsetzung in zwei Predigten und ihrer anschließenden Reflexion: vgl. a. a. O., 51–68.

214 A. a. O., 94. Analog dazu betont ENGEMANN, dass die Hörleistung nicht darin münden soll, die Predigt möglichst genau wiedergeben zu können.

215 WILFRIED ENGEMANN, Einführung in die Homiletik, 260; vgl. ferner DERS., Semiotische Homiletik, 186–198.

216 WILFRIED ENGEMANN, Einführung in die Homiletik, 260. [Hervorhebung im Original.] Der Terminus des Eigensinns der Predigt ist auf KARL HEINRICH BIERITZ zurückzuführen, vgl. KARL HEINRICH BIERITZ, Offenheit und Eigensinn – Plädoyer für eine eigensinnige Predigt, in: EICH GARHAMMER/HEINZ-GÜNTHER SCHÖTTLER (Hgg.), Predigt als offenes Kunstwerk. Homiletik und Rezeptionsästhetik, München 1998, 28–50.

217 Vgl. ferner WILFRIED ENGEMANN, „Unser Text sagt ...“. Hermeneutischer Versuch zur Interpretation und Überwindung des „Texttods“ der Predigt, ZThK 93,3 (1996), 450–480.

herausfordernd das Gelingen von textbasierter Kommunikation ist. Damit wird sie zu einem aufschlussreichen Instrumentarium für die Predigtanalyse.

Damit einher geht allerdings eine ausgeprägte Skepsis gegenüber der Rhetorik, ihren Theorien und Methoden. Durch die primär textbezogene Wahrnehmung und Reflexion der Predigt und die Rezeption literaturwissenschaftlicher Theorien bleibt der Redecharakter der Predigt untergeordnet. Als Konsequenz einer reflektierten Präsentationsform gehört es zur Konzeption der semiotischen Homiletik, dass keine klare Botschaft formuliert wird.[218] Darüber hinaus sollen die Hörenden immer wieder herausgefordert werden: Ihre Hör- und Denkgewohnheiten sollen durch die Predigt, ihre unkonventionelle Sprache und ihren Eigensinn durchbrochen werden.[219]

Es bleibt zu fragen, ob diese Anforderungen nicht auch Überforderungen implizieren – sowohl für die Hörenden als auch für die Predigenden.[220] Empirische Untersuchungen der jüngeren Vergangenheit zeigen, wie hoch die Erwartungen der Gottesdienstbesuchenden an die Predigt sind.[221] Es werden verschiedene Ansprüche an die Predigt herangetragen, die u. a. die verschiedenen Wirkungsweisen der Predigt widerspiegeln. UTA POHL-PATALONG eruiert beispielsweise in ihrer empirischen Untersuchung zum Gottesdiensterleben im Jahr 2011 verschiedene Erlebenslogiken, die unterschiedliche Erwartungen an die Predigt formulieren. Die Predigt wird als gelungenes bzw. misslungenes Zuhörerereignis, als sorgfältig ausgearbeitetes „Kunstwerk", als Anstoß zum eigenständigen Reflektieren, als inhaltlich klare Aussage, als Spiegelung des Alltags, als Explikation eines biblischen Textes, als Impuls für neue Sichtweisen und Handlungsoptionen, als individuelle Meinungsäußerung sowie als emotional affizierendes Geschehen beschrieben. Den unterschiedlichen Erlebenslogiken ist gemein, dass die Predigt nicht auf eine Wirkungsweise reduziert wird und in technisch-formaler Hinsicht gut und reflektiert zu konzipieren ist.[222] Auch HELMUT SCHWIER und SIEGHARD GALL haben 2006 und 2009 empirisch die Predigtrezeption untersucht[223] und dabei herausgefunden, dass den Befragten nicht nur eine verständliche, klare und konkrete Sprache überaus wichtig ist, sondern „auch

218 Vgl. WILFRIED ENGEMANN, Personen, Zeichen und das Evangelium, 54.

219 Vgl. WILFRIED ENGEMANN, Art. Semiotik. III. Praktisch-theologisch, TRE Bd. 31, Berlin/New York 2000, 134–142, 139.

220 Vgl. Predigten Engemanns wie beispielsweise WILFRIED ENGEMANN, Zettel an der Tür, in: DERS., Wider die Verdummung des Salzes. Predigten aus dem Bauch der „Dicken Marie", Leipzig 1993, 25–29.

221 Vgl. z. B. HANNS KERNER, Die Predigt. Wahrnehmungen zum Gottesdienst aus einer neuen empirischen Untersuchung unter evangelisch Getauften in Bayern, hg. vom Gottesdienstinstitut der Evangelisch-Lutherischen Kirche in Bayern, Nürnberg 2007, 6. 11ff.

222 Vgl. UTA POHL-PATALONG, Gottesdienst erleben. Empirische Einsichten zum evangelischen Gottesdienst, Stuttgart 2011, 137–145.

223 Vgl. HELMUT SCHWIER/SIEGHARD GALL, Predigt hören. Befunde und Ergebnisse der Heidelberger Umfrage zur Predigtrezeption (Heidelberger Studien zur Predigtforschung Bd. 1), Berlin/Münster 2008.

die gesamte Kanzelrede in ihrem Aufbau klar und verständlich [...], einen roten Faden oder einen Spannungsbogen enthalten und zeitlich nicht ausufern [soll]."[224] Es ist den Hörenden wichtig, eine Intention des Predigenden zu erkennen und diese sprachlich angemessen gestaltet und professionell präsentiert zu bekommen. Schwier resümiert, dass die Predigt als „zielbestimmtes Handeln"[225] zu gestalten ist und hierfür gerade der Rückgriff auf die Rhetorik überaus wertvoll ist, um „von Redenden Rechenschaft über Intention, Verständlichkeit, Zielbestimmung, Angemessenheit, explizit [einzufordern] und gewisse Hilfestellungen [zu] geben."[226] Die empirischen Studien geben Auskunft darüber, dass Menschen eine verständliche, nachvollziehbare Predigt erwarten, die auch inhaltlich oder thematisch Eindeutigkeit aufweist.[227]

Die damit verbundene Kritik, dass Predigten diesen Ansprüchen nicht immer gerecht werden, trifft sicher nicht nur rezeptionsästhetisch konzipierte Predigten. Doch auf das Anliegen der Hörenden, in der Predigt auch klare Botschaften, Positionierungen oder Ausführungen zu hören, ist auch und nicht zuletzt aus rezeptionsästhetischer Perspektive stärker einzugehen. Eine zielführende Möglichkeit könnte hier eine veränderte didaktische Ausrichtung sein. Engemann verfolgt in seiner Homiletik den Ansatz des *„problembasierte[n] Lernen[s]"*[228] und zeigt an zahlreichen Predigtbeispielen Herausforderungen und Schwierigkeiten der Predigtarbeit auf.[229] Er verdeutlicht anschaulich, wie die Umsetzung in Predigten misslingen kann und vermittelt plausibel, wie Predigten nicht gestaltet werden sollten. Seine Analysen sind luzide und treffend, doch diese Beispiele sind nicht dazu geeignet, gelungene und inspirierende Umsetzungsmöglichkeiten zu veranschaulichen. Diese sind jedoch unabdingbar, um das Predigen zu lernen und einzuüben. Für die Predigenden bleibt darüber hinaus zu fragen, ob die semiotische bzw. die rezeptionsästhetische Homiletik nicht einen zu starken Fokus auf die Textgestalt der Predigt legt. Neben der starken Rezeption von Theorien aus der Literaturwissenschaft wird der mündliche Redecharakter der Predigt zu wenig wahrgenommen und reflektiert.[230]

Die Fragestellungen, Theorien und Erkenntnisse der Rhetorik leiten an, so zu sprechen, dass man nicht manipulativ, indoktrinierend oder aber absichts- und belanglos kommuniziert. Dazu im Rahmen einer Homiletik nicht eigens anzuleiten, stellt eine Schwachstelle dar. Darüber hinaus reflektiert die Rhetorik

224 Helmut Schwier, Inhalte, Formen, Hörerinnen und Hörer. Homiletische Aspekte zur empirischen Untersuchung der Predigtrezeption, in: Alexander Deeg (Hg.), Erlebnis Predigt, Leipzig 2014, 81–97: 87.

225 A. a. O., 95.

226 Ebd.

227 Vgl. z. B. Uta Pohl-Patalong, Gottesdienst erleben, 137–145; vgl. ebenso Hanns Kerner, Die Predigt, 6. Vgl. ebenso Helmut Schwier, Inhalte, Formen, Hörerinnen und Hörer, 81–97.

228 Wilfried Engemann, Einführung in die Homiletik, 38.

229 Vgl. a. a. O., 40ff.123ff.205.207ff.272ff.327ff.412ff.

230 Vgl. dazu auch Isolde Karle, Praktische Theologie, 217ff.

auch den rednerischen Vortrag, damit das Redemanuskript zu einer gelungenen Rede verhilft. ALBRECHT GRÖZINGER akzentuiert in seiner rezeptionsästhetischen Homiletik die Predigtarbeit als Handwerkskunst („Ars Homiletica").[231] In ähnlicher Weise haben auch KRISTIAN FECHTNER[232] und ISOLDE KARLE[233] den Gedanken des homiletischen Kunsthandwerks gestärkt. Der Begriff der Handwerkskunst bringt sowohl die ästhetische als auch die technische Dimension des Predigens zur Geltung und bettet rhetorische Fragestellungen und Aspekte weiterführend ein. Für Albrecht Grözinger stellt Rhetorik nicht nur ein Hilfsmittel für konkrete Hinweise und Anleitungen dar, sondern „ein Geflecht von Gesichtspunkten und Perspektiven, um den gesamten Zusammenhang der Entstehung einer Rede hermeneutisch zu erschließen"[234]. Grözinger erschließt wichtige theoretische Grundlagen, Begriffe sowie Arbeitsmethoden der Rhetorik und zeigt eine Möglichkeit auf, die rhetorische und die rezeptionsästhetische Perspektive zu verbinden. Predigende sollen eigenständig „mit den von der Rhetorik bereit gestellten Reflexionshorizonten"[235] umgehen, ihre eigene Rhetorik herausbilden und reflektiert die Sprache der Kanzelrede bedenken.[236]

---

[231] Die „Ars Homiletica" verortet er einerseits in der Tradition der mittelalterlichen *ars praedicandi* und andererseits im Anschluss an Schleiermachers Kunstbegriff. Er erinnert insbesondere an SCHLEIERMACHERS Differenzierung: „Praxis ist Kunst, Spekulazion ist Wißenschaft, Religion ist Sinn und Geschmack fürs Unendliche" (FRIEDRICH D. E. SCHLEIERMACHER, Über die Religion, 212). Vgl. ALBRECHT GRÖZINGER, Mit allen Sinnen sprechen, in: LARS CHARBONNIER et al. (Hgg.), Homiletik. Aktuelle Konzepte und ihre Umsetzung, Göttingen 2012, 153–165: 155f. Vgl. ferner DERS., Homiletik, 327f.

[232] Vgl. KRISTIAN FECHTNER, Predigt und Gottesdienst als Kunsthandwerk, in: DERS./LUTZ FRIEDRICHS (Hgg.), Normalfall Sonntagsgottesdienst? Gottesdienst und Sonntagskultur im Umbruch, Stuttgart 2008, 147–155. Der kunsthandwerkliche Charakter der Predigt kommt nach FECHTNER insbesondere in der Profilierung eines ansprechenden und angemessenen Stils, einer rundum reflektierten Angemessenheit und dem Anspruch, dass die Predigt für die Hörenden von Nutzen ist, zustande. Darüber hinaus drückt der Begriff ebenfalls die Normalität des sonntäglichen Predigt- und Gottesdienstgeschehens aus. Er lehnt die negative Konnotation des bloßen, zum Gebrauch bestimmten Kunsthandwerks ab und betont dessen besondere Qualität und Kunstcharakter. Vgl. ebd.

[233] ISOLDE KARLE sieht im Begriff „Kunsthandwerk" besonders den Gedanken der wöchentlichen Routine und die dafür notwendige technische „Handwerklichkeit" verdeutlicht. Vgl. ISOLDE KARLE, Praktische Theologie, 220.

[234] ALBRECHT GRÖZINGER, Lehrbuch Praktische Theologie, Bd. 2 Homiletik, Gütersloh 2008, 196.

[235] Ebd.

[236] Vgl. a. a. O., 197–203. GRÖZINGER umschreibt seinen homiletischen Ansatz auch mit der Maxime „Mit allen Sinnen sprechen" Die Maxime versteht er in zwei Blickrichtungen: „(1) Ich nehme die Phänomene, die auf mich zukommen, in all ihrer Sinnlichkeit wahr; ich kommuniziere mit der sinnlichen Vielfalt meiner Umwelt. (2) Ich drücke mich selbst sinnlich aus; ich kommuniziere mittels der sinnlichen Vielfalt meines Ausdruckspotenzials." DERS., Mit allen Sinnen sprechen, 153.

8.5 *Rhetorische Hermeneutik: Die Predigtlehre Wilhelm Gräbs*

WILHELM GRÄB versteht die Predigt als „rhetorische Sprechhandlung"[237], welche die Hörenden ermutigen und darin unterstützen soll, ihr eigenes Leben mit Hilfe des christlichen Glaubens religiös zu deuten. Auf Grund der gesellschaftlichen Transformationen sind vielfach weder die Inhalte noch das individuelle Bewusstsein über die Relevanz des christlichen Glaubens vorauszusetzen. Zugleich sind viele Menschen aber auch heute religiös ansprechbar.[238] Die Aufgabenbestimmung der Predigt ist daher stark hermeneutisch geprägt:

> „Es ist ihr Auftrag und die an sie gerichtete Erwartung, dass sie das Leben auf existentiell nachvollziehbare Weise im Lichte des Glaubens deutet und damit zeigt, wofür das Christentum heute steht. Doch das gelingt ihr in der gegenwärtigen religiösen (Großwetter-)Lage auf überzeugende Weise nur dann, wenn sie den biblischen Text in seinem religiös erbaulichen Sinngehalt erschließt. Sie muss den biblischen Text so interpretieren, dass diese Interpretation auf die religiösen Sinnbedürfnisse der Menschen zu reagieren vermag."[239]

Als „öffentliche religiöse Rede"[240] ist die Kanzelrede grundlegend auf die Rhetorik angewiesen, um den christlichen Glauben verständlich und überzeugend als Sinndeutungsangebot für das eigene Selbst- und Weltverhältnis zu kommunizieren. Gräb formuliert als rhetorische Leitfrage, stets danach zu fragen, welche sprachliche Form für die zuvor erarbeiteten Einsichten angemessen ist, so dass sich die Hörenden in der Predigt als an einem Erschließungsvorgang beteiligt

---

[237] WILHELM GRÄB, Predigtlehre, 265. Gräb übernimmt hier die Ausarbeitung von Hellmut Geißner und hebt den Redevortrag hervor. Vgl. HELLMUT GEISSNER, Zur Theorie rhetorischer Sprechhandlungen, in: JOACHIM DYCK (Hg.), Rhetorik. Ein internationales Jahrbuch, Bd. 1, Stuttgart 1980, 26–42.

[238] Vgl. WILHELM GRÄB, Predigtlehre, 15ff.

[239] A. a. O., 36f. Die Bedeutung der Hermeneutik wird auch an den vier Reflexionsperspektiven ersichtlich, in die Gräb die Predigtarbeit unterteilt. Zu ihnen zählt die Texthermeneutik, die Religionshermeneutik, die Glaubenslehre sowie die Rhetorik (vgl. a. a. O., 83ff.). Ihre Aufgaben werden mit „biblische Texte zu interpretieren, Menschen in ihren religiösen Sinnfragen zu verstehen, im Lichte der christlichen Rechtfertigungsbotschaft die Deutung des Lebens auszuarbeiten und dies in der Form einer ansprechenden, ergreifenden, erbaulichen Rede zu tun" (a. a. O., 83.) zusammengefasst. GRÄB hebt daher auch die Kasualpredigt als Vorbild für jede Predigt hervor. Vgl. a. a. O., 27f.

[240] A. a. O., 33. GRÄB knüpft vorrangig an die Perspektiven und Ausführungen von FRIEDRICH SCHLEIERMACHER, ERNST LANGE und GERT OTTO an. Religion versteht Gräb dabei „als eine spezifische Deutungspraxis des menschlichen Lebens" (WILHELM GRÄB, Leben deuten, in: LARS CHARBONNIER et al. [Hgg.], Homiletik. Aktuelle Konzepte und ihre Umsetzung, Göttingen 2012, 215–230: 216), die zur Natur des Menschen gehört. Von der Veranlagung unabhängig ist der individuelle Umgang damit, der Gräb zufolge wertungsfrei zu akzeptieren ist. Vgl. WILHELM GRÄB, Predigtlehre, 45, Anm. 14.

erleben.[241] Diese Leitfrage leitet dazu an, sich auf ein Thema der Predigt und eine Intention festzulegen.[242] Gedankliche und sprachliche Klarheit entsprechend der rhetorischen Tugend *perspicuitas/claritas* nehmen damit eine elementare Rolle bei der Erarbeitung der Predigt ein.

Das eigentliche Ziel der Predigt liegt für Gräb aber – in Abgrenzung zu rezeptionsästhetischen Ansätzen – in ihrer „rezeptions*religiöse[n]* Wirkung“:

> „Die rezeptions*ästhetische* Wirkung der Predigt macht sie zum Erlebnis, macht, dass die Hörenden von der Predigt auch emotional ergriffen werden. Die rezeptions*religiöse* Wirkung der Predigt geht darüber hinaus. Sie zeigt sich daran, dass sie religiöse Selbstdeutungsvollzüge auslöst.“[243]

Eine Predigt soll weder nur rein kognitiv überzeugen noch allein emotional affizieren, sondern sie soll im Zusammenspiel aller Wirkweisen einer guten Rede, eigene, religiöse Reflexionen und Deutungsvollzüge anstoßen. Daher beleuchtet Gräb die gesamte Predigtarbeit aus rhetorischer Perspektive und hebt vier Aspekte hervor: Erstens den mündlichen Vortrag, denn die Predigt ist bei aller Textarbeit und schriftlichen Ausarbeitung ein „performative[r] religiöse[r] Sprechakt“[244]. Damit dieser seine Wirkung entfalten kann, muss nicht nur das religiöse Gefühl aller Beteiligten angesprochen, sondern auch ein religiöser Gedanke entfaltet werden.[245] Dafür ist zweitens die Expressivität wichtig, denn „[die] Predigt lebt zugleich von der Subjektivität des Predigers und der Predigerin“[246]. Dies ist im Sinne der Wahrhaftigkeit (oder Authentizität) zu verstehen und nicht als Inszenierung der eigenen Person.[247] Daneben ist drittens auch auf die Sprache zu achten, welche angemessen sein sollte. Die Sprache muss adäquat für die religiöse Rede sein, darf poetisch, bildlich und emotiv ansprechen und

---

241 Gräb selbst formuliert als rhetorische Leitfrage: „Wie kann ich den religiösen, lebensdeutungspraktischen Sinn der christlichen Botschaft, der sich mir in der Auslegung erschlossen hat, so zur Sprache bringen, dass die Hörenden sich in diesen Erschließungsvorgang einbezogen fühlen?“ Wilhelm Gräb, Predigtlehre, 43. Die Hörenden werden bei Gräb stets als Adressaten und Subjekte der Predigt angesehen. Vgl. a. a. O., 75ff.

242 Vgl. a. a. O., 43.

243 A. a. O., 300 [Hervorhebungen im Original]. Anders formuliert: „Als religiöse Rede ist sie von persönlicher Überzeugung herkommende und auf persönliche Überzeugung zielende Rede“ (a. a. O., 39). Gräb lehnt es trotz der Nähe zur Rezeptionsästhetik ab, die Predigt als „Kunstwerk“ anzusehen. Vgl. a. a. O., 300f.

244 A. a. O., 268.

245 Vgl. a. a. O., 270.

246 A. a. O., 265.

247 Vgl. a. a. O., 273ff. Gräb will dies analog zum theatralen Auftritt verstanden wissen und knüpft hier an Ursula Roths Ausführungen zur Theatralität des Gottesdienstes an. Vgl. dazu: Ursula Roth, Die Theatralität des Gottesdienstes (PThK 18), Gütersloh 2006. Vgl. ferner Christoph Wiesinger, Authentizität. Eine phänomenologische Annäherung an eine praktisch-theologische Herausforderung (PThGG 31), Tübingen 2019.

soll theologische Begriffe in heute verständlicher Sprache sowie neuer Metaphorik und Symbolik verständlich und zugänglich machen.[248]

All diese Anforderungen kulminieren in der vierten und zentralen Charakterisierung der Predigt als erbaulicher Rede. An LUTHER und SCHLEIERMACHER anknüpfend betont Gräb damit den Fokus von Religion auf „persönliches Erleben und existentielle[n] Vollzug"[249]. Die klassische Wirkungsweise *movere* wird für die religiöse Rede konkretisiert.[250] Um erbaulich zu sein, „*muss [die religiöse Rede] unmittelbar verständlich sein*[,...] *die gegebene Situation ins Auge fassen* [und] *eine wirksame Sprache sprechen*"[251]. Oder ganz praktisch formuliert: „*a) Gebrauche keine Fremdworte, b) Mache keine Umwege, c) Suche die unmittelbare Ansprache.*"[252]

Diese rhetorischen Handlungsanweisungen für die Gestaltung einer Kanzelrede sind weiterführend, allerdings greifen sie zu kurz und vermitteln Predigerinnen und Predigern nur erste, allgemeinere Hinweise. Das Potenzial der Rhetorik erschließen sie nur teilweise.[253] Dies zeigt sich insbesondere vor dem Hintergrund des Systems der antiken Rhetorik: Gräb formuliert weder Kriterien noch Handreichungen für die Gliederung einer Predigt, zur spezifischen Gestaltung ihrer einzelnen Abschnitte oder anhand welcher Überlegungen überprüft werden kann, ob eine Rede die verschiedenen Wirkungsweisen ausreichend und angemessen berücksichtigt. Um rhetorisch-homiletischen Fertigkeiten auszubilden und einzuüben, braucht es umfassendere und präzisere didaktische Ausarbeitungen.

---

248 Vgl. WILHELM GRÄB, Predigtlehre, 282.

249 A. a. O., 289.

250 Vgl. a. a. O., 268.

251 A. a. O., 290f. [Hervorhebungen im Original]. Gräb nimmt hierbei Anregungen von Bruno Latour zur Charakterisierung religiöser Sprache auf. Vgl. ebd.

252 A. a. O., 291 [Hervorhebungen im Original].

253 Es ist auf GRÄBS Rhetorikverständnis hinzuweisen, das er primär im Anschluss an NORBERT GUTENBERG als Konzept einer persuasiven Kommunikation versteht. Vgl. a. a. O., 39. Vgl. ferner NORBERT GUTENBERG, Einführung in die Sprechwissenschaft und Sprecherziehung, Frankfurt a. M. 2001. In Abgrenzung zu klassischen Rhetorikdefinitionen plädiert Gutenberg dafür, rhetorisches von nicht-rhetorischem Sprechhandeln zu unterscheiden. Als entscheidendes Kriterium sieht er die Reflexion des Redezwecks an, wodurch rhetorische Sprechhandlungen eine „spezifische Intentionalität" (a. a. O., 135) auszeichne. Als „rhetorisch" versteht er zum einen „diejenige Intentionalität von Sprechhandlungen, die außer der Zweckabsicht (Zielintention) auch die Zweck-Mittel-Relation (Mittelintention) einschließt, ja letztlich alle auf ein Handlungsziel hin funktionalisierbaren Faktoren der Sprech-Hör-Situation umfaßt (Partnerintention, Situationsintention" (a. a. O., 146.). Zum anderen versteht er darunter auch „denjenigen intentionalen Zugriff auf Ziele, Mittel und Situationsdeterminanten, die aufgrund einer didaktischen Anleitung zustandekommt. Rhetorik war von Anbeginn eine ‚téchne' oder ‚ars': das ist weder eine (instrumentalistisch zu begreifende) ‚Technik', noch eine (genie-ästhetisch zu begreifende) ‚Kunst', sondern eine theoriegeleitete Methodik aufgrund einer didaktisch orientierten Theorie. Intentionale Sprechhandlungen, die durch Anwendung einer methodisch erlernten ‚téchne' zustandekommen, heißen darum ‚rhetorische Kommunikation'" (a. a. O., 146).

8.6 *Predigen als „Kunst unter Künsten": Die Dramaturgische Homiletik von Martin Nicol und Alexander Deeg*

Der rezeptionsästhetische Ansatz der Dramaturgischen Homiletik von MARTIN NICOL und ALEXANDER DEEG nimmt neben US-amerikanischen Konzepten die hermeneutischen Ansätze von ERNST FUCHS und GERHARD EBELING auf, so dass die Predigt als „Ereignis (event) von Menschenworten begriffen [wird], in die sich Gott selbst mit seinem Wort einmischt"[254]. Die Aufgabe und Absicht der Predigt ist daher nicht, „eine Wahrheit des Glaubens zu erklären (deduktiv), sondern Erfahrungen des Glaubens zu teilen (induktiv)"[255]. Für das induktive Vorgehen wird der neue Terminus „RedenIn", für das deduktive der Gegenbegriff „RedenÜber" eingeführt und verwendet.[256] Auch in den Umschreibungen des eigenen Anspruchs *Preaching from Within*[257] und *To make things happen*[258] verdichtet sich die neue Herangehensweise pointiert und präzise. Darüber hinaus weist das neue Paradigma „Kunst unter Künsten"[259] auf die Nähe zu den Darstellenden Künsten hin, in der das Predigen verortet wird.[260] Die Dramaturgische Homiletik verfolgt somit den Ansatz, sich „in Wechselspielen wie dem zwischen Sprachgestalt und

---

[254] MARTIN NICOL, PredigtKunst. Ästhetische Überlegungen zur homiletischen Praxis, in: WILFRIED ENGEMANN/FRANK M. LÜTZE, Grundfragen der Predigt. Ein Studienbuch, Leipzig ^{2}2009, 235–242: 238. Vgl. Dazu ferner MARTIN NICOL, Einander ins Bild setzen, 114–123.

[255] MARTIN NICOL, PredigtKunst, 238. NICOL merkt zudem auch an, dass es dabei nicht um ein Entweder-Oder hinsichtlich deduktiver oder induktiver Predigtmodelle geht, sondern in Predigten stets mit Mischformen zu rechnen ist. Vgl. ebd.

[256] Vgl. MARTIN NICOL/ALEXANDER DEEG, Im Wechselschritt zur Kanzel. Praxisbuch Dramaturgische Homiletik, Göttingen ^{2}2013, 15f.

[257] MARTIN NICOL, Einander ins Bild setzen, 55. NICOL führt an anderer Stelle aus: „Preaching from Within" ist „Reden *in*": Reden *im* Bibelwort, *im* Handeln Gottes, *im* Beziehungsgeschehen von Predigerin und Gemeinde, *im* Hier und Jetzt der Situation – und mit alledem hoffentlich auch *im* Ereignis. Eine solche Predigt versucht – sie versucht es zumindest – nicht über das Trösten zu reden, sondern zu trösten." MARTIN NICOL, Einander ins Bild setzen, 55 [Hervorhebungen im Original].

[258] MARTIN NICOL, To make things happen. Homiletische Praxisimpulse aus den USA, in: UTA POHL-PATALONG/FRANK MUCHLINSKY (Hgg.), Predigen im Plural. Homiletische Perspektiven, Hamburg 2001, 46–54.

[259] MARTIN NICOL, Einander ins Bild setzen, 102.

[260] Sprech- und Musiktheater, Tanz- und Filmkunst werden damit zu neuen Bezugsgrößen der Predigtarbeit, insbesondere hinsichtlich ihrer Produktion, Performance bzw. Inszenierung und Rezeption. NICOL rezipiert auch hier Impulse aus der nordamerikanischen Homiletik, u. a. von JANA CHILDERS, BERNARD REYMOND, THOMAS H. TROEGER. Vgl. MARTIN NICOL, Einander ins Bild setzen, 29–37. Vgl. ferner DERS., Preaching as Performing Art. Ästhetische Homiletik in den USA, PTh 89,10 (2000), 435–453.

Sachgehalt, Form und Inhalt oder eben: Homiletik und Hermeneutik"[261] mit der Konzeptualisierung einer Predigt auseinanderzusetzen. Als Leitbild fungiert dabei die Formel „Einander ins Bild setzen"[262], was die Dimension der bildhaften Kommunikation aufgreift und zugleich an die überaus bildreichen biblischen Texte anknüpft.[263] Die Predigt soll die Geschichten, Bilder und Worte der Bibel aufnehmen und „als offene Texträume [...] inszenieren"[264], so dass sie stets aufs Neue in den unterschiedlichsten Formen bedeutungsvoll und relevant rezipiert werden (können). Die Intertextualität, d. h. das Wechselspiel von biblischen sowie anderen Texten, ist von zentraler Bedeutung, da ihm eine eigene Kraft zugeschrieben wird und die Hörenden aktiv an der Rezeption und Sinndeutung des Wechselspiels der Texte beteiligt.[265]

Deeg und Nicol plädieren für innovative, kreativ-künstlerischere Formen des Arbeitens und der Predigtgestaltung: Statt des Schreibtisches wird das Atelier als homiletischer Arbeitsort bedacht und eine Vielzahl von Gliederungsmöglichkeiten für Predigten erwogen.[266] Die Predigt soll – entsprechend eines Drehbuchs – spannungsreich und interessant aufgebaut werden. Zentrale Gedanken gehen auf die Homiletik von David Buttrick zurück, wie zum Beispiel der Ansatz, eine Predigt in Moves zu gestalten und im Ganzen als Structure zu reflektieren. Moves sind für Nicol und Deeg „*[b]ewegte* Sequenzen"[267], die mit Szenen eines Theaterstücks oder eines Films oder mit Sätzen einer Symphonie zu vergleichen sind.[268] In ihrer Gesamtstruktur soll eine Predigt auch unter dramaturgischen Gesichtspunkten überzeugen. Indem zwischen den einzelnen Moves und der Gesamtstruktur differenziert wird, soll ein genaues und effizientes Abstimmen formaler wie inhaltlicher Aspekte ermöglicht werden.[269]

Die Dramaturgischen Homiletik führt außerdem die Arbeit mit Titeln und Mitteln ein:

> „Beim Predigtmachen dient es der Selbstreflexion, den entstehenden Moves Titel zu geben: Titel, die die spezifische Bewegung eines Moves zum Ausdruck bringen und die Spannung andeuten, die im betreffenden Move steckt. Titel, die dem Prediger Lust machen, diesen Move zu formulieren. Und schon kommt mit dem Was des Titels

261 Martin Nicol/Alexander Deeg, Einander ins Bild setzen, in: Lars Charbonnier et al. (Hgg.), Homiletik. Aktuelle Konzepte und ihre Umsetzung, Göttingen 2012, 68–84: 69. Zum Grundbegriff „Wechselspiel" vgl. ferner Martin Nicol/Alexander Deeg, Im Wechselschritt zur Kanzel, 13f.

262 Vgl. Martin Nicol, Einander ins Bild setzen, 65–72.

263 Vgl. Martin Nicol/Alexander Deeg, Einander ins Bild setzen, 70.

264 Ebd.

265 Vgl. Martin Nicol/Alexander Deeg, Im Wechselschritt zur Kanzel, 14f.

266 Vgl. a. a. O., 18.

267 A. a. O., 16 [Hervorhebungen im Original].

268 Vgl. ebd.

269 Nicol und Deeg übernehmen lediglich einzelne Grundgedanken und die Terminologie von David Buttrick und entfernen sich damit deutlich von seiner Konzeption. Vgl. dazu Kap. IV.2.8.

> auch das Wie des Mittels in den Blick. Was nützt der schönste Titel, wenn mir die Worte zu seiner Ausführung fehlen?"[270]

Dies erweist sich als wirkungsvolles, rhetorisches Instrument zur Findung, Verschränkung und Überprüfung von inhaltlicher und formaler Ebene. Titel und Mittel zu bestimmen, trägt dazu bei, Klarheit zu erlangen und Unstimmigkeiten zu beheben.[271] Eine Reihe von Fragen leiten die Selbstreflexion und die Arbeit an den Titeln und Mitteln an:

> „Welche Bewegung entwickelt sich vom Anfang zum Ende? Ist sie theologisch sachgemäß? Entspricht sie dem Bibelwort? Haben Hörerinnen und Hörer eine Chance, in diese Bewegung einzufinden? Sofort lässt auch der Titel der Structure nach dem Mittel fragen: Wie sollen die Moves aufeinander folgen? Linear oder kreisend? Gibt es ein wiederkehrendes Leitmotiv? Wie sehen die Scharnierstellen aus, mit denen die einzelnen Moves aneinander anschließen? Folge ich diesmal einem narrativen Plan oder will ich disparate Erfahrungen jenseits narrativer Logik zur Geltung bringen?"[272]

Auf diese Weise soll nicht nur Spannung und Lust am Predigen erzeugt, sondern auch „die Kreativität der Predigtmacherinnen und Predigtmacher [beflügelt werden]"[273]. Zugleich ist diese Vorgehensweise nicht nur für die Erarbeitung der Predigt gewinnbringend, sondern auch bei der Predigtanalyse, was die große Resonanz im Aus- und Fortbildungsbereich erklärt. ISOLDE KARLE führt die große Resonanz auf die Dramaturgische Homiletik außerdem darauf zurück, dass sie „viele Anstöße im Hinblick auf eine anschauliche, sprachlich kreative, den Hörer/die Hörerin involvierende Predigtweise geben und Techniken aus dem Journalismus, der Literatur- und Filmwissenschaft für die Erstellung einer Predigt fruchtbar zu machen suchen"[274]. Der breite Zuspruch ist auch an der Gründung und Ausrichtung des *Ateliers Sprache e. V.* in Braunschweig sowie des *Zentrums für evangelische Predigtkultur* der EKD in Wittenberg sichtbar.

Aus rhetorischer Perspektive zeigt sich eine Schwerpunktverlagerung, die die (späteren) Produktionsphasen aufwertet und die Arbeit am Manuskript der Predigt konkretisiert.[275] Dramaturgische und journalistische Impulse bestimmen die Predigterarbeitung weitreichend, wodurch die Predigt weniger als religiöse Rede und stärker als rezeptionsoffenes Kunstwerk begriffen wird.[276] Aus rheto-

---

270 MARTIN NICOL/ALEXANDER DEEG, Einander ins Bild setzen, 74. Vgl. ferner: MARTIN NICOL/ALEXANDER DEEG, Im Wechselschritt zur Kanzel, 45ff.

271 Vgl. MARTIN NICOL/ALEXANDER DEEG, Einander ins Bild setzen, 75.

272 A. a. O., 74f.

273 MARTIN NICOL/ALEXANDER DEEG, Im Wechselschritt zur Kanzel, 45.

274 ISOLDE KARLE, Praktische Theologie, 227.

275 Zur wirkungsvollen Performance und Inszenierung der Predigt ist allerdings nicht das Manuskript entscheidend, sondern der mündlich, wenn möglich freie Vortrag. Vgl. MARTIN NICOL, Einander ins Bild setzen, 119.

276 Vgl. WILHELM GRÄB, Predigtlehre, 292f.

rischer Perspektive wäre beispielsweise eine versiertere Reflexion der eigenen Intention sowie eine an klarere Kriterien gebundene und strategische Überarbeitung der Predigt weiterführend, um dem Charakter als mündlicher Rede umsichtiger Rechnung zu tragen. Darüber hinaus wurde auch Kritik an der fehlenden Erschließung der homiletischen Situation[277], der angewandten Hermeneutik[278] und den möglichen Konsequenzen für die Gestaltung von dramaturgischen Predigten geäußert. Wie sich dies mitunter in Predigten auswirken kann, hat JAN HERMELINK pointiert beschrieben:

> „[D]ie Maxime des unvermittelten ‚RedenIn' verführt, so scheint es, zu einer hermeneutisch wenig reflektierten, die historische Fremdheit der Texte überspringenden Auslegungspraxis. Durch die Konzentration auf die Entfaltung von ‚Texträumen' wird zudem eine eigenständige Reflexion der Situation der Hörenden, überhaupt die religionshermeneutische Analyse der gegenwärtigen Verhältnisse programmatisch vernachlässigt. Dem entspricht die Tendenz, die Hörerinnen und Hörer eher performativ-dramaturgisch zu beeindrucken als eine reflexive Verständigung mit dem Gegenüber zu suchen und dessen religiöse Freiheit zu wahren."[279]

Viele der methodischen Impulse der Dramaturgischen Homiletik sind auf US-amerikanische Homiletikentwürfe zurückzuführen. Es spricht allerdings einiges dafür, dass erstens die vielfältigen Ansätze der US-amerikanischen Homiletik nicht in einem Konzept zu vereinheitlichen sind. Und zweitens, dass das rhetorische Profil, das es in diesen Konzepten der US-amerikanischen Homiletik gibt, in der Dramaturgischen Homiletik von Martin Nicol und Alexander Deeg nicht ausreichend wahrgenommen wurde. Dies wird besonders an den homiletisch-rhetorischen Konzepten von David Buttrick und Thomas G. Long ersichtlich.[280]

9. Zwischenfazit

Die Verhältnisbestimmung der beiden Disziplinen Homiletik und Rhetorik erweist sich als ambivalentes Spannungsgefüge, das durch die Geschichte hindurch immer wieder „von Abgrenzungsbedürfnis und Selbstbehauptung, von Anlehnung und Rivalität bestimmt ist."[281] Begünstigt wurde dieses Spannungsverhältnis durch konkurrierende Definitionen und Positionen innerhalb der

---

[277] Vgl. dazu die jüngst veröffentlichten Ausführungen NICOLS: DERS., Mehr Gott wagen. Predigten und Reden zur Dramaturgischen Homiletik, Göttingen 2019.

[278] Vgl. BIRGIT WEYEL, Der Hörer steckt im Text? Skizze zu einer theologisch-homiletischen Kontroverse, AGD 23,2 (2009), 41–48; sowie WILHELM GRÄB, Leben deuten, in: AGD 23,2 (2009), 26–33. Vgl. VOLKER DREHSEN, Homiletische Recherche 10. Vgl. RUTH CONRAD, Weil wir etwas wollen!, 30f. Vgl. ISOLDE KARLE, Praktische Theologie, 227.

[279] JAN HERMELINK, Homiletik, 168.

[280] Siehe dazu Kap. IV.2 sowie IV.3.

[281] HANS M. MÜLLER, Art. Homiletik, 1497.

Rhetorik selbst, die etwa einen instrumentellen Einsatz der Rhetorik in anderen Disziplinen beförderte. ALBRECHT GRÖZINGER konstatiert in diesem Sinne: „Zusammenfassend lässt sich auf jeden Fall feststellen, dass die Wandlungen des Predigtverständnisses im 20. Jahrhundert immer aufs engste verflochten waren mit den jeweils bestimmenden Konzepten der Rhetorik und Stilistik und dass sie ohne deren Einflüsse so nicht zustande gekommen wären."[282] Eine umfassende, historisch fundierte und der Wissenschaftsdisziplin gerecht werdende Rezeption stellt eine anspruchsvolle Herausforderung dar.[283]

Die Homiletik als Theorie der öffentlichen religiösen Rede bleibt auf die Einbeziehung der Rhetorik angewiesen. Versuche, dies zu negieren, wie es in der jüngeren Vergangenheit insbesondere die dialektische Theologie unternommen hat, offenbaren zweierlei: Einerseits folgen sie einem irreführenden Verständnis der Rhetorik, auch wenn dies in der Homiletik immer wieder korrigiert wurde – beispielsweise von Augustin, Luther, Schleiermacher oder rhetorischen Ansätzen des 20. Jahrhunderts. Andererseits lassen die Negationsversuche auch eine Uneinsichtigkeit erkennen, dass menschliche Rede immer auf die Reflexion ihrer Kommunikationsform angewiesen ist. Wird nur die inhaltliche und nicht auch die formale Ebene bedacht, bringt dies die Gefahr einer unterbestimmten und einseitigen Verhältnisbestimmung beider Disziplinen mit sich. Dadurch kann es auch zu einem Ungleichgewicht von prinzipieller, materialer und praktischer Homiletik und in dessen Folge zu einer ungenügenden homiletisch-rhetorischen Ausbildung kommen.

Die Rhetorik bleibt von elementarer Bedeutung für die Theologie und insbesondere für die Homiletik. In der Gegenwart wird die sprachliche Performanz immer mehr zu einer entscheidenden Kompetenz von Predigenden und Pfarrpersonen.[284] Daher ist nicht nur eine umfassende und differenzierte Erschließung des Potenzials der (antiken) Rhetorik notwendig, sondern auch, diese für die Predigtpraxis fruchtbar zu machen und weiterzuentwickeln.

---

[282] ALBRECHT GRÖZINGER, Rhetorik und Stilistik in der Theologie, 1807.

[283] GERT UEDING hält dazu fest: „[E]ine bloß selektive Rezeption, die aus dem umfänglichen, systematisch und historisch differenzierten Theorie-Gebäude einzelne Teile, Zugriffe, Fragestellungen, Theoreme, gleichsam herausbricht und den eigenen Absichten dienstbar macht [...,] sind [...] Reduktionen, die gewiß sinnvoll sind und in den meisten Fällen auch zu erfolgreichen Weiterentwicklungen und Ergebnissen geführt haben, die aber das Potential der geschichtlich gewachsenen Rhetorik längst nicht ausschöpfen." GERT UEDING, Art. Rhetorik. A. Begriff und aktuelle Bedeutung der Rhetorik II. Aktuelle Bedeutung der Rhetorik in Wissenschaft und Gesellschaft, HWRh Bd. 7, Tübingen 2005, 1429–1439: 1430.

[284] Vgl. RAINER PREUL, Pfarrerinnen und Pfarrer als eloquente und gebildete Zeitgenossen, in: REGINA SOMMER/JULIA KOLL (Hg.), Schwellenkunde – Einsichten und Aussichten für den Pfarrberuf im 21. Jahrhundert. Ulrike Wagner-Rau zum 60. Geburtstag, Stuttgart 2012, 104–116.

IV. Rhetorische Perspektiven der US-amerikanischen Homiletik

1. Die *New Homiletic*

Als *New Homiletic* wird der homiletische Neuaufbruch bezeichnet, der sich ab den 1960er Jahren in den USA entwickelte und die Predigttheorie und -praxis grundlegend veränderte. Dieser formierte sich allmählich, indem diverse innovative homiletische Konzeptionen erarbeitet und neue Sichtweisen in den homiletischen Diskurs eingebracht wurden. Erst allmählich entstand die Wahrnehmung, dass es sich um eine homiletische Erneuerungsbewegung handelt, die eine gemeinsame Grundeinsicht eint und die einen umfassenden Paradigmenwechsel einleitete.

Dass sich die US-amerikanische Homiletik in einem tiefgreifenden Umbruch befindet, war bereits vor der Veröffentlichung der wichtigsten Werke zu spüren. DAVID JAMES RANDOLPH beschrieb diese Wahrnehmung 1965 treffend:

> „A new preaching is coming to birth in the travail of our times. In the civil rights movement, in the engagement with communism, in the ‚secular city,' in the ecumenical enterprise, in the theological school, in the parish church, in the liturgical movement, and elsewhere, preaching is being rejected as a habit and affirmed as a happening. The definition of preaching which is dawning on these horizons may be stated in this way: Preaching is the event in which the biblical text is interpreted in order that its meaning will come to expression in the concrete situation of the hearers."[1]

Eine intensivere Auseinandersetzung mit den biblischen Texten und eine grundlegende Hinwendung zu den Hörerinnen und Hörern („turn to the hearer"[2]) wird charakteristisch für die *New Homiletic*. Dies schlägt sich in vielfältigen Ansätzen und homiletischen Konzeptionen nieder.[3] RICHARD L. ESLINGER stellte ihre Ansätze 1987 erstmals zusammen und etablierte damit die Sichtweise einer homiletischen Erneuerungsbewegung.[4]

---

1 David James Randolph, http://www.homiletics.org/members/pdfmembers/Randolph.pdf, zit. nach O. WESLEY ALLEN JR., The Pillars of the New Homiletic, in: DERS., The Renewed Homiletic. Minneapolis (MN) 2010, 1–18: 7f.

2 O. WESLEY ALLEN JR., The Pillars of the New Homiletic, 8.

3 Vgl. a. a. O., 1. Vgl. ebenso: OTIS C. EDWARDS, A History of Preaching, Vol. 1, Nashville (TN) 2004, 798–827.

4 RICHARD L. ESLINGER, A New Hearing. Living Options in Homiletic Method, Nashville (TN) 1987. Auch wenn Eslinger von „New Homiletics" sprach, um die Pluralität abzubilden, setzte sich im Laufe der Zeit der Singular durch. Vgl. DERS, The Web of Preaching. New Options in Homiletical Method, Nashville (TN) 2002, 288.

Die Ansätze der *New Homiletic* eint nicht, ein umfassendes Konzept zu erarbeiten und ein einheitliches Profil zu entwickeln. Was sie verbindet, ist die gemeinsame Feststellung, dass die vormalige Predigttheorie und -praxis angesichts der tiefgreifenden gesellschaftlichen Transformationen überholt ist und zu einer Predigtkrise geführt hat. Zur Überwindung der Predigtkrise müsse das Predigen grundlegend neu in den Blick genommen und konzeptuell durchdacht werden.[5] Politische und gesellschaftliche Faktoren sowie technische Innovationen führten in den 1970er Jahren in den USA zu tiefgreifenden Transformationen, die auch die Kirche vor neue Herausforderungen stellte. Atomare Aufrüstung, der Vietnamkrieg oder auch politische Krisen wie die *Watergate*-Affäre führten zu einem Vertrauensverlust gegenüber den politischen Vertretern und gesellschaftlichen Institutionen. Zugleich verstärken sich die Tendenzen von Pluralismus, Individualisierung und Säkularisierung. Technische Neuerungen wie die Verbreitung von Fernsehen, Radio und aufkommende Werbung sorgten für eine Omnipräsenz der direkten Ansprache und der mündlichen Rede, so dass die kirchliche Kommunikation in unmittelbarer Konkurrenz mit anderen Medien stand und das allgemeine Interesse abnahm. Auch hier wuchs eine Skepsis gegenüber der mündlichen Rede, da das allgemeine Vertrauen nachließ. Vielfach wurde das Fernsehen auch mit einer Gewöhnung der Menschen an visuelle statt auditive Reize und Kommunikationsformen in Verbindung gebracht, was ebenfalls als Erklärung für den Relevanzverlust der Predigt gesehen wurde. FRED B. CRADDOCK sah in den vorherrschenden Naturwissenschaften einen weiteren Grund dafür, warum eine gesellschaftliche Abwertung der religiösen Sprache festzustellen war. Die umrissenen Entwicklungen trugen zu einem Relevanzverlust des christlichen Glaubens und der Kirche in der Gesellschaft bei, was als Krise des Predigens wahrgenommen wurde. Von diesen Veränderungen waren auch die Predigenden selbst nicht ausgenommen. Viele von ihnen fragten sich, ob sie mit ihren Predigten im Leben der Hörenden etwas bewirken können oder ob ihre Predigten wirkungslos verhallen.[6] Craddock konstatierte daher: „That there is in our time a language crisis, a general experience of the loss of the power of words is all too evident. Needless to say, this means a crisis in preaching."[7]

Die traditionelle Predigtlehre wurde zunehmend infrage gestellt. Das homiletische Standardwerk war das 1870 von JOHN A. BROADUS verfasste *On the Preparation and Delivery of Sermons*.[8] Dass es auch einhundert Jahre später noch allgemein anerkannt war, weist auf die Reformbedürftigkeit hin. Für Broadus ist die

---

5 Vgl. OTIS C. EDWARDS, A History of Preaching, Vol. 1, 802.

6 Vgl. FRED B. CRADDOCK, As One Without Authority, St. Louis (MO), ⁴2001, 6ff. Vgl. O. C. EDWARDS, A History of Preaching, Vol. 1, Nashville 2004, 798ff.

7 FRED B. CRADDOCK, As One Without Authority, 6.

8 Vgl. JOHN A. BROADUS, On the Preparation and Delivery of Sermons, Philadelphia (PA) 1870. Revidierte Auflagen wurden 1897 von Edwin C. Dargan, 1943 von Jesse B. Weatherspoon und 1979 von Vernon L. Stanfield veröffentlicht.

deduktive und propositionale Methode grundlegend: Ausgehend von den biblischen Texten werden in Predigten die christlichen Überzeugungen untersucht und erklärt, ehe sie anschließend anhand von lebensweltlichen Bezügen veranschaulicht und plausibilisiert werden. In der traditionellen Homiletik führt die Methode zu einem idealtypischen Predigtaufbau. Eine Predigt behandelt einen Hauptgedanken, der den harmonischen und in sich geschlossenen Gesamtzusammenhang der Predigt sicherstellt. Die Untergliederung der Predigt erfolgt in verschiedenen Argumentationsabschnitten (*points*), die jeweils einen Aspekt des Hauptgedankens ausführen. Die einzelnen Abschnitte sollen inhaltlich aufeinander aufbauen und am Ende der Predigt zu einem Höhepunkt führen. Es wurde besonderen Wert darauf gelegt, dass kein Abschnitt losgelöst vom Hauptgedanken entworfen wurde oder auch nicht weniger Aussagekraft haben sollte als die übrigen.[9] Diese Vorgaben führten zu gleichförmigen, primär analytischen und argumentativen Predigten, die zunehmend als nicht ansprechend und langweilig empfunden wurden. Sie vermochten es nicht, den Bezug zur Lebenswirklichkeit der Hörerinnen und Hörer herzustellen, so dass sie selten als relevant erlebt wurden. Die Predigtpraxis der Kirchen, aber auch der christliche Glaube schien vor dem Hintergrund von wichtigen gesellschaftlichen oder politischen Fragestellungen nicht mehr von Bedeutung zu sein. Daher wurden auch innerhalb der Homiletik zunehmend die Grundsätze der traditionellen Homiletik hinterfragt.[10]

Der Beginn der *New Homiletic* wird vielfach mit dem Erscheinen von *As One Without Authority* von Fred B. Craddock im Jahr 1970 in Verbindung gebracht.[11] Craddock hinterfragt darin die deduktive Methode als einzig anerkannte Vorgehens- und Gestaltungsweise und plädiert für das Ausprobieren der induktiven Methode. Predigten sollten stärker bei den Erfahrungen und Wahrnehmungen der Hörerinnen und Hörer ansetzen und von ihnen ausgehend den christlichen Glauben relevant und plausibel werden lassen. Die Hörerinnen und Hörer werden nicht länger als bloße Rezipienten wahrgenommen, sondern als am Predigtgeschehen unmittelbar Beteiligte: Sie entscheiden, was sie in einer Predigt als plausibel, erhellend, erbaulich oder wichtig erleben und wie sie eine Predigt aufnehmen. Craddock erkennt daher, dass Predigten nicht nur die kognitive Ansprache suchen dürfen, sondern auch mit einer bildlichen Sprache versuchen müssen, den Hörerinnen und Hörern neue Einsichten zu vermitteln.

Charles L. Rice entwickelte zur gleichen Zeit und unabhängig von Craddock seine Vorstellung davon, wie sich die gegenwärtige Predigtkultur verändern

9 Merrill R. Abbey nennt diese Kriterien „unity“, „order“, „movement“, „proportion“, „climax“. Vgl. Merrill R. Abbey, Communication in Pulpit and Parish, Philadelphia (PA) 1973, 161–164.

10 Vgl. Otis C. Edwards, A History of Preaching, Vol. 1, 802. Vgl. ferner Tim Sensing, After the Craddock Revolution. A Bibliographic Essay, Leaven 11,4 (2003), 211–219: 211.

11 Vgl. Fred B. Craddock, As One Without Authority. Vgl. Tim Sensing, After the Craddock Revolution, 211.

sollte.[12] Im Anschluss an Paul Tillichs Religionsverständnis sprach er sich für eine Hinwendung zur zeitgenössischen Kunst und Kultur aus. Anhand der existenziellen Erfahrungen und Fragestellungen, die in Kunst und Kultur, in den biblischen Texten und auch in Predigten behandelt werden, versuchte er neue Möglichkeiten des Predigens zu umreißen.[13] Gemeinsam mit EDMUND STEIMLE und MORRIS NEIDENTHAL nahm Rice später die Bedeutung des Storytellings als besonders zentral wahr.[14]

Als dritter wichtiger Vertreter gilt HENRY H. MITCHELL, der die afroamerikanische Predigtkultur erschloss und homiletisch reflektierte. Er gilt als Begründer der afroamerikanischen Homiletik.[15] Die afroamerikanische Predigtkultur geht stark auf den (sozialen) Kontext ein und sucht eine ganzheitliche Ansprache der Menschen. Mitchell plädiert dafür, Predigten nicht nur als kognitive Ansprachen zu konzipieren, sondern ebenso die Emotionen der Menschen im Blick zu haben. Predigten dürfen ihm zufolge nicht nur eine Wirkungsweise berücksichtigen, sondern sollten die verschiedenen Wirkungsfunktionen der Rhetorik berücksichtigen. Auch wenn Mitchell nicht explizit auf Augustin oder die antike Rhetorik eingeht, rückt er hier ein wesentliches Element antiker Rhetorik in den Fokus.[16] Dies zeigt sich in besonderer Weise daran, dass das Feiern für ihn ein wesentliches Moment des Predigtgeschehens darstellt, was der Gottesdienstkultur der *Black Churches* entspricht. Jede Predigt sollte in der *celebration* zu ihrem Höhepunkt gelangen und die Hörerinnen und Hörer in besonderer Weise ansprechen und in das Geschehen miteinbeziehen.[17]

Als weiterer Vertreter der *New Homiletic* gilt EUGENE L. LOWRY, der die Gedanken der induktiven Methode und des Predigens als Storytelling im Konzept einer narrativen Predigtstruktur verband.[18] Dafür entwickelte er einen idealtypischen Predigtaufbau, der als „*Lowry Loop*"[19] bekannt wurde. Lowry spricht sich dafür aus, Predigten mit einer narrativen Struktur zu verfassen, auch wenn sie nicht gänzlich narrativ gestaltet werden. Die Gliederung besteht für ihn darin, zu Beginn der Predigt Interesse und Neugier zu wecken um anschließend die Fragen

---

12 Vgl. CHARLES L. RICE, Interpretation and Imagination. The Preacher and the Contemporary Literature, Philadelphia (PA) 1970.

13 Vgl. O. WESLEY ALLEN JR., The Pillars of the New Homiletic, 9.

14 Vgl. EDMUND STEIMLE et al., Preaching the Story, Philadelphia (PA) 1980.

15 Vgl. HENRY H. MITCHELL, Black Preaching, Philadelphia (PN) 1970; vgl. DERS., The Recovery of Preaching, San Francisco (CA) 1980. Vgl. ferner DERS., Black Preaching: The Recovery of a Powerful Art, Nashville (TN) 1990. Vgl. ferner O. WESLEY ALLEN JR., The Pillars of the New Homiletic, 11.

16 Vgl. Kap. II.2.3.

17 Vgl. O. WESLEY ALLEN JR., The Pillars of the New Homiletic, 11f.

18 Vgl. EUGENE L. LOWRY, The homiletical plot. The sermon as narrative art form, Atlanta 1980. Vgl. ebenso die überarbeitete Ausgabe: DERS., The homiletical plot. The sermon as narrative art form. Expanded edition, Louisville (Kentucky) 2001.

19 EUGENE L. LOWRY, The homiletical plot (2001), 26.

oder Themen erhellend und befriedigend zu bearbeiten („from itch to scratch“[20]).[21]

Zu den prägenden Homiletikern der entstehenden *New Homiletic* zählt darüber hinaus DAVID BUTTRICK. Während die anderen Vertreter ihre Vorstellung einer veränderten Predigtkultur von einer Perspektive aus erarbeiteten, konzipiert Buttrick eine umfassende Predigttheorie.[22] Er akzentuiert weder die induktive Methode, noch spricht er sich für eine narrative Predigtgestaltung aus. Aber auch er kritisiert an der traditionellen Homiletik die zu geringe Beachtung der Predigtform und der konkreten Möglichkeiten ihrer Gestaltung. Er erkennt, dass biblische Geschichten auch als Bewegungen angesehen werden können, in denen episodisch Gedanken ausgeführt werden. Diesen Gedanken der Bewegung versucht Buttrick fruchtbar zu machen für das Predigen und konzipiert eine Predigt aus „*moves*“[23], das sind einzelne in sich geschlossene Sequenzen, die einen Gedanken oder eine Idee formulieren. Die fünf bis sechs Moves einer Predigt reihen sich nicht in einer umfassenden Argumentationskette aneinander, sondern sollen spannungsvoll und abwechslungsreich den Gesamtzusammenhang einer Predigt ergeben. Dabei sollen unterschiedliche Perspektiven, Ideen und Gestaltungsweisen die Moves prägen. Zugleich konzipiert er Vorgaben für den Aufbau eines Moves, damit diese möglichst leicht zu verstehen und anschaulich gestaltet sind. Damit möchte er der mündlichen Predigtsituation Rechnung tragen.[24]

Anhand der fünf wichtigsten Vertreter der *New Homiletic* zeigen sich so wesentliche Verschiebungen zwischen der traditionellen Predigttheorie und den Neuansätzen.[25] Der damit einhergehende Paradigmenwechsel kann beschrieben werden als „a focus on the hearer, the use of inductive, narrative sermonic forms, and the centrality of imagistic, storied language to create an experience of the gospel“[26]. Darüber hinaus wird deutlich: Die verschiedenen Vorstellungen und Entwürfe einer zeitgemäßen Homiletik gehen von unterschiedlichen Standpunkten, Perspektiven und Kontexten aus, widersprechen sich teilweise und sind nicht in ein einheitliches Konzept zu integrieren.[27] Was sie verbindet, ist die Überzeugung, dass Form und Inhalt einer Predigt untrennbar miteinander verbunden sind und nur in ihrem Ineinander zu reflektieren sind.[28] Einige Konzepte

---

[20] Ebd.

[21] Vgl. dazu Kap. IV.2.3.

[22] Vgl. Kap. IV.2.

[23] Der Begriff des Moves ist inzwischen in der deutschsprachigen Homiletik etabliert, daher wird im Folgenden nicht die englische Schreibweise verwendet.

[24] Vgl. DAVID BUTTRICK, Homiletic. Moves and Structures, Philadelphia (PA) 1987, 23–53.

[25] Die Verschiebungen dienen vor allem dazu, die Veränderungen zwischen der Old und der New Homiletic aufzuzeigen. Als starre Oppositionen sollten die Verschiebungen nicht verstanden werden. Vgl. F. GERRIT IMMINK, In gesprek met de ‚New Homiletic'. Literatuurbericht homiletiek, PrakTh 28,3 (2001), 371–393: 391.

[26] O. WESLEY ALLEN JR., The Pillars of the New Homiletic, 9.

[27] Vgl. OTIS C. EDWARDS, A History of Preaching, Vol. 1, 802.

[28] Vgl. dazu auch Kap. III.8. Vgl. THOMAS G. LONG, The Witness of Preaching, 141ff.

eint darüber hinaus, die Predigt als Erlebnis zu reflektieren.[29] Andere eint, dass sich ihre Vorstellungen des neuen Predigtstils als „poetic, narrative, imaginative, creative, and transformational"[30] beschreiben lassen.

Durch die neuen homiletischen Sichtweisen verändert sich auch die Auffassung der konkreten Predigtarbeit. Diese gilt nicht länger nur als Aufgabe eines Individuums, sondern wird auch als gemeinschaftliches und kollaboratives Geschehen betrachtet. Infolgedessen etablierte sich vielfach eine konstruktive und vertrauensvolle Zusammenarbeit unter Predigenden.[31]

Die *New Homiletic* hat eine neue Predigtkultur etabliert und in der Homiletik gänzlich neue Wege beschritten.[32] Die traditionelle Homiletik wurde als überholt und einseitig abgelehnt, auch weil sie homiletischen Prinzipien mehr Gewicht beimaß als der Ausbildung rhetorischer Fähigkeiten.[33] Die *New Homiletic* lehnte dies ab und trieb auch in rhetorischer Hinsicht eine Neuorientierung voran. Sie ist daher nicht als anti-rhetorisch zu beschreiben.[34] Insbesondere bei David Buttrick, Henry H. Mitchell, THOMAS G. LONG oder LUCY LIND HOGAN ist eine explizite Hinwendung zu rhetorischen Fragestellungen und auch ein Interesse an einem neuen Bündnis mit der Rhetorik wahrzunehmen.[35] F. GERRIT IMMINK konstatiert daher, dass es in der *New Homiletic* durch ihre neue Betrachtung des Zusammenhangs von Form und Inhalt und dem Miteinander von Prediger und Zuhörern zu einem „turn to rhetoric, to hermeneutics, to discourse analyses, to the hearing of the word, and to the reception by the hearer"[36] kommt, ohne dass dadurch die Theologie an Bedeutung verloren hat.[37] Die *New Homiletic* ist in all ihrer Diversität daher auch eine rhetorische Homiletik.

Über die einzelnen Ansätze hinaus wird der homiletische Neuaufbruch von weiteren hermeneutischen und rhetorischen Theorien und Fragestellungen geprägt. Hier ist insbesondere der Einfluss des *New Criticism* zu nennen, einer einflussreichen Strömung der anglo-amerikanischen Literaturkritik im 20. Jahr-

---

29 Vgl. OTIS C. EDWARDS, A History of Preaching, Vol. 1, 801. Vgl. ferner F. GERRIT IMMINK, In gesprek met de ‚New Homiletic'.

30 F. GERRIT IMMINK, Homiletics. The Current Debate, IJPT 8, 1 (2004), 89–121: 100.

31 Vgl. OTIS C. EDWARDS, A History of Preaching, Vol. 1, 801. Vgl. ferner F. GERRIT IMMINK, In gesprek met de ‚New Homiletic'.

32 Einen Einblick in die veränderte Predigtpraxis liefert die Beispiele bei OTIS C. EDWARDS, A History of Preaching, Vol. 2, Nashville (TN) 2004, 618–648.

33 Vgl. DANIEL J. SCHMIDT, Der homiletische Entwurf von Gerhard Aho, 81ff.

34 Vgl. F. GERRIT IMMINK, In gesprek met de New Homiletic, 371; vgl. THOMAS G. LONG, The Witness of Preaching, 144.

35 Vgl. OTIS C. EDWARDS, A History of Preaching, Vol. 1, 809ff. Vgl. F. GERRIT IMMINK, Homiletics, 90ff. Vgl. TIM SENSING, After the Craddock Revolution, 213f. Vgl. LUCY LIND HOGAN/ROBERT REID, Connecting with the Congregation: Rhetoric and the Art of Preaching, Nashville (TN) 1999. Vgl. dazu Kap. IV.2 und IV.3.

36 F. GERRIT IMMINK, Homiletics, 92.

37 Vgl. ebd.

hundert. Diese zeichnet sich durch textnahe Interpretation und das verstärkte Wahrnehmen ästhetischer Dimensionen aus und legt einen besonderen Fokus auf das Verhältnis von Form und Inhalt.[38] Die Rezeption innerhalb der Theologie führte zu einer intensiveren Wahrnehmung der verschiedenen Textformen im Corpus der biblischen Schriften und zu der Frage, wie dieser Reichtum an Textformen homiletisch fruchtbar gemacht werden kann. Zahlreiche Homiletiker plädieren dafür, die Gestalt der Predigt maßgeblich an der jeweiligen Textform des Predigttextes zu orientieren.[39]

Im Hintergrund des *New Criticism* ist auch die heterogene Forschungsrichtung *New Rhetoric* zu nennen, die sich seit den 1920er Jahren gegen eine Zurückdrängung der Rhetorik und gegen reduktionistische Rhetorikauffassungen ausspricht.[40] Die Vertreter etablieren ein neues Verständnis der Rhetorik als „Grundlagenwissenschaft“[41], die auch unter den Vorzeichen moderner Wissenschaft anerkannt und anschlussfähig ist. Das Potenzial der Rhetorik wird darin gesehen, als Reflexion menschlicher Rede stets auch Denk- und Vermittlungskunst zu sein.[42] Gesellschaftlich kann sie „als Mittel, den kritischen Umgang mit Massenmedien, politischer Propaganda und Werbung zu ermöglichen“[43], von großem Nutzen sein. Zahlreiche Vertreter wie IVOR A. RICHARDS, KENNETH BURKE, RICHARD M. WEAVER oder auch die Strömung der Allgemeinen Semantik gewannen einen weitreichenden Einfluss auf gesellschaftliche und politische Diskurse.[44] Die innovativen Impulse der *New Rhetoric* zur Analyse von Texten und Sprache wurden auch innerhalb der Theologie und in der Homiletik rezipiert.[45]

---

38 Vgl. WERNER REINHART, Art. New Criticism, HWRh 6, Tübingen 2003, 241–252.

39 Vgl. THOMAS G. LONG, Preaching and the Literary Forms of the Bibel, Philadelphia (PA) 1989. Vgl. ferner TIM SENSING, After the Craddock Revolution, 211f. Vgl. ferner JAMES MUILENBERG, Form Criticism and Beyond, JBL 88 (1969), 1–18. Besonders ersichtlich wird der Einfluss des New Criticism bereits bei FRED B. CRADDOCK, As One Without Authority (1971) sowie DERS., Preaching, Nashville (TN) [25]2010.

40 IVOR A. RICHARDS bringt das schwindende Ansehen der Rhetorik in seinem Werk *The Philosophy of Rhetoric* pointiert zum Ausdruck: „So low has Rhetoric sunk that we would do better just to dismiss it to Limbo than to trouble ourselves with it – unless we can find reason for believing that it can become a study that will minister successfully to important needs.“ IVOR A. RICHARDS, The Philosophy of Rhetoric, New York (NY) 1965, 3. Richards innovative Herangehensweise an den Versuch das Potenzial der Rhetorik neu zu beleuchten, zeichnet sein Verständnis von Rhetorik aus: „Rhetoric, I shall urge, should be a study of misunderstanding and its remedies.“ Ebd.

41 HERMANN HOLOCHER, Anfänge der „New Rhetoric“, Berlin 1996, 8.

42 Vgl. a. a. O., 9ff.

43 OLAF KRAMER, Art. New Rhetoric, HWRh Bd. 6, Tübingen 2003, 259–288: 259.

44 Vgl. a. a. O., 259–288.

45 Vgl. z. B. DAVID BUTTRICK, Homiletic, 468. EIKE KOHLER weist beispielsweise auf den Einfluss von Kenneth Burkes Theorie des Dramatismus hin, das als Analyseinstrument für menschliche Beziehungen und kommunikative Interaktionen sich auch in Buttricks Homiletik niederschlägt. Vgl. EIKE KOHLER, Mit Absicht rhetorisch. Seelsorge in der Gemeinschaft der Kirche, Göttingen 2006, 206. Vgl. ferner TIM MACBRIDE, Preaching the New Testament as

In theologischer Perspektive ist darüber hinaus die Neue Hermeneutik zu nennen, die wichtige Einsichten beisteuerte. Bereits Fred B. Craddock rezipierte beispielsweise die Ansätze von GERHARD EBELING und ERNST FUCHS und machte sie für die Homiletik fruchtbar, indem er die Predigt als Ereignis und Event charakterisierte. Auch das verstärkte Interesse am wechselseitigen Verhältnis von Form und Inhalt der Predigt sowie die Hinwendung zu den Hörenden verdeutlicht den nachhaltigen Einfluß.[46]

In der deutschsprachigen Homiletik wird die *New Homiletic* bereits seit längerer Zeit wahrgenommen. Martin Nicol hat sie in den 1990er Jahren für den deutschen Forschungsdiskurs rezipiert und gemeinsam mit Alexander Deeg die Dramaturgische Homiletik für den deutschsprachigen Kontext entwickelt. Dabei werden nicht nur wesentliche Impulse von Fred B. Craddock, Eugene Lowry, David Buttrick oder DON M. WARDLAW aufgenommen, sondern auch eigene, innovative Aspekte entwickelt wie das Erarbeiten des Zusammenspiels von inhaltlicher und formaler Ebene anhand von Titeln und Mitteln.[47] Die Dramaturgische Homiletik prägt ein rezeptionsästhetischer Ansatz, der auch die performative Dimension des Predigtgeschehens berücksichtigt. Die rhetorischen Implikationen der *New Homiletic* werden dabei jedoch nicht berücksichtigt und reflektiert.

Unabhängig von Nicol und Deeg hat auch JEFFREY T. MYERS die zentralen Entwürfe der *New Homiletic* für die deutschsprachige Forschung erschlossen. Seine Dissertation stieß jedoch auf deutlich weniger Resonanz. Auch bei ihm liegt das Augenmerk nicht auf den rhetorischen Dimensionen des Predigens. Für die hier vorliegende Studie ist darüber hinaus kritisch zu beurteilen, dass Myers die Entwicklungen in der US-amerikanischen Homiletik nur bis 1985 wahrnimmt und damit weder den aktuellen Forschungsstand in den USA noch im deutschsprachigen Raum reflektiert.[48] Vereinzelt wurden darüber hinaus bereits weiterführende Forschungsfragen bearbeitet und spezifische Aspekte im transatlantischen homiletischen Diskurs erörtert.[49]

Das rhetorische Profil der *New Homiletic* ist in der deutschsprachigen Homiletik noch nicht analysiert worden, vielmehr bestimmen rezeptionsästhetische

---

Rhetoric. The Promise of Rhetorical Criticism for Expository Preaching, Eurgene (OR) 2014, 36ff.

46 Vgl. DAWN OTTONI-WILHELM, New Hermeneutic, New Homiletic, and New Directions. An U.S.-North American Perspective, in: ALEXANDER DEEG/MARTIN NICOL (Hgg.), Bibelwort und Kanzelsprache. Homiletik und Hermeneutik im Gespräch, Leipzig 2010, 47–71: 51. Vgl. zudem MARTIN NICOL, Preaching from Within. Homiletische Positionslichter aus Nordamerika, PTh 86 (1997), 295–309.

47 Vgl. MARTIN NICOL, Preaching as Performing Art, 435–453; DERS., Einander ins Bild setzen; vgl. DERS./ALEXANDER DEEG, Im Wechselschritt zur Kanzel. Vgl. ebenso Kap. III.8.6.

48 Vgl. JEFFREY T. MYERS, Unfinished ‚Errand into the Wilderness'.

49 Vgl. DANIEL J. SCHMIDT, Der homiletische Entwurf von Gerhard Aho; vgl. PETER MEYER, Predigt als Sprachgeschehen gelebt-religiöser Praxis. Empirisch-theologische Beiträge zur Sprach- und Religionsanalyse auf der Basis komparativer Feldforschung in Deutschland und in den USA (PThGG 15) Tübingen 2014.

Ansätze die Wahrnehmung, was sich auch in der Dramaturgischen Homiletik niederschlägt. Ihr Schwerpunkt auf ästhetischen Dimensionen und rezeptionsästhetischen Fragestellungen entspricht der Annäherung an die darstellenden Künste wie den Theater-, Film- und Musikwissenschaften, die beispielsweise JANA CHILDERS[50] und THOMAS T. TROEGER[51] vorangetrieben haben. Die rhetorischen Dimensionen der *New Homiletic* werden hingegen zu wenig beachtet. Die Vernachlässigung wird besonders bei der Rezeption des homiletischen Konzeptes von David Buttrick offenbar. In der Dramaturgischen Homiletik finden sich zahlreiche zentrale Begriffe Buttricks wieder (wie z. B. „moves" and „Strukturen"), auch die von Buttrick eingeführten Überlegungen, eine Predigt analog zu einem Filmdrehbuch zu konzipieren, werden aufgenommen und weitergeführt. Nicht berücksichtigt wird allerdings Buttricks theoretische Grundlage, seine phänomenologische Orientierung und seine umfassenden und konkreten Hinweise zur Gestaltung einer Predigt, die durchweg rhetorisch reflektiert werden.

Im Folgenden soll daher in besonderer Weise das *rhetorische Profil* der *New Homiletic* anhand der homiletischen Lehrbücher von David Buttrick und Thomas G. Long herausgearbeitet werden. Leitend sind dabei die Fragen nach ihrem Predigtverständnis und welche Bedeutung rhetorische Fragestellungen zukommt.

2. Rhetorische *Moves* und *Structures* – Die Homiletik von David Buttrick

DAVID BUTTRICKS Hauptwerk *Homiletic. Moves and Structures* erschien 1987 und hat mit seiner innovativen Sicht auf das Predigen die Homiletik nachhaltig geprägt.[52] Buttrick legt in dem knapp 500 Seiten umfassenden Werk ein innovatives

---

50 Vgl. JANA CHILDERS, Performing the Word. Preaching as Theatre, Nashville (TN) 1998. Vgl. dazu MARTIN NICOL, Preaching as Performing Art, 435–453.

51 Vgl. THOMAS T. TROEGER, Imaging a Sermon, Nashville (TN) 1990. Vgl. Dazu ebenso MARTIN NICOL, Preaching as Performing Art, 435–453.

52 DAVID G. BUTTRICK (1927–2017) war der jüngste Sohn des renommierten Theologieprofessors und Predigers George Buttrick. Nach seinem Studium war er einige Jahre als Gemeindepfarrer in der presbyterianischen Kirche tätig, ehe er 1961 an das theologische Seminar in Pittsburgh wechselte. Nach einer Homiletikprofessur an der *St. Meinrad School of Theology* wechselte er 1982 an die Vanderbuilt Divinity School in Nashville, Tennessee, wo ihm auf Grund seiner profunden theologischen sowie rhetorischen Expertise die Modernisierung der homiletischen und liturgischen Ausbildung übertragen wurde. Als *Drucilla Moore Buffington Professor of Homiletics and Liturgics* wirkte Buttrick knapp 20 Jahren an der *Vanderbuilt Divinity School.* Aus Gewissensgründen wechselte er in den frühen 1990er Jahren zur *United Church of Christ*, einer liberalen Kirche im US-Mainline-Protestantismus. (Vgl. OTIS C. EDWARDS, A History of Preaching, Vol. 1, 806. Vgl. ferner ANN MARIE DEER OWENS, Renowned preaching professor at Vanderbilt dies, abrufbar unter https://news.vanderbilt.edu/2017/04/27/renowned-preaching-professor-at-vanderbilt-dies/ [Letzter Zugriff: 06.11.2023].)

Konzept vor, das eine Vielzahl theoretischer Impulse und Perspektiven einbezieht und eine Fülle von Beobachtungen und Hinweisen für die Umsetzung beinhaltet. Es scheint eine Entscheidung des Verlags gewesen zu sein, das ungewöhnlich umfassende Lehrbuch aus ästhetischen Gründen ohne Fußnoten und direkte Angabe von Belegen zu veröffentlichen.[53] Das erschwert das Nachvollziehen und Verifizieren von Buttricks Quellen und Bezugnahmen. In der umfassenden Bibliographie am Ende des Buches legt Buttrick Rechenschaft ab über wichtige Einflüsse, theoretische Hintergründe und empirische Studien, auf die er sich beruft. Dies gilt insbesondere für die Sprachphänomenologie, die Semiotik und den Strukturalismus, die Rhetorik, die Sprach- und Kommunikationswissenschaft, die Filmwissenschaft sowie die Tradition des *Black Preaching*.[54]

Buttricks Lehrbuch birgt bis heute ein Innovationspotenzial, das es auch für den deutschsprachigen Kontext zu erschließen gilt. Neben einer phänomenologischen Orientierung prägt Buttricks Homiletik eine konsequent rhetorisch reflektierte Auseinandersetzung mit homiletischen Fragestellungen und die Absicht, die Partnerschaft von Rhetorik und Homiletik wiederzubeleben.[55]

Wie auch andere Vertreter der *New Homiletic* diagnostiziert Buttrick eine kommunikative und sprachliche Krise sowie einen Vertrauensverlust gegenüber der mündlichen Rede, gegenüber der Predigt und auch der Rhetorik.[56] Diese Krise möchte Buttrick durch eine phänomenologische sowie rhetorische Ausrichtung überwinden:

> „Nineteenth century homiletics drew on rhetorical study. In the twentieth century homiletic wisdom was reduced, while at the same time the connection between homiletics and rhetoric was severed. We decided to preach the Bible, to draw method from the Bible, and to turn away from the machinations of secular rhetoric. The result: We made biblical noises but in fact we did not preach very well. Of course, the black pulpit continued to speak with force, the force of a highly sophisticated black rhetorical tradition. But note, as theology moves toward philosophy and as biblical criticism connects with literary criticism, homiletics must shyly make up and relate to rhetoric once again."[57]

Buttrick spricht sich für eine neue Hinwendung zur Rhetorik aus und möchte ihr Potenzial auf innovative Weise neu erschließen. Die für die *New Homiletic* charakteristische Wahrnehmung der Predigtkrise und die Hinwendung zu den Hö-

---

53 Vgl. TIM SENSING, An Assessment of Buttrick's Homiletic, RestQ 35,3 (1993), 175–189: 189.

54 Vgl. DAVID BUTTRICK, Homiletic, 463–486. Vgl. zum Einfluss des Strukturalismus und der Phänomenologie: JEFFREY T. MYERS, Unfinished ‚Errand into the Wilderness', 108–115.

55 Vgl. DAVID M. GREENHAW, The Formation of Consciousness, in: THOMAS G. LONG/EDWARD FARLEY (Hgg.), Preaching as a theological task. World, Gospel, Scripture. In Honor of David Buttrick, Louisville (KY), 1–18: 11f.

56 Vgl. DAVID BUTTRICK, Homiletic, 5f. Besonders umfangreich geht Fred B. Craddock auf diese Diagnose ein, vgl. DERS., As One Without Authority. Vgl. ferner OTIS C. EDWARDS, A History of Preaching, Vol. 1, 798ff.

57 DAVID BUTTRICK, A captive Voice, Louisville (KY) 1994, 3.

rerinnen und Hörern führt bei Buttrick zu einem besonderen Interesse für den Zusammenhang von Predigtgestaltung und Predigtrezeption. Diesem widmet er sich mit Hilfe der Fragestellung, wie sich Predigten im menschlichen Bewusstsein auswirken.

2.1 *Eine phänomenologisch orientierte Homiletik*

Die Phänomenologie stellt eine wesentliche Bezugsgröße in Buttricks Denkhorizont dar, auch wenn er es nur zurückhaltend thematisiert.[58] Das für die Phänomenologie charakteristische Spannungsverhältnis zwischen Objektivem und Subjektivem schlägt sich auch in Buttricks Wahrnehmung homiletischer Diskurse nieder. Buttrick nennt es den „objective/subjective split", den er zugleich als Falle begreift.[59] DAVID M. GREENHAW beschreibt die Falle präzise:

> „The split is between an objective, ‚out-there' God and a personal, subjective ‚in-here' me. The trap springs when homiletics allows the split to be definitional for its task. That is, when preaching attempts to overcome the distance between the ‚out-there' God and the ‚in-here' me, it is doomed because it sets up an artificial task. There is no God who is merely ‚out-there' any more than there is a me that is merely ‚in-here'."[60]

Die Überbetonung der Objektivität sieht Buttrick bei der Wort-Gottes-Theologie und ihrem Offenbarungsverständnis gegeben, da sie die Offenbarung losgelöst vom menschlichen Denkvermögen konzeptualisiert. Dies erschwere es, in Predigten an das Offenbarungshandeln anzuknüpfen. Auch die Reflexion der formalen Dimensionen der Predigt werde dadurch behindert. Die Überbetonung der Subjektivität hingegen ist Buttrick zufolge beim „triumph of the therapeutic" zu beobachten, bei dem die Botschaft des christlichen Glaubens zu sehr als „message of personal psychological salvation – ‚You can be a new person inside of yourself'"[61] verstanden wird. Infolgedessen dominieren in Predigten Buttrick zufolge die Botschaften des „positive thinking" oder des „possibility-thinking"[62]. Als geeignetes Mittel zur Überwindung dieser beiden Pole und ihrer Tendenzen

58 BUTTRICK selbst ist sehr zurückhaltend, seinen eigenen Ansatz als phänomenologisch zu bezeichnen, verweist aber in der umfangreichen Literaturliste auf einschlägige Werke der phänomenologischen Beschäftigung mit Sprache, u. a. von MARTIN HEIDEGGER, MAURICE MERLEAU-PONTY und MICHEL FOUCAULT. Vgl. a. a. O., xii. 463f. Vgl. darüber hinaus Buttricks eigene Reflexion seiner phänomenologischen Prägung: DERS., On Preaching a Parable. The Problem of Homiletic Method, RefLitM 17,1 (1983), 16–21.

59 Vgl. DAVID BUTTRICK, Homiletic, 17.184.249.420ff.

60 DAVID M. GREENHAW, The Formation of Consciousness, 7f.

61 DAVID BUTTRICK, A captive Voice, 14.

62 A. a. O., 13. Vgl. ferner a. a. O., 104.

sieht Buttrick die Phänomenologie an, da sie dazu beitragen kann, subjektive und objektive Wahrnehmung miteinander verbunden zu vermitteln.[63]

Es ist das phänomenologische Spannungsverhältnis von Welt, Sprache, Wahrnehmung und Bewusstsein, das die Frage, wie Predigten im Bewusstsein wahrgenommen werden, zu Buttricks Fokus werden lässt:

> „[...] I try to describe *how sermons happen in consciousness*, your consciousness as a preacher and the attendant consciousness of a congregation. My concern is prompted by a slogan for preachers from Saint Paul: ‚Faith comes from hearing.' [...] My goal [...] is to understand what may actually take place in consciousness during the production and hearing of sermons."[64]

David Buttrick möchte anhand der phänomenologischen Beschäftigung mit der Sprache eine Homiletik entwickeln, die insbesondere dem gemeinschaftlichen Bewusstsein der Hörergemeinde dient, aber auch dem Prediger von praktischem Nutzen ist.[65] Buttrick ist dabei von der Überzeugung geleitet, dass die Gestaltung einer Predigt sich auf das auswirkt, was die Hörerinnen und Hörer in einer Predigt wahrnehmen, und auf die Weise, wie sich dies auf sie und ihren Glauben auswirkt. Mit dieser Verantwortung haben Predigende umzugehen und nicht nur die Inhalte, sondern auch die vielfältigen Aspekte der Predigtgestaltung rhetorisch, theologisch und ethisch zu reflektieren.[66] Im homiletischen Diskurs der 1980er Jahre in den USA stellt dies einen deutlichen Bruch mit der traditionellen Homiletik dar.

Die Phänomenologie baut auf der Einsicht auf, dass das Bewusstsein eine intentionale Struktur aufweist, also alles Wahrgenommene durch einen intentionalen Akt im Bewusstsein existiert. Erst durch diesen intentionalen Akt wird das Wahrgenommene zu einem konkreten Bewusstseinsinhalt. Da die Wahrnehmung von der jeweiligen Perspektive abhängig ist, ergänzt das Bewusstsein das Wahrgenommene. Dabei können individuelle Detailvorstellungen oder Assoziationen, die frühere Erfahrungen und Emotionen wachrufen, mit dem Wahrgenommenen verbunden werden.

Daraus folgt für Buttrick die für die Homiletik relevante Einsicht: „Real things can be variously formed in consciousness – that opens the space for, or constitutes the need for, preaching."[67] Buttrick erkennt, dass Dinge auf unterschiedliche Weise im Bewusstsein wahrgenommen werden können. Das möchte Buttrick konstruktiv für die Homiletik nutzen. Die Heterogenität des menschli-

---

[63] Vgl. DAVID BUTTRICK, On Doing Homiletics Today, in: RICHARD L. ESLINGER (Hg.), Intersections. Post-Critical Studies in Preaching, Grand Rapids (MI) 1994, 88–104. Vgl. ferner DAVID M. GREENHAW, The Formation of Consciousness, 1–16; vgl. HANS-HELMUTH GANDER, Art. Phänomenologie. Philosophisch, RGG[4] Bd. 6, Tübingen 2003, 1253–1255.

[64] DAVID BUTTRICK, Homiletic, xii [Hervorhebungen im Original].

[65] Vgl. ebd.

[66] Vgl. THOMAS G. LONG, The Witness of Preaching, 154.

[67] DAVID M. GREENHAW, The Formation of Consciousness, 6.

chen Bewusstseins stellt zugleich eine Herausforderung dar. Denn mit der unterschiedlichen Wahrnehmung der Welt gehen kulturell und gesellschaftlich unterschiedliche Bezeichnungen und Auffassungen einher, die die Verständigung erschweren können.[68] Bei der Predigtgestaltung ist nicht nur zu berücksichtigen, wie heterogen die Welt wahrgenommen und interpretiert werden kann, sondern auch wie unterschiedlich Bezeichnungen und Worte konnotiert sein und wie divers die Worte der Predigt verstanden werden können.[69] Buttricks Augenmerk liegt besonders auf der sprachlichen Gestaltung von Predigten hinsichtlich ihrer Struktur und der Visualisierungen ihrer Botschaft.[70]

Die Hörerinnen und Hörer nimmt Buttrick nicht ausschließlich als Individuen wahr, die er erreichen möchte. Er nimmt sie vielmehr als Gemeinschaft wahr, die ein gemeinsames Bewusstsein ausbildet. Dieses gemeinschaftliche Bewusstsein der Gemeinde möchte er erreichen: „What preaching may do is to build in consciousness a new ‚faith-world' in which we may live and love!"[71] Von diesem gemeinschaftlichen Bewusstsein ausgehend, zielt er auch auf die Selbst- und Weltwahrnehmung der Hörerinnen und Hörer ab, jedoch ist die individuelle Ebene untergeordnet.

Für Buttrick geht es darum, ein gemeinsames Bewusstsein zu schaffen, in dem die Welt- und Selbstsicht sowie der christliche Glaube zusammenfinden. Dabei geht es zum einen darum, Dinge und Erfahrungen zu benennen und somit ins Bewusstsein zu heben.[72] Zum anderen geht es darum, Geschichten zu erzählen, die dazu beitragen, sich in der Welt zu verorten und somit Identität stiften.[73] Dem Predigen kommt in diesem Zusammenhang eine herausgehobene Funktion zu:

> „Christian preaching tells a story and names a name. If narrative consciousness confers identity, then preaching transforms identity, converts in the truest sense of the word, by rewriting our stories into a God-with-us-story – beginning, Presence, and

---

68 „Events, things, inner experiences – all may be variously named. Only the rigid fundamentalist or unreconstructed secularist will insist that there can be only one name for any given happening. As Christians we must never be dismayed by double, triple, or even quadruple naming, for multiple naming is surely the basis of evangelism. Evangelism rests on the open option that anything may be renamed gleefully into a consciousness of God." David Buttrick, Homiletic, 8.

69 Vgl. a. a. O., 8f.

70 Vgl. a. a. O., 187; vgl. ferner die Kapitel zu Visualisierung, Sprache und Struktur: a. a. O., 113–234.305–317.

71 A. a. O., 17. Vgl. ferner: „Preaching wields the power of language, which is the power to shape and reshape human communal consciousness. Preaching may alter human intentionality so that what is formed in consciousness is formed differently than it might be were there not preaching. To form a communal consciousness, to change a common cultural mind, is what preaching can do. Preaching shapes the worlds in social consciousness." David M. Greenhaw, The Formation of Consciousness, 7.

72 Vgl. David Buttrick, Homiletic, 8.

73 Vgl. a. a. O., 9ff.

> end. But, [...] by metaphor, preaching renames the human world as a space for new humanity related to God."[74]

Dafür ist es unabdingbar zu berücksichtigen, wie stark die Wahrnehmung von der jeweiligen Perspektive geprägt ist und dass jeder Gegenstand aus verschiedenen Perspektiven beleuchtet werden kann. Buttrick konstatiert, dass in Predigten vielfach objekthaft über theologische Topoi wie Sünde oder Gnade gesprochen wird und Predigende die Perspektive eines außenstehenden Beobachters einnehmen. Für Buttrick ist dies jedoch nicht mehr der heutigen Zeit angemessen, da sich die Wahrnehmung der Welt im 20. Jahrhundert gewandelt habe.[75]

Um dies zu verdeutlichen, vergleicht Buttrick das menschliche Bewusstsein mit einer Kamera. Dadurch ist der Prediger oder die Predigerin mit einem Fotografen oder einer Filmemacherin und die Predigt mit einem Film oder einem Fotoalbum zu vergleichen. Beim Blick durch die Kameralinse ist es nicht möglich, alles Wahrnehmbare abzubilden und bewusst werden zu lassen. Nur eine selektive Wahrnehmung ist möglich. Das, was wahrgenommen werden soll, muss gefiltert, kontextualisiert und gewichtet werden. Bei der Kamera wird dies anschaulich durch die Wahl eines Bildausschnitts, des Blickwinkels, der Belichtung und der Bildgestaltung. Erst wenn alles eingestellt und fotografisch oder filmisch festgehalten ist, erfolgt eine Aufnahme und erst danach kann die nächste Einstellung aufgenommen werden. Auch im Bewusstsein erfolgt eine selektive und spezifische Einprägung des Wahrgenommenen.[76]

Der Vergleich mit der Kamera zeigt darüber hinaus, dass nicht nur die Gestaltung der einzelnen Aufnahmen wichtig ist, sondern auch die Gesamtkomposition. Ohne die Arbeit an der Gesamtkomposition kann aus den einzelnen Aufnahmen kein zusammenhängender Film mit einer Bewegung und einer konsequenten Entwicklung entstehen, sondern ergeben die einzelnen Aufnahmen nur eine Zusammenstellung von beliebigen Schnappschüssen.[77]

Für Buttrick stellt dieser Vergleich eine Hilfe für das Predigen dar: Auch Predigende stellen verschiedene interessante Perspektiven, Ideen und Sequenzen zusammen und präsentieren diese in Predigten. Wird in einer Predigt etwas erzählt, dann sind die Fragen der Perspektive, des Fokus oder der Erzähldichte nicht intuitiv oder beliebig zu entscheiden, sondern aufgrund umsichtiger Reflexion. Damit eine Predigt keine reine Aneinanderreihung von verschiedenen Argumenten oder Gedanken ist, muss ihr eine durchdachte Gesamtkomposition zugrunde liegen. Diese muss als Bewegung den Gedankengang ausdrücken und die innere Geschlossenheit der Predigt gewährleisten. Eine Predigt verfolgt dann keinen Selbstzweck, der allein im Vortrag liegt, sondern eine Kommunikations-

---

74 A. a. O., 17.
75 Vgl. a. a. O., 55.
76 Vgl. a. a. O., 55f.
77 Vgl. THOMAS G. LONG, The Witness of Preaching, 153.

absicht. Sie möchte den Hörenden ein prägnantes Bild der Ideen und Sequenzen vermitteln und sie vor ihrem inneren Auge einen Film sehen lassen, der ihren Glauben stärkt. Ähnlich wie Friedrich Schleiermacher möchte Buttrick in Predigten weder primär den Glauben erklären noch missionarisch auf die Zuhörerinnen und Zuhörer einwirken. Er möchte ihnen vielmehr eine Sichtweise vermitteln, zu der sie sich frei verhalten können. Darin liegt für Buttrick die eigentliche Vermittlungsleistung einer Predigt: „Preaching [...] is mediation. Preaching mediates some structured understanding in consciousness to a congregation."[78]

Durch die Berücksichtigung der Multiperspektivität von Wahrnehmung kommt Buttrick zu deutlich anderen Positionen als bis dahin vorherrschend waren. So sah die traditionelle Homiletik eine logische, präzise und eindeutige Sprache als geeignet für das Predigen an. Buttrick hingegen sieht besonderes Potenzial in der metaphorischen Sprache, da sie dem Wesen des Glaubens besser entspricht:

> „[I]n preaching, we [...] speak one language of consciousness, a metaphorical language, as we bring out the mystery of God-with-us, and bring out the mystery of being-saved-in the world. Faith is formed in a nexus of image, symbol, metaphor, and ritual. Therefore, the language of preaching is essentially metaphorical."[79]

Die Stärke von metaphorischer und symbolischer Sprache sieht Buttrick darin, „fields of understanding produced by symbols of revelation"[80] zu erschließen. Darüber hinaus ist auch der Aufbau einer Predigt auf die Multiperspektivität von Wahrnehmung abzustimmen.

Die Vermittlungsleistung der Predigt ist angewiesen auf eine durchdachte Predigtstruktur, auf eine Logik, die die einzelnen Abschnitte stimmig aufeinander bezieht. Buttrick hebt diesen Aspekt besonders hervor. Wie ein Mensch die Welt wahrnimmt und erlebt unterscheidet sich grundlegend von der Art, wie darüber gesprochen werden kann. Beim Wahrnehmen und Erleben einer Situation kann ein Mensch eine Vielzahl von Details, Ereignissen und Abläufen gleichzeitig wahrnehmen und verarbeiten. Jeder Sprechakt hingegen ist linear und kann auf sprachlicher Ebene nur nacheinander Eindrücke, Gedanken und Ereignisse wiedergeben.[81] Daher ist die Reflexion der Predigtstruktur für Buttrick von besonderer Bedeutung. Die Reflexion geeigneter sprachlicher Strukturen nimmt einen großen Stellenwert in Buttricks Homiletik ein, was sich insbesondere in

---

78 David Buttrick, Homiletic, 320.

79 A. a. O., 125. Vgl. ferner: „Preaching does not persuade in the sense of arguing the truth of the gospel; preaching stets the gospel in lived experience, genuine experience, so that truth will be acknowledged." A. a. O., 33.

80 A. a. O., 320 [im Original hervorgehoben].

81 Vgl. a. a. O., 23. „Language is inescapable linear. While we may experience life as ‚wholeness' with all sorts of sensations happening at the same time, when we tell our experience we do so in a series of sentences strung together one after another. Simultaneity is the nature of experience, but syntax is the rule of language." Ebd.

der Unterteilung von Moves als den kleineren Sinneinheiten und Abschnitten einer Predigt und der Gesamtstruktur, die sich aus diesen einzelnen Moves ergibt (der „structure“), niederschlägt.[82] Indem in einer Predigt Moves aus unterschiedlichen Perspektiven gestaltet werden, soll zudem die Multiperspektivität des menschlichen Bewusstseins imitiert werden.

Buttrick hat seine Homiletik 1987 veröffentlicht, noch vor dem Aufkommen der Rezeptionsästhetik. Zentrale Perspektiven der Phänomenologie wurden inzwischen auch rezeptionsästhetisch weitergedacht. Doch hat bereits Buttrick wertvolle Impulse dafür geliefert. Die vorliegende Studie legt den Schwerpunkt im Folgenden auf Buttricks homiletisch-didaktischen Ausführungen und seine innovativen rhetorischen Impulse, die in der deutschsprachigen Homiletik bislang zu wenig Beachtung fanden.

2.2 Die Predigt als öffentliche Rede

Predigten zeichnet ihr öffentlicher Charakter aus.[83] Davon ausgehend konzipiert Buttrick seine Homiletik. Dieser öffentliche Charakter der Predigt unterscheidet sie grundlegend von anderen Kommunikationsformen, insbesondere vom Einzelgespräch zweier Individuen. In einem Gespräch zweier Individuen können Gedanken wechselseitig ausgetauscht und miteinander weiterentwickelt werden. Dadurch können Themen, Perspektiven und Ideen sehr schnell, abrupt und spontan gewechselt oder weiterentwickelt werden, da die Beteiligten sich sehr einfach verständigen und abstimmen können. Das ist bei öffentlichen Reden vor einer größeren Zuhörerschaft anders.[84] Auch beim Predigen ist vielfach kein unmittelbarer Austausch möglich. Eine Rede vor Publikum muss daher langsamer und sorgsamer aufgebaut werden und auf viele Themenwechsel verzichten. Ihre besondere Chance liegt darin, sich mit Gedanken intensiver befassen zu können. Bedeutungen, Bilder und menschliche Affekte können in einer öffentlichen Rede so aufeinander bezogen werden, dass sie der Erfahrungstiefe und -vielfalt des Bewusstseins näherkommen und diese gleichzeitig ordnen und interpretieren können. Auf diese Weise soll die Predigt sich nicht nur auf das Bewusstsein eines Individuums auswirken, sondern auch auf das gemeinschaftliche Bewusstsein der Gemeinde. Dieses soll gestärkt werden in dessen Hauptaspekt: „[to] *form* faith-consciousness“[85].

---

[82] Da eine deutsche Übersetzung des Begriffs „move“ nicht alle Facetten des englischen abdecken kann, hat sich auch im deutschsprachigen Diskurs die Bezeichnung „Move“ durchgesetzt. Vgl. MARTIN NICOL/ALEXANDER DEEG, Im Wechselschritt zur Kanzel, 16.

[83] „Preaching, like it or not, is a sophisticated form of public address.“ DAVID BUTTRICK, Homiletic, 36.

[84] Vgl. a. a. O., 24ff.

[85] A. a. O., 26 [Hervorhebung im Original].

Durch den öffentlichen Redecharakter der Predigt ist die Ausbildung von fundierten rhetorischen Kompetenzen unabdingbar. Diese gleichen einem Handwerk: „[P]reaching is always more craft than art. What is more, preaching is a *considered craft*. We never pursue effect for the sake of effect; we are always concerned with usefulness."[86] Predigerinnen und Prediger benötigen nicht nur umfassenden theologischen Sachverstand, sondern ebenso geschulte rhetorische Fertigkeiten.[87] Es muss gelernt werden, wie die durchdachte Erarbeitung und pointierte Gestaltung einer öffentlichen Rede erfolgen kann. So zu reden, dass Menschen mit Interesse und Gewinn zuhören, muss geübt werden. David Buttrick verfasst in seinem Lehrbuch dazu Handreichungen, die didaktisch dazu anleiten, rhetorisch-homiletische Predigten zu konzipieren, die dem mündlichen Redegeschehen gerecht werden.

Buttricks phänomenologische Orientierung und die Bedeutung von Sprache für sein Konzept wirkt sich auf seine weitere Herangehensweise aus: Im Gegensatz zum menschlichen Bewusstsein, bei dem vieles gleichzeitig wahrgenommen und empfunden werden kann, ist Sprache zwangsläufig linear. Für Buttrick stellt sich die Linearität von Sprache als Bewegung dar: Ein Wort, ein Satz, ein Abschnitt folgt auf den vorherigen und kann so beispielsweise einen Gedanken weiterentwickeln. Damit ist sprachliche Verständigung in besonderer Weise auf einen nachvollziehbaren Aufbau angewiesen. Buttrick definiert die Predigt daher in erster Linie nicht aus theologischer, sondern aus sprachlicher Perspektive. Nüchtern konstatiert er:

> „Sermons are a movement of language from one idea to another, each idea being shaped in a bundle of words. Thus, when we preach we speak in formed modules of language arranged in some patterned sequence. These modules of language we will call ‚moves'."[88]

Die Predigt versteht Buttrick als gestaltete Bewegung, die sich aus verschiedenen sprachlichen Modulen zusammensetzt. Diese sprachlichen Module können auch als Episoden, Sequenzen und in sich geschlossenen Einheiten angesehen werden. Buttrick bezeichnet sie als Moves und hebt hervor, dass diese in sich geschlossen sind. Sie haben einen klaren Anfang und ein klares Ende und verfolgen eine Kommunikationsabsicht. Die klare Kommunikationsabsicht zeichnet auch die Predigt insgesamt aus, die sich aus den verschiedenen Moves ergibt. Buttrick umschreibt dies als Bewegung umschreibt.[89] Buttrick betont, dass Moves sich unterschiedlich aufeinander beziehen können. Sie müssen nicht auf-

---

86 A. a. O., 193 [Hervorhebungen im Original].

87 Vgl. a. a. O., 28.

88 A. a. O., 23. Buttricks nüchterne Beschreibung der Predigt als sprachliches Geschehen erinnert an Gert Ottos Beschreibung der Predigt als Rede, vgl. Kapitel III.8.3. Beiden Herangehensweisen ist gemein, eine deutliche Zäsur in der Wiedergewinnung der Rhetorik für die Homiletik darzustellen.

89 Vgl. dazu ausführlich Kap. IV.2.5.

einander aufbauen oder hinsichtlich ihrer Aussagekraft gleich gewichtet sein oder eine Argumentationskette bilden. Diese Sichtweise und die daraus resultierende Vorgehensweise bei der Gestaltung einer Predigt lässt das Predigen in einem neuen Licht erscheinen und ermöglicht einen innovativen Predigtstil.

Auf Grund empirischer Befunde geht Buttrick von einer kurzen menschlichen Aufmerksamkeitsspanne bei öffentlichen Reden aus. Pro Gedankengang liegt diese nur bei ungefähr vier Minuten, ehe die Konzentrationsfähigkeit für ein Thema nachlässt. Auch neuere psychologische Studien bestätigen dies und verweisen darauf, dass Aufmerksamkeit rhythmisch generiert wird und nach einer gewissen Zeitspanne Pausen oder abwechslungsreiche Anreize nötig sind, damit neue Aufmerksamkeit entsteht.[90] Auch zusammenfassende Sätze können dazu beitragen.[91] Für Buttrick wird die Annahme, dass die Aufmerksamkeitsspanne nur bei rund vier Minuten pro Gedankengang liegt, zum Regulativ für die Gestaltung der Predigt. Ist die Aufmerksamkeitsspanne der Zuhörerinnen und Zuhörer auf circa vier bis fünf Minuten begrenzt, kann ein Gedanke nur in dieser Zeit entfaltet werden. Danach sind in der Regel zusammenfassende Sätze, Pausen und neue Anreize nötig, damit die Zuhörerinnen und Zuhörer weiterhin in der Lage sind, dem nächsten Gedanken mit Aufmerksamkeit, Interesse und Gewinn zuzuhören. Buttrick orientiert sich in der weiteren homiletischen Konzeption strikt an diesen psychologischen Erkenntnissen und erkennt damit die menschliche Aufmerksamkeit als begrenzt an.

Bei einer durchschnittlichen Predigtlänge von 20 Minuten im US-amerikanischen Raum muss eine Predigt Buttrick zufolge mit fünf bis maximal sechs verschiedenen Gedanken (Moves) auskommen.[92] Die größte Schwierigkeit des öffentlichen Redens und Predigens liegt folglich nicht darin, ein Thema oder eine Herangehensweise zu wählen. Sie liegt darin, die Gestaltung der Rede konsequent an der begrenzten Aufnahmefähigkeit der Hörerinnen und Hörer auszurichten und sich zu begrenzen. Buttrick weiß, dass es vielen Menschen, auch geübten Predigern, schwerfällt, sich kurz zu fassen und auf das Wichtige zu beschränken. Daher entwickelt er weitreichende rhetorische Regeln, mit denen es möglich ist, sich auf das Wesentliche zu konzentrieren und Nebensächliches sowie Überflüssiges zu erkennen.

Mit diesem Predigtverständnis schlägt Buttrick einen neuen Weg ein, der sich deutlich von der traditionellen Homiletik unterscheidet. Buttrick wendet

---

90 Vgl. z. B. RANDOLPH F. HELFRICH et al., Neural Mechanisms of Sustained Attention Are Rhythmic, Neuron 99,4 (2018), 854–865, abrufbar unter https://doi.org/10.1016/j.neuron.2018.07.032 [Letzter Zugriff: 06.11.2023]. Vgl. darüber hinaus GERHARD ROTH, Bildung braucht Persönlichkeit. Wie Lernen gelingt, Stuttgart [2]2015, 140ff.

91 Vgl. ebd.

92 Vgl. DAVID BUTTRICK, Homiletic, 26. Bereits an dieser Stelle sei angemerkt, dass im deutschsprachigen Raum von einer kürzen durchschnittlichen Predigtlänge auszugehen ist und daher auch weniger und ggf. kürzere Moves anzunehmen sind.

sich explizit von der Konzeption und der Terminologie der traditionellen Homiletik ab, deren Gliederung einer Predigt in aufeinander aufbauende Argumente er bemängelt.[93] Zugleich hebt er sich mit diesem Fokus auf die sprachlich-rhetorischen Dimensionen des Predigens von den anderen Entwürfen der *New Homiletic* ab und unterstreicht die handwerkliche Dimension des Predigens.

2.3 *Der* Plot *einer Predigt*

„Sermons are a sequence of plotted moves put together in a scenario by some kind of strategy. Scenarios are ruled by convention, from familiar plots to well-worn conversational patterns."[94] Der Akt des Sprechens, insbesondere in der öffentlichen Rede, stellt sich für Buttrick als zu strukturierendes Geschehen dar, das strategisch und zu gestalten ist. Buttrick wählt dafür den Terminus *Plot*, der für das Handlungsgerüst eines literarischen Textes steht.[95] Die damit verknüpfte Vorstellung geht auf ARISTOTELES zurück, der als μῦθος das wichtigste Charakteristikum einer Tragödie bezeichnete, an dem alle anderen Elemente der Tragödie auszurichten sind.[96]

Einen Plot zeichnet aus, aus einem Anfang, einem Mittelteil und einem Ende zu bestehen und im Gesamteindruck ein kohärentes Ganzes zu ergeben.[97] Darüber hinaus charakterisiert einen Plot eine Form von Entwicklung, die unterschiedlicher Art sein kann und auf verschiedene Weise umgesetzt werden kann. Die einzelnen Elemente und Handlungsstränge können darüber hinaus sehr eng oder auch eher lose miteinander verknüpft sein.[98] Diese Auffassung eines Plots schlägt sich in Buttricks Predigtverständnis nieder. Auch eine Predigt besteht aus einer Einleitung, einem Hauptteil mit verschiedenen Moves und einem

---

93 Vgl. a. a. O., 23.

94 A. a. O., 299.

95 Als Definition kann gelten: „The pattern of events and situations in a narrative or dramatic work, as selected and arranged both to emphasize relationships – usually of cause and effect – between incidents and to elicit a particular kind of interest in the reader or audience, such as surprise or suspense." CHRIS BALDICK, Art. Plot, in: DERS., The Oxford Dictionary of Literary Terms, Oxford 2008, abrufbar unter https://www.oxfordreference.com/view/10.1093/acref/9780199208272.001.0001/acref-9780199208272-e-885 [Letzter Zugriff: 06.11.2023].

96 Vgl. ARISTOTELES, Poetik, 6, 1450a4–5.7–14.

97 Letzteres ist für Aristoteles besonders entscheidend: Der Umfang eines Plots muss sich daran orientieren, „daß es den Zuschauern möglich sein muß, den Handlungsverlauf zu erfassen und im Gedächtnis zu behalten." DOROTHEA FREDE, Die Einheit der Handlung (Kap. 7–9), in: OTFRIED HÖFFE (Hg.), Aristoteles. Poetik, Berlin 2009, 105–121: 107.

98 Vgl. CHRIS BALDICK, Art. Plot [Letzter Zugriff: 06.11.2023]. Vgl. ferner HEINZ ANTOR, Art. Plot, in: ANSGAR NÜNNING (Hg.), Metzler Lexikon Literatur- und Kulturtheorie. Ansätze – Personen – Grundbegriffe, Stuttgart/Weimar [5]2013, 603–604.

Schluss. Auch, dass eine Predigt ein stimmiges Ganzes ergeben soll, das zugleich eine Entwicklung beinhaltet, ist nah an Aristoteles' Ausführungen.

Buttrick greift darüber hinaus auf die Differenzierung zwischen einem *Plot* und einer *Story* zurück: Während ein Plot bezeichnet, *wie* eine Handlung aufgebaut und erzählt wird, steht der Begriff *Story* für das, *was* in der Handlung geschieht.[99] Diese Unterscheidung geht zurück auf den russischen Formalismus und findet sich in der gegenwärtigen Narratologie wieder.[100] In einer Story werden die einzelnen Handlungselemente in einen kausal-chronologischen Gesamtzusammenhang gebracht. Ein Plot kann dagegen ein individuelleres und selektiveres Arrangement aufweisen, beispielsweise um gezielt Spannung aufzubauen oder den positiven Nutzen von Überraschungseffekten einzusetzen. Buttrick versteht die Struktur, die einer Predigt zugrunde liegt und die das Arrangement der Moves festlegt, als Plot. Daher ist bei der Erarbeitung eines Plots zu entscheiden, wie das Zusammenspiel gestaltet und wo beispielsweise Spannung aufgebaut werden soll.

Diese Einsichten teilt Buttrick mit anderen Vertretern der US-amerikanischen Homiletik, die sich durch das Aufkommen des *Narrative Criticism* in den 1980er Jahren für narratologische Fragestellungen interessierten.[101] So erkannte EDMUND STEIMLE die Nähe des Predigens zum Storytelling: „Every sermon should have something of the dramatic form of a play or a short story: tightly knit, one part leading into and dependent upon the next, with some possibility of suspense and surprise in the development."[102]

EUGENE L. LOWRY entwarf darauf aufbauend in *The Homiletical Plot* den Plot einer Predigt.[103] Bemerkenswert ist, dass Lowry einen idealtypischen Plot für das Predigen ausgearbeitet hat, der dem Charakter der Predigt als „event-in-time"[104] entsprechen und zu einer interessanten und spannungsvollen Gliederung ver-

---

99 Vgl. DAVID BUTTRICK, Homiletic, 278f.301f.

100 „In this modern distinction between story and plot, derived from Russian Formalism and its opposed terms *fabula* and *sjuzet*, the story is the full sequence of events as we assume them to have occurred in their likely order, duration, and frequency, while the plot is a particular selection and (re-)ordering of these. Thus the story is the abstractly conceived ‚raw material' of events which we reconstruct from the finished arrangement of the plot: it includes events preceding and otherwise omitted from the perceived action, and its sequence will differ from that of the plot if the action begins in medias res or otherwise involves an anachrony." CHRIS BALDICK, Art. Story, in: DERS., The Oxford Dictionary of Literary Terms, Oxford 2008, abrufbar unter https://www.oxfordreference.com/view/10.1093/acref/9780199208272.001.0001/acref-9780199208272-e-1087 [Letzter Zugriff: 06.11.2023].

101 Vgl. z. B. DAVID RHOADS, Narrative Criticism and the Gospel of MarkJAAR 50,3 (1982), 411–434.

102 EDMUND STEIMLE et al., Preaching the Story, 171.

103 EUGENE L. LOWRY, The homiletical plot. The sermon as narrative art form, Atlanta (GA) 1980. Vgl. ebenso die überarbeitete Ausgabe: DERS., The homiletical plot. The sermon as narrative art form. Expanded edition, Louisville (KY) 2001.

104 EUGENE L. LOWRY, The homiletical plot (2001), 26.

helfen soll. Der idealtypische Plot, auch als *Lowry-Loop* bezeichnet, besteht aus fünf Phasen: „1) upsetting the equilibrium, 2) analyzing the discrepancy, 3) disclosing the clue to resolution, 4) experiencing the gospel, and 5) anticipating the consequences."[105] Eine Predigt wird demnach so aufgebaut, dass mit dem Einstieg Interesse und Spannung erzeugt wird, um dann ein Thema genauer in den Blick zu nehmen. Dabei kann beispielsweise ein Konflikt analysiert werden. Daran schließt die Hinwendung zur Botschaft des Evangeliums an, um die Implikationen des christlichen Glaubens aufscheinen zu lassen.[106] Lowry möchte mit diesem Aufbau erbauliche Predigten erreichen, die interessant und spannungsvoll gestaltet sind. Es ist jedoch fraglich, ob ein idealtypischer, gleichförmiger und standardisierter Predigtaufbau tatsächlich geeignet ist, um abwechslungsreich und spannend zu predigen.

Im Gegensatz zu Lowry lehnt Buttrick ein feststehendes, idealtypisches Muster eines Plots ab und plädiert stattdessen dafür, die Gliederung in Moves abwechslungsreich und jeweils an den Predigttext und -kontext angepasst zu gestalten. Anders als Lowry kommt es Buttrick nicht in erster Linie auf einen besonders spannenden und „fesselnden" Plot an, sondern ihm geht es darum, abwechslungsreiche Plots zu entwerfen. Dafür braucht es eine umsichtige Reflexion der eigenen rednerischen Absicht, damit ausgewählt werden kann, was der Plot umfassen und wie er konzipiert sein soll. Buttrick geht es folglich nicht um einen idealtypischen, gleich bleibenden Predigtaufbau, ihm geht es vielmehr um das Vermitteln eines durchdachten Handwerks, um abwechslungsreiche und stimmige Plots für Predigten zu entwerfen. Er unterstreicht:

> „*Plots are determined by intention.* Plotting is never an arbitrary art or a matter of personal whim. Instead, plots are decided by what we intend to bring out, by the world we intend toward, and, of course, by our intending to do. Plots *are* strategy. Moreover, plots of sermons are theological/homiletic strategy. [...] All preaching is performative, an intending *to do*. The purpose of any particular sermon, however, *cannot* be stated in some clear single sentence as older homiletic texts suggested. Rather, the intending of a sermon is a line of strategy drawn between an intending *of* and an intending *toward*. Proclamation is an intentional act."[107]

Predigen ist absichtsvolles Kommunizieren, das umsichtig reflektiert werden muss. Predigerinnen und Prediger sollte bei der Ausarbeitung einer Predigt be-

---

[105] EUGENE L. LOWRY, The homiletical plot (2001), 26. Visualisiert wird dies in Form einer nach rechts verlaufenden und nach unten gebogenen Schlaufe, welche die grundsätzliche Bewegung als eine Art Spannungsbogens ebenso verdeutlichen soll wie die intensive Vertiefung in ein Thema und die darauffolgende positive Wendung. Vgl. ebd.; vgl. ferner MARTIN NICOL/ALEXANDER DEEG, Im Wechselschritt zur Kanzel, 81.88f. Im Zuge der Überarbeitung hat LOWRY auch Veränderungen am Aufbau des Plots vorgenommen und sieht die Bezugnahme auf das Evangelium nicht mehr im vierten Schritt vor. Stattdessen kann sie an jeder Stelle eines Plots hergestellt werden. Vgl. a. a. O.

[106] Vgl. EUGENE L. LOWRY, The homiletical plot (2001), 26 sowie 27–87.

[107] DAVID BUTTRICK, Homiletic, 301 [Hervorhebungen im Original].

wusst sein, was ihre rednerische Absicht in dem konkreten Fall ist. Diese soll variieren und die verschiedenen Wirkungsfunktionen einer Rede umfassen. Wichtig ist, dass die Freiheit und Selbstbestimmung der Hörerinnen und Hörer dabei nicht eingeschränkt wird.[108]

Die rhetorische Strategie, die den Plot bestimmt, wird im Wechselspiel zwischen den beiden Fragen „*Was* möchte ich inhaltlich kommunizieren?“ und „*Wozu* sage ich dies? Was möchte ich bewirken?“ erarbeitet. Die Reihenfolge und das Gesamtarrangement der Moves ist folglich nicht das Ergebnis eines zufälligen oder intuitiven Arrangements, sondern das Ergebnis eines Erarbeitungsprozesses, bei dem das Entwerfen des Plots einen wichtigen Schritt darstellt. Ein Plot ist auf viele verschiedene Faktoren hin zu überprüfen. Dies umfasst die hermeneutischen Dimensionen ebenso wie die angemessene Gattungs- und Genrevielfalt sowie Perspektivwechsel. Darüber hinaus soll der Aufbau eines Plots und die Entwicklung innerhalb eines Plots stimmig und leicht verständlich sein sowie verschiedene Möglichkeiten der Interaktion mit den Zuhörerinnen und Zuhörern bieten.[109] Buttricks Predigtkonzept leitet dazu an, eine Predigt umsichtig und differenziert zu erarbeiten. Er zeigt auf, mit welchen Fragestellungen und Kriterien Gestaltungsfragen zielführend bearbeitet werden können, damit Entscheidungen nicht rein intuitiv oder unreflektiert erfolgen.

2.4 Die Konzeption einer Structure

Das Entwickeln einer Predigt ist kein intuitiver Prozess, sondern ein zu erlernendes, handwerkliches Vorgehen, das Buttrick als „plotting“ und „replotting“[110] bezeichnet. Dieses zeichnet sich durch das Entwickeln und Umsetzen einer rhetorischen Strategie aus. Die Umsetzung erfolgt in verschiedenen Schritten und erfordert neben Disziplin auch Kreativität sowie Zeit und Muße.[111] Auch wenn dieser Prozess der Predigterarbeitung von Predigerinnen und Predigern individuell unterschiedlich gestaltet wird, hält Buttrick fünf Elemente für unverzichtbar: „a study of text, a basic structure, a sketch, a final structure, and a script – in whatever ways these stages may be accomplished, they are *necessary*.“[112] Auch in dieser Hinsicht erweist sich Buttricks Homiletik als rhetorisch reflektiert: Die Ausarbeitung der Predigt erfolgt nach einer gründlichen Vorarbeit, die sich an den Produktionsstadien einer Rede nach den Vorstellungen der antiken Rhetorik orientiert.[113]

---

108 Vgl. a. a. O., 294ff.
109 Vgl. a. a. O., 290ff.
110 A. a. O., 305.
111 Vgl. a. a. O., 305f.
112 A. a. O., 317 [Hervorhebungen im Original].
113 Vgl. Kap. II.2.1.

2.4.1 Den Verstehenshorizont klären

Die Erarbeitung einer Predigt beginnt mit der intensiven Beschäftigung mit der ihr zugrunde liegenden biblischen Perikope.[114] Es geht um eine intensive exegetische, systematisch-theologische und gegenwartshermeneutische Auseinandersetzung, wobei auch die Bezüge zur heutigen Lebenswelt reflektiert werden sollen. Buttricks besonderes Interesse im Rahmen der Exegese gilt narratologischen Fragen, die beispielsweise der Erzählstruktur und -perspektive betreffen oder nach der Funktion des biblischen Textes fragen. Zugleich betont er, dass theologische sowie hermeneutische Fragestellungen intensiv bearbeitet werden sollen, um insbesondere für die Gegenwart einen Verstehenshorizont zu eröffnen.

Buttrick empfiehlt im ersten Schritt eine konzentrierte exegetische Auseinandersetzung mit der biblischen Perikope sowie mit den damit zusammenhängenden Hintergründen und Kontexten. Nicht nur bei narrativen Texten bietet es sich an, die (Erzähl-)Struktur der biblischen Perikope mit sehr kurzen und einfachen Sätzen festzuhalten um im nächsten Schritt für jede (narrative) Passage die impliziten theologischen Aussagen und Zusammenhänge zu notieren. Daran schließen die Überlegungen an, ob es ähnliche Erfahrungen in der heutigen Lebenswelt gibt und was in der Gegenwart das Verstehen der Perikope erschweren oder beeinträchtigen könnte.[115] Buttrick empfiehlt auch hier eine kurze schriftliche Ausarbeitung, die das Vorgehen strukturiert und es erleichtert, am Ende dieses Arbeitsschrittes auf verschiedenen Ebenen das „field of understanding“[116] vor Augen zu haben. Hierbei kann sich schon abzeichnen, welche Gedanken in den verschiedenen Moves ausgearbeitet werden könnten. Das Vorgehen hat noch einen weiteren Vorteil: Für den Fall, dass man im späteren Verlauf Schwierigkeiten beim Entwerfen der Predigtstruktur hat, können die homiletischen Vorüberlegungen schnell erneut gesichtet und bearbeitet werden.[117]

2.4.2 Eine Grundstruktur entwerfen

Mit diesem Schritt beginnt die konkrete Erarbeitung einer Predigt, daher ist das Entwerfen einer Grundstruktur für die weitere Ausarbeitung der Predigt besonders wegweisend.[118] In diesem Schritt geht es darum, den Gedankengang der Predigt zu entwerfen, damit die einzelnen Moves im nächsten Schritt ausgearbeitet werden können. Dieser Schritt ist besonders wichtig, denn:

---

[114] Vgl. DAVID BUTTRICK, Homiletic, 306ff.
[115] Als Beispiel für diese Vorarbeiten vgl. z. B. a. a. O., 335ff. sowie 370ff.
[116] A. a. O., 308.
[117] Vgl. ebd.
[118] Vgl. a. a. O., 308ff.

„[I]t is the basic structure that determines the moves in a sermon. Basic structures should be clear, have a natural, logical progression, and should come together to form a field of meaning in congregational consciousness.“[119]

Das Entwerfen der Grundstruktur besteht nicht darin, die wichtigsten Argumente, Thesen oder Botschaften aufzulisten oder sie zu gliedern. Vielmehr geht es darum, den Gedankengang der Predigt stimmig aufzubauen und zu einer stimmigen Bewegung werden zu lassen. In ihrer Grundstruktur sind Predigten vielfältig und abwechslungsreich zu gestalten, daher gibt es keine idealtypischen Vorlagen oder Mustergliederungen.

Buttrick plädiert dafür, in wenigen, einfach gehaltenen Sätzen die wichtigsten inhaltlichen Gedanken und Ideen festzuhalten um sie anschließend in einen Gesamtzusammenhang zu bringen. Der Gedankengang sollte leicht zu verstehen sein, sich stimmig entfalten und als *ein* Gedankengang erkennbar werden. Im Idealfall ist dieses Vorgehen so geübt und verinnerlicht, dass es intuitiv erscheint und nicht als mühsamer oder rein rationaler Prozess erlebt wird.[120]

Buttrick hebt zwei Aspekte hervor, die darüber hinaus bereits bei der Grundstruktur zu bedenken sind. Zum einen ist auszuwählen, welcher Aspekt der biblischen Perikope oder welche Erfahrungen der heutigen Lebenswelt sich dazu eignen, den weiteren Verstehenshorizont zu erschließen. „Where do we enter the field of understanding that was formed in our consciousness?“[121] lautet die Frage. Der entsprechende Gedanke sollte am Anfang der Grundstruktur stehen. Zum anderen ist daran anknüpfend zu reflektieren, welcher Gedankenaufbau der Predigt eine natürliche und leicht verständliche Entwicklung ermöglicht. Für jede Predigt können sich mehrere Grundstrukturen ergeben oder als geeignet erweisen. Manche sind zu komplex, zu voraussetzungsreich oder zu abstrakt, um sie zu Predigten auszuarbeiten. Bereits in diesem Schritt deutet sich die Begrenzung auf die wichtigsten Aspekte an, so dass nebensächliche Exkurse oder Randbemerkungen nicht in eine Predigt eingebaut werden sollten.

Um zu überprüfen, ob die Grundstruktur ausreichend durchdacht ist, rät Buttrick dazu, sich die zusammenfassenden Sätze laut vorzulesen. Dabei soll vor allem darauf geachtet werden, ob die Gesamtstruktur plausibel erscheint und die Sätze den Eindruck vermitteln, aus dem direkten Gespräch mit einem Gegenüber zu stammen. Der Aufbau soll einfach und harmonisch sein und ohne Nebensätze auskommen. Lediglich bei narrativen Passagen kann die Ausführung auch länger sein.[122]

---

119 A. a. O., 312.

120 Vgl. a. a. O., 312f.

121 A. a. O., 309.

122 Folgende Passage sieht Buttrick als tragfähige Grundstruktur für eine Predigt zu Mt 2,1–12 an: „1. ‚Where is he?‘ asked the Wisemen. They belong in our world for they were looking for a savior. 2. ‚Where is he?‘ asked Herod, but he wanted to kill. Entrenched power will always be threatened by God. 3. Well, guess who Herod turned to? To us religious people, that's who! 4. Well, eventually Christ was crucified. 5. But he rose again and still

2.4.3 Einen Predigtentwurf skizzieren

Im nächsten Schritt wird die Grundstruktur sukzessive zu einem Predigtentwurf ausgearbeitet.[123] Dies umfasst in weiten Teilen die Ausarbeitung der Moves; die Predigteinleitung und der Predigtschluss werden erst abschließend konzipiert. Anders als das spätere, fertige Predigtmanuskript soll der Entwurf als solcher zu erkennen sein und auch sprachlich nur eine Rohfassung darstellen. Dass nicht direkt mit der Ausarbeitung der Predigt begonnen wird, begründet Buttrick mit den Vorzügen eines Entwurfs: Die Ausarbeitung eines Entwurfs hilft, neutraler auf die eigenen Gedanken und Ideen zu blicken und Unstimmigkeiten klarer wahrzunehmen. Indem der Entwurf objektiv betrachtet und die Weiterentwicklung kritisch überprüft wird, kann nicht nur früher konstruktiv eingegriffen, sondern auch ein besseres Gefühl für die einzelnen Moves entwickelt werden.[124]

Für die konkrete Ausarbeitung der Moves sieht Buttrick einen spezifischen Aufbau vor.[125] Ehe jedoch die detailliertere Ausarbeitung aller Moves erfolgt, sollen die einzelnen Gedanken der Grundstruktur weiter durchdacht und zu Moves ausgearbeitet werden. Eine umsichtige theologische Reflexion der Gedanken und aller damit zusammenhängenden theologischen Überzeugungen und Vorstellungen ist ebenso wichtig, wie die Relevanz für die heutige Lebenswirklichkeit zu klären. Wie verhalten sich die Gedanken der Grundstruktur zur Lebensrealität der Zuhörerinnen und Zuhörer? Welche theologischen Überzeugungen sind mit den Gedanken der Grundstruktur verbunden? Diese Fragen sollen zuerst gehört werden, bevor die weiteren Überlegungen in einem ersten Predigtentwurf münden.

Sobald ein Predigtentwurf vorliegt, gilt es, mögliche Bilder und Beispiele zur Veranschaulichung zu überlegen. Nicht jeder Move benötigt eine Form der Visualisierung. Innerhalb einer Predigt braucht es aber insgesamt ausreichend Veranschaulichung.[126]

---

comes to us as threat and promise. 6. So how do we respond? We worship and we offer ourselves." A. a. O., 311. Vgl. zu den Vorüberlegungen und Erklärungen a. a. O., 306ff.

123 Vgl. a. a. O., 316f.

124 Vgl. a. a. O., 315.

125 Vgl. Kap. IV.2.5. Vgl. DAVID BUTTRICK, Homiletic, 342. Buttrick zeigt beispielhaft auf, wie diese sukzessive Ausarbeitung einer Rohfassung und ihre kritische Reflexion aussehen kann, vgl. dazu z. B. a. a. O., 341ff.349ff.385ff.439ff.

126 Um die Veranschaulichungen einer Predigt insgesamt miteinander abzuwägen und abwechslungsreich sowie heterogen auszuarbeiten, schlägt BUTTRICK die Reflexion mit Hilfe eines *image grids* vor. Vgl. a. a. O., 153–170. Vgl. ebenso Kap. IV.2.6.3.

2.4.4 Die Grundstruktur ausarbeiten und das Predigtmanuskript erstellen

Den Predigtentwurf weiter auszuarbeiten und abschließend ein Predigtmanuskript anzufertigen, stellt den letzten Arbeitsschritt dar.[127] Dieser Schritt umfasst einerseits die Überarbeitung einzelner Aspekte innerhalb der verschiedenen Moves und versucht, dessen sprachliche Form, die Ausarbeitung der Erzählperspektive oder den Aufbau präziser zu gestalten. Andererseits ist hier auch die Gesamtstruktur der Predigt in den Blick zu nehmen, um beispielsweise mehr stilistische Abwechslung, ein besseres Zusammenspiel der Moves oder die gedankliche Bewegung klarer herauszuarbeiten.[128] Dafür sollte der Predigtentwurf aus verschiedenen Perspektiven kritisch reflektiert werden. Es sollte überprüft werden, dass die Predigt auf struktureller Ebene durchdacht ist und sich organisch zusammenfügt. Nicht nur die Kerngedanken der einzelnen Moves sollen erkennbar sein, sondern auch die rednerische Kommunikationsabsicht der gesamten Predigt.

Für Buttrick liegt besonderes Gewicht auf diesem Arbeitsschritt, da er die Grundlage für ein gutes Predigtmanuskript gewährleistet. Das Predigtmanuskript sollte formal so gestaltet werden, dass es dem Prediger oder der Predigerin hilft, die Predigt leicht zu memorieren und vorzutragen.[129]

Es zeigt sich: Für Buttrick sind rhetorische Perspektiven leitend für die Erarbeitung der Predigt. Wie die Vertreter der antiken Rhetorik ist Buttrick davon überzeugt, dass die detaillierte schriftliche Ausarbeitung einer Predigt erst nach gründlichen Vorarbeiten erfolgen sollte.[130] Er betont, wie wichtig es ist, das Themengebiet der Predigt in einem ersten Schritt zu bedenken, ehe die Gliederung skizziert und sukzessive ein Predigtentwurf ausgearbeitet wird. Die Parallelen zu den Produktionsphasen der antiken Rhetorik – *inventio, intellectio, dispositio* und der *elocutio* – sind evident.[131]

Für Buttrick ist es von entscheidender Bedeutung, sich in die Perspektive der Hörenden zu versetzen, um ihnen das Hören und Verstehen möglichst zu erleichtern, ohne dabei manipulativ vorzugehen. Die Predigt erweist sich so als wohlüberlegte und gewissenhaft erarbeitete Rede, deren Ausarbeitung nicht al-

---

127 Vgl. David Buttrick, Homiletic, 316f.

128 Vgl. a. a. O., 316.

129 Vgl. ebd.

130 In dieser grundlegenden Herangehensweise zeigen sich deutliche Parallelen zu den klassischen Produktionsstadien einer Rede in der antiken Rhetorik, bei der ebenfalls die inhaltliche Auseinandersetzung mit dem Redestoff und die mögliche Gliederung vor der schriftlichen Ausarbeitung vorgesehen war. Vgl. Kap. II.2.1.

131 Vgl. Kap. II.2.1. Da die traditionelle Homiletik eine strikt an den Vorgaben der antiken Rhetorik ausgerichtete Ausarbeitung der Predigt vorsah, ist die freiere Gestaltung Buttricks hier nachvollziehbar.

lein von kreativen und spontanen Einfällen geleitet ist. Vielmehr sollte die Gestaltung von Predigten auf der Grundlage von konzeptionellen und reflektierten Überlegungen erfolgen. Dazu gehört, die Predigt umsichtig auf die eigene rednerische Kommunikationsabsicht abzustimmen. Buttrick weiß, dass er bei vielen seiner Leserinnen und Leser keine tiefgreifenden rhetorischen Fähigkeiten voraussetzen kann, deshalb versucht er, das nötige rhetorische Wissen didaktisch anschaulich zu vermitteln.[132]

2.5 *Die Gestaltung der* Moves

Im Folgenden werden Buttricks Vorgaben und Kriterien für die Ausarbeitung und Gestaltung eines Moves dargestellt. Die Ausarbeitung eines Moves folgt auf die grundlegende Gliederung und des Predigtentwurfs. Insofern wurde der Gedanke oder Idee, der bzw. die in einem Move bearbeitet werden soll, bereits vor der Ausarbeitung umsichtig reflektiert.

Buttrick stellt vor die Ausarbeitung noch weitere Vorüberlegungen, die für die Gestaltung elementar sind:

> „Every move has a shape, an internal design. The shape of a move is determined in an interaction, of (1) theological understanding, (2) an eye for oppositions, and (3) actualities of lived experience. Gradually, as we think out a move, we will determine a strategy of presentation, a rhetorical strategy."[133]

Im ersten Schritt sieht Buttrick vor, den Gedanken eines Moves aus theologischer Perspektive zu reflektieren. Welche theologischen Auffassungen oder Überzeugungen hängen mit dem Gedanken eines Moves zusammen? Es geht nicht um das Festhalten dogmatischer Einsichten – im Gegenteil: Abgenutzte oder floskelhafte Redewendungen sollten vermieden werden. Vielmehr sollte ein Prediger oder eine Predigerin klar und präzise wiedergegeben können, welche Glaubensüberzeugungen oder theologischen Vorstellungen der Gedanken eines Moves umfasst. Damit dies keine abstrakt-theoretischen Überlegungen bleiben, ist bereits hier nach Veranschaulichungen, Bildern und Beispielen zu fragen, die genau diesen theologischen Vorstellungen entsprechen. „Basically, the process involves a free associating of idea and image, a seeing of what we are saying."[134] Die Veranschaulichungen sollen darüber hinaus sicherstellen, dass sich der Gedanke eines Moves sowie die theologischen Implikationen im Leben

---

[132] Vgl. DAVID BUTTRICK, Homiletic, 40.

[133] A. a. O., 33.

[134] A. a. O., 155.

widerspiegeln und erfahrbar sind.[135] Dies ist Buttrick wichtig, denn: „Homiletic thinking is always *a thinking of theology towards images.*“[136]

Im zweiten Schritt sind mögliche Missverständnisse zu antizipieren, indem „all kinds of ‚pre-understandings‘, misinformation, conventional wisdoms, pop theologies, and the like“[137] bedacht werden. Der Prediger oder die Predigerin soll überlegen, wie die eigenen Ausführungen missverstanden werden könnten, um Fehlinterpretationen vorzubeugen sowie Einwände aufzunehmen.[138] Dies zielt nicht zwangsläufig auf eine argumentative Auseinandersetzung mit gesellschaftlichen Trends oder anderen theologischen Positionen ab. Vielmehr geht es darum, die Perspektive der Hörerinnen und Hörer einzunehmen, um nicht eigene Sichtweisen, Erfahrungen und Vorlieben zu verallgemeinern. In den Moves sollen mögliche Einwände und Verstehenshindernisse aufgegriffen und kurz thematisiert werden, was das Zuhören erleichtert.[139]

Im dritten Schritt geht es darum, den Gedanken oder die Idee zu veranschaulichen und Bezüge zur „lived experience“[140] herzustellen. Ausgehend vom theologischen Verständnis ist im gesellschaftlichen Leben nach weiteren Veranschaulichungen zu suchen, beispielsweise in Filmen und Fernsehsendungen, Zeitungen und Romanen.[141] Fast noch wichtiger ist dabei „a willingness to search deeply in the *actualities* of consciousness“[142], um zu ergründen, wie sich dem eigenen Verständnis und der eigenen Erfahrung folgend die jeweiligen theolo-

---

135 „What we are after is a kind of imitation of the way in which humans grasp meaning. Meaning is never an abstract thinking, it incorporates images of lived experience. Thus, in a sermon ideas must be imaged, and images must interact so that sermons will be natural to modes of human consciousness.“ A. a. O., 169f. Vgl. ferner: „In designing separate moves a preacher will be attempting to form conceptual understanding in communal consciousness. Thus, moves will be shaped in such a way as to form in consciousness, as do most human understandings – as a gestalt of modeling, imaging, affective attitudes, and concept.“ A a. O., 28.

136 A. a. O., 29 [Hervorhebungen im Original].

137 A. a. O., 30.

138 Buttrick führt am Beispiel der Aussage „We are all sinners“ aus, wie solche Widerstände bzw. Missverständnisse aussehen könnten und wie die Perzeption von „Sünde“ von kulturellen Gegensätzen und Vorurteilen geprägt ist oder auch davon, dass vor dem Hintergrund von aktuellen gesellschaftlichen Trends die Rede von Sünde nicht sinnvoll erscheint. Vgl. a. a. O., 30ff.

139 Ähnlich wie Ernst Lange sieht es auch David Buttrick als Pflicht und Verantwortung des Predigers oder der Predigerin an, sich um größtmögliche Verständlichkeit zu bemühen. Gelingt es beispielsweise nicht, durch das Eingehen auf mögliche Widerstände Missverständnisse auszuräumen, ist dies nicht den Zuhörenden anzulasten, sondern den Predigenden.

140 A. a. O., 32.

141 Heutzutage müsste man diese Aufzählung vermutlich erweitern um Serien, Social Media und andere Phänomene der Gegenwart.

142 A. a. O., 33 [Hervorhebung im Original].

gischen topoi umschreiben lassen und wie die darin liegende Wahrheit vermittelt werden kann.[143]

Nach diesen drei Schritten wird die genaue Gestaltung des Moves in den Blick genommen. BUTTRICK entwickelt für die Gestaltung von Moves klare Vorgaben für den Aufbau und die Gestaltung, die vielfältig und abwechslungsreich sein sollte.[144] Wichtig ist dabei strategisches Denken, um eine erkennbare Kommunikationsabsicht umzusetzen. Ein Move muss in seinem Aufbau einer erkennbaren Logik folgen, damit er eine in sich geschlossene Einheit darstellt und sich im Bewusstsein niederschlägt.[145] Mit einer durchdachten Kommunikationsstrategie die Moves zu konzipieren, bedeutet jedoch nicht, manipulative Absichten zu verfolgen – im Gegenteil, die Freiheit der Hörenden ist in jedem Fall zu wahren.[146]

Ein Move benötigt einen rhetorisch durchdachten Aufbau, damit er als sprachlich gestaltete Einheit erkennbar wird und nur eine Idee oder ein Thema behandelt.[147] Jeder Move wird gerahmt von einer Einleitung und einem Schluss, die Buttrick „opening statement" und „closure"[148] nennt. Im Mittelteil des Moves folgt die Ausarbeitung und Entwicklung des Kerngedankens in drei Schritten („move development"[149]). Die Gestaltung erfolgt nach klaren Kriterien und verweist auf die rhetorisch-technische Dimension des Predigens. Diese werden im Folgenden dargestellt.

In seinem Lehrbuch arbeitet Buttrick einen exemplarischen Move aus, der veranschaulicht, wie ein solcher Move aussehen kann:

> „We are sinners. ‚Sinners' – the word may sound old-fashioned, but it's true: We are all of us sinners.
> Oh, nowadays we avoid the term. We say we have ‚hangups,' or perhaps we rattle off psychological words talking wisely of ‚depression,' ‚anxiety,' or a ‚guilt complex.' But, again and again, we circle back to the old biblical word: We are sinners, all.
> Certainly, we can read about sin in daily papers. Big sins, murder or rape, are bold-type headlines. And, certainly, we notice sins in the lives of others. ‚She doesn't care about anyone else,' we say, or ‚He's so vain.'

---

143 „Preaching does not persuade in the sense of arguing the truths of the gospel; preaching sets the gospel in lived experience, genuine experience, so that truth will be acknowledged." Ebd.

144 Vgl. a. a. O., 37.

145 Vgl. a. a. O., 34.

146 „We must never forget that a gospel of free grace demands that we guard the freedom of listeners. [...] By strategy we refer to a mode of presentation ruled by the content of the gospel on the one hand, and the patterns of our contemporary mind on the other. We are asking *how* people may best grasp Christian understanding, what kinds of material will be designed in view of theological understandings and our common cultural mind. Thinking strategy is inescapable." Ebd. [Hervorhebung im Original].

147 Vgl. dazu auch ISOLDE KARLE, Praktische Theologie, 223ff.

148 DAVID BUTTRICK, Homiletic, 37.

149 A. a. O., 40.

> But when it comes to our own lives, how hard it is to see *our* sin. Maybe sin comes to us in a brief, flashing moment of regret when we say to ourselves, ‚I should go back and apologize,' but then we don't and the moment is past. Or maybe, it's when at tax time we flip through our check stubs and think for an instant, ‚I should have given more away.' Or perhaps, when we hear youngsters dream big dreams for their lives and we suddenly think, ‚Well, we've settled for less; we haven't been what we could have been.' Then, we move away and try to forget.
> Listen, the world isn't divided into sinners and nonsinners: Down deep we know our lives are compromised. ‚We're supposed to love,' says a detective-story hero. ‚But we all flunk,' he says. Sinners – that's the biblical word, and we know it's true. We are, all of us, sinners."[150]

Der Move ist mit einer klaren Kommunikationsabsicht gestaltet: „We are all sinners." ist der Gedanke, den Buttrick in diesem Move nachgeht. Daher ist der Satz nahezu wortgleich im ersten Satz, dem Opening Statement, und im Abschlusssatz des Moves vorgesehen. Im Mittelteil – durch das Einfügen von Absätzen im obigen Zitat markiert – folgt die Entfaltung des Gedankens, dass alle Menschen Sünder sind. Während Buttrick im ersten Schritt mögliche Einwände aufführt und kurz abhandelt, legt er in den beiden folgenden Schritten dar, worin die menschliche Sündhaftigkeit bei anderen Menschen und bei einem selbst liegen kann. Hierbei führt er lebensnahe Beispiele an, die sehr konzis seinen Gedankengang veranschaulichen, ohne die Aufmerksamkeit auf Nebensächlichkeiten zu lenken. Das Ende des Moves leitet nicht über zum nächsten Gedanken oder zeigt noch zu bedenkende Aspekte auf, sondern hält die Aussage des Moves noch einmal abschließend fest.

Buttrick betont zugleich, dass dieser exemplarische Move, auf den auch im Folgenden immer wieder zurückgegriffen wird, nur *eine* Möglichkeit darstellt, wie ein Move zu diesem Gedanken oder dem Bibelvers ausgearbeitet werden könnte.[151]

2.5.1 Das *Opening Statement*: Das Wichtigste zu Beginn

Die ersten drei Sätze eines Moves zählen zu den wichtigsten. Auf Grund empirischer Studien weiß BUTTRICK, dass Menschen einerseits nach einer Pause oder zu Beginn einer Rede besonders aufmerksam sind und andererseits, dass die Aufmerksamkeit schnell abnimmt. Daher dürfen die ersten Sätze nicht vergeudet werden, sondern sie sind sorgfältig zu nutzen: „We must use *all* the sentences we are given."[152]

---

[150] A. a. O., 35 [Hervorhebung im Original; Absätze eingefügt durch I. K.].
[151] Vgl. ebd.
[152] A. a. O., 38 [Hervorhebung im Original].

Die einleitenden Sätze eines Moves gehen mit hohen Anforderungen einher:[153] Sie sollen erstens inhaltlich oder thematisch verdeutlichen, worum es in einem Move geht.[154] Zweitens sollen sie aufzeigen, wie die Moves miteinander zusammenhängen, welcher Logik sie folgen. Drittens soll bereits erkennbar werden, aus welcher Erzählperspektive und mit welcher Blickrichtung der folgende Move gestaltet wird. Und viertens sollen die ersten Sätze in die Stimmung eines Moves einführen.[155] Diese Kriterien sollen sicherstellen, dass im Bewusstsein der Zuhörenden ein klares Bild vom Gehörten entsteht.

Dafür ist es wichtig, dass die ausgewählten Sätze des *Opening Statements* eine Einheit bilden. Die Komplexität der ersten Sätze liegt auch darin, dass sie weder zu kurz noch zu ausufernd sein dürfen. Darüber hinaus verweisen insbesondere diese Sätze auf die Andersartigkeit und Langsamkeit öffentlicher Rede. Im oben aufgeführten Beispielmove stellen die Sätze „We are sinners. ‚Sinners' – the word may sound old-fashioned, but it's true: We are all of us sinners."[156] das *Opening Statement* dar. Die Sätze harmonieren und formen einen Gedanken. Eine Kürzung wäre nicht zielführend, denn der simple Satz „We are sinners." wäre zu kurz, um ihn wirklich wahrzunehmen.[157]

Zur Abgrenzung von gelungenen Beispielen für Buttrick auch ein Negativbeispiel für ein *Opening Statement* an, das er als zu lang und im Aufbau als zu kompliziert ansieht:

> „There's an old-fashioned word. A word we are hesitant to use. You will still find the word in Bibles, or hymnbooks, or prayers we say in church. The word is almost forgotten in daily conversation. Yet, the word is crucial, the word ‚sin'. The fact is, *we are all sinners.*"[158]

Buttrick kritisiert, dass es bei diesem Beispiel für die Zuhörenden unnötig kompliziert ist, dem Gedankengang zu folgen. Erst im sechsten Satz wird die eigentliche Aussage deutlich. Das ist zu spät: Viele Zuhörenden sind dann schon nicht mehr ganz aufmerksam, die Aussage verflüchtigt sich. Eine derartige Heran-

---

153 „[T]hey must focus consciousness on a statement, they must display connective logic, they must indicate point-of-view, and they should establish mood. By ‚mood' we mean a tone, an emotional tone which will probably run through the entire move. The emotional quality of a move is a troublesome matter that requires some attention." A. a. O., 77.

154 Buttrick nennt dies „to establish focus firmly" (a. a. O., 39). Der Begriff „focus" verweist zudem auf die Fotographie, in deren Kontext der Begriff die Bildschärfe oder den Brennpunkt eines Bildes meint. Buttrick entwickelt daher folgende, aufschlussreiche Analogie: „Human consciousness is like a camera lens. At the starts of moves, we who speak are turning the ‚lens' of congregational consciousness in a particular direction and establishing focus. Therefore, the opening statement of a move is all-important." Ebd.

155 Vgl. a. a. O., 39f. „In a very few carefully designed sentences, we must focus congregational consciousness, establish logic, mood and perspective." A. a. O., 40.

156 A. a. O., 35.39.

157 Vgl. a. a. O., 38f.

158 A. a. O., 38 [Hervorhebungen im Original].

gehensweise mag zwar Spannung aufbauen und niedrigschwelliger oder einfacher erscheinen, bewirkt aber das Gegenteil im Bewusstsein der Hörerinnen und Hörer.[159]

Es wird deutlich, wie gründlich und sorgfältig bereits die ersten Sätze einer Predigt überlegt und ausgearbeitet werden müssen, damit die hohe Aufmerksamkeit zu Beginn einer Rede genutzt werden kann, um absichtsvoll und verständlich zu predigen.

2.5.2 Der Hauptteil eines Moves

Im Hauptteil eines Moves erfolgt dessen Ausarbeitung, d. h. der Gedanke wird weiter ausgeführt, entfaltet und veranschaulicht. BUTTRICK entwickelt auch für diesen Arbeitsschritt klare Vorgaben, damit der Gedanke präzise entfaltet und veranschaulicht wird. Er leitet dazu an, die Ausführungen nicht zu detailliert werden zu lassen und die Moves abwechslungsreich und aussagekräftig zu gestalten. Das Ausarbeiten von Moves stellt sich für Buttrick als konsequent strategisches und von rhetorischen Entscheidungen geleitetes Vorgehen dar.[160]

Die Ausarbeitung des Hauptteils eines Moves soll an verschiedenen Kriterien orientiert werden: Dazu zählt neben der Reflexion der eigenen Redeintention auch die Gesamtausrichtung, ein zielführendes Eingehen auf mögliche Einwände und das Sicherstellen der Einheit eines Moves. Daher formuliert Buttrick zwei Regeln, die diese grundsätzlichen Vorgaben helfen sollen umzusetzen:

---

159 Vgl. ebd.

160 BUTTRICK merkt an, dass er das vormals verbreitete Vorwissen über Rhetorik nicht mehr voraussetzen kann und reflektiert daher auch sein Verständnis von Rhetorik und dessen Funktion. In klarer Abgrenzung zu anderen Positionen geht Buttrick bei seinen Zuhörenden weder von einer homogenen Gruppe von Gläubigen, noch von einer Gruppe Nicht-Gläubiger aus, die entweder nach Erklärungen für ihren christlichen Glauben suchen oder aber überzeugt und bekehrt werden sollen. Stattdessen sieht er seine Zuhörenden vor allem durch ein geteiltes, doppeltes Bewusstsein gekennzeichnet: „We are being-saved-in-the-world and, therefore, possess a peculiar double consciousness – a consciousness of being-saved and a consciousness of being-in-the-world" (a. a. O., 42). Dieses doppelte Bewusstsein muss in der Predigt angesprochen werden – christliche Überzeugungen dürfen weder vorausgesetzt noch nur erklärt werden, Zweifel und Anfragen müssen berücksichtigt werden (vgl. a. a. O., 40f.). Die Art und Weise, wie Buttrick den christlichen Glauben darstellen und ins Bewusstsein der Gemeinde rücken möchte, erinnert an FRIEDRICH SCHLEIERMACHERS Vorstellung der Zirkulation des Bewusstseins und seiner Methode des darstellenden Handelns. Auch er besteht darauf, die Zuhörenden ernst zu nehmen als eigenständige und kompetente Individuen, die es weder zu belehren noch zu bekehren gilt. Vgl. Kap. III.4.

I. Der Gedanke eines Moves soll im Hauptteil in maximal drei Schritten entfaltet werden. Der Hauptteil eines Moves soll demnach aus maximal drei Teilabschnitten bestehen.[161]
II. Innerhalb einer Predigt sollen die Moves unterschiedlich gestaltet sein.[162]

Die erste Regel stellt sicher, dass ein Move einen klaren, dreischrittigen Aufbau hat und der Kerngedanke weder zu simpel noch zu komplex für einen Move ist. Im oben angeführten exemplarischen Move lässt sich die dreischrittige Entfaltung des Gedankens deutlich erkennen: Nach dem Opening Statement folgt die erste Auseinandersetzung mit dem Gedanken der Sünde in Form der Auseinandersetzung mit Einwänden und möglichen Verstehenshindernissen.[163] Der zweite Schritt der Entfaltung führt Beispiele der Rede von Sünde in verschiedenen gesellschaftlichen Kontexten aus, ehe im dritten Schritt persönliche Momente der Sündhaftigkeit angesprochen werden.[164]

Die zweite Regel gewährleistet, dass die einzelnen Moves gut miteinander harmonieren und zugleich verschiedene Formen der Gestaltung zu finden sind, die das Zuhören erleichtern. Es gehört zu Buttricks Konzept, *vor* der schriftlichen Ausarbeitung die geplante Konzeption aller Moves einer Predigt in der Gesamtschau zu sichten und abzuwägen. In allen Bereichen ist Abwechslung notwendig, damit die Predigt nicht eintönig und langweilig wird. Besteht der Eindruck, nicht genügend Material oder Aspekte für unterschiedlich gestaltete Moves zu haben, sollte die Idee gründlicher durchdacht werden.[165]

Buttrick stützt sich bei beiden Regeln auf empirische Studien, die nahelegen, dass das Bewusstsein bei mehr als drei Untergliederungspunkten zuvor Genanntes schnell überblendet und ähnlich gestaltete Redeteile bei den Hörenden Langeweile hervorrufen und daher weniger aufmerksam verfolgt werden.[166]

Ähnlich elementar wirkt sich die Differenzierung von drei verschiedenen Redeintentionen aus, die Buttricks rhetorische Perspektive verdeutlicht:

---

161 „As a rule, moves may contain *no more than three* internal developmental systems. [...] The ‚rule of three' stands: moves may be single systems, or two-part systems, or may contain three developmental shifts, but they may not exceed three internal parts." DAVID BUTTRICK, Homiletic, 47 [Hervorhebungen im Original].

162 „So, unless a speaker is skilled enough to shape deliberately two different ideas in the same way so that they will overlap in consciousness, the general rule will be *different development for different ideas*." A. a. O., 48 [Hervorhebungen im Original].

163 Im aufgeführten Beispiel unter Kap. IV.2.5 wird dies deutlich, Absätze markieren den Anfang bzw. das Ende eines Moves.

164 Vgl. DAVID BUTTRICK, Homiletic, 35.

165 Vgl. a. a. O., 49. Am Beispiel des Satzes „Most Americans Christians have grown up in church" stellt BUTTRICK eine exemplarische Sammlung von Ideen und Material zusammen, um aufzuzeigen wie detailliert und zugleich strukturiert hier im besten Fall vorzugehen ist. Vgl. a. a. O., 43ff.48.

166 Vgl. a. a. O., 47f.

„Basic Christian rhetoric, then, involves ‚bringing out', ‚associating,' and ‚disassociating'. Moves in a sermon will develop from these basic rhetorical intentions."[167]

Buttrick differenziert drei grundlegende rednerische Absichten: Erstens, die christlichen Überzeugungen in den Blickpunkt zu rücken und beispielsweise anhand von Symbolen zu erschließen (*bringing out and into view*[168]). Zweitens, die christlichen Überzeugungen mit Hilfe von Bildern und Erfahrungen mit der Lebenswirklichkeit zu verknüpfen (*associating*). Und drittens sind Abgrenzungen vorzunehmen gegenüber anderen Auffassungen und Perspektiven, die nicht mit dem Evangelium zu vereinbaren sind (*disassociating*).[169] Bei der Darlegung eines Gedankens im Hauptteil eines Moves soll mindestens eine dieser drei Intentionen umgesetzt werden.[170] Wird nur eine Redeintention verfolgt, kann ein Move einfach, bei mehreren Redeintentionen komplexer gestaltet werden. Bei jeder Intention bieten sich andere sprachliche Ausdrucksformen als rhetorische Mittel an. Um beispielsweise aufzuzeigen, wie christliche Überzeugungen in der Lebenswirklichkeit verankert sind, eignen sich besonders Bilder und Symbole, Illustrationen, Beispiele, Erfahrungsberichte etc.[171] Bei der Abgrenzung sind die verschiedenen sprachlichen Mittel der Bearbeitung von Gegensätzen und Widersprüchen ratsam.[172] Wichtig ist, dass stilistische und sprachliche Mittel nur aus rhetorischen Gründen gewählt werden.[173]

Neben den drei Redeintentionen differenziert Buttrick außerdem zwischen vier Orientierungen, an denen sich die Weiterentwicklung des Gedankens auf inhaltlicher Ebene ausrichtet. Demnach kann ein Gedanke zeitlich, räumlich, gesellschaftlich oder persönlich kontextualisiert und entfaltet werden.[174] Diese Orientierungen legen sich nahe, da sie als wesentliche Bezugsgrößen der menschlichen Erfahrung und des Bewusstseins fungieren und Auswirkungen auf

---

167 A. a. O., 42.

168 A. a. O., 41.

169 Vgl. a. a. O., 41ff.

170 Es können aber auch alle drei angewandt werden, wie das Beispiel unter Kap. IV.2.5 zeigt. Vgl. DAVID BUTTRICK, Homiletic, 35.42.

171 „The rhetoric of association is a language of imagery, illustration, example, testimony, and the like. In congregational consciousness, we bring out Christian meanings and associate them with fields of lived experience. In doing so, the truth of the gospel will be evident." A. a. O., 42.

172 Vgl. a. a. O., 41f. „Disassociating employs familiar rhetorical systems, such as dialectic, antithesis, opposition, and, at times, perhaps even a charitable giggling." Ebd.

173 Vgl. a. a. O., 43.

174 BUTTRICK zeigt am Beispielsatz „We are all sinners" auf, dass dieser in alle vier Richtungen hin weiterentwickelt werden könnte: zeitlich hinsichtlich verschiedener Erscheinungsformen der menschlichen Sünde in der Geschichte, räumlich hinsichtlich der unterschiedlichen Formen der Sünde auf der Erde, gesellschaftlich hinsichtlich der verbreiteten Denkmuster, die von der menschlichen Sündhaftigkeit zeugen (wie z. B. Vorurteile oder Nationalismen), und schließlich auf der persönlichen Ebene hinsichtlich von Aspekten wie Selbstbezogenheit oder Selbstverfehlung. Vgl. ebd.

die sprachliche Gestaltung haben.[175] Innerhalb einer Predigt sollten Moves auch hinsichtlich ihrer Orientierung unterschiedlich gestaltet sein.

Die grundlegende Schwierigkeit des Predigens liegt für Buttrick darin, die Worte und Sätze präzise zu wählen und zu formen. Gelingt dies nicht, können Moves zerfallen, so dass sie nicht mehr als gedankliche Einheit erkennbar werden. Es kann auch vorkommen, dass die Bearbeitung der Einwände und möglichen Missverständnisse zu viel Raum einnimmt, wodurch ein Move ebenfalls nicht als stringent wahrgenommen wird. Indem Einwände, mögliche Widerstände oder Missverständnisse in einem Move aufgegriffen werden, soll der eigentliche Gedankengang gestärkt werden. Daher dürfen die „contrapuntals"[176] nur kurz und knapp in den Blick genommen werden und keinesfalls länger oder anschaulicher behandelt werden als der eigentliche Gedankengang.[177] Damit der Einwand nur eingebracht, aber nicht verstärkt wird, sollte er nach dem Opening Statement oder unmittelbar vor einem starken, bekräftigenden Schluss eingebracht werden.[178]

Moves müssen als gedankliche Einheit erkennbar werden, daher darf sich weder der Fokus im Laufe des Moves verschieben noch die Idee weiterentwickeln. Wenn sich der Fokus verschiebt, werden im Bewusstsein verschiedene Bruchstücke statt eines einheitlichen Gedankengangs geformt. Dies kann passieren, wenn Einwände zu ergiebig thematisiert werden oder wenn sich der Fokus zwischen der Erörterung der biblischen Perikope und der Kontextualisierung in der heutigen Lebenswelt verliert. Um sicherzustellen, dass der Move als harmonische Einheit erkennbar ist, sollte der Move gut strukturiert werden. Es sollte leicht festzustellen sein, wo das *Opening Statement* endet, welches die drei Entwicklungsschritte im Hauptteil sind und wo der Schluss beginnt. Alle drei Elemente sind auf den zusammenhängenden und klaren Gedankengang hin zu überprüfen.[179] Im aufgeführten Beispielmove wird die Einheit sichergestellt, in-

175 „Human experience is appropriated temporally (diachronic thinking), spatially (synchronic thinking), socially (corporate consciousness), and personally (self-awareness). Each of these orientations will produce a different language." Ebd.

176 Als Kontrapunkte werden in der Musik Gegenstimmen zur Melodie oder zum Thema genannt. Bereits mit diesem Terminus deutet Buttrick an, dass die Kontrapunkte stets dem eigentlichen Gedankengang untergeordnet sind. Vgl. Claude V. Palisca, Art. Kontrapunkt. Begriff, in: MGG Online, hg. von Laurenz Lütteken, Kassel u. a. 2016ff. (zuerst veröffentlicht 1996, online veröffentlicht 2016), https://www.mgg-online.com/mgg/stable/12863 [Letzter Zugriff: 06.11.2023].

177 Falls das nicht möglich ist, sollte überlegt werden, aus dem Einwand einen eigenständigen Move zu erstellen. Vgl. David Buttrick, Homiletic, 47.

178 Vgl. ebd. Dies ist auch am aufgeführten Beispielmove deutlich erkennbar.

179 Buttrick merkt an, dass er es nicht für hilfreich erachtet, dies mit Hilfe von Absätzen im Predigtmanuskript durchzuführen. Die Anfangssätze von neuen Absätzen tendieren dazu einen Neueinsatz darzustellen, was im Konzept der Moves nicht weiterführend ist. Vgl. a. a. O., 50.

dem der Kerngedanke im Opening Statement deutlich formuliert und in sehr ähnlicher Weise im Schluss erneut aufgegriffen wird.[180]

Buttrick geht davon aus, dass sich unzähliges Material anbietet, um den jeweiligen Kerngedanken eines Moves zu entfalten.[181] Daher legt er besonderen Wert auf die theologische Reflexion in den Vorüberlegungen sowie ein durchdachtes und an rhetorischen Kriterien orientiertes Vorgehen bei der Ausarbeitung. Seine Kriterien leiten dazu an, sich auf das Wichtigste zu beschränken und die Gestaltung umsichtig zu reflektieren. Die Ausarbeitung eines Moves zeigt in anschaulicher Weise, wie wichtig die erlernten, handwerklichen Fertigkeiten beim Predigen sind.

2.5.3 Ein gestalteter Abschluss am Ende eines Moves

„Every move *must have closure.*“[182] Moves benötigen nicht nur ein prägnantes *Opening Statement* sondern einen ebenso konzisen Abschluss. Fehlt der Abschluss eines Moves, so dass ein Move fließend in den nächsten übergeht, ist das Zuhören deutlich schwieriger und anstrengender.[183] Moves sind nach klaren Kriterien zu beenden: Der Kerngedanke oder die Idee des Moves ist wieder aufzugreifen und anstelle von Nebensätzen sollen kurze und prägnante Sätze den Abschluss eines Gedankengangs verdeutlichen. Dies trifft insbesondere auf den letzten Satz zu: „[t]he final sentence is brief, strong, and usually features a concrete noun.“[184] Fragen oder Zitate sollten im letzten Satz vermieden werden, da sie den Fokus zu sehr darauf lenken, dass eine Antwort oder weitere Deutung folgen.

Die abschließenden Sätze eines Moves sollen inhaltlich und formal, beispielsweise durch ihren rhythmischen Klang, verdeutlichen, dass der Gedankengang nun endet, so dass beim Hören klar wird, dass der Move zum Abschluss kommt und bald ein neuer beginnt. Daher sollten Substantive statt unpräziser Formulierungen wie „dies“ oder „es“ gewählt werden. Außerdem können Formulierungen des Eingangsstatements erneut aufgegriffen und in leicht abgewandelter Form erneut eingearbeitet werden. Möglich ist auch, im *Opening Statement* gestellte Fragen noch einmal prägnant zu beantworten.[185]

Um eine Predigt abwechslungsreich zu gestalten, sollten auch die Abschlüsse der einzelnen Moves unterschiedlich und nicht immer nach der gleichen Machart gestaltet sein. Während es im Hauptteil eines Moves besonderer

---

[180] Vgl. a. a. O., 35.

[181] Am Beispiel des Satzes „Most Christians in America have grown up in church“ zeigt BUTTRICK auf, wie unterschiedlich der Satz entfaltet und kontextualisiert werden könnte und welches Material sich jeweils zur Veranschaulichung anbietet. Vgl. a. a. O., 43ff.

[182] A. a. O., 50 [Hervorhebungen im Original].

[183] Vgl. dazu die aufgeführten Beispiele bei a. a. O., 50f.

[184] A. a. O., 52.

[185] Vgl. dazu die aufgeführten Beispiele, ebd.

Sorgfalt und Vielfalt bedarf, sind die einleitenden und abschließenden Sätze auf Präzision und Klarheit angewiesen.[186]

2.5.4 Die Bedeutung der Erzählperspektive

Bei der abwechslungsreichen Gestaltung der Moves spielt die jeweilige Erzählperspektive eine entscheidende Rolle. Standpunkt und Blickrichtung eines Moves wirken sich maßgeblich auf die Sprache und den Stil eines Moves aus und sind daher bei der Entwicklung und Gestaltung von Moves zwingend zu berücksichtigen. Bei der Bedeutung der eingenommenen Erzählperspektive und ihrer sprachlichen und stilistischen Umsetzung in einem Move wird BUTTRICKS phänomenologischer Hintergrund und sein innovativer Vergleich mit Foto- und Filmaufnahmen besonders offensichtlich. Sowohl die Wahrnehmung im Bewusstsein als auch die sprachliche Wiedergabe sind perspektivisch. Eine vermeintlich objektive Sichtweise ist nicht möglich – auch nicht beim Predigen. Buttrick grenzt sich damit von der traditionellen Homiletik und der damit zusammenhängenden „third-person observational language in preaching“[187] ab. Anstelle einer primär objektiven oder primär subjektiven Sicht- und Darstellungsweise plädiert er für eine reflektierte und vielseitige Gestaltung der Erzählperspektive.[188] Dies begründet er folgendermaßen:

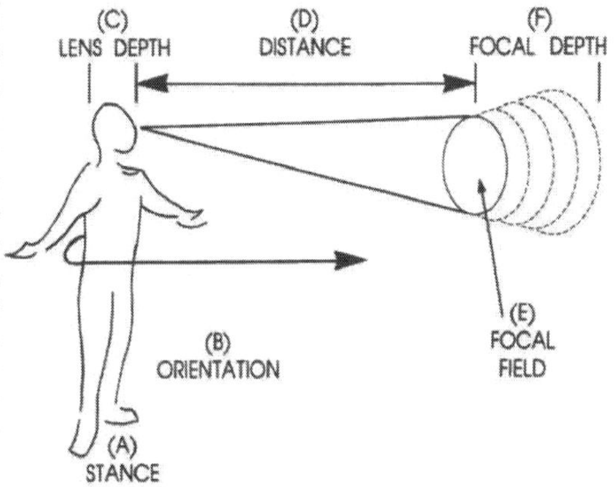

Abbildung 2: Categories of point-of-view (DAVID BUTTRICK, Homiletic, 57.

> „[P]ulpit language must relate to a new twentieth-century consciousness that is simultaneous, perspectival, and complex. When language imitates consciousness, it can match the ways in which we actually experience life and, thus, form quite naturally in a congregational mind.“[189]

---

[186] Bei BUTTRICK heißt es „Moves must begin and end with all-but-overstated strength“ (a. a. O., 53). Mit „strength“ ist hier weniger „Stärke“ als vielmehr Eindeutigkeit und Prägnanz gemeint.

[187] A. a. O., 56.

[188] Vgl. ebd.

[189] Ebd.

Die moderne Filmkunst stellt sich als Inspirationsquelle dar, da es ihr mit neuen Techniken und dramaturgischen Mitteln gelingt, die Realitätswahrnehmung vielfältig und ausdrucksstark zu imitieren.[190] Da die Frage der gewählten Perspektive nicht nur optional bedacht werden soll, sondern immer eine begründete und reflektierte Gestaltungsfrage darstellt, leitet Buttrick aus den Grundlagen der Fotografie weitere Kriterien für die sprachliche Gestaltung der Moves ab.

Zu unterscheiden sind:
A) Der feste Standpunkt, von dem aus etwas betrachtet wird (*stance*),
B) die Blickrichtung, d. h. die beabsichtigte Ausrichtung im Bewusstsein (*orientation*),
C) *der Beteiligungsgrad* als Ausdruck für „self-involvement that reaches different depths in consciousness“[191] (*lens depth*),
D) die räumliche, zeitliche oder auch innerliche/emotionale Distanz zum Wahrnehmungsgegenstand. Hierbei betont Buttrick, dass die Distanz im Bewusstsein entweder visuell oder zeitlich, auf Emotionen oder auf spezifischen Einstellungen basierend wahrgenommen wird.
E) das Wahrnehmungsfeld (*focal field*), d. h. der eng oder weiter gefasste Bildausschnitt,
F) die Tiefenschärfe der Wahrnehmung (*focal depth*).[192]
G) Zu den in der Abbildung dargestellten Parametern kommt die persönliche Einstellung (*attitudinal perspective*) als mögliche Größe hinzu, bei der die persönliche Einstellung zum Wahrnehmungsgegenstand zum Ausdruck kommet.[193]

Für Buttrick ist evident, dass sich mit Hilfe dieser Parameter die sprachliche Gestaltung eines Textes analysieren und präzisieren lässt. Er beobachtet, dass einzelne Einstellungen oder Veränderungen eines Parameters bereits weitreichende sprachliche Veränderungen mit sich bringen und sich so sehr unterschiedlich auf das gemeinschaftliche Bewusstsein auswirken können.[194]

Bereits die ersten drei Sätze des Opening Statements sollen den Blickwinkel des jeweiligen Moves verdeutlichen. Innerhalb eines Moves sollte die Gesamtperspektive nicht verändert werden. Da insbesondere der Standpunkt, die Blickrichtung und die Distanz wesentlich zur Einheit eines Moves beitragen, sollten diese innerhalb eines Moves nicht verändert werden. Ausgenommen davon sind Moves, bei denen es von Beginn an keinen festen, sondern einen sich sukzessive

[190] BUTTRICK hebt hierbei besonders die Gestaltung der Blickwinkel hervor, die beispielsweise durch die Kameraführung, durch den Wechsel von Objektiven oder Schneidetechniken umgesetzt wird. Vgl. a. a. O., 55f.
[191] A. a. O., 59.
[192] Vgl. A. a. O., 57ff.
[193] Vgl. a. a. O., 61f.
[194] S. dazu die verschiedenen Beispiele a. a. O., 58ff.

verändernden Standpunkt gibt. Das Blickfeld, die Tiefenschärfe oder auch der eigene Beteiligungsgrad (*lens depth*) hingegen können leicht umgestaltet werden. Buttrick empfiehlt, nur einen Parameter pro Move zu verändern und dies als kontinuierlichen Prozess anzulegen oder einen abrupten Umbruch vorher anzukündigen. Bei der grundlegenden Haltung hingegen sollte es innerhalb eines Moves keine Veränderung geben.[195]

Buttrick tritt dafür ein, den Umgang mit der verschiedenen Gestaltung der Perspektivität zu erlernen und für das Predigen zu nutzen. Einen Gewinn sieht er darin, mit Hilfe verschiedener Perspektiven eine neue Sicht auf Sachverhalte oder die Welt zu gewinnen und so auch Transformationen zu ermöglichen. Predigten könnten so zudem interessanter und nachdrücklicher gestaltet werden und sich auf diese Weise als besonders zeitgemäß erweisen.[196]

2.5.5 Übergänge und Verbindungen von Moves

„Moves must be separate, yet connecting logic must be well designed."[197] Eine Herausforderung der Predigtentwicklung und -gestaltung besteht darin, die einzelnen Moves durch eine logische Gesamtstruktur miteinander zu verbinden, ohne dass diese ihre Eigenständigkeit und Geschlossenheit verlieren. Die in der traditionellen Homiletik verbreitete (argumentative) Aufzählung lehnt Buttrick als Gliederungsmittel ab. Stattdessen plädiert er dafür, auf verschiedene Formen der Verknüpfung von Moves zurückzugreifen. Diese kann auf inhaltlicher Logik oder einer emotionalen Grundhaltung basieren oder durch das klare Gruppieren von Moves erzeugt werden.[198]

Um sich die Verknüpfung von Moves zu vergegenwärtigen, empfiehlt Buttrick, jeden Move in einem einfachen, kurzen Satz zusammenzufassen.[199] Dabei soll Alltagssprache verwendet werden. Zum Gedanken „We are all sinners" könnten beispielsweise drei unterschiedliche Moves gebildet werden, die mit den Sätzen „Be honest: We are all sinners. But, good news, in Jesus Christ we are forgiven. So, guess what, we can live in a new way."[200] oder „*Look* at sin in the

---

[195] Vgl. a. a. O., 62ff.

[196] Vgl. a. a. O., 65. Aus Platzgründen kann hier nicht wie in Buttricks Lehrbuch eine gesamte Predigt nur hinsichtlich ihrer Perspektivgestaltung untersucht werden. Daher sei ausdrücklich auf die Besprechung einer Predigt bei Buttrick verwiesen, bei der in jedem Move die Perspektive unterschiedlich gehandhabt wird. Vgl. dazu a. a. O., 65ff.

[197] A. a. O., 71.

[198] Vgl. a. a. O., 69ff.

[199] Vgl. a. a. O., 71f. Das Zusammenfassen in einfacher Sprache sieht Buttrick darüber hinaus als gute Möglichkeit um ggf. Perspektivwechsel zu erkennen und zu beheben. Vgl. ebd.

[200] A. a. O., 75.

world. Now, *turn*, and search your own motives. *But hear* the gospel of Jesus Christ."[201] zusammengefasst werden könnten.

Gewöhnlich verdeutlichen Partikel wie „und", „aber", „daher" die Logik eines Gedankengangs. Diese Logik nennt Buttrick „connective logic"[202]. Einzelne Partikel genügen jedoch nicht in einer Predigt, um den Zusammenhang von Moves auszudrücken. Daher dienen sie an dieser Stelle primär der Vergegenwärtigung und Analyse der Struktur. Dies hilft auch, wenn Moves durch „a *logic of consciousness*, that is, a logic of point-of-view"[203] miteinander verbunden werden. Dies ist beispielsweise dann der Fall, wenn mit jedem Move einer Predigt der Bildausschnitt kleiner wird und in der Predigt wie in einem Film an etwas herangezoomt wird.[204]

Nachdem die verknüpfende Logik durch die Zusammenfassung der Moves in einfachen Sätzen herausgearbeitet wurde, sollten die Übergänge der Moves daraufhin abgestimmt werden. Auch hier zeigt sich der Unterschied von öffentlicher Rede zum Einzelgespräch:

Je nach Art der logischen Verknüpfung gibt Buttrick präzise Empfehlungen, um entweder die Eigenständigkeit der Moves zu verdeutlichen oder aber die logische Verknüpfung hervorzuheben. Stellt in der kurzen Zusammenfassung von Moves ein „und" das verknüpfende Partikel zweier Moves dar, empfiehlt Buttrick, nicht den verbindenden Sachverhalt hervorzuheben, sondern ihre Trennung zu betonen. Mit gezielten Formulierungen kann signalisiert werden, dass sich der Gedankengang weiterbewegt und etwas Neues hinzukommt. Das erleichtert das Zuhören. Verbindet hingegen ein „aber" zwei Moves, empfiehlt es sich, das *Opening Statement* erst im zweiten Satz des Moves zu nennen und in einem zusätzlichen ersten Satz den Zuhörenden den Wechsel zu signalisieren, ohne bereits inhaltlich in den neuen Move einzuführen.[205] Die verknüpfende Logik muss für eine Predigt deutlicher herausgearbeitet werden als für einen schriftlichen Text.[206]

Eine weitere Möglichkeit besteht darin, Moves in Sets zu arrangieren.[207] Als Set umschreibt Buttrick zwei oder mehr Moves, die inhaltlich eng miteinander verknüpft sind und so auch komplexere Verbindungen ermöglichen.[208] Als herausfordernd stellt es sich dar, die Verbindungslogik der Sets herauszuarbeiten. Die verknüpfende Logik sollte bereits zu Beginn und im Schlussteil eines Moves verdeutlicht werden. Dies kann bei Gegensätzen durch unterschiedliche stilistische Gestaltungen gelingen, bei assoziativen Verbindungen durch eine ähnliche

---

201 A. a. O., 71 [Hervorhebungen im Original].
202 A. a. O., 70.
203 A. a. O., 71 [Hervorhebungen im Original].
204 Vgl. a. a. O., 70ff.
205 Vgl. dazu die Beispiele und Ausführungen a. a. O., 72f.
206 Vgl. a. a. O., 75.
207 Vgl. a. a. O., 75ff.
208 Vgl. a. a. O., 75ff.442f.

Gestaltung oder wiederkehrende Formulierungen. Damit das gemeinsame Thema eines Sets nicht in den Hintergrund gerät, empfiehlt Buttrick, dies am Ende eines jeden Moves präsent zu halten, da dort zusammenfassende Gedanken erwartet werden.[209]

Die Verbindung von Moves kann darüber hinaus durch eine emotionale Ausdrucksweise („style"[210]) erfolgen. Buttrick lehnt sowohl die künstliche Zurückhaltung von Emotionen als auch künstlich hervorgebrachte Emotionen ab. Stattdessen spricht er sich dafür aus, die emotionale Dimension der gewählten Perspektive in einem Move wahrzunehmen und zur Geltung zu bringen. Predigende sollten daher einen flexiblen Predigtstil entwickeln, so dass sie mit unterschiedlichen stilistischen Mitteln verschiedenartige Moves erarbeiten können.[211]

2.6 *Die weitere Ausarbeitung der Predigt*

Auch Predigten, die in Moves unterteilt sind, benötigen eine angemessene Einleitung und einen Schluss, um der Predigt einen vereinheitlichenden Rahmen zu verleihen. BUTTRICK betont, dass die Funktion von Einleitung und Schluss nicht darin liegt, einen neuen Gedanken oder eine neue Sichtweise vorzustellen. Vielmehr liegt ihre Aufgabe darin, auf die Moves vorzubereiten bzw. diese abschließend abzurunden.

2.6.1 Die Rahmengestaltung I: Die Einleitung

Einleitungen haben die Funktion, die Zuhörerinnen und Zuhörer auf die anschließende Predigt vorzubereiten und sie auf die folgenden Moves einzustimmen:

> „Introductions do two things: They give *focus to consciousness* and provide some sort of *hermeneutical orientation*. All else is secondary."[212]

Einleitungen sollen verdeutlichen, was das thematische Anliegen der Predigt ist und wie dies in den Blick genommen wird.[213] Das Bewusstsein zu fokussieren, impliziert hohe Erwartungen an die Gestaltung einer Einleitung. Dies betrifft in

---

209 Vgl. a. a. O., 75ff.

210 A. a. O., 77.

211 Vgl. a. a. O., 77ff.

212 A. a. O., 83 [Hervorhebungen im Original].

213 „Hermeneutical intepretation attempts to indicate *what* is being discussed and *how* to listen." A. a. O., 91 [Hervorhebungen im Original]. BUTTRICK geht ferner davon aus, dass jede Einleitung eine Form der hermeneutischen Orientierung beinhaltet. Daher plädiert er für deren bewusste Reflexion und Gestaltung. Vgl. ebd.

besonderer Weise die Sprache: „Language in an introduction must be terse, visual, and above all, focal."[214] Erst gegen Ende der Predigterarbeitung sollte daher die Einleitung konzipiert und geschrieben werden: Die Moves und die hermeneutische Perspektive sollten bereits durchdacht und teilweise ausgearbeitet vorliegen.[215] Predigteinleitungen sollten weder eine profunde inhaltliche Auseinandersetzung beinhalten noch oberflächlich und unspezifisch sein. Auch die Gliederung der Predigt sollte nicht angekündigt werden, ebenso wenig sollte das weitere Vorgehen erklärt werden.[216]

Für den Aufbau einer Einleitung gibt Buttrick klare Handreichungen: Sieben bis zwölf Sätze genügen.[217] Diese Anzahl ist nicht willkürlich, vielmehr geht Buttrick davon aus, dass mit weniger Sätzen nicht alle Anforderungen erfüllt werden können und mehr Sätze nicht notwendig sind. Eine Einleitung soll den Gesamthorizont der Predigt aufscheinen lassen, ehe im ersten Move ein Aspekt konkret in den Blick genommen wird. Anders als beim Opening Statement der Moves liegt das Gewicht nicht auf den ersten Sätzen der Einleitung. Die ersten Sätze dienen vielmehr dazu, dass sich die Zuhörerinnen und Zuhörer an die Syntax und Sprechweise gewöhnen können: „So, as a rule, the first two or three sentences in a sermon ought to be short and simple and without too much content weight."[218]

Daran sollten vier bis acht Sätze anschließen, in denen anhand der Stimmung oder eines Themas oder einer spezifischen Blickrichtung eingestimmt wird auf die kommende Predigt.[219] Die Gedankenführung soll einfach gestaltet sein und auf inhaltliche Weiterentwicklung verzichten. Abgeschlossen werden sollte die Einleitung mit einem Satz, der mit dem Ende eines Moves zu vergleich ist: „[T]he last sentence of an introduction [...] must stop action, fix focus, and sound final."[220] Gelingt dies, kann die Einleitung als ein klares Bild wahrgenommen werden, das in die Predigt einführt, ohne einen eigenständigen Move darzustellen oder mit dem ersten Move zu verschmelzen. Der letzte Satz muss das Ende der Einleitung deutlich werden lassen, so dass gilt: „After an introduction,

---

214 A. a. O., 96.

215 Vgl. a. a. O., 83.91.

216 BUTTRICK wendet sich mit diesem Punkt explizit gegen die in der traditionellen Homiletik verbreiteten Auffassungen, die in der Einleitung einen Ausblick auf die folgenden Themen und Argumenten vorsah. Er argumentiert, dass die Vorwegnahme der weiteren Aspekte nicht nur Spannung vermindert und so dem Zuhören dienliche Überraschungseffekte verloren gehen, sondern auch die zeitliche ins Bewusstsein gerufen wird, wodurch das Ende eher erwartet werde. Vgl. a. a. O., 85f.

217 Vgl. a. a. O., 86.

218 A. a. O., 87. BUTTRICK empfiehlt darüber hinaus: „The first few sentences in an introduction must be lean, simple sentences without clausal intrusions or extra adjectives." Ebd.

219 Vgl. a. a. O., 86.88.

220 A. a. O., 87.

people should be ready to hear a sermon, and to hear in a certain *way* and with certain understandings established."[221]

Dafür ist wichtig, dass in der Einleitung lediglich ein Bild veranschaulicht wird. Mehrere Bilder hält Buttrick nur dann für möglich, wenn sie sich im Bewusstsein gleichlaufend formen, d. h. der gleichen Logik entsprechen.[222] Veranschaulichendes Material sollte unterschiedlich wirken, ein visuell vorstellbarer Gegenstand sollte z. B. kombiniert werden mit einer hörbaren Passage wie einer wiedergegebenen Äußerung.[223] Auch der Bezug zur biblischen Perikope sollte bereits in der Einleitung hergestellt werden.[224]

Wie auch die Moves sind Einleitungen diszipliniert zu gestalten, in allen Aspekten ist darauf zu achten, dass die beiden zentralen Funktionen einer Einleitung erfüllt werden. Zu verzichten ist daher auf alles, was die Aufmerksamkeit der Zuhörenden auf Abwege führt: Neben Randbemerkungen versteht Buttrick darunter auch das Erzeugen von übermäßiger Spannung, das Einbringen von persönlichen Anekdoten sowie Humor. Letzterer ist nur dann sinnvoll, wenn er der hermeneutischen Orientierung dient – nicht aber, wenn durch das Erzählen eines Witzes nur für lockere Stimmung gesorgt werden soll.[225] Trotz seiner Affinität für Filmkunst plädiert Buttrick auch nicht für das stufenweise Verengen des Fokus wie es in Filmen durch allmähliches Heranzoomen gemacht wird. Die damit erzeugte Spannung stuft er als übertrieben und zugleich kontraproduktiv ein, da so Irritation erzeugt und zu viel Bewegung und Perspektivwechsel impliziert werden.[226]

---

221 A. a. O., 90 [Hervorhebung im Original]. BUTTRICK führt folgende Einleitung als Beispiel für eine Predigt über Jesu Seewandel an. Bei den Zuhörenden ist von einem möglichen Widerstand zur Historizität von biblischen Wundern auszugehen, weshalb die Einleitung bereits verdeutlichen soll, dass es nicht um die Frage der Historizität geht, sondern der Seewandel als Bild für den Glauben in den Blick genommen werden soll. „Outside Rome there are rooms carved in rock – the catacombs. Early Christians hid themselves in the catacombs to escape persecution. On the rock wall, scratched in stone, is a picture of Jesus walking on the water. There's a stick-figure Jesus, a wiggly line for waves, and circles underneath to represent fish. The picture looks like a child's drawing. Nevertheless, the picture of Jesus walking on the waves spoke to early Christians of a Lord who could come to them in trouble. The picture was a picture for faith" (ebd.). Die Einleitung zeigt beispielhaft auf, wie eine Einleitung ins Thema einführen kann und zugleich aufzeigt, wie die Predigt sich mit dem Seewandel auseinandersetzen möchte. Buttrick nennt dies das „hermeneutical consciousness" (a. a. O., 91.), das eine Einleitung erzeugen soll. Vgl. ebd.

222 „Introductions will develop a single image to work from or, at most, a parallel of images." A. a. O., 88.

223 Von der Wiedergabe ganzer Passagen eines Dialoges rät BUTTRICK ab, da diese zu viele Perspektivwechsel implizierten. Stattdessen rät er zur Wiedergabe kurzer Passagen. Vgl. a. a. O., 88f.

224 Vgl. a. a. O., 90.

225 Vgl. a. a. O., 92ff.

226 Vgl. a. a. O., 93.

2.6.2 Die Rahmengestaltung II: Der Predigtschluss

Neben einer Einleitung stellt eine reflektierte Erarbeitung des Predigtschlusses die Rahmengestaltung einer Predigt dar. „Conclusions are simple systems of language. They will fix consciousness, fulfill an intention, and quit.“[227] BUTTRICK betont daher, dass der Predigtschluss in einfacher und konkreter Sprache gestaltet sein und die direkte Ansprache suchen sollte.[228]

Der Predigtschluss markiert ein deutliches Ende der gesamten Predigt und sollte in seiner Gestaltung der primären Intention der Predigt gerecht werden. Daher ist grundsätzlich eine große Vielfalt von Predigtabschlüssen zu möglich, da sie ganz unterschiedlichen Absichten gerecht werden müssen und sich demnach unterschiedliche Mittel und sprachliche Gestaltungsweisen nahelegen.[229] Diese Vielfalt betont Buttrick und lehnt ein wiederkehrendes Muster wie einen besonders pathetischen Höhepunkt am Ende der Predigt explizit ab.[230]

Ein Predigtschluss sollte deutlich kürzer als ein Move sein und mit circa fünf bis acht Sätzen konzipiert werden. Die ersten beiden Sätze dienen in der Regel dazu, „to establish a stopped, reflective consciousness to a congregation“[231]. Auf resümierende Formulierungen wie „Abschließend“ oder „Zusammengefasst...“ sollte verzichtet werden, da sie der Aufmerksamkeit nicht zuträglich sind. Auch die kurze Wiederholung aller wichtigen Einsichten oder Argumente, wie es in der traditionellen Homiletik vorgesehen war, lehnt Buttrick ab.[232] Anstelle von Wiederholungen und Redundanz[233] plädiert er dafür, einige wenige in den Moves verwendete Bilder und markante Phrasen aufzugreifen, um sie erneut ins Bewusstsein zu rufen. Eine wörtliche Wiederholung ist dabei nicht notwendig. Vielmehr sollten einzelne Phrasen so in den Predigtschluss verwoben werden, dass sie die Gesamtaussage zur Geltung bringen. Dies eignet sich besonders dann gut, wenn die Moves verschiedene Aspekte und Sichtweisen präsentieren. Folgt aus den Moves hingegen eher eine logische Konsequenz, sollte der Predigtschluss besonders an den letzten Move anschließen und beispielsweise wichtige Aspekte konkretisieren.[234] Einen Eindruck des Endes sollten die letzten drei Sätze des Predigtschlusses vermitteln. Hierzu eignen sich – wie beim Abschluss von Moves auch – kurze, prägnante Sätze, die in der Regel durch gezielte Syntax, rhythmische Wiederholungen oder den Klang von Wörtern indirekt das Ende ankündigen. Für den letzten Satz wiederum formuliert Buttrick weitere Vorgaben: „The last sentence of a sermon should be short and, in general, free from

---

227 A. a. O., 98.
228 Vgl. a. a. O., 108.
229 Vgl. a. a. O., 97ff.108.
230 Vgl. a. a. O., 98.108.
231 A. a. O., 101.
232 Vgl. a. a. O., 101f.
233 „Redundancy is the death of any conclusion.“ A. a. O., 102.
234 Vgl. ebd.

adjectival or clausal elaboration. The last, brief sentence in a sermon should simply *stop.*"[235] Als ungeeignete Mittel stuft Buttrick offene Fragen, fremde Zitate, persönliches Bekenntnisse und Anekdoten, längere, rhythmische Wiederholungen oder auch die Rückkehr zum Predigteinstieg an. Seine Begründungen verweisen auf die notwendige Kongruenz, mit der alle Faktoren reflektiert werden sollten: So wirkt eine offene Frage nur in der Theorie als Impuls zum langfristigen Nachdenken, in der Praxis wird sie kaum wahrgenommen. Viel stärker wirke es hingegen, ein Bild dessen zu zeichnen, was man in den Hörenden bewirken möchte, beispielsweise durch die Schilderung einer beispielhaften Szene. Durch den Perspektivwechsel, die u.U. andere Syntax und Sprache rät Buttrick auch von Zitaten oder dem Paraphrasieren von Gedichten ab. Diese wirken störend und sind ungeeignet für ein klares Ende. Ebenfalls ungeeignet sind mehrere Sätze, die sich in ihrer Wortwahl und in ihrem Aufbau stark ähneln, da sie zwar der Predigerin ein emotionales, intensives Erlebnis bescheren, nicht aber der Gemeinde. Die Wiederholung eines Satzes dagegen wirkt auch im Bewusstsein der Gemeinde und ist daher angemessener. Auch von persönlichen Glaubenszeugnissen oder Bekenntnissen rät Buttrick entschieden ab, da sie die Person des Predigers zu sehr in den Fokus rücken. Auch die Rückkehr zur Idee der Predigteinleitung ist mit Schwierigkeiten verbunden: Zwar ist dies eine gute Möglichkeit, um eine Predigt abzurunden und mit einem harmonischen Rahmen zu beenden. Doch wenn mit der Predigt die Absicht einhergeht, die Hörenden zu eigenem Handeln oder Nachdenken zu motivieren, sollte ein anderer Predigtschluss entworfen werden.[236]

Wie bei den anderen Teilen der Predigt ist der Schluss im Vorfeld auszuarbeiten. Doch als (emotionaler) Höhepunkt der Predigt bietet es sich an, vom ausgearbeiteten Manuskript abzuweichen und den Schluss frei(er) zu formulieren. Die sorgfältige Vorbereitung erübrigt dies aber nicht – diese bleibt notwendig, um auch den Predigtschluss durchdacht und abwechslungsreich zu konzipieren.[237]

2.6.3 Die Arbeit mit Bildern, Beispielen und Veranschaulichungen

Ein weiterer Aspekt von David Buttricks rhetorischer Gestaltungsstrategie umfasst die Auswahl und Inklusion von sprachlichen Bildern, Beispielen und Veranschaulichungen. Ihre Chance sieht er darin, auf verschiedenen Ebenen zeitgleich zu kommunizieren. Zugleich können sie leicht aufgefasst werden. Dabei

235 A. a. O., 103.
236 Vgl. a. a. O., 103ff.
237 Vgl. a. a. O., 108f.

ist zwischen Beispielen und Veranschaulichungen zu differenzieren, da diese unterschiedlich wirken: „Examples emerge from common congregational consciousness whereas illustrations are brought to a congregation from beyond the sphere of shared experience."[238] Beiden ist gemein, dass sie präzise durchdacht und luzide in die Predigt eingearbeitet werden müssen. Ihre Funktion ist es, einen Gedanken anschaulich werden zu lassen. Insbesondere Veranschaulichungen sollen daher nicht für sich stehen, vielmehr ist die Verbindung zwischen dem Gedankengang und dem veranschaulichenden Material herauszuarbeiten.[239]

Beispiele können verwendet werden, um den Wahrheitsgehalt von Aussagen zu verdeutlichen, um Analagien zu bilden oder um sich auf die Lebenswirklichkeit zu beziehen. Dabei müssen sie sorgsam ausgewählt werden und sollten nur eingebracht werden, wenn die darin enthaltene Erfahrung auf den Predigtkontext übertragbar und die Aussage stimmig ist. Beispiele dürfen nicht allgemein sein, sondern sollen konkret und anschaulich gestaltet und ausgearbeitet werden, um die mit dem Beispiel verbundene Absicht gut zur Geltung zu bringen. Pro Move sollte nur ein kurzes Beispiel verwendet werden. Möchte man verschiedene Aspekte der Lebenswirklichkeit vor Augen führen, dann sind bis zu drei kurze Beispiele pro Move ratsam. Diese müssen stilistisch ähnlich gestaltet sein und eine ähnliche Intention haben.[240]

Für Veranschaulichungen kann jede Art von Material hinzugezogen werden: Zitate, Szenen aus Theaterstücken, Filmen oder der Literatur, Erzählungen, Bilder, Bruchstücke aus Unterhaltungen und dergleichen. Ob Veranschaulichungen geeignet sind, entscheidet sich für Buttrick an drei Kriterien: der inhaltlichen Analogie, der strukturellen Ähnlichkeit und der Angemessenheit. So ist beispielsweise zu fragen: Gibt es strukturelle Ähnlichkeiten zwischen der Struktur des Inhalts und der formalen Ebene der Illustration? Kann die Veranschaulichung als angemessen bzw. passend angesehen werden für den konkreten Inhalt?[241]

Darüber hinaus gilt: „If illustrations function within moves they will be governed by the content, shape, and intention of a move, and must fit into the move's point-of-view."[242] Veranschaulichungen sollen dem Gedanken und der Logik des Moves entsprechen und diesen zur Geltung bringen. Hat ein Move eine positive Ausrichtung, darf die Veranschaulichung nicht zum Aufzeigen des Gegenteils verwendet werden, da dies sonst den Move unterbricht oder überlagert.

---

238 A. a. O., 128. BUTTRICK merkt jedoch auch an, dass diese Unterscheidung nicht immer trennscharf zu ziehen ist. Vgl. ebd.

239 Vgl. ebd.

240 Vgl. a. a. O., 128ff.

241 Vgl. a. a. O., 133. „By appropriate we mean that the illustration's imagery is fitting, that it has much the same moral, aesthetic, or social *value* as the idea being illustrated." A. a. O., 134 [Hervorhebung im Original].

242 A. a. O., 135.

Auch in ihrer Ausdrucksstärke sollten Veranschaulichungen dem Move entsprechen, damit ein nebensächlicher Move nicht auf Grund einer starken Illustration überbetont wird und dadurch die Ausgewogenheit innerhalb der Predigt geschmälert wird. Es zeigt sich: Beispiele und Veranschaulichungen sind auf verschiedenen Ebenen auf ihre Funktion und ihre Eignung zu prüfen und sprachlich präzise herauszuarbeiten: „If an illustration is to fit an idea, it must match image for image and not create inadvertent static by mixing metaphors."[243]

Innerhalb einer Predigt benötigt nicht jeder Move eine Veranschaulichung. Zugleich sollte maximal eine Veranschaulichung in einem Move eingebracht werden. Eine Veranschaulichung sollte sprachlich lebhaft umgesetzt werden, damit sie leicht aufzufassen ist und mit der eigenen Lebenswirklichkeit in Beziehung gesetzt werden kann. Mehrere Veranschaulichungen führen weder zu mehr Klarheit, noch kann dadurch eine gesteigerte Wirkung erzielt werden.[244] Gelingt es daher nicht, eine Veranschaulichung zu finden, die genau dem Gedanken und der Bewegung des Moves entspricht, soll auf die Illustration verzichtet werden, um nicht den gesamten Move zu schwächen.

Die auch schon zur Zeit Buttricks verbreitete Predigtgestaltung mit mitunter langen und auch emotionalen narrativen Passagen sieht Buttrick kritisch: Ihre Wirkung hält er für überschätzt, da eine Illustration aus fünf bis maximal sechs Sätzen deutlich mehr Bedeutung transportieren könne und somit wesentlich stärker wirke. Schwierigkeiten nimmt Buttrick auch bei dem Einbringen von Zitaten, persönlichen Anekdoten, Humor und innerbiblischen Vergleichserzählungen wahr.[245] Werden Zitate wiedergegeben, kommt es durch die andere Syntax und Sprachmelodie zu Unterbrechungen. Daher sollten nur sehr kurze Zitate in der Predigt wiedergegeben werden. Ähnlich verhält es sich mit anderen biblischen Erzählungen, die zum Vergleich zu einem Ereignis oder einer Szene eingebracht werden. Vielfach kann deren Inhalt nicht mehr als bekannt vorausgesetzt werden. Die Erzählungen ausführlich zu erzählen, zu erklären und in die Predigt einzubinden, wäre zur Veranschaulichung jedoch zu umfangreich. Das Erzählen von persönlichen Anekdoten stellt für Buttrick ebenfalls eine Schwierigkeit dar, weil es den Fokus des Moves aufspaltet. Wird eine Erfahrung als persönliche Erfahrung dargestellt, zieht der persönliche Charakter vielfach mehr Aufmerksamkeit auf sich als die Erfahrung selbst. Daher sollten eigene Erfahrungen geschickt als Assoziierungsangebot kommuniziert werden, so dass der Fokus vor allem auf der geteilten Erfahrungsebene liegt und die Persönlichkeit des Predigers eher implizit zur Geltung kommt. Auch der Einsatz von Humor sollte sorg-

243 A. a. O., 140.

244 Vgl. a. a. O., 135f.

245 Vgl. a. a. O., 141ff.

fältig bedacht und gestaltet werden, um ein richtiges Maß zu finden und Humor gezielt einzubringen.[246]

„We must shape illustrations *into* moves, knitting them into content with care, yet, at the same time, protecting the strong starts and finishes of moves."[247] Veranschaulichungen sollten daher in der Mitte eines Moves in den Text eingewoben werden, um weder zu Beginn noch zum Ende hin den Move zu dominieren.[248] Vermieden werden sollten auch Hinführungen und Hintergrundinformationen zu den Veranschaulichungen. Von Dritten übernommenes Material sollte als solches erkennbar sein.[249]

Die bereits bei der Reflexion der einzelnen Beispiele und Veranschaulichungen erkennbare rhetorische Strategie ist darüber hinaus auf die Gesamtstruktur auszuweiten: „What makes a good sermon is not one single illustration, but a gridwork of interacting images, examples, and illustrations."[250] Zum strategischen Konzipieren der Predigt gehört es, vor der Ausarbeitung des Manuskriptes die inhaltliche Ausrichtung der einzelnen Moves in der Gesamtstruktur zu betrachten. Buttrick ist es wichtig, die eigenen Aussagen erst auf theologisch-inhaltlicher Ebene zu reflektieren (Was will ich sagen?) und erst im zweiten Schritt auf visueller Ebene nach Veranschaulichungen zu suchen.[251] Durch die weitere Abstimmung beider Ebenen kann man auch bei Buttrick von einem Ineinander von Form und Inhalt sprechen: Veranschaulichungen sollen weder nur beigefügtes Schmuckwerk sein noch eigenständige Themenkomplexe beinhalten.[252] Buttrick grenzt sich hiermit in zweifacher Richtung ab: Die Ausrichtung der traditionellen Homiletik kritisiert er wegen ihrer beigefügten Veranschaulichungen, weshalb die Predigten vielfach auch als „three points and a poem" bezeichnet wurden. Zugleich wendet er sich von Predigten ab, die zu sehr auf die Kraft und Wirkung von Bildern und Narrativen setzen und keine inhaltliche Aussageabsicht erkennen lassen oder zu losgelöst von der restlichen Predigt sind. Buttricks Konzept erweist sich damit als Beispiel, inhaltliche und formale Ebene in reziprokem Verhältnis zu entwickeln. Wesentlicher Bestandteil seiner rhetorischen Strategie ist es, die visualisierenden Elemente in der gesamten Predigt

---

246 „All in all, our two rules stand: (1) Congregations should laugh only when you want them to laugh, and have *good reason* for their bemusement; and (2) If you are a funny person, your problem is control; if you are not a naturally funny person, do not try!" A. a. O., 147 [Hervorhebungen im Original].

247 A. a. O., 148 [Hervorhebungen im Original].

248 „As a rule, the stronger the illustration, the more content will be needed prior its inclusion. We must always have a frame of meaning well established before an illustration is used." Ebd.

249 Vgl. a. a. O., 149ff.

250 A. a. O., 153.

251 „Basically, the process involves a free associating of idea and image, a seeing of what we are saying." A. a. O., 155.

252 „Imagination works *with* thought. Therefore, it is in thinking out ideas that we move toward imagery." Ebd. [Hervorhebungen im Original].

bereits vor der finalen Ausarbeitung des Predigtmanuskriptes aufeinander abzustimmen:

> „We need to see what we have on hand for a whole sermon before choosing an example or illustration for any single idea. We are going to build an image/illustration framework for an entire sermon. In effect we will gather stuff for a whole sermon and then, with an eye to structural design, select with care."[253]

Buttrick plädiert daher für einen separaten Arbeitsschritt, in dem für die gesamte Predigt visualisierendes Material überlegt, durchdacht und ausgewählt wird. Ein solcher Arbeitsschritt ist in der deutschsprachigen Homiletik bislang nicht geläufig, auch in der Dramaturgischen Homiletik findet er sich nicht. So wichtig dieser Arbeitsschritt ist, betont Buttrick, dass nicht jeder Move mit Hilfe von Beispielen oder Veranschaulichungen visualisiert werden muss.[254] Die Auswahl des visualisierenden Materials soll nicht chronologisch erfolgen, sondern nach Gewicht und Ausgewogenheit in Bezug auf die gesamte Predigt. Anzufangen ist bei dem Move, der inhaltlich am wichtigsten und zugleich herausforderndsten ist, damit dieser die passendste Visualisierung erhält. Abstufend nach ihrer Gewichtung werden danach die weiteren Moves reflektiert und aufeinander abgestimmt. Hierbei ist Abwechslung ein wichtiges Kriterium – Veranschaulichungen sollen auf unterschiedlichen Logiken basieren, andere Lebenswelten repräsentieren und nicht vorhersehbar sein. Predigende sollten sich daher nicht nur auf einige, wenige Inspirationsquellen von Materialien festlegen, sondern einen breiten Horizont haben. Darüber hinaus ist aber auch auf die Verzahnung der Bilder, Beispiele und Veranschaulichungen zu achten, da sie nicht nur ein Detail erhellen, sondern dem Gesamtgefüge der Predigt dienen sollen:

> „Instead, we are suggesting that images, examples, and illustrations are woven into content and provide an underlying image grid for an entire sermon; they function similarly to the clusters of images in a poem, forming in consciousness along with a meaningful structure."[255]

Um Visualisierungen miteinander zu verzahnen, sieht Buttrick drei Möglichkeiten: Die Wiederholung von einzelnen Bildern oder Motiven in zwei Moves, sofern die Moves nach einer ähnlichen Logik aufgebaut sind und nicht unmittelbar aufeinander folgen. Darüber hinaus können wiederkehrende Sätze wie Refrains sich wiederholen, dann sollten sie jeweils leicht variiert werden und an unterschiedlichen Stellen in den Moves vorkommen.[256] Außerdem können auch Ver-

---

253 A. a. O., 156.

254 „We must pick and choose, always keeping in mind that *not* every move must be illustrated." Ebd. [Hervorhebungen im Original].

255 A. a. O., 163.

256 „At the start of moves, refrains will tend to demark categorical repetitions. At the ends of moves, however, refrains will tend to contribute to closure and to associate moves in sets, just as a refrain in a song will follow stanzas." A. a. O., 165.

anschaulichungen miteinander verknüpft werden, wobei die Wechselbeziehung zwischen den Moves entweder auf einem gemeinsamen Bildmotiv oder auf einer gleichen Rahmengestaltung aufbauen kann. Damit das doppelt vorkommende Bildmotiv sich gut entfalten kann, sollte ein Move zwischen den beiden Moves liegen und eine veränderte Logik mit dem Bild verknüpft werden – entsprechend der Logik des Moves. Wird in zwei Moves eine Veranschaulichung oder ein Beispiel mit einem ähnlichen Setting gewählt, verhält es sich entgegengesetzt: Diese bauen in ihrer Logik aufeinander auf und sind dementsprechend ähnlich zu gestalten. Buttrick zufolge entfaltet dieses Mittel seine Wirkung besonders dann, wenn es der Intention der gesamten Predigt entspricht und diese den Aspekt der Veränderung impliziert. Wichtig ist dabei zu betonen, dass es bei diesen Gestaltungsmitteln nicht um das Beeindrucken des Publikums oder die Selbstinszenierung geht – im Gegenteil, diese Möglichkeiten sind daher sehr moderat einzusetzen.[257]

Nachdem die Visualisierungen für die gesamte Predigt konzipiert wurden, gilt es diese noch einmal abschließend zu reflektieren: Welche Bilder und Veranschaulichungen kommen vor? Spiegeln sie eine heterogene Lebenswelt wider? Tragen sie womöglich dazu bei, Stereotype, Sexismus oder Diskriminierung zu befördern? Ermöglichen die Bilder dem Publikum einer abwechslungsreichen, aber kraftvollen Predigt zuzuhören und dadurch den inhaltlichen Gedankengang besser verstehen zu können?[258] Erst nach dieser kritischen Durchsicht, erfolgt die weitere Ausarbeitung.

2.6.4 Die Predigtsprache

Wie auch andere Vertreter der *New Homiletic* beschäftigt sich David Buttrick eingehend mit den Besonderheiten der Predigtsprache. Verschiedene Anforderungen sind dabei wahrzunehmen: Die Sprache der Predigt soll eine rhetorische Strategie erkennen lassen, ihren Inhalt klar zum Ausdruck bringen und konkret

---

[257] Buttricks phänomenologische Orientierung wird deutlich, wenn er das Zusammenspiel von Bildern und Veranschaulichungen als Imitation des menschlichen Bewusstseins versteht. Dass dieses keineswegs manipulativ missbraucht werden darf, hebt er zugleich klar hervor: „Devices of interrelating must never be homiletic ‚tricks' employed to show off homiletic technique. If a congregation leaves a church filled with admiration for a preacher's rhetorical skills, then a sermon has failed *utterly*. We do not preach to be liked, admired, or applauded. Sermon craft is never intended to dazzle, but always to serve. Thus, rhetorical systems that interrelate images must be used modestly, aiming at an all-but-human consciousness. With images interacting we imitate human consciousness in order to serve faith-consciousness; we do not manipulate." A. a. O., 167f. [Hervorhebungen im Original].

[258] Wie ein solches „image grid" zu erstellen und kritisch zu reflektieren ist, zeigt Buttrick sehr anschaulich anhand einer Predigt über das Gleichnis vom Sämann auf, die er zur Ordination einer Pfarrerin gehalten hat. Vgl. a. a. O., 158ff.

sein. Zugleich soll die Predigtsprache aber auch ästhetisch ansprechend, poetisch und bildreich sein. Daher unterscheidet sie sich auch auf Grund ihrer metaphorischen Sprache von anderen Kommunikationsformen und ist als „*connotative language used with theological precision*“[259] zu beschreiben. Predigerinnen und Prediger sind daher auf theologische Expertise ebenso angewiesen wie auf das Erlernen rhetorischer Kompetenzen und ein Gespür für Ästhetik und Poesie.

Buttricks Verständnis ist durch seine phänomenologische Orientierung geprägt. Ein semiotisches Sprachverständnis hält er für ebenso unzureichend wie jene Theorien, die Sprache als „articulation of the primal self and connected to an affective dimension of self“[260] verstehen.[261] Insbesondere im Zusammenhang des Predigens betont Buttrick die Funktion von Sprache, mit Hilfe von Worten Anderes und Neues ins Bewusstsein zu rufen: „Though words are emphatically human and incurably social, nevertheless, the essential character of language is to bring out and into consciousness.“[262]

Die Sprache der Predigt bezeichnet Buttrick daher als „the sophisticated, simple language of preaching“[263]. Sie greift auf einen einfachen Wortschatz zurück und unterscheidet sich nicht wesentlich von der Sprache, die sonst in der Gemeinde oder von den Menschen in der Gemeinde gesprochen wird.[264] Auf der Ebene der Wortwahl sollte nicht versucht werden, eine eigene, tendenziell „heilige“ Predigtsprache zu sprechen, damit die Predigt besonders religiös klingt. Stattdessen sollte auf viele Verben, Substantive sowie Pronomen und wenige Adjektive zurückgegriffen werden, damit die Sprache möglichst einfach, konkret und lebendig ist.[265] Auch auf Fachbegriffe sollte verzichtet werden. Im kirchlichen Kontext geläufigen Begriffen wie „Erlösung“, „Heiligung“ oder „Rechtfertigung“ steht Buttrick sehr skeptisch gegenüber. Seiner Meinung nach kommen sie im (außerkirchlichen) Alltagssprachgebrauch nicht mehr vor und sollten daher primär in theologischen Diskursen verwendet werden.[266] Für besonders geeignet hält er aktivische Formulierungen im Präsens, direkte Ansprachen sowie kurze Sätze, die in ihrem Satzbau dennoch abwechslungsreich sind.[267] Entscheidend ist für Buttrick, dass diese Art der Predigtsprache zu erlernen und das geschriebene Manuskript angemessen für die mündliche Rede und handwerklich gut gemacht ist.[268]

---

259 A. a. O., 184.

260 A. a. O., 177.

261 Vgl. a. a. O., 173ff.

262 A. a. O., 184.

263 A. a. O., 189.

264 Den geteilten Wortschatz einer Gemeinde umfasst BUTTRICK zufolge nur 5000 Worte, daher liegt die Betonung eindeutig auf einfachen Ausdrücken und einer eher umgangssprachlichen Redeweise. Vgl. a. a. O., 188f.

265 Vgl. a. a. O., 217ff.

266 Vgl. a. a. O., 194.

267 Vgl. a. a. O., 219ff.

268 Vgl. a. a. O., 220.

Die Kunst des Predigens liegt in der handwerklichen Dimension: „[P]reaching is always more craft than art. What is more, preaching is a *considered craft*. We never pursue effect for the sake of effect; we are always concerned with usefulness.“[269] Auf Grund dessen sollte die ästhetische Dimension der Predigtsprache nicht überbewertet werden. Predigten sollten nicht besonders schön, kunstvoll oder lyrisch klingen. Daher lehnt Buttrick eine rein denotative Sprechweise ebenso ab wie eine Haltung, die nur von außen beobachtet und die predigende Person nicht erkennbar werden lässt.

Für das Erlernen des Predigtschreibens sind für Buttrick verschiedene Faktoren wegweisend. Zum einen das eigene Ausprobieren und Reflektieren, zum anderen das Wahrnehmen und Analysieren fremder Predigten. Neben homiletischen Lehrbüchern stuft er die Beschäftigung mit Poesie, Romanen und Dramen als besonders lehrreich ein, um den eigenen Umgang mit Sprache zu präzisieren.[270]

Buttrick hält es nicht für zielführend, einen bestimmten Sprachstil für Predigten zu entwickeln. Vielmehr plädiert er dafür, verschiedene Sprachstile beherrschen zu können, um Predigten sprachlich möglichst flexibel und variabel gestalten zu können. Daher ist, um beispielsweise auch Emotionen bei den Zuhörerinnen und Zuhörern zu wecken, kein spezifischer Stil notwendig, sondern viel mehr eine reflektierte Gestaltung der jeweiligen Perspektive und eine authentische Vorstellungskraft.[271]

Aus rhetorischer Perspektive ist es notwendig, sich über die stilistische Gestaltung Gedanken zu machen, zumal diese stets dem einzelnen Move entsprechen und sich in das Gesamtgefüge der Predigt einfügen sollte. Erkennbar wird ein Predigtstil besonders in der kongruenten sprachlichen Gestaltung der jeweiligen Perspektive, dem wichtigsten intendierten Effekt, der inhaltlichen Aussagen und der Entwicklung eines Moves in dessen Hauptteil. Dafür ist es besonders effizient, auf den sprachlichen Klang zu achten: „*Do the sound function within a speaker's normal syntax? [...] Do the sounds relate appropriately to a particular subject?*“[272] Auch Sprechpausen und Sprechrhythmus sollten bei der schriftlichen Formulierung berücksichtigt werden, d. h. ein ausgewogenes Maß von Wiederholungen und Abwechslung beinhalten. Schließlich können auch verschiedene stilistische Mittel wie umgangssprachliche Ausrufe, Fragen oder die direkte Rede, Wiederholungen und Wortumstellungen oder verschiedene rhetorische Figuren wie Synekdoche, Personifikation oder Apostrophe geeignet sein.[273] Bei allen sprachlichen Gestaltungsfragen ist entscheidend, ob sie im jeweiligen Kon-

269 A. a. O., 193 [Hervorhebungen im Original].
270 Vgl. a. a. O., 220f.
271 Vgl. a. a. O., 199ff.
272 A. a. O., 206 [Hervorhebungen im Original].
273 Vgl. a. a. O., 205ff.

text als angemessen anzusehen sind. Folgende Leitfragen eignen sich daher, um dies zu überprüfen:

> „Is the language theologically apt? Does the language form in congregational consciousness? Does the language serve the statement of a particular move?"

Ob eine Formulierung, ein Bild oder eine Veranschaulichung theologisch passend ist, ist für Buttrick ausschlaggebend. Predigerinnen und Prediger sind auf ihre theologische Expertise angewiesen, um auch aus rhetorischer Perspektive reflektieren zu können, ob ihre Aussagen angemessen und im Predigtkontext geeignet sind. Auf Grund dessen stellt für Buttrick das Durchdenken der theologischen Inhalte und Aussagen einen der ersten Schritte bei der Erarbeitung einer Predigt dar. Darüber hinaus sollte sichergestellt werden, dass die verwendeten Formulierungen und Bilder allgemein verständlich sind und sich nicht nur einem selbst oder einem kleinen Kreis von Menschen erschließen. Dabei ist sorgsam abzuwägen, wie neue Gedanken in alltäglicher Sprache kommuniziert werden können. Anschließend ist sicherzugehen, dass die formale und inhaltliche Ebene eines Moves sowie der gesamten Predigt harmonisch miteinander interagieren. Bei der Wahl sprachlicher Formulierungen ist weder die Ästhetik noch die Überzeugungskraft ein gültiges Argument, sondern der sprachliche Ausdruck soll primär den gesamten Move unterstützen und von dort her begründet werden.[274] Auch hier sind Angemessenheit und Ausgewogenheit wichtige Kriterien.

Es ist große Sensibilität beim Umgang mit Sprache gefordert, um den verschiedenen Formen von Diskriminierung und das Festlegen auf Stereotype und Geschlechterrollen zu vermeiden. Buttrick hebt hier die Verantwortung hinsichtlich der Abwehr von Antisemitismus hervor und betont außerdem, wie wichtig gendergerechte Sprache ist, auch im Hinblick auf die Rede von Gott.[275]

Buttricks Wahrnehmung der sprachlichen und rhetorischen Dimensionen der Predigtgestaltung erweist sich damit als Plädoyer für handwerkliche Fertigkeiten im Umgang mit der Sprache. Um verständlich und anschaulich predigen zu können, bedarf es einer sorgfältigen und präzisen sprachlichen Ausarbeitung. Predigerinnen und Prediger müssen folglich lernen, ihre Predigten schriftlich so auszuarbeiten, dass ihre theologischen und rhetorischen Fertigkeiten das Ineinander von Form und Inhalt lenken und auf diese Weise Predigten entstehen, die darauf abgestimmt sind, gesprochen und gehört zu werden.

---

[274] Vgl. a. a. O., 195f.
[275] Vgl. a. a. O., 196ff.

2.6.5 Die Wirkungsabsichten einer Predigt

„The Bible displays amazing variety in logic of movement, and sermons will do likewise."[276] BUTTRICK plädiert zwar dafür, eine Predigt nach bestimmten Regeln aufzubauen, doch das Zusammenspiel der Moves und die Ausgestaltung des Plots sind flexibel und abwechslungsreich zu konzipieren. Es zeichnet Buttricks Predigtverständnis aus, dass alle Predigten eine Intention verfolgen, die sich maßgeblich am biblischen Text orientiert. Buttrick leitet phänomenologisch her, dass im Bewusstsein Bedeutung in drei Verarbeitungsphasen und -formen entsteht: unmittelbar, reflexiv und/oder handlungsorientiert.[277] Predigten sollten auf eine dieser Formen konzentriert sein. Maßgebliche Orientierung bietet dabei der biblische Text: Narrative Texte zielen auf eine unmittelbare Wirkung ab. Daneben gibt es biblische Texte, die bei ihren Rezipienten einen Reflexionsprozess evozieren möchten. Als dritten Predigttypus identifiziert Buttrick Themenpredigten, bei denen es primär um eine christliche Interpretation einer Situation oder eine lebensweltliche Fragestellung geht. Sie blicken von der menschlichen Lebenswirklichkeit ausgehend auf biblische Texte und den christlichen Glauben.[278] Auf Grund der besonderen Charakteristika dieser drei Predigttypen spezifiziert Buttrick nicht nur das Vorgehen bei der Predigterarbeitung, sondern auch bei der Ausgestaltung und Reflexion.

a) Predigten zu narrativen Texten: Unmittelbar verständliche Verstehenslogik
„Preaching in the mode of immediacy"[279] nennt Buttrick die Herangehensweise, die sich besonders für narrative Texte eignet. Narrative Texte sind unmittelbar verständlich und haben nicht selten einen performativen Charakter. Durch ihre Erzählstruktur üben sie eine unmittelbare Wirkung aus: „[T]he language of the text prompts analogies of understanding in consciousness, and the movement of the text produces shifts in consciousness."[280] Narrative Texte zeichnet daher ihre Wirkung aus: „[T]hey are clearly plotted to produce an *action* in consciousness out of which meaning happens."[281] Sie sollen unmittelbar verständlich sein, als episodenhafte Bewegung bzw. als Entwicklung wahrgenommen werden und Nachdenken auslösen.

276 A. a. O., 404.

277 BUTTRICK veranschaulicht diese These anhand einer Bildbetrachtung in einer Gemäldegalerie: Das unmittelbare Betrachten eines Gemäldes hinterlässt einen Eindruck im Bewusstsein, aber durch das Nachdenken über das Bild kann eine ganz neue Bedeutung entstehen. Auch langfristig kann das Bild einen Eindruck hinterlassen und nachhaltig verändern, wie die Welt wahrgenommen wird. Vgl. a. a. O., 320.

278 Vgl. a. a. O., 319ff.

279 A. a. O., 333.

280 A. a. O., 321.

281 A. a. O., 362 [Hervorhebungen im Original].

Bei narrativen Texten ist in besonderer Weise die Erzählstruktur zu analysieren. Die Analyse des Plots als *„an intending to do“*[282] stellt den ersten Schritt in der Auseinandersetzung mit dem Predigttext dar und prägt die weitere Erarbeitung der Predigt. Jeder Abschnitt des Plots ist dahingehend zu analysieren, welche theologischen Auffassungen darin enthalten sind, wo ähnliche Erfahrungen in der heutigen Lebenswelt ausfindig gemacht werden können und was das Verstehen innerhalb der Gemeinde beeinträchtigen könnte.[283] Buttrick verfolgt dabei die Absicht, die Story und die Erzählstruktur eingehend zu beleuchten, um anschließend eine geeignete Gliederung der Predigt zu entwerfen. Predigten über narrative Texte müssen nicht analog zum Plot des Predigttextes aufgebaut werden. Vielmehr sollte der Plot der Predigt darauf abgestimmt werden, dass er der Kommunikation der jeweiligen theologischen Überzeugung dient.[284] Der Plot sollte daher so gewählt werden, dass er auf unauffällige und natürliche Weise Story, theologische Überlegungen und Erfahrungen miteinander verwebt.[285]

Als wichtige Inspirationsquellen für das Predigen über narrative Texte nennt Buttrick das Erzählen von Geschichten für Kinder und die hochentwickelten Muster des narrativen Predigens in der Tradition der Afro-amerikanischen Gemeinden.[286] Bei beiden erkennt er das Muster, die Erzählung immer wieder zu unterbrechen und mit Veranschaulichungen, Beispielen, Erklärungen oder ähnlichem anzureichern. Die narrativen Predigten der *Black Churches* zeichnen sich darüber hinaus dadurch aus, dass sie biblische Erzählungen im Präsens wiedergeben. Die besonderen Vorzüge dieser Erzählweise liegt einerseits in „the unfolding of a crisp plot that sustains narrative excitement“[287] und andererseits darin, dass es den Hörerinnen und Hörern selbst überlassen bleibt, Bezüge zu ihren eigenen Erfahrungen und damit auch eigenständige Deutungen und Interpretationen vorzunehmen.

Über narrative Texte zu predigen bedeutet für Buttrick allerdings nicht, nur narrativ zu predigen: „Our task is not merely to tell a good story, but to tell a story that will form theological meaning for our lives.“[288] Buttrick sieht rein narrativ gestaltete Predigten kritisch, da die theologische Interpretation ohne veranschaulichende oder einordnende Einschübe im Erzählverlauf zu wenig zur Geltung kommt.[289] Er betont, dass Predigten in erster Linie den Glauben fördern

---

282 A. a. O., 363 [Hervorhebungen im Original].

283 Vgl. dazu die beispielhafte Analyse von Lk 17,11–19 a. a. O., 337ff.

284 Vgl. a. a. O., 340f.

285 Vgl. a. a. O., 340.345.

286 Vgl. a. a. O., 335.

287 Ebd.

288 A. a. O., 345.

289 Darüber hinaus begründet BUTTRICK dies mit der fehlenden Ausbildung von Predigerinnen und Predigern in narratologischer Hinsicht (vgl. a. a. O., 334). Dieses Argument ist vor dem Hintergrund seines Plädoyers für die umfassende Bildung und Ausbildung von Predigerinnen und Predigern allerdings wenig überzeugend.

und nicht durch besonders packendes, unterhaltsames oder informatives Geschichtenerzählen hervortreten sollten.[290] Darüber hinaus lehnt Buttrick es ab, intensiv die psychologische Verfasstheit der erzählten Charaktere zu fokussieren, um sich beispielsweise besser in sie hineinversetzen zu können. Dies lasse zeitliche und räumliche Distanzen außer Acht und verleite den Prediger dazu, die Predigt als dramatisches Theaterstück misszuverstehen, dass in einer Performance möglichst gut aufzuführen sei.[291]

Predigten über narrative Texte sollen der Erzählung Raum geben und zugleich darauf abzielen, reflektiert zu werden. Damit dies gelingt, ist darauf zu achten, dass die Einleitung sich auf die Erzählung bezieht, während im Predigtschluss eher Impulse verarbeitet werden, um zum Nachdenken über die Erzählung und die Predigt anzuregen. Bei der Gestaltung des Predigtschlusses sollten daher besonders die Gliederung der Predigt und die mit der Predigt verbundene Intention berücksichtigt werden.[292] Die Moves sollten kurz und ohne Längen gestaltet werden und die Perspektiv- oder Szeneriewechsel eher unerwartet erfolgen, damit sich der Plot weder langweilig noch vorhersehbar entwickelt. Besondere Sorgfalt ist auf die Übergänge der Moves zu legen, damit der Gesamtzusammenhang stimmig und logisch bleibt. Buttrick rät davon ab, den biblischen Text in der Predigt als historisches Dokument zu betrachten und zwischen der damaligen und der gegenwärtigen Bedeutung zu unterscheiden. Dies impliziere zu viele Perspektivwechsel und verhindere einen kraftvollen Plot. Es sollte auch vermieden werden, erst die Erzählung zu schildern und anschließend deduktiv herzuleiten, welche Bedeutung für die Gegenwart zu erkennen ist.[293] Statt einer abschließenden denotativen Interpretation sollten im Verlauf der Predigt die Erzählung und theologische Bedeutungen so miteinander verwoben werden, dass die Hörenden eigenständig eine Bedeutung der Erzählung erschließen können.[294]

Buttrick zeigt an beispielhaften Texten, wie er sich die Erarbeitung und Analyse einer Predigt über narrative Texte vorstellt. Er veranschaulicht dabei überzeugend, wie die Umsetzung seiner Thesen und Theorie aussehen kann.[295]

b) Reflexive Predigten zu reflektierenden Texten

„Preaching in the Reflective Mode“[296] nennt Buttrick es, wenn Predigten nicht nur das eigenständige Nachdenken anstoßen wollen, sondern auch von bibli-

---

290 Vgl. a. a. O., 334f.
291 Vgl. a. a. O., 333f.
292 Vgl. a. a. O., 345f.
293 Vgl. a. a. O., 341.
294 Vgl. a. a. O., 346f.
295 Exemplarisch bezieht sich BUTTRICK auf Lk 17,11–19, Mt 20,1–15 sowie Gen 22,1–19 und berücksichtigt damit alt- und neutestamentliche Perikopen sowie vor allem die Gleichnisse Jesu. Vgl. a. a. O., 335–362. Vgl. darüber hinaus: DERS., Speaking Parables, Louisville (KY) 2000.
296 DAVID BUTTRICK, Homiletic, 365.

schen Perikopen ausgehen, die ein Thema reflektieren. Buttrick betont bei der Aufgabe dieser Predigten: „We are describing neither a text on a page nor a distilled theme, but rather a configured field of *contemporary* understanding.“[297] Predigten sollen weder darauf abzielen, das ursprüngliche Verständnis in der damaligen Situation zu eruieren noch nur einen Aspekt oder nur ein Thema beleuchten. Buttrick betont hingegen die interpretatorische Leistung von Predigten und plädiert dafür, einen *aktuellen Bedeutungszusammenhang* herzustellen, der auf der biblischen Textgrundlage fußt und auf die gegenwärtige Situation ausgerichtet ist.[298] Der Gegenwartsbezug dieses Bedeutungszusammenhangs steht dabei im Vordergrund, die Bezüge zu biblischen Texten oder Bildern stehen im Hintergrund.[299]

Buttrick spricht sich nicht dafür aus, Predigten über reflektierende Texte rein induktiv zu gestalten und eng am biblischen Text auszurichten, wie Martin Nicol und Alexander Deeg es in der Dramaturgischen Homiletik fordern („RedenIn“ statt „RedenÜber“[300]). Er betont vielmehr, dass die Predigten umsichtig auf die jeweiligen Charakteristika des *gegenwärtigen* Bedeutungszusammenhangs abzustimmen sind.

Bei der intensiven Auseinandersetzung mit dem biblischen Text soll der Fokus auf die Struktur und Gliederung der Perikope gelegt werden. Dabei soll der Gedankengang kleinschrittig wahrgenommen werden, um beispielsweise auch gegensätzliche Sichtweisen oder Argumente innerhalb der Perikope zu bemerken.[301] Die einzelnen Elemente des Bedeutungszusammenhangs sind auf drei Ebenen zu reflektieren: Es sind die theologischen Überzeugungen herauszuarbeiten, mögliche Verstehenshindernisse zu antizipieren und vergleichbare gegenwärtige Erfahrungen ins Auge gefasst werden.[302]

Die besondere Herausforderung sieht Buttrick darin zu entscheiden, welchen Gedanken der erste Move kommuniziert und von welchem Punkt aus der Bedeutungszusammenhang in der weiteren Predigt erschlossen wird. Buttrick empfiehlt, nicht intuitiv oder willkürlich vorzugehen, sondern einen Gedanken zu wählen, der an das christliche Selbstverständnis von Individuen oder der Gemeinde anschließt.[303] Die zu skizzierende Grundstruktur der Predigt sollte kei-

---

297 A. a. O., 366 [Hervorhebungen im Original].

298 Vgl. a. a. O., 366f.

299 Vgl. a. a. O., 403f.

300 NICOL und DEEG geben damit der induktiven Methode, wie sie FRED CRADDOCK in den Diskurs eingebracht hat, mehr Raum. Vgl. beispielsweise MARTIN NICOL/ALEXANDER DEEG, Im Wechselschritt zur Kanzel, 15f.

301 Als besonders geeignetes Mittel erwähnt BUTTRICK hierbei das laute Vorlesen der Perikope um Veränderungen in der Argumentation, der Spannung, der Stimmung oder der Bezugspunkte wahrzunehmen. Vgl. DAVID BUTTRICK, Homiletic, 369.

302 Vgl. a. a. O., 370. Auf diese Weise möchte BUTTRICK vermeiden, dass es zu einer Zweiteilung aus erklärenden und veranschaulichenden Ausführungen kommt, wie sich dies in früheren homiletischen Traditionen beobachten ließ. Vgl. ebd.

303 Vgl. a. a. O., 375.

nem vorgefertigten Schema entsprechen, sondern genau auf den jeweiligen Bedeutungszusammenhang abgestimmt sein. Verschiedene Logiken können einen Bedeutungszusammenhang konstituieren, die auf Bildern, auf Allegorien oder Symbolen beruhen oder als Gespräch gestaltet sind.[304] Auf diese Weise können Moves in Sets arrangiert werden und den Reflexionsprozess besonders gut fördern.[305]

Die Predigt soll auch in ihrer Struktur von der interpretativen Auseinandersetzung mit der Perikope zeugen und deren gegenwärtige Bedeutung zur Sprache bringen.[306] Es ist dabei durchaus denkbar, dass Predigten keine oder nur sehr wenig konkrete Bezüge zur biblischen Perikope beinhalten. Die meisten Moves einer Predigt sollten in ihrer thematischen Orientierung allerdings eine Nähe zur biblischen Perikope aufweisen. Es können aber auch Moves sinnvoll sein, die vor allem theologische Interpretationsmöglichkeiten oder mögliche Einwände artikulieren und diskutieren. Ein wichtiger Arbeitsschritt ist daher das „replotting“[307], um eine geeignete Struktur für die Predigt zu erarbeiten.

> „[I]n the reflective mode of preaching, we form a sermon design that will *embody* meanings from a passage with additions (or substractions) prompted by interpreting the passage theologically and in relation to roadblocks within contemporary cultural consciousness.“[308]

Bei den Veranschaulichungen ist besonders darauf zu achten, dass sie das theologische Verständnis, das der Predigt zugrunde liegt, zur Geltung bringen und dabei auch auf mögliche Verstehenshindernisse Bezug nehmen.[309] Dies soll sich auch in einer angemessenen sprachlichen Gestaltung zeigen, die eher nachdenklich und verständnisorientiert sein sollte. Buttrick weist zudem auf die Vielfalt biblisch-reflektierender Texte hin und plädiert dafür, dass sich diese Vielfalt in Predigten widerspiegelt.[310]

c) *Die Lebenswelt interpretierenden Predigten: Handlungsorientiert predigen*

Von Predigten, die der Auseinandersetzung mit einer biblischen Perikope entspringen, sind Predigten zu unterscheiden, die vorrangig durch ihren Situationsbezug gekennzeichnet sind:

---

304 Vgl. hierzu die exemplarischen Analysen zu Hebr 12,1–4, Jes 40,1–11, Joh 15,1–7 und Mk 16,1–8: Vgl. a. a. O., 391–403.

305 Ein einfaches Set kann aus zwei Moves bestehen, die der „‚not A, but B‘ logic“ (A. a. O., 388.) entsprechen. Vgl. ebd.

306 Vgl. a. a. O., 374ff.387f.

307 A. a. O., 305.

308 A. a. O., 388 [Hervorhebungen im Original].

309 Vgl. a. a. O., 389.

310 Vgl. dazu auch sein Versuch, einen eher ungewöhnlichen Predigttext wie Amos 4,1–3 homiletisch zu erschließen und zu beleuchten: a. a. O., 381–387.

> „[B]y ‚Preaching in the Praxis Mode‘ we mean a preaching that addresses persons *in* lived experience and, therefore, starts with a hermeneutic of lived experience.“[311]

Situationen, die die Wahrnehmung und Interpretation aus christlicher Perspektive herausfordern, können gesellschaftliche Krisenerfahrungen, Grenzerfahrungen im persönlichen Leben oder andere Konstellationen sein, in denen existentielle Fragen aufkommen. Von Predigerinnen und Predigern fordert Buttrick ein sensibles Gespür dafür, welche aktuellen Themen und Fragestellungen in der Kanzelrede aufgegriffen werden sollten.[312] Das Ziel ist, durch die Betrachtung aus christlicher Perspektive zu einer neuen Sichtweise zu gelangen.[313]

Lebensweltlich orientierte Themenpredigten zeichnet eine andere Bewegung aus, was sich sowohl in der Erarbeitung als auch in der Gestaltung zeigt:

> „In preaching from scripture, we moved from text to a contemporary field of meaning in consciousness (shaped by theological understanding and analogies of experience) to a congregational situation. When preaching in the mode of praxis, the process seems to reverse. We begin with a situation, shift to a theological review of the situation in Christian consciousness, and then, possibly, to particular passages *if* they have been connected to theological understanding in consciousness and are, therefore, at hand.“[314]

Buttrick hebt die Bedeutung hermeneutischer Überlegungen hervor: Nicht nur die Interpretation biblischer Texte bedarf umsichtiger hermeneutischer Analyse, sondern auch gesellschaftspolitische Situationen und existentielle Fragestellungen.[315] Zugleich ist auffällig, dass der Bezug zu biblischen Texten – anders als in Deutschland üblich – optional ist. Buttrick begründet dies damit, dass einer umsichtigen Wahrnehmung und Analyse der jeweiligen Situation und ihrer theologischen (Neu-)Interpretation hohe Relevanz beizumessen sind. Darüber hinaus möchte er vermeiden, dass biblische Zitate nur zur Legitimation der eigenen Meinung verwendet werden. Auf Grund dessen lehnt Buttrick es ab, einen biblischen Text als Lösung für ein Problem oder ein menschliches Dilemma darzustellen.[316]

Buttrick akzentuiert zudem die gesellschaftspolitische Dimension der christlichen Botschaft, weswegen sich die Predigt nicht nur auf den Bereich des Persönlichen beschränken darf, sondern explizit die sozialen Strukturen und gesellschaftlichen Kontexte berücksichtigen muss. Nicht alle Situationen hält Buttrick für geeignet, um sie auf der Kanzel zu thematisieren. Es sollte sich um Situationen handeln, die tiefgreifende existentielle oder historische Fragestel-

---

311 A. a. O., 405.
312 Vgl. a. a. O., 411.
313 Vgl. a. a. O., 417.
314 A. a. O., 419 [Hervorhebungen im Original].
315 Vgl. a. a. O., 418f.
316 Vgl. a. a. O., 419.

lungen betreffen, sich auf „limit moments or decision moments, crucial questions of meaning and morality“[317] beziehen und aus christlicher Perspektive weiterführend betrachtet werden können.

Die intensive Wahrnehmung und Analyse der jeweiligen Situation stellt den ersten Schritt in der Erarbeitung dar. Zuerst soll die Situation definiert, abgegrenzt und beschrieben werden. Dann sind die (Vor-)Verständnisse herauszuarbeiten, die für die Wahrnehmung und Interpretation leitend sind. Darüber hinaus soll untersucht werden, wie sich die Situation aus christlicher Perspektive darstellt, um die theologische Sichtweise auf die gesamte Thematik herauszuarbeiten. Im zweiten Schritt geht es darum, eine Gesamtstrategie für die Ausarbeitung der Predigt sowie eine erste Gliederung zu entwerfen („general scheme“[318]). Lebensweltlich orientierte Predigten kommen Buttrick zufolge nicht ohne eine Beschreibung der Situation, der Fragestellung oder der Themen aus, die in der Predigt in den Blick genommen werden sollen. Außerdem sollte deutlich werden, wie diese aus christlicher Perspektive zu betrachten und zu interpretieren sind und welche Konsequenzen folgen könnten.[319] Es ist zu überlegen, wie die Situation, Fragestellung oder das Thema in der Predigt dargestellt und der Gedankengang aufgebaut werden soll:

> „The general scheme is not in any sense a firm outline, but is rather a sketch of a *strategy* of presentation. The general scheme will involve some ordering of what we have termed the necessary components of a situational sermon.“[320]

Die Gedankenführung kann sehr unterschiedlich aufgebaut sein, je nachdem, ob die gegenwärtige Situation, die christliche Interpretation oder eine biblische Perikope den Ausgangspunkt bildet.[321] Entscheidend ist jedoch auch hier, in einfachen Sätzen schriftlich festzuhalten, was in der Predigt vermittelt werden soll.

Anschließend gilt es, die Gedankenführung konkreter auszuarbeiten, insbesondere durch das Arrangieren von Moves in Sets.[322] Es sollte darauf geachtet werden, dass das Zusammenspiel der Moves den Gedankengang verdeutlicht. Buttrick betont, dass es in der Predigt nicht um ein kompetitives Debattieren geht, auch wenn in der Predigt gesellschaftliche Positionen oder Entwicklungen kritisch betrachtet werden. Darüber hinaus sollte darauf geachtet werden, dass in den Predigten etwas Neues zum Ausdruck gebracht und nicht nur allgemein Bekanntes wiederholt wird. In der älteren US-amerikanischen Homiletik war in diesem Zusammenhang die Idee einer Balance verbreitet: Das Für und Wider eines Sachverhalts sollte in gleichem Maß und nach dem gleichen Schema zur

---

317 A. a. O., 425.
318 A. a. O., 430.
319 Vgl. a. a. O., 430.
320 A. a. O., 433 [Hervorhebung im Original].
321 Vgl. dazu die möglichen Gliederungen, die BUTTRICK skizziert: a. a. O., 430.
322 Vgl. a. a. O., 433f.

Geltung kommen. Dies lehnt Buttrick ab, er plädiert vielmehr für eine abwechslungsreiche, nicht vorhersehbare und vielfältige Predigtgestaltung.[323]

2.7 *Kritische Würdigung*

David Buttricks Homiletik gilt in der US-amerikanischen Fachdiskussion durch seine hermeneutische Perspektive und phänomenologische Herangehensweise als „a highly significant groundbreaking approach to preaching"[324]. Sein Konzept von „moves and structures" wird als ein grundlegendes Konzept der *New Homiletic* angesehen. Es besticht durch eine Fülle von Anregungen, Handreichungen und Vorgaben für die Gestaltung und durch die Differenziertheit, mit der Buttrick den vielzähligen Perspektiven nachgeht. Doch rief sein Konzept auch Kritik hervor.[325]

Buttricks phänomenologische Orientierung war ein Novum in der US-amerikanischen Homiletik. Neben Anerkennung für das innovative und Konzept wurde bereits kurz nach dem Erscheinen seiner Monographie die Frage gestellt, ob die phänomenologischen Grundannahmen tragfähig sind.[326] So kommt Thomas G. Long nach jahrelanger Auseinandersetzung mit Buttricks Homiletik zu dem Schluss, dass er diese Konzeption nur eingeschränkt teilen kann. Sein Hauptkritikpunkt entzündet sich an Buttricks phänomenologischer Ausgangsthese, wie Bedeutung im Bewusstsein entsteht:

> „[D]o ideas really get formed in human consciousness in the way Buttrick claims they do? They *can*, I suppose, but surely not in every case. Buttrick wants every move to state the idea, to develop the idea, and then to restate the idea. Some of the best ideas I have, though (like the idea that God is gracious or the idea that my family loves me), simply did not ‚happen' in my consciousness that way."[327]

Long kritisiert, dass Buttrick Annahmen, wie Bedeutung im menschlichen Bewusstsein entsteht, unzureichend seien. Da Buttrick zahlreiche homiletische Schlussfolgerungen auf diese Annahme aufbaut, bedingt sie weitere Schwachstellen. Eine solche umschreibt Long: „What Buttrick has done is to produce an abstract schematic description of one way of thinking and to declare that process as normative for each section of a sermon. Less direct, more poetic ways of coming to understanding get washed away."[328]

---

323 Beispiele hierfür finden sich a. a. O., 439–445.

324 Richard L. Eslinger, The Web of Preaching, 193.

325 Vgl. ebd.

326 Vgl. beispielsweise Thomas G. Long, Homiletic by David Buttrick, ThTo 45,1 (1988), 108–112: 111f.; ders., The Significance of David Buttrick's Homiletic, Homiletic 12, 2 (1987), 1–5: 4f.; Tim Sensing, An Assessment of Buttrick's Homiletic, 189.

327 Thomas G. Long, The Witness of Preaching, 154f. [Hervorhebungen im Original].

328 A. a. O., 154f.

RONALD J. ALLEN merkt darüber hinaus an, dass Buttrick unpräzise mit zentralen Begriffen umgeht und der zentrale Terminus „consciousness" weder definiert noch differenziert verwendet wird.[329] Zuweilen ist die Kritik an Buttricks phänomenologischer Herangehensweise auch gekoppelt mit hermeneutischen Anfragen an Buttricks Schriftverständnis.[330]

Aus heutiger Sicht ist vor dem Hintergrund der Einsichten der Rezeptionsästhetik von einem diverseren und komplexeren Rezeptionsprozess auszugehen. Insbesondere die Wahrnehmung ist als vielfältigen Prozess anzunehmen. Ein weiterer Kritikpunkt betrifft die fehlenden Nachweise für die empirischen Grundlagen seiner Thesen.[331] Buttricks Homiletik ist darauf ausgerichtet, Predigten so zu konzipieren, dass sie im Bewusstsein der Hörerinnen und Hörern den christlichen Glauben fördern sollen. Er macht jedoch nicht transparent, auf welcher empirischen Grundlage seine Einsichten und Thesen beruhen. Auch die ausführliche Bibliographie ermöglicht es nicht, genau nachzuvollziehen oder zu überprüfen, auf welchen Studienergebnissen Buttricks Ansichten basieren und wie belastbar sie sind. Dies ist besonders bedauerlich, da Buttrick in seiner Darstellungsweise wenig Raum für andere Positionen lässt. Seine Handreichungen, oft dezidiert als Regeln formuliert, können leicht einen normativen Eindruck erwecken.[332] Dies zeigt sich beispielsweise an folgenden Ausführungen, bei denen Buttrick weder die konkreten Studien und ihre Ergebnisse angibt, noch ausführt, wie er zu den dezidierten Schlussfolgerungen gelangt:

> „Research indicates that (1) congregations – even when prompted by ‚Has something like that happened to you?' – will *never* bring to mind similar experiences from their own recall, and (2) congregations will *always* remember the illustration as a disclosure of the *preacher's* character."[333]

Thomas G. Long kritisiert, dass Buttrick das Predigtgeschehen zu einseitig in den Blick nimmt und zugleich wissenschaftliche Studien, die andere Schlussfolgerungen nahelegen, außer Acht lässt.[334] Long plädiert daher dafür, von einem deutlich heterogeneren Rezeptionsprozess auszugehen, selbst wenn es sich bei den Anwesenden eines Gottesdienstes um eine vergleichsweise homogene Gruppe von Menschen handelt.[335]

Buttrick plädiert für eine abwechslungsreiche und vielfältige Gestaltung von Predigten, damit diese weder monoton noch vorhersehbar gestaltet sind.

---

329 Vgl. RONALD J. ALLEN, Homiletic. Moves and Structures, Enc. 51,1 (1990), 69–82: 71.

330 Vgl. TIM SENSING, An Assessment of Buttrick's Homiletic, 182ff.

331 Vgl. beispielsweise RONALD J. ALLEN, Homiletic, 74ff.; THOMAS G. LONG, Homiletic by David Buttrick, 108–112; RICHARD L. ESLINGER, The Web of Preaching, 195; TIM SENSING, An Assessment of Buttrick's Homiletic, 181ff.

332 Vgl. beispielsweise DAVID BUTTRICK, Homiletic, 47f.87.147f.

333 A. a. O.,142. [Hervorhebungen im Original.]

334 Vgl. THOMAS G. LONG, Homiletic by David Buttrick, 111.

335 Vgl. ebd.

Zweifelsohne bietet sein Konzept viel Freiraum zur Adaption und zur individuellen Gestaltung je nach Situation und Kontext. In ihrem Grundaufbau gleichen sich die Predigten jedoch, da stets eine Predigt in fünf bis sechs Moves zu erwarten ist. Es ist zu fragen, ob Buttrick nicht die Möglichkeit eines Gewöhnungseffektes übersieht. Werden Predigten immer in fünf bis sechs Moves gegliedert und entspricht jeder Move in seinem Aufbau dem gleichen Schema, ist davon auszugehen, dass sich die Zuhörerinnen und Zuhörer mit der Zeit daran gewöhnen. Insbesondere die einzelnen Moves könnten dadurch eintönig erscheinen. Infolgedessen könnten auch das Interesse und die Aufmerksamkeit der Hörerinnen und Hörer abnehmen. Zugleich könnten es auch Predigerinnen und Prediger als einengend und eintönig erleben, jede Predigt nach diesem Schema zu konzipieren.

Die Rezeption von David Buttricks Homiletik sollte sich daher nicht auf eine normative Lesart seines Konzepts beschränken. Vielmehr sollten vor allem die verschiedenen innovativen Impulse in den Fokus gerückt werden, die Buttrick in die Homiletik eingebracht hat. Besonders seine rhetorischen Perspektiven und Ideen haben nach wie vor das Potenzial, den deutschen Forschungsdiskurs und die homiletische Ausbildung zu beleben und bereichern.

Auch im homiletischen Diskurs in den USA wird anerkannt, dass Buttricks Homiletik trotz ihrer Schwachstellen zahlreiche Impulse bietet, die nach wie vor relevant sind. Insbesondere sein Bemühen, das Predigtgeschehen durch eine intensivere rhetorische Reflexion neu zu beleben, ist hierbei zu nennen. Buttrick hat den homiletischen Diskurs in den USA nachhaltig beeinflusst und vorangetrieben. Seine Homiletik wird daher vielfach als „one of the most theologically sophisticated books in the current literature of homiletics“[336] gewürdigt.

Als einer der wichtigsten innovativen Gedanken ist der Aspekt der Bewegung zu nennen. Buttrick nimmt die Predigt als Bewegung wahr und hat damit auch die Sichtweise auf narrative Strukturen in biblischen Texten sowie in Predigten dauerhaft beeinflusst. Nachhaltig hat er nicht nur den Begriff „Move“, sondern auch ein Predigtkonzept etabliert, welches das Predigtgeschehen gänzlich neu in den Blick nimmt. Eine Predigt wird als Bewegung verstanden, die sich über die gesamte Predigt erstreckt und sich aus verschiedenen, in sich geschlossenen Sequenzen zusammensetzt. Buttricks Konzept eröffnet damit eine neue Freiheit der Predigtgestaltung: In einer Predigt dürfen verschiedene Gedanken und Ideen vorkommen, die nicht alle in einen umfassenden argumentativen oder kausalen Zusammenhang gebracht werden müssen. Die Moves einer Predigt müssen in einer sinnhaften Struktur aufeinanderfolgen, sie müssen jedoch nicht unmittelbar aufeinander aufbauen. Dies ist als Entlastung für die Predigerinnen und als Erleichterung für die Zuhörer zu begreifen und befördert verständliche und interessante Predigten. Zugleich ermöglicht es neue Möglichkeiten, beispielsweise Spannung aufzubauen und Sinn entstehen zu lassen. Zur

336 Ronald J. Allen, Homiletic, 74.

Etablierung seines innovativen Konzepts hat beigetragen, dass beispielsweise Thomas G. Long im US-amerikanischen Kontext und Martin Nicol und Alexander Deeg im deutschsprachigen Kontext wesentliche Elemente Buttricks übernommen haben.[337] Insbesondere die deutschsprachige Rezeption ist jedoch aus Sicht dieser Studie als eigenwillig und unzureichend zu beschreiben.

Buttrick versteht die Predigt als Plot, als eine Rede mit einem Handlungs- und Erzählgerüst. Demnach liegt ihr eine *rhetorische Strategie* zugrunde, die dazu führt, die Predigtintention sowie die Gestaltung der einzelnen Aspekte genau zu reflektieren. Das Erarbeiten einer Predigt stellt sich als strukturierte Herangehensweise dar: Nach intensiven exegetischen und systematisch-theologischen Auseinandersetzungen folgt die Reflexion der eigenen Absichten, was dann in das Entwickeln eines Plots mündet. In der sukzessiven Ausarbeitung einer Predigt werden u. a. Veranschaulichungen und Beispiele überlegt und aufeinander abgestimmt. Berücksichtigung findet dabei auch die Gliederung und Gestaltung der einzelnen Moves. Buttrick sieht damit zwar eine klare Reihenfolge der Predigtschritte vor, lässt dabei aber auch viel Freiraum für die individuelle und situativ abgestimmte Gestaltung.

Buttrick betont die handwerklich-erlernbare Dimension des Predigens. Predigen stellt sich für ihn nicht als Kunst dar, sondern als handwerklich versiertes und rhetorisch reflektiertes Erarbeiten von religiösen Reden. Diese sollen von ihrer technisch-handwerklichen Beschaffenheit qualitativ so gut erarbeitet werden, dass sie nicht offenbaren, wie durchdacht und differenziert ihre Erarbeitung war. Die Predigten sollen für die Hörerinnen und Hörer beim Hören der Predigt leicht zu verstehen sein, das Zuhören soll Freude bereiten, Kopf und Herz ansprechen. Vor allem die hermeneutischen, aber auch die exegetischen, soziologischen und rhetorischen Fragestellungen verweisen auf wesentliche Kompetenzen, die erlernt werden können und elementar für eine gute Predigt sind. Dies bedeutet gleichzeitig, dass sich an Predigten klare Kriterien anlegen lassen, um deren handwerkliches Fundament zu reflektieren und auch zu verbessern. Buttrick zeigt dies an zahlreichen gelungenen Beispielen auf und analysiert diese. Er verdeutlicht damit aufschlussreich, wie die Umsetzung gelingen kann und wie elementar aus didaktischer Perspektive positive Beispiele sind. Auch das *image grid* zur Reflexion der visualisierenden Elemente ist als weiterführendes Element hervorzuheben. Seine Abwägungen bei der Gestaltung der einzelnen Parameter – ob bezüglich der Einleitung der Predigt, des Schlusses eines Moves, der Einbindung von Zitaten oder dem Arrangieren von Moves in Sets – bieten konkrete und hilfreiche Orientierung.

Buttricks Homiletik erweist sich als Homiletik mit einem starken rhetorischen Profil, die auch im Kontext der New Homiletik eine herausgehobene Stellung innehat. Sein Versuch, die Partnerschaft von Homiletik und Rhetorik neu zu beleben, ist innovativ und weiterführend. Mit der traditionellen Homiletik

[337] Vgl. Thomas G. Long, The Witness of Peaching, 171ff.

und ihrer rhetorischen Herangehensweise setzt sich Buttrick kritisch auseinander und vermag es, homiletisch-rhetorische Fragestellungen und Arbeitsschritte neu in den Blick zu nehmen. Bis heute erweisen sich seine Impulse als anregend und weiterführend. Bei aller Kritik genießt Buttrick deshalb eine hohe Wertschätzung. RICHARD L. ESLINGER hält fest: „Put succinctly, David Buttrick is a continuing conversation partner around the web of preaching. He speaks to contemporary situation in preaching and is the subject of ongoing debate and controversy within the field.“[338]

2.8 Die Rezeption Buttricks in der deutschsprachigen Homiletik

Auch in der deutschsprachigen Homiletik ist das Konzept von DAVID BUTTRICK rezipiert worden. MARTIN NICOL und ALEXANDER DEEG haben Buttricks Homiletik in der Dramaturgischen Homiletik als einen wegweisenden Ansatz der *New Homiletic* verarbeitet und auch Isolde Karle hat jüngst das rhetorische Innovationspotenzial von Buttricks Ansatz akzentuiert.[339] Zuletzt hat auch Karten Dittmann auf den Ansatz Buttricks hingewiesen.[340]

Die Dramaturgischen Homiletik von Martin Nicol und Alexander Deeg ist ein homiletisches Konzept, das eine Vielzahl von Impulsen der *New Homiletic* aufgreift und für den deutschsprachigen Kontext adaptiert. Dabei wird aus verschiedenen heterogenen Ansätzen der *New Homiletic* ein mehr oder weniger einheitliches Konzept entwickelt, das die diversen Ansätze der *New Homiletic* nicht konsequent differenziert. Buttricks Homiletik wird nur selektiv rezipiert, so dass zentrale Aspekte seiner Konzeption unberücksichtigt bleiben. Die Rezeption von Buttricks Homiletik in der Dramaturgischen Homiletik wird seiner Konzeption nicht gerecht. Insbesondere sein rhetorisches Profil kommt in der Dramaturgischen Homiletik nicht genügend zur Geltung.

Buttricks Konzept baut auf den Grundpfeilern *Moves and Structures* auf und etabliert eine neue Herangehensweise, Predigten in ihren einzelnen Sequenzen und ihrer Gesamtkomposition wahrzunehmen und zu konzipieren. Dies rezipieren Nicol und Deeg und gründen auch die Dramaturgische Homiletik auf der Unterscheidung zwischen Moves und Structure. Sie übernehmen damit den stärks-

338 RICHARD L. ESLINGER, The Web of Preaching, 194.

339 Vgl. beispielsweise MARTIN NICOL/ALEXANDER DEEG, Im Wechselschritt zur Kanzel; vgl. MARTIN NICOL, Einander ins Bild setzen; vgl. ISOLDE KARLE, Praktische Theologie, 220–230; vgl. DIES., Das Evangelium kommunizieren, in: LARS CHARBONNIER et al. (Hgg.), Homiletik. Aktuelle Konzepte und ihre Umsetzung, Göttingen 2012, 19–31: 24f.

340 Vgl. Karsten Dittmann, Bewegung und Intention. David G. Buttricks phänomenologische Homiletik, in: PrTh 57,2 (2022), 100–109.

ten Impuls David Buttricks, Predigten aus einzelnen Sequenzen zu konzipieren, die ein stimmiges Ganzes ergeben.

In ihrer weiteren Rezeption ist die Dramaturgische Homiletik allerdings stark von rezeptionsästhetischen und künstlerischen Perspektiven geleitet. Dies wird daran ersichtlich, wie die von Buttrick vorgebrachten Begriffe „Moves“ and „Structure“ verstanden werden. Auch in der Dramaturgischen Homiletik zählen sie zu den Grundbegriffen. Während Buttrick unter dem Begriff *Structures* aber die verschiedenen Formen der strukturellen Predigtkonzeption und -reflexion versteht, wird er in der Dramaturgischen Homiletik lediglich im Singular rezipiert. *Structure* steht in der Dramaturgischen Homiletik für die Gesamtstruktur der Predigt, wie sie sich aus den einzelnen Moves ergibt.[341] So bleiben verschiedene Elemente unberücksichtigt, die bei Buttrick das Zusammenspiel der Moves kritisch reflektieren und korrigieren. Dies zeigt sich auch in der untergeordneten Reflexion der rednerischen Kommunikationsabsicht und deren Umsetzung in der Predigt im Rahmen der Dramaturgischen Homiletik.

Moves sind für Buttrick in erster Linie in sich geschlossene, sprachlich gestaltete und somit rhetorische Einheiten. Nicol und Deeg dagegen fassen sie als *„[b]ewegte* Sequenzen“[342] auf, die mit Szenen eines Theaterstücks oder eines Films oder mit Sätzen einer Symphonie zu vergleichen sind. Als „gestaltete Bewegung“[343] zeichnen sich Moves in der Dramaturgischen Homiletik nicht nur durch einen Spannungsbogen aus, sondern ebenso durch einen Einleitungs- und einen Schlusssatz, die nicht nur Anfang und Ende des Moves verdeutlichen, sondern auch die Übergänge der Moves sicherstellen.[344] Den Begriff *Move* halten Nicol und Deeg auch im Deutschen für geeignet, weil „[d]er Anschluss an die Welt der Künste *und* die Eigenart der PredigtKunst [...] damit in ein und demselben Begriff zum Ausdruck [kommen].“[345] Damit werden die Moves entschieden anders aufgefasst und interpretiert: Moves stellen zwar auch im Konzept der Dramaturgischen Homiletik Predigtabschnitte dar, die abwechslungsreich zu konzipieren sind. Doch als rhetorische Einheiten, die einen konkreten Gedanken formulieren, ausführen und veranschaulichen, werden sie nicht verstanden. Sämtliche rhetorische Vorstellungen Buttricks, wie Moves zu gestalten sind, werden daher nicht rezipiert. Stattdessen schlägt die Dramaturgische Homiletik mit der Reflexion von Titeln und sprachlichen Mitteln eine andere Vorgehens- und Gestaltungsweise vor. „Ein Move ist charakterisiert durch seinen Titel. Der Titel lässt Mittel in den Blick kommen, und die Mittel verweisen ihrerseits auf die Gestaltseite des Titels.“[346] Jede Predigt und jeder Move soll einen Titel be-

---

341 Vgl. Martin Nicol/Alexander Deeg, Im Wechselschritt zur Kanzel, 16.

342 A. a. O., 16 [Hervorhebungen im Original].

343 Martin Nicol, Einander ins Bild setzen, 109.

344 Vgl. ebd.

345 Martin Nicol/Alexander Deeg, Im Wechselschritt zur Kanzel, 16 [Hervorhebungen im Original].

346 Martin Nicol, Einander ins Bild setzen, 108.

kommen, die Moves sollen mit unterschiedlichen sprachlichen oder journalistischen Mitteln gestaltet werden, also beispielsweise aus einer jeweils anderen Erzählperspektive und mit einer anderen Blickrichtung. Für die Gestaltung des Moves ist primär das stilistische Mittel entscheidend. In der Dramaturgischen Homiletik sind Moves nicht nach gezielten rhetorischen Vorgaben wie bei Buttrick zu gestalten, sondern sollen vielmehr den biblischen Text inszenieren und performativ erfahrbar machen.[347]

Infolgedessen entstehen dramaturgische Predigten mit Moves, die mit Buttricks eigentlichem Konzept wenig gemein haben und stattdessen vor allem die Analogie zur Filmkunst verstärken, die bei Buttrick von untergeordneter Bedeutung ist. Dass Deeg und Nicol starke eigene Akzente setzen, zeigt sich besonders in der Art und Weise, wie Übergänge und das Zusammenspiel einzelner Moves innerhalb einer Predigt angelegt werden. Deeg und Nicol führen konkrete Techniken der Dramaturgie ein: Regiebemerkungen und kurze Erklärungen, unvermittelte Szenenwechsel („Jump cut[s]“[348]) sowie indirekte Anzeichen für einen neuen Impuls und das Überblenden verschiedener Szenen („Dissolve“[349]) können Moves wirkungsvoll interagieren lassen.[350] Predigten sollen wie Filme konzipiert werden. Zugleich werden wesentliche Parameter, die Buttrick umsichtig reflektiert– beispielsweise Erzählperspektive, Tiefenschärfe, etc. – kaum beleuchtet.

Damit verschiebt sich der Fokus: Buttrick betont, dass jeder Move einen konkreten Gedanken oder eine Idee formulieren und veranschaulichen soll, wobei ein Move durch die Entwicklung dieses Gedankens gekennzeichnet ist. Auch wenn die Moves einer Predigt unterschiedliches Gewicht haben, dient kein Move

---

347 Auf Grund der Vielfalt der Mittel können Moves sowohl inhaltlich als auch formal höchst unterschiedlich konzipiert werden. NICOL und DEEG skizzieren eine große Bandbreite: Moves können beispielsweise in Form eines Klagelieds, einer Vision, eines Gebets oder eines Zeugnisses, eines theologischen Kommentars, einer (Ich-)Erzählung, einer humorvollen Nacherzählung, einer Reportage oder eines imaginären Dialogs gestaltet werden. Auch der biblische Text lässt sich verschiedenfach einbinden: Das Bibelwort kann als Bildwelt fungieren, ein Bild aus dem biblischen Text kann in einen Kontext verortet werden, eine Formulierung oder ein Satz aus dem biblischen Text kann sich als Refrain durch die gesamte Predigt ziehen oder eine biblische Perikope kann modern neuinszeniert werden. Darüber hinaus werden auch die Möglichkeiten des langsamen, leibhaftigen oder lustvollen Lesens als mögliche Mittel ausgeführt. Deeg und Nicol zeigen auf, wie unterschiedlich Moves mit Hilfe dieser Mittel gestaltet werden können und wie die Umsetzung aussehen könnte. Beispielhafte Moves und Predigten veranschaulichen die große Vielfalt möglicher Mittel sowie die grundlegende Bedeutung, die der Wahl des stilistischen Mittels zukommt. Vgl. dazu z. B.: MARTIN NICOL/ALEXANDER DEEG, Im Wechselschritt zur Kanzel, 55–72.77–80.201–209. Siehe auch die Ausweitung der sprachlichen Mittel und ihrer Umsetzung in den diversen Predigten in: KATHARINA BACH-FISCHER et al. (Hgg.), Einander ins Bild gesetzt. Predigten aus der dramaturgisch-homiletischen Werkstatt, Göttingen 2018.

348 MARTIN NICOL/ALEXANDER DEEG, Im Wechselschritt zur Kanzel, 103.

349 A. a. O., 104.

350 Vgl. a. a. O., 102ff.

der reinen Veranschaulichung oder Erörterung. Diese inhaltliche Festlegung der Moves auf einen Kerngedanken gibt es in der Dramaturgischen Homiletik nicht. Hier sind es das Mittel eines Moves und der Spannungsbogen der Predigt, die die Gestaltung eines Moves maßgeblich prägen. Das Zusammenspiel von inhaltlicher und formaler Ebene wird primär am Zusammenspiel von Titeln und Mitteln ausgerichtet. Welche Funktion einzelne Sätze, Elemente oder Moves für die Predigt haben und ob der Predigtentwurf die rednerische Kommunikationsabsicht gut umsetzt, wird nicht eigens reflektiert. Dies spielt bei Buttrick jedoch eine entscheidende Rolle, was er auch didaktisch anschaulich darlegt.[351]

Darüber hinaus plädiert Buttrick in seiner Homiletik dafür, alle Ideen für die Predigt kritisch zu reflektieren, ehe die genaue Ausarbeitung erfolgt. Damit entspricht er im Ansatz dem klassischen Vorgehen der antiken Rhetorik. Die eigentliche Herausforderung des Predigens verortet Buttrick weniger im Auffinden des Redestoffs als vielmehr in dessen Begrenzung und Zusammenstellung. Nicht nur seine Vorgaben, mit wie vielen Sätzen in einem Move auszukommen ist oder wie die Veranschaulichungen, Bilder und Beispiele in einer Predigt kritisch miteinander abzuwägen sind, verdeutlichen die disziplinierte Beschränkung auf das, was unbedingt notwendig zu sagen ist. Buttrick weiß um das kostbare Gut der Aufmerksamkeit und der Konzentration seiner Zuhörerinnen und Zuhörer, darum darf kein Satz, kein Beispiel und erst recht kein Move vergeudet werden für Nebensächliches oder Irrelevantes. Zugleich ist Buttrick bewusst, wie schwer es ist, sich kurz zu fassen und die eigenen Gedanken kritisch zu überarbeiten. Seine Vorgaben zur Gestaltung der Moves und zur Reflexion der Veranschaulichungen in der Predigt stellen daher hilfreiche Vorgaben dar, Ideen diszipliniert abzuwägen und die Gestaltung der Predigt argumentativ zu begründen. Buttrick versteht das Predigen als Vermittlungsleistung, das handwerklichen Regeln unterliegt. Das kann er mittels gelungener Beispiele aufschlussreich verdeutlichen.

Predigen ist für Buttrick keine Kunst, sondern ein erlerntes Können im Sinne eines Handwerks: „[P]reaching is not an art, it is artful. [...] [P]reachers are not born, they are trained. We learn our homiletic skills.“[352] Predigen ist ein Handwerk, dessen grundlegende Fertigkeiten („basic skills“) zu erlernen sind. Auch wenn jede Predigt und jeder Move unterschiedlich zu gestalten ist, ist die Gestaltung ein von Kriterien geleitetes Vorgehen. Buttrick sieht es als Verantwortung der Predigerinnen und Prediger an, ihre rhetorisch-homiletischen Fertigkeiten weiter auszubilden und zu üben, damit nicht ihre Intuition oder ihr persönlicher Geschmack über elementare Fragen der Predigtgestaltung entscheiden.

---

351 Vgl. DAVID BUTTRICK, Homiletic, 38.

352 A. a. O., 37.

Die Dramaturgische Homiletik versteht das Predigen hingegen als „Predigt-Kunst“[353], als „Kunst unter Künsten“[354]. Diese unterliegt zwar auch handwerklichem Können, ist aber stärker durch eine künstlerische und kreative Freiheit gekennzeichnet. Nicht so sehr die Kommunikation konkreter Gedanken zum Predigttext oder dessen gegenwartsrelevanter Interpretation steht in der Dramaturgischen Homiletik im Fokus als vielmehr eine performativ wirkungsvolle Inszenierung von biblischen Texten. Biblische Texte sollen als „Texträume“[355] erkundet werden, so dass die Hörerinnen und Hörer eigenständige Glaubenserfahrungen während einer Predigt machen können. „Predigt ist weder Information noch Instruktion, sondern Ereignis des Wortes Gottes.“[356] Nicol und Deeg betonen daher eine vielseitige formale Gestaltung, die Chancen der Intertextualität, der induktiven Methode und des ästhetischen Paradigmas. Das Erarbeiten der Predigt soll Spaß bereiten und ein Wechselspiel sein, das künstlerisch im Atelier vollzogen wird. Die Dramaturgische Homiletik ist auch deshalb auf ein großes Echo gestoßen, weil sie damit neue Impulse gegeben hat und durch neue Methoden die Lust am Predigtmachen vielerorts neu entfacht hat.

Zugleich entzündet sich an dieser hermeneutischen Fokussierung auch deutliche Kritik.[357] Es wird kritisiert, dass hermeneutische Herausforderungen zu stark vernachlässigt werden und beispielsweise gegenwartshermeneutische Fragestellungen sowie die Reflexion der homiletischen Situation in der Dramaturgischen Homiletik nicht eigens bearbeitet werden. Darüber hinaus wird bemängelt, dass der Fokus auf die Predigt als Inszenierung des biblischen Textes die Interpretations- und Deutungsaufgabe des Predigers oder der Predigerin zu stark in den Hintergrund treten lässt. Dies führt nicht nur zu Moves, die sich in ihrer Aussageintention und Gestaltung nicht erschließen, sondern auch zur „Tendenz, die Hörerinnen und Hörer eher performativ-dramaturgisch zu beeindrucken, als eine reflexive Verständigung mit dem Gegenüber zu suchen und dessen religiöse Freiheit zu wahren“[358]. Ruth Conrad betont daher, dass Predigten absichtsvoll zu gestalten sind und keinen künstlerischen Selbstzweck haben.[359] Die Frage, ob das Predigen als Kunst zutreffend beschrieben werden kann, ist damit auch in der deutschsprachigen Homiletik noch nicht letztgültig beantwortet.

---

353 MARTIN NICOL/ALEXANDER DEEG, Im Wechselschritt zur Kanzel, 14. Vgl. ferner MARTIN NICOL, PredigtKunst, 235–242.

354 MARTIN NICOL/ALEXANDER DEEG, Im Wechselschritt zur Kanzel, 14.

355 MARTIN NICOL/ALEXANDER DEEG, Texträume öffnen, AGD 23,2 (2009), 34–40.

356 MARTIN NICOL, Einander ins Bild setzen, 119.

357 Vgl. BIRGIT WEYEL, Der Hörer steckt im Text?, 41ff.; WILHELM GRÄB, Leben deuten (2009); DERS., Predigtlehre, 292f.; VOLKER DREHSEN, Homiletische Recherche, 10; RUTH CONRAD, Weil wir etwas wollen!, 30f.; ISOLDE KARLE, Praktische Theologie, 227; JAN HERMELINK, Homiletik, 168; ALBRECHT GRÖZINGER, Kein Streit um des Kaisers Bart, 13–22.

358 JAN HERMELINK, Homiletik, 168.

359 Vgl. RUTH CONRAD, Weil wir etwas wollen!, 30f.

In diesem Spannungsfeld erweist sich Buttricks Homiletik als anschlussfähig und weiterführend: Predigten stellen für ihn Reden dar, die unter homiletischen wie rhetorischen Gesichtspunkten reflektiert werden müssen und „Ausdruck einer reflektierten und differenzierten Kommunikationsabsicht [sind]“[360]. Predigerinnen und Prediger sollen daher das rhetorische und homiletische Handwerkszeug erlernen, um ihre Predigten entsprechend ihrer Kommunikationsabsicht zu gestalten, Gedanken, Ideen und Sichtweisen klar zu äußern und ansprechend zu veranschaulichen. Es ist für ihn unabdingbar, biblische Texte intensiv zu analysieren und in Predigten zu interpretieren.[361] Auf diese Weise gelingt es Buttrick, sich zwar an der Filmkunst zu orientieren und innovative Ideen zu entwerfen, zugleich aber auch hermeneutisch umsichtig eine homiletisch wie rhetorisch reflektierte Homiletik zu konzipieren.

In ähnlicher Weise akzentuiert auch Isolde Karle das Innovationspotenzial von Buttricks Homiletik. Karle hebt Buttricks rhetorischen Fokus hervor, mit dem er Aspekte der Filmkunst adaptiert und mit homiletischen sowie hermeneutischen Fragestellungen verbindet. Sie sieht eine große Stärke in seinem Konzept darin, homiletische und rhetorische Fragestellungen eng zu verzahnen und so beim Predigen „das gesamte Kommunikationsgeschehen sprachlich wie strukturell in den Blick zu nehmen und die jeweilige Gestaltung nachvollziehbar zu begründen“[362]. Buttricks Vorgaben zur Gestaltung der Moves versteht sie als Orientierung und nicht als starre Regel.[363] Diese sind zugleich anspruchsvoll:

> „Buttricks rhetorischer Ansatz fordert dazu heraus, die Gedanken zu ordnen, eine Predigt bewusst zu gestalten und nicht ohne klare Konzeption mäandernden Pfaden eines Bibeltextes zu folgen. Durch die Gestaltung von in sich abgeschlossenen moves ist es überdies viel eher möglich, mit einem neuen Gedanken einzusetzen und sich nicht von einer endlosen Kausalkette treiben zu lassen.“[364]

Innerhalb einer Predigt mehrfach neu einsetzen und verschiedene Gedanken und Perspektiven anbringen zu können, nimmt sie daher auch als entlastende Impulse für Predigende wahr.

Es zeigt sich: Buttricks Homiletik birgt ein großes Innovationspotenzial, das bislang noch nicht ausreichend wahrgenommen wurde. Sein Plädoyer für konsequentes Veranschaulichen, für eine konnotative Sprache und für eine umsichtige Reflexion der eigenen rednerischen Intention verdient mehr Beachtung. Darüber hinaus stellen Arbeitsschritte wie die des *image grids* oder das Wiedergeben der einzelnen Moves in einem Satz in leichter Sprache weiterführende

---

360 Isolde Karle, Praktische Theologie, 225.

361 Buttrick betont die Notwendigkeit von Interpretation und hält daher auch nicht alle biblischen Texte für geeignet, um über sie zu predigen. Vgl. David Buttrick, Interpretation and Preaching, Interp. 35,1 (1981), 46–58: 55.

362 Isolde Karle, Praktische Theologie, 228.

363 Vgl. a. a. O., 225.

364 Ebd.

Impulse für die Predigtarbeit dar. Sie leiten zu einer kriteriengebundenen Reflexion von Predigten an. Buttrick hat das rhetorisch-homiletische Handwerkszeug um konkrete und effektive Mittel erweitert, die es wahrzunehmen gilt.

3. Absichtsvolles Predigen – Die Homiletik von Thomas G. Long

THOMAS G. LONGS Lehrbuch *The Witness of Preaching* erschien 2016 in dritter Auflage und hat sich zu einem Standardwerk der US-amerikanischen Homiletik entwickelt.[365] In der jüngsten, grundlegend überarbeiteten Auflage werden nicht nur die gravierenden gesellschaftlichen Transformationsprozesse in den USA und ihre tiefgreifenden Auswirkungen auf das religiöse Feld berücksichtigt, sondern auch die gegenwärtige Vielfalt an homiletischen Ansätzen. Vor dem Hintergrund dieser Heterogenität möchte Long Predigerinnen und Prediger aus den unterschiedlichen kirchlichen Traditionen und Kontexten erreichen. Ausgehend von der intensiven Beschäftigung mit den biblischen Zeugnissen möchte er dazu anregen, „to seek to find the language and the forms needed to allow this testimony to find a new hearing“[366]. Dabei versteht er sein Lehrbuch einerseits als Stimulus, den eigenen Stil zu finden und andererseits als Anleitung „how sermons are created, crafted, and delivered“[367]. Er sucht das Gespräch mit zahlreichen anderen Ansätzen der US-amerikanischen Homiletik sowie der Rhetorik, der Psychologie und der Soziologie.[368] Long ist sich der Komplexität des Predigens bewusst. Als Grundhaltung sind ihm ein hohes Verantwortungsbewusstsein, Demut und Humor wichtig.[369]

Longs Lehrbuch weist einen didaktischen Schwerpunkt auf, indem es zu einer homiletisch-rhetorisch reflektierten Predigtgestaltung anleitet. Es ist erstaunlich, dass sein Ansatz in der deutschsprachigen Homiletik bislang kaum wahrgenommen worden ist.[370]

---

365 THOMAS G. LONG war von 2000 bis 2015 Professor für Homiletik an der Candler School of Theology an der Emory University in Atlanta (Georgia).

366 THOMAS G. LONG, The Witness of Preaching, Louisville (KY) [3]2016, xii.

367 A. a. O., 15. Als wichtige herauszubildende Eigenschaften und Fähigkeiten nennt er „sensitivity to human need, a discerning eye for the connections between faith and life, an ear attuned to hearing the voice of Scripture, compassion, a growing personal faith, and the courage to tell the truth.“ A. a. O., 14.

368 Vgl. a. a. O., 15.

369 „No discerning person can stand in this place in front of the community of Christ without a deep sense of awe and responsibility [and] no one should stand in this place without a deep sense of humility and a healthy sense of humor.“ A. a. O., 8.

370 Lediglich ISOLDE KARLE geht kurz auf Long ein, vgl. DIES., Praktische Theologie, 228ff.

3.1 Longs homiletische Leitvorstellung

Unter dem Gesichtspunkt des Bezeugens möchte LONG das Predigtgeschehen neu in den Blick nehmen: „Christian preaching bears witness to Christ both in the church and through the church to the world.“[371] Predigen versteht Long „as an event of speaking and hearing, performed by the preacher in Christ's name“[372]. Es impliziert einerseits, in der Beschäftigung mit den biblischen Texten zum Zeugen der christlichen Botschaft zu werden. Andererseits ist das Predigen auch ein Akt des Bezeugens, in dem auch die Hörerinnen und Hörer zu Zeugen der biblischen Botschaft werden können.[373] Es ist diese mehrdimensionale Grundhaltung, die Longs Auffassung von der Rolle der Predigtperson prägt und sich auf seine Vorstellung von der Predigterarbeitung und -gestaltung auswirkt.

Long plädiert für ein neues Rollenverständnis des Predigers bzw. der Predigerin. Die Ansätze, die die homiletische Diskussion der jüngeren Vergangenheit dominiert haben, stuft er als unzureichend und nicht überzeugend ein.[374]

Im Anschluss an KARL BARTH wurde der Prediger primär als Herold gesehen.[375] Long kritisiert, dass dabei theologischen Argumenten und Sichtweisen zu viel Gewicht beigemessen wurden. Dadurch bleiben bei diesem Rollenverständnis gottesdienstliche sowie gemeindliche Faktoren unberücksichtigt. Zum anderen lehnen Karl Barth und andere Vertreter der Dialektischen Theologie es ab, die homiletisch-rhetorische Dimension des Predigtgeschehens als relevant anzuerkennen. Sie haben die formale Predigtgestaltung als irreführend eingestuft, dadurch zu einer einseitigen Sichtweise beigetragen und die umfassende Ausbildung von Predigern verhindert.[376]

Danach setzte sich die Sichtweise durch, den Prediger oder die Predigerin als Pastor zu verstehen. Auch hier sieht Long deutliche Schwächen. In manchen Konzepten wird dieses Predigtverständnis auch als dialogisch, therapeutisch, edukativ oder gesprächsorientiert bezeichnet.[377] Gemein ist den verschiedenen Ansätzen, dass das Predigen ausgehend von den gegenwärtigen lebensweltlichen Umständen und dem Leben der Menschen wahrgenommen und reflektiert wird. Es kommt Long zufolge zu einer zu starken Fokussierung auf menschliche und lebensweltliche Aspekte: Predigten sollen sich unmittelbar positiv auswirken und für die Menschen von Nutzen sein. Long sieht darin die Gefahr, das Evangelium lediglich als Hilfsmittel für die persönliche Optimierung zu gebrauchen. Es ist seiner Meinung nach nicht überzeugend, wenn die Hörerinnen und

371 THOMAS G. LONG, The Witness of Preaching, 56.
372 A. a. O., 17.
373 Vgl. a. a. O., 113f.
374 Vgl. a. a. O., 20–50.
375 Vgl. dazu auch Kapitel III.7.
376 Vgl. a. a. O., 20–30.
377 Vgl. a. a. O., 30.

Hörer einseitig in den Blick genommen werden und als stark defizitorientiert und individualisiert dargestellt werden.[378]

Der in der Gegenwart populäre Ansatz des Storytellings sucht das Potenzial des narrativen Predigens auszuschöpfen. Predigen geht dabei einher mit einer narrativen Perspektive: Predigende sind Geschichtenerzähler und Erzählerinnen („storyteller“[379]). Ästhetische und künstlerische Aspekte des Predigens werden besonders intensiv berücksichtigt und führen Long zufolge zu einer unausgewogenen Reflexion. Nach Long führt der Fokus auf die narrative Gestaltung von Texten zu einer Verengung: Biblische Texte sowie Predigtkontexte, die weniger geeignet sind für narratives Predigen, bleiben bei diesem Predigtansatz unberücksichtigt. Dies führt zu einer Verengung, die sich in einer einseitigen Gestaltung von narrativen Predigten ausdrücken kann. Hier plädiert er für mehr Vielfalt und Abwechslung. Darüber hinaus betrachtet Long es als riskant, Predigten an ihrem Vermögen, religiöse Erfahrungen zu erzeugen, zu messen. Schließlich lässt es sich nicht vorhersehen und nur bedingt beeinflussen, wann sich religiöse Gefühle und Erfahrungen ergeben.[380] Zwei weitere Risikofaktoren sieht er darin, einseitig auf die Kraft des Erzählens der biblischen Botschaft zu setzen sowie sich zu sehr zu bemühen, kunstvolle und künstlerische Predigten anzufertigen.[381] Predigten sollten nicht in erster Linie „schön“ sein, auch wenn sie ansprechend gestaltet sein sollen. Diese Gefahr sieht er beim Ansatz des Storytellings.[382]

Im Aspekt der Zeugenschaft sieht Long die Stärken aller drei Konzepte vereint. Zugleich sieht er in diesem Ansatz ein Potenzial, das die Schwächen der anderen Konzepte und Leitorientierungen überwinden kann.[383] Das Potenzial verortet er in dem Vermögen, die unterschiedlichen homiletischen, rhetorischen, liturgischen oder ekklesiologischen Anforderungen des Predigens zu berücksichtigen und umsichtig miteinander in Einklang zu bringen.

Long weiß um die biblischen Wurzeln des Konzepts von Zeugenschaft und räumt ein, dass sich das Konzept gegenwärtig keiner großen Popularität erfreut.[384] Mit dem Begriff des Zeugen sind juristische Situationen assoziiert, die es erschweren, den Begriff für den homiletischen Kontext zu adaptieren. Darüber hinaus steht das Konzept der Zeugenschaft in gewisser Nähe zur Dialektischen

---

378 Vgl. a. a. O., 30ff.

379 A. a. O., 39.

380 Vgl. A. a. O., 48f.

381 LONG sieht die Gefahr, dass dabei die Erzählkraft der biblischen Botschaft überschätzt wird. Er nimmt wahr, dass Menschen ihre Lebensgeschichte(n) zunehmend losgelöst von der biblischen Botschaft bzw. der Geschichte Gottes mit uns Menschen wahrnehmen und tradieren und gänzlich neu für die biblische Botschaft zu gewinnen sind. Vgl. a. a. O., 49f.

382 Vgl. a. a. O., 49.

383 Vgl. a. a. O., 49f.

384 Vgl. z. B. Apg 20,24 oder Jes 43,8–13. Vgl. ferner THOMAS G. LONG, The Witness of Preaching, 50f.

Theologie und ihrer Sicht des Predigers als Herold und Zeuge. Gegen diese Interpretation des Zeugenbegriffs ist Longs Verständnis deutlich abzugrenzen, da er den Zeugenbegriff erkennbar anders auffasst und einbettet.[385] Long akzentuiert genau jene Aspekte am Konzept der Zeugenschaft, die in der Dialektischen Theologie als irrelevant oder irreführend betrachtet wurden: Der Prediger spricht auf Grund seiner persönlichen Erfahrung und ist somit als Zeuge zu beschreiben. Seine Position kann nicht mit der eines objektiven Beobachters und Mittelsmann beschrieben werden, noch wird ihm Autorität auf Grund des Amtes attestiert.[386] Long orientiert sich in seinem Zeugenverständnis nicht an Karl Barth, sondern an Jes 43,8–13 und Apg 20,24 als biblischen Grundlagen sowie an PAUL RICŒURS Ausführungen.[387]
Der Prediger darf in seiner Rolle als Zeuge die rhetorische Dimension des Predigens nicht ausblenden oder vernachlässigen, wie es Barth noch gefordert hatte. Um verstanden zu werden, muss sich der Prediger um die geeignete Form seiner Kommunikation bemühen und muss vielfältige stilistische Formen für seine Worte finden. Während die Dialektische Theologie die Reflexion der formalen Ebene negierte, akzentuiert Long deren Notwendigkeit und Tragweite. Schließlich betont Long am Bild des Zeugen auch die enge Verzahnung des Predigers mit der Gemeinde, die ihn nicht nur zum Predigen beauftragt, sondern ihm auch als Adressat der Predigt in der gesamten Predigtvorbereitung präsent sein sollte.[388]

Predigen ist für Long nicht denkbar ohne Bezug auf biblische Texte. In Predigten sollten diese angemessen berücksichtigt werden. Zugleich geben die

---

385 Vgl. a. a. O., 52ff.

386 LONG merkt hierbei an, dass Zeugen auch jene sein dürfen, die bislang außerhalb der etablierten Machtstrukturen waren. Long verweist auf die Studienergebnisse von ANNA CARTER FLORENCE, nach denen viele der ersten Predigerinnen in den USA sich weniger als Predigerinnen, denn als Zeuginnen verstanden. Auf diese Weise entzogen sie sich in gewisser Weise der Kritik und Zensur der männlichen Amtsinhaber und waren zugleich berechtigt, ihre Sichtweisen und Erfahrungen einzubringen. Vgl. a. a. O., 56. Vgl. ferner ANNA FLORENCE CARTER, Preaching as Testimony, Louisville (KY), 2007.

387 LONG hebt hierbei besonders die vier Charakteristika hervor, die Ricœur zufolge Zeugen kennzeichnen: Ein Zeuge ist demnach erstens beauftragt, Zeugnis abzulegen. Das Zeugnis zeugt zweitens von Gott, drittens wird es um der Menschen willen abgelegt, da diese das Zeugnis hören sollen. Viertens beansprucht das Ablegen eines Zeugnisses den Zeugen mit seiner ganzen Person. Es erfordert „a total engagement of speech and action" (THOMAS G. LONG, The Witness of Preaching, 51.), damit die Person und ihr Zeugnis als glaubwürdig anerkannt werden. Nur dann wird Person und Zeugnis Autorität zugeschrieben. Vgl. a. a. O., 49ff. Vgl. ferner PAUL RICŒUR, The Hermeneutics of Testimony, in: LEWIS S. MUDGE (Hg.), Essays on Biblical Interpretation, Philadelphia (PA) 1980, 131.

388 LONG bezieht sich hierbei wesentlich auf JÜRGEN MOLTMANNS Ausführungen, in denen er betont, dass der Prediger aus der Gemeinde kommt und im Namen Christi predigt. Vgl. THOMAS G. LONG, The Witness of Preaching, 2f.16ff. Vgl. ferner JÜRGEN MOLTMANN, The Church in the Power of the Spirit. A Contribution to Messianic Ecclesiology, New York (NY) 1977, 33.

Quantität biblischer Zitate oder ein spezifischer Predigtaufbau keine Auskunft darüber, dass eine Predigt der biblischen Botschaft entspricht. Dies kann nur eine theologisch fundierte, kritische und intensive Auseinandersetzung mit einer Perikope und ihrer Auslegung sicherstellen. Der Exegese eines biblischen Textes kommt daher eine grundlegende Rolle in der Predigtvorbereitung zu.[389] Aus der Exegese ergeben sich zentrale Einsichten für die weitere Predigterarbeitung.

> „Bearing witness to the gospel means engaging in serious and responsible biblical preaching. [...] Preaching is genuinely biblical whenever the preacher allows a text from the Bible to serve as the leading force in shaping the content and purpose of the sermon."[390]

Aus den Einsichten der exegetischen Auseinandersetzung wird die thematische Ausrichtung der Predigt sowie deren Wirkungs- und Aussageintentionen erarbeitet. Einhergehend mit dieser Überzeugung lehnt Long ein primär thematisch orientiertes Vorgehen als Normalfall ab, bei dem im ersten Schritt das Thema oder die Botschaft der Predigt festgelegt und im zweiten Schritt passende biblische Perikopen hinzugezogen werden. Er sieht bei diesem Vorgehen die Gefahr, den biblischen Texten nicht gerecht zu werden, sondern sie nur auf die eigenen Absichten hin zu rezipieren. Dadurch könnte es zu einer eklektischen Wahrnehmung der Bibel kommen. Long zufolge ist bei einem thematisch orientierten Vorgehen besonders darauf zu achten, dass die Predigt in ihrer Ausrichtung und ihren Aussagen der Botschaft des Evangeliums entspricht.[391] Er betont die Eigendynamik des Textes, die zur Geltung zu bringen ist und die nicht von eigenen Aussageintentionen überlagert werden sollte: „The text must be allowed to surprise us, even to violate our expectations."[392]

Bei der Auseinandersetzung mit biblischen Texten sind für Long drei „frames of understanding"[393] von weitreichender Bedeutung. Dazu zählt erstens ein historisch-kritisches Bewusstsein im Umgang mit biblischen Texten und ihrer Interpretation für die Gegenwart. Nur durch eine historisch-kritische Auseinandersetzung mit den biblischen Texten und eine kritische Reflexion der Gegenwart können beispielsweise kulturelle und zeitgeschichtliche Kontexte wahrgenommen und differenziert kommuniziert werden.[394] Zweitens brauchen Predi-

---

389 Long spricht hier von einem normativen Bezug auf Bibel und hält den Bezug zum biblischen Text für konstitutiv für christliches Predigen. Vgl. a. a. O., 59ff.

390 A. a. O., 58.

391 Vgl. a. a. O., 58ff.

392 A. a. O., 74. Sehr deutlich grenzt sich Long davon ab, sich nur zur Legitimierung der eigenen Aussagen oder Interessen auf die biblischen Texte zu beziehen. Vgl. ebd. „The preacher can, of course, force the Bible to march to the cultural drumbeat, but then the sermon will only be a word from the culture to itself." Vgl. a. a. O., 74f.

393 A. a. O., 63.

394 Vgl. a. a. O., 63ff.

gerinnen und Prediger ein umfassendes Wissen über ihre eigene theologische Prägung und Verortung. Ihnen muss bewusst sein, welche theologischen Überzeugungen und Sichtweisen sie vertreten und wie dies ihre individuelle Wahrnehmung und Perspektive prägt. Long sieht dies als wichtigen Aspekt an, um kontinuierlich nach einer angemessen und in der Gegenwart relevanten Interpretation des Evangeliums zu suchen, die über die individuelle Perspektive hinausgeht.[395] Drittens ist ein ausgeprägtes Bewusstsein und Wissen über die Lebenswirklichkeit, die Predigende mit den Hörerinnen und Hörern teilen, essenziell. Dies wirkt sich auch auf die Auseinandersetzung mit biblischen Texten im Predigtkontext aus. Long geht es nicht darum, seinen Hörerinnen und Hörern lediglich eine Botschaft oder Interpretation zu verdeutlichen, sondern er möchte sie in das Geschehen der biblischen Interpretation hineinziehen. Sie sollen in den Prozess verwickelt, existentiell angesprochen und berührt werden.[396] Dafür braucht es eine kritische sowie umsichtige und fundierte Gegenwartshermeneutik.[397]

Vor diesem Hintergrund entfaltet Long sein Bild des Predigers als Zeugen weiter: „The preacher is both kinds of witness, having witnessed in the exegesis what the text wishes to say and do and now bearing witness to that claim in the sermon."[398] Die Auseinandersetzung mit dem biblischen Text und seiner Gegenwartsbedeutung mündet für Long nicht in einer Predigt, die primär exegetische Einsichten kommuniziert. Vielmehr liegt der Schwerpunkt beim Predigen darauf, die biblische Botschaft als relevant für den heutigen Kontext zur Geltung zu bringen und der Wirkungsabsicht des biblischen Textes Rechnung zu tragen. Das meint Long mit Bezeugen.[399]

Darüber hinaus inkludiert er rezeptionsästhetische Ansätze in seine Homiletik. Das Predigtgeschehen stellt sich für ihn als ein Ereignis dar, an dem Predigtperson und Hörergemeinde gleichermaßen beteiligt sind. Das Mitwirken der Zuhörenden beschreibt er als „ministry of active and creative listening"[400], das gleichermaßen zur „creation of the event of proclamation"[401] beiträgt. Folglich dienen Predigten nicht dem Ziel, persuasiv auf die Hörerinnen und Hörer einzuwirken, sondern sie in die Auseinandersetzung mit dem biblischen Text hineinzunehmen, so dass sich der Text als gegenwartsrelevant erschließen kann.

395 Vgl. a. a. O., 65–71.
396 Vgl. a. a. O., 173.
397 Vgl. a. a. O., 71ff.
398 A. a. O., 126.
399 Vgl. a. a. O., 124ff.
400 A. a. O., 164.
401 Ebd.

3.2 *Grundlegende Schritte der Predigtarbeit*

Um die Erarbeitung der Predigt am biblischen Text „as the leading force in shaping the content and purpose of the sermon“[402] auszurichten, skizziert LONG den Prozess als mehrschrittiges Vorgehen. Dieses zeichnet sich durch einen sehr strukturierten Reflexionsprozess aus. Auch wenn Long die verschiedenen Schritte der Vorbereitung als lineare Abfolge darstellt, ist das Geschehen spiralförmig zu verstehen:

> „Each step turns back around to earlier steps, allowing us to see more and more about each step the farther along we travel. The goal of this process is to hear the text speaking to our current context, and this can happen at almost any point along the way.“[403]

Jeder Arbeitsschritt wirkt sich auf die übrigen Arbeitsschritte aus. Es ist daher nicht vorhersehbar, wann der Text sich so erschließt, dass die Predigt Form annehmen kann. Longs Ansatz ähnelt in diesem Punkt dem, was in der deutschsprachigen Homiletik als homiletischer Zirkel etabliert ist.

Long spricht sich dafür aus, die Predigt sowohl inhalts- und ideenbezogen als auch erfahrungs- und erlebnisorientiert in den Blick zu nehmen. Inhalts- und Erfahrungsbezug schließen sich dabei nicht aus, sondern sind eng aufeinander bezogen und stellen ein multiperspektivisches homiletisches Verfahren dar.[404] Long konzipiert ein Verfahren, bei dem formale und inhaltliche Ebene in einem engen, wechselseitigen Verhältnis wahrgenommen und reflektiert werden. Zugleich gelingt es ihm, das Verfahren strukturiert darzustellen, so dass die wichtigsten Arbeitsschritte und Perspektiven deutlich und die nötigen Kompetenzen vermittelt werden.

3.2.1 Exegetische und gegenwartshermeneutische Vorarbeiten

Die Erarbeitung einer Predigt muss eine gründliche Auseinandersetzung mit dem biblischen Text beinhalten.[405] Für ein homiletisches Lehrbuch eher ungewöhnlich legt Long grundlegende exegetische Arbeitsschritte, Methoden und Fragestellungen ausführlich dar und leitet zu einer detaillierten exegetischen

---

402 A. a. O., 75.

403 A. a. O., 78.

404 Vgl. a. a. O., 121ff.

405 Wie wichtig ihm die gründliche Auseinandersetzung mit dem biblischen Text ist, zeigt sich auch daran, wie ausführlich er dies in seinem homiletischen Lehrbuch behandelt. Vgl. a. a. O., 76–112.

Auseinandersetzung mit dem biblischen Text an. Neben der Reflexion von genuin exegetischen und theologischen Fragestellungen sind für ihn in der ersten Arbeitsphase auch literarische Aspekte elementar. Ebenso sollen erste Interpretationsansätze und Ideen für die Umsetzung in der Predigt überprüft werden.

Long betont mit den einzelnen Arbeitsschritten die kunsthandwerklich-erlernbare Dimension des Predigens und hebt zugleich die individuelle Komponente hervor. Im Idealfall wird die kunsthandwerkliche Seite des Predigens allmählich zur Routine und lässt gerade dadurch Freiraum für individuelle oder situativ bedingte Anpassungen.[406]

Die Exegese hat für Long die Funktion, nicht nur die Intention des biblischen Textes zu hervorzubringen, sondern auch zu analysieren, worin dessen gegenwärtige Aussagekraft liegt. Der die Exegese abschließende Arbeitsschritt lautet daher: „State the claim of the text upon the hearers (including the preacher)“[407]. Es geht um die Frage: In welchem Verhältnis steht die inhaltliche Ausrichtung und die Intention des Textes zu den Hörerinnen und Hörern? Was möchte der Text bei den Hörerinnen und Hörerin bewirken?[408] Um diese Überlegungen zu bündeln, schlägt Long vor, den Satz „In relation to those who will hear the sermon, what this text wants to say and do is ...“[409] zu vervollständigen.

Die performative Dimension des Predigens erfährt bei Long eine besondere Akzentuierung. Predigten sollen sich auf das Leben der Hörerinnen und Hörer in der Gegenwart auswirken:

> „To state the claim of the text is to find that aspect of the biblical passage that speaks beyond the ancient page and into the contemporary context, addressing the hearers with the good news of God, news that calls for a change of mind, of heart, and of action – or a combination of these.“[410]

Predigten sollen Menschen in den unterschiedlichen Lebensvollzügen und -kontexten ansprechen und eine Wirkung hinterlassen. Long knüpft an die von der *New Homiletic* ausgehenden Überlegungen an, das Predigtgeschehen als Ereignis und die biblische Botschaft als „eventful gospel“[411] aufzufassen.[412] Der Ereignischarakter ist für Long eng an den Ereignischarakter des biblischen Tex-

406 Vgl. a. a. O., 75.

407 A. a. O., 110.

408 LONG bezeichnet dies daher auch als „the claim of the text, the intention of the text to say and do something to and with the hearers“. A. a. O., 126.

409 Ebd.

410 A. a. O., 112.

411 A. a. O., 121.

412 Die Impulse sind auch in der deutschen Homiletik bereits aufgenommen und weitergeführt worden. Vgl. beispielsweise MARTIN NICOL, Einander ins Bild setzen, 119 sowie ALEXANDER DEEG (Hg.), Erlebnis Predigt. Eine Veröffentlichung des Ateliers Sprache e. V., Leipzig 2014.

tes gebunden, dem es in der Predigt zu folgen gilt.[413] Auf diese Weise wird deutlich, dass das Predigen für Long nicht zum Selbstzweck wird, sondern aufgrund einer reflektierten Kommunikationsabsicht und einer engen Rückbindung an die Zielgruppe und die homiletische Situation erfolgt.

3.2.2 Die Reflexion der rednerischen Aussage- und Wirkungsintentionen

Die eigentliche Predigtkonzeption beginnt für Long mit der Reflexion dessen, was die Predigt inhaltlich aussagen soll und worauf sie abzielt. Beide Perspektiven stellen für Long gleichwertige Ziele der Predigt dar, die es gesondert zu reflektieren gilt. Während Long die inhaltliche Aussageintention „focus"[414] nennt, umschreibt der Begriff „function"[415] die Wirkungsintention der Predigt.

Long hebt hervor, wie wichtig es ist, sich über die eigenen Intentionen bewusst zu werden. Daher plädiert er dafür, sie schriftlich in wenigen Sätzen in „focus and function statements"[416] festzuhalten. Ihm ist bewusst, dass dieses Vorgehen nicht impliziert, dass diese Absichten auch erreicht werden:

> „Focus and function statements are merely compass settings for the sermon journey. They guide the preacher in the creation of sermons that possess unity, clarity, and a firm connection to the biblical text. Without them, the sermon runs the danger of wandering aimlessly. But they obviously do not describe everything that may happen to the hearers on the trip."[417]

Die schriftlich notierten Sätze zu den eigenen Intentionen betrachtet Long primär als Orientierungshilfe für den Prediger oder die Predigerin, um sich der eigenen rednerischen Absicht klar zu werden. Diese Klarheit hilft dabei, sich nicht in den zahlreichen Gestaltungsmöglichkeiten zu verlieren. Long plädiert damit nicht für möglichst effektives, sondern für ein absichtsvolles Predigen.

Absichtsvoll zu predigen, geht für Long einher mit einem strukturierten, überlegten Vorgehen. Die Überlegung, wo der inhaltliche Fokus und die inten-

---

413 „[T]he eventfulness of the text is expressed in the claim of the text, which guides the eventfulness of the sermon." THOMAS G. LONG, The Witness of Preaching, 126.

414 Ebd. „A *focus statement* is a concise description of the central, controlling, and unifying theme of the sermon. In short, this is what the whole sermon will be ‚about'." A. a. O., 127 [Hervorhebungen im Original].

415 A. a. O., 126. A *function statement* is a description of what the preacher hopes the sermon will create or cause to happen for the hearers. Sermons make demands upon the hearers, which is another way of saying that they provoke change in the hearers (even if the change is a deepening of something already present). The function statement names the hoped-for-change." A. a. O., 127 [Hervorhebungen im Original].

416 A. a. O., 127.

417 Ebd.

tionale Funktion der Predigt liegen soll, leitet zur Erarbeitung der Predigt über: „[W]hen we have crafted serviceable focus and function statements, we can anticipate and begin to create the sermon structure that will get us from here to there. The focus and function of a sermon seek an appropriate form."[418] Die weitere Predigtgestaltung richtet Long maßgeblich an der inhaltlichen Aussageintention und der Wirkungsabsicht aus. Sie sollen bei allen Gestaltungsfragen orientierend und korrigierend wirken und dazu verhelfen, die Predigt so zu gestalten, dass sie dem biblischen Text und der spezifischen homiletischen Situation angemessen ist.

Damit die kurzen Statements zur inhaltlichen Aussageintention und Wirkungsabsicht der Predigt ihr Potenzial möglichst voll entfalten können, empfiehlt Long, sich an drei Faktoren zu orientieren. Die Statements sollen erstens von den exegetischen Erkenntnissen aus entwickelt werden. Long geht es dabei nicht darum, den biblischen Text auf eine richtige Lesart, eine Botschaft oder eine Wirkungsintention zu reduzieren. Er hält es aber für notwendig, sich bewusst auf zentrale Aspekte zu beschränken, da nicht alle Aspekte vollumfänglich berücksichtigt und alle Ideen in einer Predigt umgesetzt werden können. Daher sollen Predigerinnen und Prediger vor dem Hintergrund des gemeindlichen Kontextes eine spezifische Gegenwartsrelevanz des biblischen Textes aufzeigen. Dabei wird neben den exegetischen Erkenntnissen vor allem die homiletische Situation in die Überlegungen einbezogen. Der Anspruch des Textes sowie die Aussage- und Wirkungsintention einer Predigt sollen für den speziellen Kontext einer Predigt definiert werden.[419] Zweitens sollen sich die Statements aufeinander beziehen, damit sie dazu beitragen, die innere Geschlossenheit der Predigt zu fördern.[420] Daher sollen die einzelnen Statements in sich geschlossen sein und kurz, konkret und verhältnismäßig einfach gestaltet sein. Die Statements sollen außerdem weder zu allgemein noch zu komplex und ausufernd sein, sondern einen klaren Gedanken formulieren. Sie sollen verdeutlichen, „that the preacher has arrived at crisp and concise descriptions of what this sermon will say and do"[421].

Die Statements fordern den Prediger dazu auf, strukturiert vorzugehen, um absichtsvoll zu predigen. Sie verdeutlichen, dass es notwendig ist, sich zu beschränken und auszuwählen, was für die jeweilige Predigt relevant sein soll.[422] Sie leiten dazu an, diese Fokussierung einzuüben und erweisen sich als Orientierungshilfe für die weitere Erarbeitung. Sie leiten über zur Frage nach der adä-

---

418 A. a. O., 135.

419 Vgl. a. a. O., 127ff. Siehe ferner auch die Beispiele, die Long aufführt, um die Kriterien in ihrer Umsetzung aufzuzeigen. Vgl. ebd.

420 Vgl. a. a. O., 130ff.

421 A. a. O., 135.

422 Vgl. a. a. O., 132ff.

quaten formalen Gestaltung, die im Anschluss und vor der Erarbeitung eines ersten schriftlichen Entwurfs zu reflektieren ist.[423]

3.2.3 Die Gliederung und Gestaltung einer Predigt

Für Long gibt es keine idealtypische Predigtgliederung und -gestaltung, die sich auf jeden biblischen Text oder jede homiletische Situation anwenden ließe. Stattdessen soll bei allen Gestaltungsfragen die Dynamik und Gegenwartsrelevanz des biblischen Textes ebenso berücksichtigt werden wie die Situation der Hörerinnen und Hörer. Für Long ist es zentral zu fragen, wie das Hören der Predigt erleichtert werden kann.[424] Daher hält er fest:

> „Many strategies and oral genres will be employed – story, logical presentation, historical account, rhetorical questioning, poetry, and so on – but always because they are adequate to accomplish the task of bearing witness to the gospel for these people in this setting. Every sermon form [...] must be custom-tailored to match the particular preaching occasion."[425]

Long baut auf den Erkenntnissen der US-amerikanischen Homiletik seit der *New Homiletic* auf. Er spricht sich dafür aus, Predigten so vielfältig wie die biblischen Texte zu gestalten und befürwortet eine noch größere Vielfalt von Gliederungs- und Gestaltungslogiken in der Praxis. Auch wenn man sich bereits seit den Anfängen der *New Homiletic* dafür aussprach, Predigten primär an der Eigendynamik des biblischen Textes auszurichten, sieht Long diese Vielfalt in den wegweisenden Entwürfen von Fred B. Craddock, Eugene L. Lowry, David Buttrick oder Paul Scott Wilson noch nicht ausreichend realisiert.[426] Stattdessen konstatiert er eine Verengung auf spezifische Formen und Herangehensweisen. Longs Anliegen ist es, die rhetorische Situation in den Blick zu rücken und von dort aus die vielfältigen formalen Gestaltungsmöglichkeiten zu reflektieren. Nur so kann eine gute Predigtgestaltung erreicht werden: „A good sermon form [...] grows out of the particularities of preaching this truthful word on this day to these people."[427] Long versucht, rhetorische und rezeptionsästhetische Aspekte konstruktiv aufeinander zu beziehen.

Auch für Long stellen Bewegung, Einheit und Spannung grundlegende Kriterien für eine gelungene Predigtgestaltung dar.[428] Diese Kriterien müssen sich im Aufbau und der Ausgestaltung der Predigt widerspiegeln. Die Statements zu

---

423 Vgl. a. a. O., 157ff. „Start with the focus and function." A. a. O., 158.

424 Vgl. a. a. O., 157.

425 Ebd. Vgl. ferner: „[T]he gospel is too rich, complex and varied to be proclaimed through a single sermon form." A. a. O., 151.

426 Vgl. a. a. O., 143ff.

427 A. a. O., 156.

428 Vgl. a. a. O., 158f.

Aussage- und Wirkungsabsicht fungieren als Orientierungshilfe und können bei der Durchsicht des Entwurfs in einem späteren Stadium als Korrektiv angewandt werden. So kann überprüft werden, welche Entwicklung in der Predigt angelegt ist, ob diese der eigenen Intention entspricht oder ob sich beispielsweise der Fokus der Predigt verliert.[429] Um Spannung, innere Geschlossenheit und eine kongruente Bewegung in einer Predigt aufkommen zu lassen, ist die Beschränkung auf das Wichtigste notwendig: „There should be no ‚side trips' in the sermon. A good [sermon] form will include only those steps needed to get to the focus and function destination. Everything else should be weeded out."[430]

Die Zielvorstellungen, die die Statements zu Aussage- und Wirkungsabsichten jeweils implizieren, lassen sich Long zufolge nicht auf einmal, sondern nur sukzessive erreichen. Daher besteht der zweite Arbeitsschritt für ihn darin, aus den Statements zu Aussage- und Wirkungsintention kleinere Zwischenziele, sogenannte „moves", zu gewinnen.[431] Long adaptiert David Buttricks Ansatz mit Moves zu arbeiten. Entscheidend ist jedoch, dass Long lediglich den Grundgedanken und den Begriff Buttricks übernimmt: Ein Move hat Long zufolge eine primäre Funktion: „[it] *moves* the sermon along toward the destination"[432]. Ein Move ist für Long eine Sequenz der Predigt und stellt einen essenziellen Teil ihrer Gesamtentwicklung und -bewegung dar. Long übernimmt damit wesentliche Aspekte von Buttricks Konzeption eines Moves nicht. Dazu zählt der spezifische Aufbau eines Moves, den Long weder in Gänze übernimmt, noch vorgibt, dass jeder Move mögliche Einwände bearbeiten oder visualisierende Elemente beinhalten muss. Long konzipiert die Gestaltung von Moves weniger normativ als Buttrick und insgesamt variabler.[433]

Die Statements zu Fokus und Funktion sollen dazu verhelfen, die verschiedenen Teilaspekte des Predigtziels zu differenzieren und in unterschiedlichen Moves zu thematisieren. Indem in den einzelnen Moves Teilaspekte besonders berücksichtigt werden, tragen sie dazu bei, die Aussageabsicht zu verdeutlichen und die Wirkungsabsicht adäquat zu entfalten. Long zeigt an einer Beispielpredigt zu Röm 8,28–39, wie man sich diesen Prozess konkret vorzustellen hat. Als Statement zur Aussageintention (*focus*) wurde gewählt: „Because we have seen in Jesus Christ that God is for us, we can be confident that God loves and cares for us even when our experience seems to deny it."[434] Long unterteilt dieses

[429] „The sermon form is a map tracing the pathway the hearers will travel, moving from where they are when they start the sermon journey to where they will hopefully be at the end of the sermon." A. a. O., 158.

[430] Ebd.

[431] „Divide the overall tasks of the sermon, as specified in the focus and function, into smaller ‚Moves.' [sic]." A. a. O., 159.

[432] Ebd. [Hervorhebung im Original].

[433] Vgl. ebd.

[434] A. a. O., 129.159.

Statement in drei Aspekte, die in drei separaten Moves umzusetzen sind. Für diese drei Moves hält Long als Aufgabenstellung fest:

> *„Move A: Using Romans 8 as a lens, say where and how we have seen in Jesus Christ that God is for us. [...]*
> *Move B: Name and describe experiences that seem to deny God's love. [...]*
> *Move C: Describe clearly how that we have seen in Jesus Christ is able to create present confidence in God's love and care.*“[435]

Im gleichen Beispiel beschreibt Long die Wirkungsabsicht (*function*) so: „To reassure and give hope to troubled hearers in the midst of their distress.“[436] Um diese Wirkung zu erzielen, braucht es Moves, in denen die Affekte der Zuhörerinnen und Zuhörer angesprochen werden. Diese Moves dürfen daher nicht nur auf die Vermittlung von Inhalten abzielen.[437] Im konkreten Beispiel kann die Wirkungsabsicht in zwei oder drei Moves entfaltet werden, welche die emotionale Ansprache suchen. Als Aufgabenstellung und Wirkungsabsichten für diese Moves formuliert er: *„Move D: Provide reassurance, based upon God's continuing love and care, to troubled hearers. [...] Move E: Evoke a sense of hope for people who struggle with tough circumstances.*“[438] Long geht es nicht darum, künstlich Emotionen zu erzeugen oder den Gefühlen freien Lauf zu lassen. Er möchte vielmehr der emotionalen Ebene des biblischen Textes und seiner Gegenwartsbedeutung Rechnung tragen. Auch bei diesem Aspekt ist die Perspektive der Hörerinnen und Hörer ausschlaggebend: „Depending on the circumstances of the hearers, the preacher may have to take up one more task related to the function: *Move F: Call into question all shallow reassurances that do not deal honestly with suffering.*“[439] Wie auch Buttrick spricht Long sich dafür aus, mögliche Einwände und Verstehenshindernisse wahrzunehmen und diese in die Predigt zu integrieren.[440]

Long entwickelt von Anfang an ein strukturiertes Vorgehen, das dazu anleitet, sorgsam und umsichtig zu reflektieren, warum und wozu ein Aspekt in einer Predigt behandelt wird. Die Formulierung von kleineren Aufgabenstellungen, die festhalten, was ein Move inhaltlich enthalten und bewirken soll, leitet dazu an, sowohl die Predigt als auch die einzelnen Bestandteile absichtsvoll zu gestalten.

---

435 A. a. O., 160 [Hervorhebungen im Original].
436 A. a. O., 129.
437 „Reassurance and hope are not matters of logic; they are matters of experience and feeling, and the preacher who wants to accomplish the function of this sermon will need to speak at the affective level, not just the cognitive one.“ A. a. O., 161.
438 A. a. O., 160f. [Hervorhebungen im Original].
439 A. a. O., 161 [Hervorhebungen im Original].
440 „Sermons that do not address strong resistance rarely get heard, so the preacher will need somewhere in the sermon to try to turn the volume down on the static and clear out the clutter.“ Ebd.

Aus rhetorischer Perspektive ist noch ein weiterer Aspekt hervorzuheben, mit dem Long auf Grundpfeiler der antiken Rhetorik aufbaut. Long betont, dass bei der Predigterarbeitung die unterschiedlichen Wirkungsfunktionen einer Rede von Beginn an berücksichtigt werden sollen:

> „Generally speaking, sermons aim to teach, to evoke a feeling, to call for action, or some combination of the three. These are obviously intertwined objectives. To teach a new idea, for example, also evokes feelings and motivates action, so we should not think of these as discrete categories but as places of emphasis."[441]

Er steht damit in der Tradition der antiken Rhetorik, in der die Berücksichtigung der verschiedenen Wirkungsfunktionen in einer Rede als die wichtigsten Aufgaben eines Redners beschrieben wurden.[442] An anderer Stelle bezieht sich Long direkt auf Augustin und betont im Anschluss an ihn, wie wichtig es ist, in einer Predigt alle drei Wirkungsweisen zu berücksichtigen – also die lehrende, die unterhaltende und die bewegende Wirkungsweise.[443] Anhand von verschiedenen Beispielen zeigt Long auf, wie Predigten gestaltet werden können, um die Menschen nicht nur emotional anzusprechen, sondern ihnen auch etwas Neues zu vermitteln und sie zu etwas zu bewegen. Mithilfe der Reflexionen und Erläuterungen der Beispiele wird ersichtlich, wie die Umsetzung gelingen kann.[444]

Nachdem im zweiten Schritt erarbeitet wurde, welche inhaltlichen und intentionalen Aspekte in einer Predigt berücksichtigt werden müssen, widmet sich Long im dritten Schritt der Frage nach dem angemessenen Aufbau und Sinnzusammenhang der Predigt. Für einen ersten Predigtentwurf ist zu entscheiden, in welcher Reihenfolge die zuvor überlegten Moves aufeinander folgen sollen und welcher Gedankengang die Predigt als Ganzes durchziehen soll.[445] Eine geeignete Gliederung ergibt sich für Long nicht automatisch aus dem biblischen Text oder aus der eigenen Intuition. Sie ist vielmehr das Ergebnis eines umsichtigen Reflexionsprozesses, bei dem zu fragen ist, welche Strategie der Predigtgestaltung den Hörerinnen und Hörern am besten dient.[446]

---

441 A. a. O., 219.

442 Vgl. Kap. II.2.3.

443 Vgl. MICHAEL DUDUIT, A Preaching Interview with Thomas Long and John Killinger, abrufbar unter: https://www.preaching.com/articles/a-preaching-interview-with-thomas-long-and-john-killinger/ [Letzter Zugriff: 06.11.2023]. Vor dem Hintergrund der gegenwärtigen gesellschaftlichen Entwicklungen und der jüngeren Homiletik betont LONG darüber hinaus die zunehmende Bedeutung des Docere, da bei vielen Menschen kein Wissen um biblische Texte oder christliche Überzeugungen mehr vorausgesetzt werden kann und der Predigt hier eine Vermittlungsaufgabe zukommt. Dabei soll zugleich an die in der jüngeren Homiletik erlangten Erkenntnisse aus rezeptionsästhetischer, narrativer oder induktiver Perspektive angeknüpft werden. Vgl. ebd.

444 Vgl. THOMAS G. LONG, The Witness of Preaching, 161ff.219ff.

445 Vgl. a. a. O., 161ff.

446 Vgl. a. a. O., 161f.

Die Funktion einer gut ausgearbeiteten Gliederung beschreibt Long als Orientierungshilfe für Gemeinde und Prediger:

> „[A] form is essentially a map for the journey of the sermon, a plan showing the sequence of Moves to be taken along the way toward the destination. As the sermon moves through each of the Moves, a cluster of communicational tasks is performed, and when all of the Moves are complete, hopefully the focus of the sermon has been said and the function of the sermon has been accomplished."[447]

Ein strukturierter und reflektierter Aufbau einer Predigt ist für alle von Vorteil: Der Predigerin verhilft er zu mehr innerer Klarheit und zu einer präziseren Reflexion und Überarbeitung des Entwurfs. Den Zuhörenden vereinfacht er das Zuhören und das gedankliche Nachvollziehen des Gesagten, ganz gleich, wie sie das Wahrgenommene auffassen, mit eigenen Assoziationen und Vorstellungen anreichern oder wie sie sich zur Sichtweise der Predigerin positionieren.

Longs Rede von der Predigt als einer gemeinsamen Reise lässt an die Dramaturgische Homiletik denken, bei der die Predigt ebenfalls als gemeinschaftliche Unternehmung verstanden wird.[448] Auffällig ist jedoch, dass Nicol und Deeg primär den biblischen Text als Raum begreifen, den es zu entdecken und zu erschließen gilt. Für die Predigt bedeutet dies, dass nach Nicol und Deeg „die Predigenden einen Textraum betreten und andere mit ihrer Predigt in diesen Textraum führen"[449]. Dabei wird insbesondere die individuelle Erfahrungsdimension in den Vordergrund gerückt, da die Predigt Ereignis des Wortes Gottes sein und zu Glaubenserfahrungen führen soll. Long hingegen betont mit seinem Vergleich der Predigt als einer Reise jene Aspekte, die die Reise als absichtsvolle und geplante Unternehmung charakterisieren. Die Predigt als Reise zu umschreiben, impliziert, dass sie nicht willkürlich verlaufen kann. Sie hebt vielmehr die Verantwortung der Predigerin hervor, die Predigt stringent und nachvollziehbar zu gliedern, absichtsvoll zu kommunizieren und das eigene Vorhaben eng an die Bedürfnisse und Perspektiven der Hörerinnen und Hörer rückzubinden. Möchte man im Bild der Reise bleiben, lässt sich festhalten, dass das Ziel einer Predigt sowie jede Etappe umsichtig reflektiert, begründet und durchdacht sein muss. Es muss sich erschließen, wohin die Reise verläuft und mit welchem Anliegen die Reise unternommen wird. Das Bild der gemeinsamen Reise unterstreicht somit in besonderer Weise Longs Verständnis der Predigt als absichtsvoller und rhetorisch zu reflektierender Rede. Zugleich zeigt Long sich offen für rezeptionsästhetische Anliegen, die individuellen Erfahrungen der Hörerinnen und Hörer aufzuwerten und konstruktiv in das Predigtgeschehen einzubeziehen. Individuelle Erfahrungen und Rezeptionsprozesse sind Teil des

---

[447] A. a. O., 171.

[448] Vgl. MARTIN NICOL/ALEXANDER DEEG, Texträume öffnen, 38f.

[449] Vgl. a. a. O., 38.

Predigtgeschehens. Long betont dabei jedoch, dass es dafür eines klaren Rahmens, einer kommunikativen Absicht bedarf.[450]

Predigten sollen so gestaltet sein, dass es den Zuhörerinnen und Zuhörern leichtfällt, sich aktiv und kreativ am Predigtgeschehen zu beteiligen. Sie sollen dem Predigtverlauf ohne Mühen folgen und wahrnehmen können, was der Prediger mitteilen möchte. Zugleich sollen sie weder überzeugt noch belehrt werden, sondern frei, aktiv und kreativ involviert werden.[451] Long zufolge ist es unbedingt zu vermeiden, dass sich Hörerinnen und Hörern nicht erschließt, was Ziel und Inhalt der Predigt ist.[452]

Damit es Hörerinnen und Hörern gelingt, Inhalte und Ziele einer Predigt wahrzunehmen, braucht es Predigerinnen und Prediger, die den Erarbeitungsprozess umsichtig reflektieren und wissen, was und wozu sie etwas in der Predigt umsetzen. Rhetorisch zu predigen impliziert, die eigenen Absichten reflektiert zur Sprache zu bringen und diese strukturiert und angemessen für die Hörerinnen und Hörer zu kommunizieren.[453] Long berücksichtigt in seinem Konzept dabei nicht nur rhetorische, sondern auch rezeptionsästhetische Anliegen und ermöglicht so eine Homiletik, die für die unterschiedlichen Positionen im homiletischen Diskurs anschlussfähig ist.

Anhand des bereits skizzierten Beispiels zeigt Long auf, wie aus den vorgesehenen Moves sehr unterschiedlich aufgebaute und ausgerichtete Predigtentwürfe entstehen können. Vor dem Hintergrund verschiedener Kommunikationsabsichten und homiletischer Situationen können alle skizzierten Beispiele gelungen sein.[454] Die vorgesehenen Moves können insofern ganz unterschiedlich arrangiert werden und so verschiedene Predigten ergeben.

Longs Predigtentwürfe sind kurz sowie präzise und unterstreichen sein strukturiertes und konzentriertes Vorgehen. Er listet für jeden Move Aufgabenstellung und Wirkungsabsicht auf und ergänzt diese um einen weiteren Satz, in dem ersichtlich wird, wie die Moves aufeinander abgestimmt werden können. Auf diese Weise wird der gedankliche Gesamtzusammenhang und die innere Geschlossenheit einer Predigt präzisiert und reflektiert, ohne dass die einzelnen

---

450 Vgl. THOMAS G. LONG, The Witness of Preaching, 171.

451 „They should participate with the preacher in the creation of the event of proclamation, and the preacher should choose the sermon form that best allows the hearers to exercise their ministry of active and creative listening." A. a. O., 164.

452 LONG steht hier ganz in der Tradition MARTIN LUTHERS: „Der beste Prediger ist der, nach dessen Anhören du sagen kannst: Das hat er gesagt. Der schlechteste dagegen ist jener, von dem man sagen muß: Ich weiß nicht, was er gesagt hat." MARTIN LUTHER, Tischreden (bearb. Von Heinrich Fausel), in: DERS., Ausgewählte Werke, hg. von HANS HEINRICH BORCHERDT, Ergänzungsreihe Bd. 3, München [3]1963, 160 (zit. nach BIRGIT WEYEL, Der Hörer steckt im Text?, 48).

453 Vgl. THOMAS G. LONG, The Witness of Preaching, 164.

454 Vgl. a. a. O., 162ff. Vgl. darüber hinaus die Analyse von zwei Predigten von EDMUND STEIMLE und BARBARA BROWN TAYLOR, deren Aufbau Long anhand seiner Methode ausführlich untersucht und würdigt. Vgl. a. a. O., 164–170.

Moves bereits ausgearbeitet oder auf eine bestimmte Gestaltungsweise festgelegt werden.

3.3 *Die Ausarbeitung einer Predigt und ihre Überarbeitung*

Die Ausarbeitung des Predigtentwurfs zu einer ausformulierten Predigt unterteilt LONG in verschiedene Arbeitsschritte, die die unterschiedlichen Aspekte des Kommunikationsgeflechts beleuchten. Long begreift die Predigt als Kommunikationssystem, bei dem jedem Element eine bestimmte Funktion zukommt und daher umsichtig reflektiert werden muss.[455] Besonders das Zusammenspiel der verschiedenen Moves und Elemente muss stimmig aufeinander abgestimmt werden.[456] Long hebt die multiperspektivische Reflexion bei der Erarbeitung der Predigt hervor, weshalb die schriftliche Ausarbeitung erst spät erfolgt. Auf diese Weise will er dazu anleiten, das eigene Vorhaben und die Gestaltungsmöglichkeiten aufeinander abzustimmen, so dass Form und Inhalt der Predigt präzise und adäquat ineinandergreifen und die Predigt daraufhin abgestimmt wird, dass eine konkrete Gemeinde sie hört:

> „What is important to see here is the process by which a preacher thinks through each Move of the sermon, each portion of the basic form. Each Move of the form names a task, and the preacher asks what it will mean for the sermon to perform this task with *these* people.[457]

Alle Faktoren sind im konkreten Fall wahrzunehmen und differenziert zu analysieren. Long lehnt daher allgemeine Regeln für die Gestaltung von Predigten ab.[458]

---

[455] Der Begriff „Kommunikationssystem" wird hier nicht im systemtheoretischen Sinn verwendet, sondern als Übersetzung von „system of communication" (a. a. O., 179). LONG sieht in der Bezeichnung das funktionale Zusammenspiel der verschiedenen Predigtelemente besonders gut abgebildet. Vgl. ebd.

[456] „Each Move of the Sermon picks up one piece of the total sermonic task, and we must decide what resources are necessary in order for each piece of the larger job to get done." Ebd.

[457] Ebd. [Hervorhebung im Original].

[458] „This steers us away from general and misguided advice about sermon form (found in some homiletical manuals) based upon arbitrary and mechanical concerns (for example, ‚every sermon ‹point› should have an illustration') or pseudo-psychological considerations (for example ‚the congregation always needs a ‹break› between points')." Ebd. Vgl. ferner DERS., Pawn to King Four. Sermon Introductions and Communicational Design, RefR(H) 40,1 (1986), 27–35.

3.3.1 Voraussetzungen antizipieren: „Measuring the Distance“

Long ist es wichtig zu antizipieren, wie die Aussage- und Wirkungsabsicht auf die heterogenen Zuhörerinnen und Zuhörern trifft: „The preacher needs to assess where the hearers are in relation to this Move and should measure the distance the hearers will be invited to travel in this section of the sermon.“[459] Long weiß um die Hürden und Schwierigkeiten menschlicher Kommunikation. Daher fordert er dazu auf zu imaginieren, wie die unterschiedlichen Menschen einen Move wohl hören und was sie benötigen könnten, damit sie dem Prediger und seiner Aussage- und Wirkungsabsicht folgen können. Long geht es nicht darum, eine ‚richtige' Verständnisweise der Predigtrezeption vorzuschreiben oder darauf einzuwirken, wie die Hörerinnen und Hörer die Predigt auffassen. Im Gegenteil: Nur wenn sich die Hörerinnen und Hörer gut auf eine Predigt einlassen und ihrem Gedankengang folgen können, kann die Predigt individuelle Erfahrungen und Assoziationen wachrufen, die in die Predigtrezeption einfließen. Long möchte vermeiden, dass eine Predigt unzureichend auf die Multiperspektivität der Hörerinnen und Hörer ausgerichtet ist, so dass Zuhörerinnen und Zuhörer sich der Predigt verschließen. Es hält es daher für wegweisend zu antizipieren, wie vielfältig und gegensätzlich die Wahrnehmungen einer Predigt sein können. Auch wenn nicht alle Menschen gleichermaßen angesprochen werden können, spricht sich Long dafür aus, möglichst präzise die gesellschaftlichen Lebenswirklichkeiten abzubilden. Benötigt wird dafür nicht nur eine profunde Kenntnis der Gemeinde vor Ort sowie eine intensive Anteilnahme am Leben der Menschen, sondern auch eine kritische Reflexion der eigenen Sichtweise und der eigenen Annahmen.[460]

Im bereits angeführten Beispiel strebt Long an, im ersten Move die Menschen dazu einzuladen, sich an eigene Erlebnisse zu erinnern, die Zweifel an Gott aufkommen lassen können, und daran zu denken, wie man diese erlebt und wahrgenommen hat. Es ist davon auszugehen, dass die Zuhörenden dabei unterschiedliche Erfahrungen erinnern und dies mit verschiedenen Emotionen verbinden. Long möchte diese Heterogenität bei der Gestaltung eines Moves berücksichtigen, indem er sie sprachlich abzubilden sucht und einige Positionen und Reaktionen exemplarisch benennt.[461]

---

459 THOMAS G. LONG, The Witness of Preaching, 173.

460 Vgl. a. a. O., 173ff. LONG betont, dass die Perspektive der Hörerinnen und Hörer hier nicht erst sekundär in die Überlegungen einbezogen wird, sondern diese bereits bei der Reflexion von Fokus und Funktion elementar ist. Vgl. a. a. O., 176.

461 Vgl. ebd.

Dieser Arbeitsschritt mündet in eine vorläufige Ausarbeitung des ersten Moves, der im weiteren Prozess noch überarbeitet wird.[462] In gleicher Weise ist dieser Arbeitsschritt bei der Ausarbeitung aller anderen Moves anzuwenden.

3.3.2 Material zur Veranschaulichung: „Naming the Resources“

Im Zuge der Überarbeitung verlagert sich der Fokus von der inhaltlichen Ebene hin zur stärkeren Wahrnehmung der formalen Dimension. Long vermeidet es, Form und Inhalt der Predigt als Gegensätze darzustellen und möchte mit dem Ausdruck „the *form of the content*“[463] vor allem das Ineinander beider Ebenen zur Geltung bringen.[464] Bei der Gestaltung der Predigt geht es für ihn darum, das, was er mit der Predigt mitteilen möchte, so zu kommunizieren, dass inhaltliche und formale Aspekte bestmöglich zusammenwirken.[465] Dies impliziert jedoch nicht, dass der Reflexion der Form nur eine untergeordnete Bedeutung zukommt. Die Ausgestaltung der Predigt soll auf allen Ebenen ein Prozess des umsichtigen und vielschichtigen Durchdenkens sein.[466]

Es gibt viele Möglichkeiten, die für die Ausgestaltung in Frage kommen: „stories, dialogue, images, practical examples, rhetorical questions, personal confession, persuasive argument, poems, verses of Scripture, exegetical information or whatever“[467]. Material ist dann geeignet, wenn es in das gesamte Kommunikationssystem passt und sich für eine konkrete homiletische Situation als geeignet erweist. Long wählt hier eine funktionale Angemessenheit als entscheidendes Kriterium.

Darüber hinaus ist zu überlegen, welche stilistische Gestaltung geeignet und angemessen ist. Eine humorvolle Wendung kann beispielsweise verwendet werden, um Offenheit herzustellen. Auch kann eine persönliche Perspektive geeignet sein, um moralisierende Tendenzen abzuwehren.[468]

---

462 Bereits diese erste Rohfassung eines Moves zeigt aufschlussreich auf, wie deutlich sich David Buttricks Homiletik in Longs Konzept wiederfindet. Auch wenn Long zahlreiche Aspekte von Buttricks Konzept zur Gestaltung der Moves verwirft, so bringt auch bei ihm ein Move sehr deutlich einen Gedanken zur Sprache. Wie bei Buttrick, wird dieser zu Beginn und zum Ende des Moves genannt, während im Mittelteil der Gedanke ausgeführt und veranschaulicht wird. Dies geschieht freier als Buttrick es skizziert hat und zeigt doch eine große Nähe auf. Vgl. a. a. O., 176f.

463 A. a. O., 137 [Hervorhebung im Original].

464 Vgl. a. a. O., 136ff.

465 Vgl. a. a. O., 137.

466 Vgl. a. a. O., 172.

467 A. a. O., 179.

468 Vgl. a. a. O., 177ff. Vgl. insbesondere dazu auch die aufgeführten Beispiele, a. a. O., 180ff.

Anstelle von universalen oder normativen Regeln führt Long konkrete, gelungene Beispiele an. Sie verdeutlichen, wie Predigten und Moves auf unterschiedliche Weise gut gegliedert und individuell gestaltet werden können. Long analysiert zugleich, welche Funktion ein Gestaltungselement oder das Zusammenspiel erfüllt und wie sie begründet werden kann.[469] Im Hinblick auf das bereits genannte Beispiel (s.o.) kommt Long zu dem Schluss, dass weder eine narrative Passage noch ein theologischer Gedanke oder ein historisches Beispiel in diesem Fall geeignet sind, um die Intention des Moves für die erwartete Hörergemeinde zu erreichen. Stattdessen plädiert er für mehrere unterschiedliche Beispiele, die Lebenssituationen darstellen, die Zweifel an Gott evozieren können.[470]

Neben der Gestaltung eines Moves ist auch das Arrangement aller Moves einer Predigt in ihrem Gesamtaufbau ein wichtiger Aspekt bei der Überarbeitung. Auch wenn bei jeder Predigt neu die konkreten Gegebenheiten und Überlegungen die Gestaltung einer Predigt bestimmen, versucht Long, Orientierungshilfen für den Gesamtaufbau von Predigten zu geben. „[T]he result of our thinking through will often be not some utterly new and wildly innovative form but, rather, a form that has been employed by many preachers many times before, and quite effectively.“[471] Es gibt verschiedene Gliederungen, die sich in vielen Predigten und Reden wiederfinden, da sie geeignet sind, einen Gedankengang nachvollziehbar und überzeugend zu strukturieren. Zugleich eignen diese sich nicht für jede Predigt, sondern nur in bestimmten Konstellationen:

- *„If this ... then this ... and thus this.“*[472]
  Der Gedankengang baut aufeinander auf und verdeutlicht erst zum Ende der Predigt die Gegenwartsbedeutung des biblischen Textes „as the final link in a chain of smaller claims“[473]. Auf Grund der stark kognitiven Ausrichtung, ist dieser Predigtaufbau am besten geeignet, wenn die Predigt vor allem etwas lehren / vermitteln möchte (*docere*).
- *„This is true ... in this way ... and also in this way ... and in this other way too.“*[474]
  Dieser Gedankengang ist bei Predigten besonders geeignet, in denen die Gegenwartsbedeutung eines biblischen Textes komplexer ist. Mit diesem Aufbau kann der Fokus der Predigt aus verschiedenen Facetten beleuchtet und

---

469 Vgl. a. a. O., 182ff.
470 Vgl. a. a. O., 178f.
471 A. a. O., 189.
472 Ebd. [Hervorhebung durch I. K.].
473 Ebd.
474 Ebd. [Hervorhebung durch I. K.].

von den Hörerinnen und Hörern unterschiedlich aufgenommen und gedeutet werden.[475]

- *„This is the problem ... this is the response of the gospel ... these are the implications.“*[476]
  Diese Vorgehensweise ist besonders geeignet, wenn es eine gemeinsame Frage, Krise oder Themenstellung gibt, die die Hörenden bewegt und welche in der Predigt in einem neuen Licht betrachtet werden kann.
- *„This is the promise of the gospel ... here is how we may live out that promise.“*[477]
  Diese Gliederungsform ist bei biblischen Texten und Predigten mit ethischen Implikationen besonders geeignet, um ausgehend vom biblischen Text möglichen Überzeugungen und Konsequenzen nachzugehen.
- *„This is the historical situation in the text ... these are the meanings for us now.“*[478]
  Evoziert ein biblischer Text die Auseinandersetzung mit dem sozioökonomischen Kontext der damaligen sowie der heutigen Zeit, bietet sich dieser Predigtaufbau an. Eine Predigt kann dabei entweder in zwei Schritten beide Kontexte nacheinander in den Blick nehmen, verschiedene Aspekte beider Kontexte nebeneinander beleuchten oder auch Aspekte des biblischen Kontextes als Flashbacks zwischen Passagen zur heutigen Situation einbauen.
- *„Not this ... or this ... or this ... or this ... but this.“*[479]
  Bei diesem Aufbau beginnt eine Predigt mit einer Fragestellung, für die es keine offensichtliche Antwort gibt. Folglich kann sukzessive überlegt werden, welche Antworten sich als nicht tragfähig erweisen, um am Schluss zu einer überzeugenderen Lösung zu kommen, die auch die Gegenwartsbedeutung des biblischen Textes zur Geltung bringt. Long hält diese Form für geeignet, wenn der biblische Text Ausgangspunkt für eine rätselhafte Fragestellung ist oder ein bekanntes Thema neu in den Blick genommen werden kann.
- *„Here is a prevailing view ... but here is the claim of the gospel.“*[480]
  Fordert ein biblischer Text zu einer veränderten Sichtweise heraus, eignet sich dieser Aufbau. Hierbei wird zuerst – „as fully and as sympathetically as possible“ – eine Erscheinungsform der zeitgenössischen Kultur beschrieben. Anschließend wird vor dem Hintergrund eines biblischen Textes diese Sichtweise neu wahrgenommen: „this [...] allows the claim of the gospel to enrich, correct, challenge, replace, or renew that view“[481].

---

475 Diese Predigtform wird daher auch „jewel sermon“ oder „facet sermon“ genannt: In der Predigt wir der biblische Text und seine Gegenwartsrelevanz wie ein Diamant ins Licht gehalten und in seiner Vielschichtigkeit wahrgenommen. Vgl. ebd.

476 A. a. O., 190 [Hervorhebung durch I. K.].

477 Ebd. [Hervorhebung durch I. K.].

478 Ebd. [Hervorhebung durch I. K.].

479 Ebd. [Hervorhebung durch I. K.].

480 A. a. O., 191 [Hervorhebung durch I. K.].

481 Ebd.

- *„This ... but what about this? ... well, when this .... Yes, but what about this? ... and so on.“*[482]
  Der Predigtmonolog wird bei dieser Gliederung dialogisch konzipiert. Ist ein biblischer Text in seiner Gegenwartsbedeutung schwer, differenziert oder kontrovers zu fassen, bietet es sich an, in Form einer kritischen Befragung in jedem Move einen anderen Aspekt zu untersuchen. Dabei sollten sich darlegende und kritisch befragende Passagen abwechseln, um ertragreich zu sein.
- *„Here is a story.“*[483]
  Es gibt diverse Möglichkeiten, Predigten narrativ zu gestalten: Die gesamte Predigt kann das Erzählen einer Story sein, wobei dies sowohl eine biblische als auch eine gegenwärtige Erzählung sein kann. Die Erkenntnisvermittlung erfolgt dabei durch die Story selbst. Eine andere Möglichkeit besteht darin, in einer Predigt erst eine Erzählung und eine anschließende Reflexion darzulegen, die eine Kommunikationsabsicht verdeutlicht. Die Erzählung einer Story kann auch unterbrochen werden von einer Reflexion, wodurch ein Spannungsbogen aufgebaut werden kann. Eine Erzählung kann in einer Predigt auch eingebracht werden, um eine zuvor thematisierte Fragestellung oder Herausforderung aufzulösen oder eine Antwort darauf aufzuzeigen.
- *„Here is a letter.“*[484]
  Im Stil eines Briefes, gerichtet an die Gemeinde oder an eine Person, kann eine Predigt ebenfalls gestaltet werden. Long hält diese Aufmachung für besonders geeignet, wenn eine persönliche und auf die Affekte abzielende Ansprache gesucht wird.
- *„This? ... or that? ... both this and that.“*[485]
  Geht es in einer Predigt um einen paradoxen oder ambivalenten Sachverhalt, ist dieser Aufbau geeignet, um die Komplexität abzubilden.

Long plädiert dafür, sich dieser Vielfalt bewusst zu sein und sich als Predigerin ein breites Repertoire an möglichen Gestaltungsformen zu erarbeiten. Nur dann sind die Voraussetzungen gegeben, um die für den jeweiligen Kontext adäquate Gliederung zu finden und auszuarbeiten. Entscheidend ist: Die Tatsache, dass es eine Reihe von geeigneten Gliederungsformen für Predigten gibt, entbindet Predigerinnen und Prediger nicht von der Pflicht, das Zusammenspiel von biblischem Text und Hörergemeinde umsichtig und individuell zu reflektieren und die Gestaltung der Predigt daran auszurichten. Im Gegenteil: Die geeignete Gliederung für eine Predigt zu finden und auszuarbeiten, ist eine homiletische Kernkompetenz. Long grenzt sich hier deutlich ab von Positionen der früheren US-

[482] Ebd. [Hervorhebung durch I. K.].
[483] Ebd. [Hervorhebung durch I. K.].
[484] A. a. O., 192 [Hervorhebung durch I. K.].
[485] Ebd. [Hervorhebung durch I. K.].

amerikanischen Homiletik, in denen nicht nur die Gliederung in drei Argumente (*points*) verbreitet war, sondern auch Listen mit Standardgliederungen aufgeführt wurden, ohne zu reflektieren, welche Form welche Vorzüge hat und warum sich eine bestimmte Form für eine spezifische Situation besonders eignen könnte.[486] Long beschreibt die Ausgestaltung von Moves und der gesamten Predigt als Prozess, bei dem rhetorische Aspekte im Vordergrund stehen und das Material sorgfältig auf die Zuhörerschaft und die eigenen Intentionen überprüft und abgestimmt werden müssen. Die Vorgehensweise und bestimmte Techniken sind erlernbar und befördern so reflektiertes und vielseitiges Predigen.

3.3.3 Der Predigteinstieg

Die Gestaltung von Predigteinstiegen wird in der Homiletik besonders umfangreich und intensiv erörtert. Weit verbreitet ist die Annahme, dass die Einleitung genutzt werden müsse, um besondere Aufmerksamkeit und Interesse hervorzurufen. Von diesen Positionen grenzt sich Long ab und hält fest:

> „[S]ermon introductions do not have the responsibility of arousing the hearers' interest, and they are not necessarily charged with the task of disclosing in advance the agenda of the sermon."[487]

Long ist davon überzeugt, dass zu Beginn einer Predigt Aufmerksamkeit nicht eigens evoziert werden muss, da die Hörerinnen und Hörer von sich aus aufmerksam sind und der Predigt Interesse entgegenbringen. Die Zuhörenden sind in der Regel willens, sich auf die Predigt einzulassen, ihr zuzuhören und am Predigtgeschehen teilzuhaben. Daher braucht es keine spezifischen Methoden oder Stilmittel, um dahingehend auf sie einzuwirken. Predigtanfänge sollten daher – wie alle anderen Teile der Predigt auch – vielmehr darauf abgestimmt werden, die Aufmerksamkeit nicht zu verspielen. Aufgrund dessen lehnt Long es ab, dem Predigteinstieg besonders viel Aufmerksamkeit entgegenzubringen. Er spricht sich vielmehr dafür aus, alle Teile der Predigt umsichtig zu reflektieren.[488]

Die Funktion von Predigteinleitungen sieht Long darüber hinaus nicht darin, offenzulegen, was in einer Predigt thematisiert werden wird und welchem Aufbau die Predigt folgt.[489] Long begründet dies im Anschluss an David Buttrick

---

486 Vgl. a. a. O., 189.

487 A. a. O., 201.

488 Vgl. a. a. O., 196f.

489 LONG lehnt auch RANDALL NICHOLS Vorschlag ab, den Predigteinstieg als „contract for communication" (RANDALL NICHOLS, Building the Word. The Dynamics of Communication and Preaching, San Francisco [CA] 1980, 101) zu verstehen. Nichols zufolge leitete die Frage „Möchtet ihr dieser Predigt zuhören?" die Gestaltung der Einleitung. Die Einleitung sollte darlegen, was die Predigt mitteilen und bewirken möchte und welchem Aufbau sie folgt, damit die Hörerinnen und Hörer sich zu Beginn der Predigt sich auf die Predigt einstellen

damit, dass beim Zuhören der gesamten Predigt Spannung erlebt und eigene Entdeckungen gemacht werden sollen und es daher wichtig ist, in der Einleitung nicht alles vorwegzunehmen.[490]

Die entscheidende Frage lautet für Long: „[W]hen should certain things be said so that they can best be heard?“[491] Es ist im Einzelfall zu entscheiden, ob für eine Predigt viel oder wenig Spannung geeignet ist, ob explizit oder implizit in das Thema eingeführt werden soll und welche Herangehensweise für die emotionale Wirkung beispielsweise angemessen ist.[492] Dies bedeutet eine große Vielfalt von Predigteinstiegen. Sie können unterschiedlich konkret, ausführlich oder explizit sein.[493] Um die geeignete Einleitung für eine Predigt zu finden, sollten Predigerinnen und Prediger die Statements zur Aussage- und Wirkungsabsicht aufgreifen. Der Predigteinstieg sollte dazu beitragen, die Aussage- und Wirkungsintentionen umzusetzen und auf diese abgestimmt werden. Es ist zu fragen, welchen Beitrag die Predigteinleitung für das Predigtziel leisten kann. Diese Überlegung ist für die weitere Ausarbeitung des Predigteinstiegs wegweisend.

Darüber hinaus definiert Long vier Aufgaben, die ein Predigtbeginn erfüllen sollte. Die erste Aufgabe ist auf die inhaltliche Ausrichtung bezogen und lautet: „A sermon introduction should make, implicitly or explicitly, a promise to the hearers.“[494] Schon zu Beginn sollte eine Predigt erkennen lassen, was inhaltlich und thematisch von der weiteren Predigt zu erwarten ist, auch wenn nicht die gesamte Predigt in Aufbau und Inhalt zusammengefasst wird. In ihrer Gestaltung soll die Einleitung stimmig in die Predigt einführen und thematisch in einem engen Zusammenhang mit der weiteren Predigt stehen. Zugleich verweist Long mit dem Begriff ‚promise‘ darauf, dass es ihm hierbei um eine Orientierungsfunktion geht. Die Einleitung dient weder allein der Erzeugung von Aufmerksamkeit, noch dazu, den Hörerinnen und Hörern zu diktieren, wie sie die Predigt zu rezipieren haben. Die Zuhörenden sollen sich vielmehr mit Hilfe der Einleitung auf die Predigt einstimmen können, um einen Eindruck davon zu bekommen, was sie von ihr zu erwarten haben.[495]

Zweitens soll durch den Predigteinstieg eine erbauliche und das Leben bereichernde Ausrichtung der Predigt erkennbar werden. Long zufolge soll eine Predigt trotz möglicher Ambivalenzen versöhnlich sein und die Hörerinnen und

können. Diese Perspektive und Vorgehensweise kritisiert Long, da er davon überzeugt ist, dass Hörerinnen und Hörer nicht immer vorab gesagt bekommen möchten, was sie in einer Predigt erwartet. Vgl. THOMAS G. LONG, The Witness of Preaching, 199.

490 Vgl. a. a. O., 196ff. Vgl. ferner DAVID BUTTRICK, Homiletic, 85.

491 THOMAS G. LONG, The Witness of Preaching, 200.

492 Vgl. ebd.

493 LONG zeigt dies anhand von verschiedenen Predigtanfängen auf, die er aus Predigten diverser Predigerinnen und Prediger entnommen hat. Vgl. a. a. O., 203ff.

494 A. a. O., 201.

495 Vgl. a. a. O., 202f.

Hörer so ansprechen, dass diese der weiteren Predigt zuhören möchten.[496] Wie es gelingen kann, einen Predigteinstieg so zu gestalten, dass die Predigt als „valuable"[497] erfahren wird, ohne nur Wohlgefälliges anzusprechen, zeigt Long an verschiedenen Beispielen.[498]

Drittens: „A sermon introduction should make a promise at the same communicational level as the rest of the sermon."[499] Die Einleitung sollte in ihrer Wirkungsabsicht ähnlich ausgerichtet sein wie die restliche Predigt und daher auf eine ähnliche Sprache, Emotionalität oder Anrede zurückgreifen.[500] Long greift hier auf Buttricks Plädoyer zurück, dass Einleitungen die wesentliche Aufgabe zukommt, die Hörerinnen und Hörer auf die folgende Predigt einzustimmen und betont damit die differenzierte Reflexion der Wirkungsweise der mündlichen Rede.[501]

Der Beginn einer Predigt sollte viertens stimmig und adäquat in die gesamte Predigt einführen und zugleich eine harmonische Überleitung zum nächsten Move herstellen.[502]

Die vier Kriterien implizieren hohe Anforderungen, die mit der Gestaltung des Predigteinstiegs verbunden sind. Die Erarbeitung der Einleitung gründet auf einer funktionalen Bestimmung, die aus den Statements zu Inhalts- und Wirkungsabsicht gewonnen wird. An dieser ist die weitere Predigt ebenso auszurichten, wie die Einleitung stimmig zum nächsten Move und zur Predigt als Ganzes zu gestalten ist. Damit skizziert Long ein Vorgehen, das nicht nur auf den Predigteinstieg anzuwenden ist, sondern auf alle anderen Teile der Predigt ebenfalls zutrifft.

3.3.4 Verbindungselemente zwischen einzelnen Moves

Von elementarer Bedeutung sind für Long die Verbindungselemente innerhalb einer Predigt, welche die aufeinander folgenden Moves miteinander verschränken und so die innere Geschlossenheit der Predigt befördern. David Buttrick geht davon aus, dass ein durchdachter Plot und präzise ausgearbeitete Moves wesentlich dazu beitragen, dass eine Predigt als stimmig und zusammenhängend wahrgenommen wird. Moves können ihm zufolge durch logische Abfolge,

496 Vgl. a. a. O., 208f.

497 A. a. O., 206.

498 Vgl. a. a. O., 206ff.

499 A. a. O., 210.

500 Vgl. a. a. O., 210f.

501 Vgl. a. a. O., 211. Vgl. ferner David Buttrick, Homiletic, 90.

502 Vgl. Thomas G. Long, The Witness of Preaching, 211ff. Vgl. ferner David Buttrick, Homiletic, 84f.

eine zusammenhängende emotionale Grundhaltung oder durch das Gruppieren von Moves miteinander verknüpft werden.[503] Verbindungselemente zwischen den Moves lehnt Buttrick ebenso ab wie eine vom modellhaften Aufbau abweichende Gestaltung der Moves.

Anders als Buttrick ist Long der Auffassung, dass in jeder Predigt Verbindungselemente zwischen den Moves unabdingbar sind. Die Reflexion der Verbindungselemente hält Long für wichtig, damit die Zuhörenden der Predigt leicht zuhören und folgen können. Eine kurze Pause zwischen zwei Moves kann den Übergang von einem Move zum nächsten ebenso verdeutlichen wie einzelne Wörter, die im letzten Satz eines Moves oder zu Beginn des nächsten Moves anzeigen, dass jetzt ein anderer Gedankengang folgt. Long hält darüber hinaus auch Übergangspassagen mit mehreren Sätzen für denkbar, die zwei Moves miteinander verbinden.[504]

Long bezeichnet die Verbindungselemente als „connectors“[505]. Die verbreitete Bezeichnung „transitions“[506] übernimmt er nicht, da diese vielfach mit wenig Relevanz verknüpft werden. Verbindungselemente stellen nicht nur überleitende Formulierungen dar, sondern sind für das Gesamtgefüge der Predigt von grundlegender Bedeutung.[507]

Vier Aspekte zeichnen Verbindungselemente aus: Erstens kündigen die Verbindungselemente das Ende eines Moves an, indem sie das Wichtigste erneut nennen. Für Hörerinnen und Hörern soll dies eine Vergewisserung, den Prediger verstanden zu haben, oder eine Wiedereinstiegsmöglichkeit bieten.[508]

Zweitens leiten die Verbindungselemente zum nächsten Move über und lassen erkennen, in welchem logischen Zusammenhang beide Moves stehen. Verschiedene Formulierungen zeigen, welcher Logik der weitere Gedankengang aufbaut: kumulativ („and“, „in addition“, „moreover“ etc.), kontrastierend („but/yet“, „however“ etc.), konzessiv („if... then...“, „so“ etc.) oder den gleichen Aspekt von einer anderen Perspektive aus betrachtend („look again“, „in a deeper sense“, „perhaps“ etc.). Eine weitere, eher ungewöhnliche Möglichkeit kann darin bestehen, einen Abbruch des logischen Argumentationsgangs und den folgenden Neueinstieg zu vermitteln („leaving this behind“, „the real question, though, is,“ oder „what if?“).[509]

---

503 Vgl. David Buttrick, Homiletic, 69–79. Vgl. ferner Kap. IV.2.5.5.

504 Vgl. Thomas G. Long, The Witness of Preaching, 213ff.

505 A. a. O., 214.

506 Ebd.

507 Vgl. ebd.

508 Das Abschweifen in eigene Gedanken erfährt bei Long keine negative Konnotation, er betrachtet es als natürlichen Prozess. Zugleich möchte er Predigten so gestalten, dass Hörerinnen und Hörer immer wieder neu in die Predigt einsteigen und folgen können, wenn sie möchten. Vgl. ebd.

509 Vgl. a. a. O., 215f.

Die Verbindungselemente bereiten darüber hinaus den folgenden Move inhaltlich vor. Die Andeutungen ermöglichen es den Hörerinnen und Hörern, sich auf das Kommende einzustellen, was das Zuhören erleichtert. Hierbei geht es Long nicht darum, die Rezeption zu bestimmen, er betont vielmehr: „*We* know why one thing follows another, but they [die Zuhörenden, Anmerkung I. K.] do not; and we must allow the logical movement of the sermon to become plain.“[510]

Schließlich geben die Verbindungselemente viertens auch Aufschluss darüber, wie die Predigt gedacht ist und was der Prediger oder die Predigerin mitteilen möchte. So kann in den Übergängen beispielsweise dezenter zur Selbstreflexion angeregt werden als in den Moves selbst.[511]

Insgesamt ist bei der Gestaltung der Übergänge auf Angemessenheit zu achten, damit sie adäquat und zielführend die jeweiligen Moves zu einer Predigt verbinden und ihr Zusammenspiel dazu beiträgt, die eigenen Intentionen umzusetzen und auf die Zuhörenden abzustimmen. Im Zweifelsfall sollten eher Unzulänglichkeiten hinsichtlich der Klarheit und Umfänglichkeit eines Übergangs akzeptiert werden, als dass die Gesamtbewegung der Predigt unklar erscheint.[512] Damit lässt Long erneut die grundlegende Relevanz rhetorischer Dimensionen für die Predigtgestaltung erkennen: Eine Predigt soll nachvollziehbar und verständlich sein, was sich in ihrer Gestaltung widerspiegeln muss.

3.3.5 Der Predigtschluss

„Good sermons do not really end, of course, with the preacher's concluding words. They continue to work in the minds of the hearers (and the preacher, too) and in the life of the community of faith.“[513] Eine Predigt endet nicht mit ihren letzten Worten, sondern gelangt erst in und mit der Rezeption der Hörerinnen und Hörern zu einem Ende. Diesen Gedanken hat Fred B. Craddock in die US-amerikanische Homiletik eingebracht. Long hebt die Relevanz dieser Einsicht hervor, zugleich hält er sie nur für begrenzt weiterführend. Long ist überzeugt, dass nicht jede Predigt derart offen konzipiert werden sollte. Predigten müssen eine Kommunikations- und Wirkungsabsicht erkennen lassen und sollen nicht beliebig rezipiert werden können. Predigerinnen und Prediger dürfen darüber hinaus nicht von ihrer Verantwortung „for providing both the resources and the guidance for the hearers' completion of the sermon“[514] entbun-

---

510 A. a. O., 217 [Hervorhebung im Original].

511 Long veranschaulicht alle vier Aspekte an einem exemplarischen Übergang, den er für gelungen hält. Vgl. a. a. O., 214.217.

512 Vgl. a. a. O., 218.

513 A. a. O., 223.

514 A. a. O., 218, Anm. 18 [S. 336].

den werden.[515] Predigten benötigen daher einen reflektierten und angemessenen Schluss. Dieser soll „crisp, clear, coherent, and economical"[516] die gesamte Predigt abrunden. Damit die Predigt nachwirken und zum Nachdenken anregen kann, sollte der Gesamteindruck zugleich nicht zu harmonisch und nicht jedes Detail perfekt ausgearbeitet sein.[517]

Die Hauptfragen bei der Vorbereitung des Predigtschlusses sind: „when to conclude and how to conclude"[518]. Predigten sollten dann enden, wenn die übergeordneten Absichten zu Fokus und Funktion ausreichend deutlich geworden sind. Dies kann von Predigt zu Predigt variieren. Des Weiteren ist Long überzeugt, dass viele Menschen ein natürliches Gespür für ein stimmiges Ende von Predigten haben. Dies ist bei der Überarbeitung eines Predigtentwurfs zu berücksichtigen. Es sollte vermieden werden, dass Hörerinnen und Hörer beim Hören der Predigt irritiert werden, weil diese erst deutlich später endet als es ihrer Erwartung entspricht.[519]

Der Predigtschluss soll in erster Linie der intendierten Wirkungsabsicht entsprechen und diese pointiert zur Geltung bringen. Entsprechend der drei Wirkungsfunktionen einer Rede („to teach, to evoke a feeling, to call for action"[520]) können hier verschiedene Gestaltungsformen naheliegen: Den thematisierten Sachverhalt zu wiederholen, kann ebenso passend sein wie eine affektive Ausrichtung mit Hilfe von poetischer oder eindringlicher Sprache oder mit Hilfe einer emotional ansprechenden Textform. Auch das Hinwirken auf eine Handlung kann denkbar sein. An verschiedenen Beispielen zeigt Long auf, wie unterschiedlich ein gelungener Predigtschluss aussehen kann. Zugleich verdeutlichen die Beispiele, dass – entsprechend der rhetorischen Tradition – ein Ineinandergreifen der Wirkungsfunktionen besonders ratsam ist.[521]

3.3.6 Bilder und Erfahrungen in Predigten

Longs rhetorischer Blick auf die Konzeption einer Predigt schlägt sich auf seine Wahrnehmung und Reflexion von Bildern, Erfahrungen und anderen Veranschaulichungselementen in Predigten nieder. Er legt eine funktionale Betrachtung nahe und leitet handwerklich zum Gebrauch von Veranschaulichungen an. Es geht ihm um eine zielgerichtete Verwendung von unterschiedlichem Material, wobei die jeweilige, spezifische Funktion einer Veranschaulichung seine

---

515 Vgl. a. a. O., 218.
516 Ebd.
517 Vgl. a. a. O., 223.
518 A. a. O., 218.
519 Vgl. ebd.
520 A. a. O., 219.
521 Vgl. a. a. O., 219ff.

Perspektive prägt.[522] Bei der Auswahl und Ausgestaltung von Veranschaulichungen sind erneut die Statements zu Aussage- und Wirkungsabsicht weiterführend. Ausgehend von ihnen ist zu überlegen, welche Funktion eine Veranschaulichung erfüllt und welchen Beitrag sie für den Kommunikationszusammenhang einer Predigt oder die betreffende Passage leistet. Nur wenn eine Veranschaulichung sich dabei tatsächlich als geeignet erweist, sollte sie in die Predigt aufgenommen werden. „What we need is an understanding of how these elements function in sermons, the range of effects they potentially evoke in hearers, and what implicit messages about the character of the gospel they may communicate."[523] Die Frage, was ein veranschaulichendes Element an einer konkreten Stelle in einer Predigt bewirken und leisten soll, stellt für Long die Leitfrage bei der Auswahl dar.[524]

Long betont, dass es verschiedene Arten von Veranschaulichungen gibt, die auf divergierenden Logiken basieren und sich unterschiedlich für eine Predigt eignen. „[M]ost sermon illustration function as one of three different kinds of speech figures: simile, synecdoche, or metaphor. These three figures correspond to three basic kinds of illustrations: the analogy (simile), the example type (synecdoche), and the metaphor."[525] Bei einer Analogie steht ein Vergleich im Zentrum: Ein tendenziell unbekannter Aspekt oder Sachverhalt wird mit einem anderen, bekannten verglichen, um daran etwas Neues aufzuzeigen. Als Analogie kann ein Bild, eine Erfahrung oder eine Erzählung fungieren. Der Vorzug einer Analogie liegt darin, Verständnis oder Einsicht auf besonders anschauliche Weise zu vermitteln und so zu mehr Klarheit zu verhelfen.[526] Dafür ist es wichtig, die Analogie, die einer Veranschaulichung zugrunde liegt, präzise zuzuspitzen und auszuarbeiten.[527]

Die Verwendung einer Analogie birgt aber ein Risiko: „The danger in using an analogy [...] is, that it will spill over the boundaries of its single point of comparison and thus overflow its narrow educational purpose."[528] Analogien müssen daher sehr gezielt ausgewählt und luzide ausgearbeitet sein, damit sie ihr Potenzial entfalten. Long übernimmt dabei die von David Buttrick aufgestellten Kriterien zur Auswahl und Eignung von Veranschaulichungen:

> „(1) There must be a clear analogy between an idea in sermon content and some aspect of the illustration; (2) There ought to be a parallel between the structure of

[522] Vgl. a. a. O., 229.
[523] A. a. O., 226.
[524] Vgl. ebd.
[525] A. a. O., 230.
[526] Vg. a. a. O., 232.
[527] „[S]imiles are helpful only when they stay sharply focused like a laser on the one intended point of comparison between the two terms." A. a. O., 231.
[528] A. a. O., 234.

content and the shape of an illustration; (3) The illustration should be ‚appropriate' to the content."[529]

Diese Kriterien sollen sicherstellen, dass die Veranschaulichungen tatsächlich der Predigtkommunikation dienen. Sie sollten nicht, weil sie schlecht ausgewählt oder unzureichend ausgearbeitet sind, für Irritation und Unklarheit sorgen.[530]

Anders verhält es sich mit dem zweiten Typ von Veranschaulichungen, der einen Sachverhalt exemplarisch verdeutlicht. Diese Beispiele explizieren einen Gegenstand oder Sachverhalt, indem sie einen Aspekt, der stellvertretend für den Gesamtzusammenhang steht, herausgreifen und konkretisieren. Beispiele haben für Long eine herausgehobene Funktion in Predigten. Sie helfen, abstrakte Gedanken und theologische Konzepte mit der menschlichen Lebenswelt sowie mit den eigenen Erfahrungen zu verbinden: „[Example-style illustrations] give the hearers a taste, a vicarious experience, of the reality being presented."[531]

Long schlägt vor, bei der Durchsicht eines Predigtmanuskriptes alle Stellen zu markieren, in denen theologische Gedanken, Konzepte, Thesen etc. geäußert werden. Anschließend ist in Bezug auf jede dieser Stellen zu fragen: „If the hearers took these statements seriously, what would the results be in their real lives?"[532] Dies soll helfen, zu abstrakt konzipierte Passagen und Aussagen als solche zu erkennen und zu überarbeiten, so dass ersichtlicher wird, wie sie sich zur Lebensrealität der Hörenden verhalten.[533] Bei der exemplarischen Formulierung „As disciples of the crucified Christ, we are called to stand with all who suffer because of hatred, with all who are victims of the world's cruelty"[534] regt er zunächst zu einer umsichtigeren Reflexion an:

> „Are there some ways in which these hearers are already doing this? If so, how? Beyond the powerful examples of people whose lives deeply embody this claim – the Mother Teresas and the Martin Luther Kings – are there less dramatic but nonetheless significant ways in which Christian people can ‚stand with those who suffer'?"[535]

---

529 DAVID BUTTRICK, Homiletic, 133. Vgl. ferner Kap. IV.2.6.3. LONG betont darüber hinaus, dass insbesondere die im ersten Kriterium festgehaltene strukturelle Ähnlichkeit zwar dem Prediger offensichtlich erscheinen mag, aber dies nicht immer der Wahrnehmung der Zuhörerinnen und Zuhörer entspricht. Hier mahnt er zu Vorsicht und umsichtiger Reflexion im Vorfeld. Vgl. THOMAS G. LONG, The Witness of Preaching, 235.

530 Vgl. dazu ferner das Beispiel einer missglückten Analogie, das sowohl BUTTRICK als auch Long aufführen und reflektieren. An dem Beispiel lässt sich zeigen, dass in diesem Fall alle drei Kriterien unberücksichtigt geblieben sind und die Erzählung folglich nicht ihren Zweck erfüllt. Vgl. A. a. O., 235f. Vgl. ebenso DAVID BUTTRICK, Homiletic, 133ff.

531 THOMAS G. LONG, The Witness of Preaching, 237.

532 Ebd.

533 Long listet einige idealtypische Stellen auf und zeigt anhand gezielter Fragen sein Vorgehen bei der Überarbeitung auf. Vgl. ebd.

534 A. a. O., 238.

535 Ebd.

Zu allgemein gehaltene Thesen sollen darüber hinaus sorgsam auf die heterogene Lebenswelt der Zuhörenden abgestimmt werden.[536] Long bestimmt die Verantwortung der Predigenden als „responsibility to articulate the theology of our sermons in the terms of specific contemporary experience“[537]. Hörerinnen und Hörer sollen darin unterstützt werden sich vorzustellen, was das Gesagte für ihr eigenes Leben bedeuten könnte.[538] Eine These wie „All around us we see signs of God's care“[539] sollte beispielsweise um einige konkrete Beispiele ergänzt werden, damit sie verständlich und überzeugend ist. Zugleich mahnt Long zur Vorsicht, da Ausschnitte menschlicher Lebensrealität und -erfahrung nicht dazu geeignet sind, die Verheißungen des Evangeliums gänzlich abzubilden. Predigerinnen und Predigern sollte daher bewusst sein, dass sie lediglich auf einzelne Momente verweisen können, die als „foretastes and anticipations of the new creation“[540] betrachtet werden können.[541]

Der dritte Typus von Veranschaulichungen ist die Metapher. Während eine Analogie einen neuen Sachverhalt vermitteln und ein Beispiel einen Sachverhalt konkret vor Augen führen soll, dient eine Metapher dazu, einen bekannten Sachverhalt neu in den Blick zu nehmen: „A metaphor seeks to create new meaning, to help us to experience the reality of something in a new way.“[542] Auf diese Weise kommuniziert eine Metapher in Form eines Bilds und nicht mit Hilfe eines Bildes. Wesentliches wird dabei implizit und nicht explizit ausgedrückt. Long betont, dass eine Metapher immer zu einem gewissen Teil rätselhaft bleibt und dadurch die Hörerinnen und Hörer auf ganz eigene Weise anspricht und affiziert.[543] Hörerinnen und Hörer werden unmittelbarer in das Geschehen einbezogen, da Metaphern eher induktiv gestaltet sind: „[W]e place experience and concept side by side and invite the hearers to make imaginative connections.“[544] Dadurch entsteht Bedeutung oft schon, bevor die Metapher gänzlich erfasst und

536 Bei der These „Still today Jesus says to each of us, ‚Blessed are the peacemakers'“ (a. a. O., 237) stellen sich die Fragen: „Specifically, how does this call of Jesus come to the people out there in the congregation? To the single parent? To the schoolteacher? To the soldier? To the legislator? To the woman who has cancer? To the elderly man whose eyesight is dimming and whose memory is failing? To the child beginning school this year? To others? What might it mean for these people if they decided, in some new way, to be peacemakers?“ Ebd.

537 Ebd.

538 Vgl. ebd.

539 Ebd.

540 A. a. O., 242.

541 Vgl. a. a. O., 241f. Vgl. ferner Jürgen Moltmann, The Church in the Power of the Spirit, 222ff.

542 Thomas G. Long, The Witness of Preaching, 244.

543 „There is a mystery at the heart of a metaphor. It continues to tease our minds into active thought, urging us to discover more and more ways to re-vision what we thought we already saw well.“ Ebd.

544 A. a. O., 245.

durchdacht werden kann. Es ist jedoch auch festzuhalten, dass diese Offenheit von Metaphern für Ambiguität und Imagination auch zulasten von Präzision und Klarheit gehen kann.[545]

Metaphern in Predigten zu verwenden, stellt hohe Anforderungen an die homiletischen Vorarbeiten und die homiletische Ausbildung: Metaphern müssen umsichtig ausgewählt und durchdacht gestaltet werden, damit sie die Zuhörenden konstruktiv in das Predigtgeschehen verwickeln.[546] Dies bedarf des Lernens und der Übung.

Mit dieser differenzierten Wahrnehmung hinsichtlich der Funktion und Ausgestaltung von Bildern, Erfahrungen oder anderen Veranschaulichungsformen grenzt sich Long von Positionen der älteren Homiletik ab. In Konzepten der älteren Homiletik wurde nicht zwischen verschiedenem Veranschaulichungsmaterial oder -typen unterschieden, sie wurden vielmehr generalisierend als „illustration" eingestuft.[547] Entsprechend der homiletischen Grundausrichtung wurde Illustrationen lediglich die Funktion zugeschrieben, die den Predigten zugrunde liegenden theologischen Konzepte und Überzeugungen zu verdeutlichen. Sie galten als „‚windows of the word'"[548], die halfen, das Wort Gottes zu beleuchten und die Hörerinnen und Hörer von der Wahrheit zu überzeugen: „The sermon [...] is a house built with timbers of reason and logic, and illustrations are the windows bringing in the clear sunshine of comprehension."[549]

Long lehnt nicht nur das zu rationalistisch und didaktisch orientierte Predigtverständnis ab, sondern auch die reduktionistische Wahrnehmung und Reflexion von Veranschaulichungen. Er spricht sich für eine Überwindung dieser verengten Sichtweise aus und plädiert dafür, die Vielfalt von Veranschaulichungen und ihre spezifischen Stärken, Schwächen und Funktionen differenzierter

---

545 Vgl. a. a. O., 244.

546 Long betont, dass Metaphern in Predigten so gestaltet sein müssen, dass keine weitere Erklärung oder Reflexion notwendig ist: „Metaphor-style illustrations must be so well-chosen and crafted that listeners can mine their insights and forge the relationships between them and the rest of the sermon, but if we have to stop and explain them or corral them, they lose power. They can convey the richness, diversity, and multifaceted character of lived faith, but they can also evoke a bewildered shrug of the shoulders rather than an ‚aha!'" A. a. O., 247.

547 Long bezieht sich hier auf die Homiletik des 19. und frühen 20. Jahrhunderts. Während frühere homiletische Konzepte von „many specifically named and specially designed rhetorical tools" (a. a. O., 226) ausgingen, fand im 19. Jahrhundert eine Verengung statt: „Every imaginable sort of contemporary element in a sermon was called a ‚sermon illustration' – sorties, historical anecdotes, examples, word pictures, analogies from nature, and even persons presented as role models." Ebd.

548 A. a. O., 228.

549 Teilweise wurde der Einsatz von Illustrationen auch mit persuasiven Absichten verbunden, so dass ihre Vorzüge in einer Überzeugungsleistung gesehen wurden oder im Brechen eines Widerstands auf Seiten der Hörerenden. Vgl. a. a. O., 227f.

wahrzunehmen und zu würdigen. Veranschaulichungen sollen Long zufolge mehr leisten als nur einen zuvor dargelegten inhaltlichen Gedanken zu verdeutlichen: „A sermon illustration is like a doorway opening into a larger room of understanding and experience.“[550] Die verschiedenen Formen von Veranschaulichungen haben ein weitaus größeres Potenzial als lediglich dazu beizutragen, bereits ausgeführte Sachverhalte anschaulich darzulegen. Sie können auf ganz eigene Weise dazu beitragen, Gedanken weiterzuentwickeln oder neue Ideen einzubringen.

Werden Veranschaulichungen bloß als Hilfsmittel zur Erklärung und Verdeutlichung eines Inhalts angesehen, besteht Long zufolge die Gefahr, dass die Bilder zu wirkmächtig werden und andere Aspekte, Gedanken und Passagen in den Hintergrund treten.[551] Daher betont Long, dass bei Veranschaulichungen in besonderer Weise auf eine angemessene und ausgewogene Auswahl und Gestaltung zu achten ist.

Die in manchen Konzepten vorgeschlagenen allgemeingültigen Regeln zur Verwendung von Veranschaulichungen betrachtet Long skeptisch. Während David Buttrick dafür plädierte, den Gedanken jedes Moves zu visualisieren, lehnt Long eine derartige Regel ab.[552] Für ihn bedarf nicht jeder Move einer Veranschaulichungsform. Daher ist jeweils neu zu überlegen, an welcher Stelle in der Predigt welche Form der Veranschaulichung angemessen und geeignet ist.

Ob eine Veranschaulichung geeignet ist, entscheidet sich für Long an der Frage, ob sie zugänglich und verständlich ist.[553] Veranschaulichungen sollen anschlussfähig und nachvollziehbar gestaltet sein, möglichst über alle Alters-, Milieu- und Berufsgrenzen etc. hinweg. Zugleich ist es keine sinnvolle Maßgabe, alle Zuhörerinnen und Zuhörer mit jeder Veranschaulichung gleichermaßen erreichen zu wollen.[554] Viel wichtiger ist es, mit Bildern, Erzählungen, Beispielen und Metaphern eine gesellschaftliche und gemeindliche Heterogenität und Diversität abzubilden. Weder die eigene Lebenswirklichkeit noch gesellschaftliche Klischees und Stereotypen sollten dabei bedient werden. Es sollten auch nicht nur Fragestellungen oder Problemfelder einiger weniger Menschen in den Blick genommen werden.[555]

---

550 A. a. O., 247.

551 Long nimmt daher in der jüngeren Homiletik wahr, dass die Verwendung vieler Veranschaulichungen zunehmend kritisch gesehen wird. Vgl. a. a. O., 229.

552 Vgl. a. a. O., 228.

553 In Bezug auf die Veranschaulichung fragt Long: „Is this doorway wide enough for all the listeners to pass through?“ Thomas G. Long, The Witness of Preaching, 247.

554 Long sieht dabei die Gefahr, die Bilder und Erfahrungen so zu verallgemeinern und abzuschwächen, dass sie zwar weiträumiger Menschen ansprechen können, aber zur gleichen Zeit an Kraft verlieren. Er spricht sich dafür aus, den Menschen mehr zuzutrauen und auch mit Bildern, Erfahrungen oder anderem, was sich nicht gänzlich mit ihrer Lebenserfahrung deckt, umgehen zu können.

555 Vgl. a. a. O., 247ff.

Für diverse und heterogene Beispiele und Erfahrungen sind Predigerinnen und Prediger auf Inspirationen angewiesen. Neben der eigenen Lebenserfahrung und der Fantasie betrachtet Long die Lebenswelt und verschiedene Medien als die wichtigsten Inspirationsquellen.[556] Anders als Buttrick lehnt Long es nicht kategorisch ab, Erfahrungen aus dem eigenen Leben in Predigten aufzunehmen.[557] Wenn eine persönliche Erfahrung in einer Predigt verwendet werden soll, muss sie aber besonders intensiv reflektiert werden. Gibt man beispielsweise eine Begebenheit wieder, die man lediglich beobachtet hat, sollte man den Fokus nicht darauflegen, wie man selbst die Szene erlebt hat, sondern was sich zugetragen hat. So kann es den Hörerinnen und Hörern ermöglicht werden, sich auf die Szene zu konzentrieren. Bei fiktiven Veranschaulichungselementen spricht Long sich dafür aus, diese als imaginativ zu kennzeichnen.[558]

In Longs Homiletik zeigt sich ein tiefes Bewusstsein für das große Potenzial aber auch die Gefahren der diversen Veranschaulichungsformen in Predigten. Long versucht, das nötige Know-How zu vermitteln, um Bilder und Beispiele überzeugend und weiterführend in Predigten einzuarbeiten. Jede Veranschaulichung ist dabei im Einzelfall rhetorisch und homiletisch zu reflektieren und angemessen in der Predigt umzusetzen.

3.3.7 Abschließende Arbeitsschritte

Die letzten Schritte der Predigtvorbereitung implizieren einen Perspektivwechsel von der schriftlichen Aus- und Überarbeitung hin zum mündlichen Geschehen der Predigt. Für Long ist die Predigt wesentlich durch diesen mündlichen und interaktiven Vorgang gekennzeichnet.[559] Der intensiven Aus- und Überarbeitung eines Predigtentwurfes kommt daher primär vorbereitender Charakter zu.[560]

Die Vorbereitung mündet für Long darin, den Predigtentwurf so auszuarbeiten, dass das Halten der Predigt unterstützt wird. Das Predigtmanuskript wird demnach nicht einfach abgelesen. Es ist individuell zu entscheiden, was sich als funktional und praktikabel erweist. Long weiß um die Vor- und Nachteile eines ausformulierten Manuskripts, von Notizen oder auch dem freien Predigen ohne

556 Vgl. a. a. O., 249ff.

557 Vgl. a. a. O., 250f. Vgl. ferner DAVID BUTTRICK, Homiletic, 142.

558 Vgl. THOMAS G. LONG, The Witness of Preaching, 251.

559 „The sermon is action; the sermon is what the preacher enacts in performed speech (words, voice, and body) joined with what the rest of the congregation hears and receives. The preacher may have notes or a manuscript, of course, but this is not the sermon. The sermon is an event of speaking and hearing, performed by the preacher in Christ's name." A. a. O., 17.

560 Vgl. a. a. O., 263.

schriftliche Unterlagen.[561] Was für eine Predigerin oder einen Prediger am besten im jeweiligen Predigtkontext geeignet ist, muss individuell ausprobiert und entschieden werden, je nachdem was den eigenen Vorlieben und Fähigkeiten, der konkreten Predigt und der spezifischen Predigtsituation entspricht.[562] Dabei gilt:

> „In preaching we are trying, today and in this place, to bear witness to the gospel in such a way that these people know they are directly addressed by it. So long as we remain clear about this purpose, we are free to experiment with notes, manuscripts, and the like in various settings until we find the best methods to support our preaching ministry."[563]

Viel entscheidender ist es für Long, die Predigt im Vorfeld mehrfach laut zu vorzutragen und so das Sprechen einer konkreten Predigt zu üben. Es geht ihm dabei weniger darum, die Performance einzustudieren, als darum, die Perspektive der Hörerinnen und Hörer einzunehmen.[564] Selbst zum ersten Hörer der eigenen Predigt zu werden, bedeutet ein intensiveres und aufmerksameres Achten auf Formulierungen und den Gedankengang. Es zeigt letzte Unstimmigkeiten auf, die noch überarbeitet werden sollten. Zugleich wird durch das laute Vortragen die Predigt internalisiert, so dass der Prediger oder die Predigerin beim Predigen besser auf die Zuhörerinnen und Zuhörer und die homiletische Situation eingehen kann. Long versteht das Üben des Predigens nicht als Memorieren, wie es die klassische Rhetorik vorsieht.[565] Es kommt dem nahe, jedoch geht es nicht um eine möglichst fehlerfreie Wiedergabe des auswendig Gelernten, sondern darum, im Gottesdienst und während der Predigt möglichst präsent zu sein.[566] Dies zu erlernen und einzuüben, gehört zum Lernprozess des Predigens dazu.

In der US-amerikanischen Homiletik wird in der jüngeren Vergangenheit besonders viel Augenmerk auf die praktische Dimension des Predigtaktes gelegt. Körperliche und stimmliche Präsenz werden intensiv in den Blick genommen. Dies impliziert das Achten auf Körpersprache und Sprechweise ebenso wie die Interaktion mit dem Publikum. Auch Long sieht es als Notwendigkeit an, sich des eigenen Predigens bewusst zu sein und an Unzulänglichkeiten wie einer undeutlichen Aussprache oder ungünstigen Körpersprache zu arbeiten. Hierfür verweist er explizit auf weiterführende Handreichungen, die für verschiedene As-

---

561 Vgl. zu den detaillierten Vor- und Nachteilen aus Longs Perspektive: vgl. a. a. O., 263ff.

562 Vgl. a. a. O., 265.

563 Ebd.

564 Long zitiert in diesem Zusammenhang Jana Childers, die das Üben darüber hinaus als „a corrective for an inflated ego" (Jana Childers, Performing the Word, 49.) bezeichnet. Vgl. Thomas G. Long, The Witness of Preaching, 268.

565 Vgl. zum Memorieren als fünftem Produktionsstadium einer Rede Kap. II.2.1.5.

566 Vgl. Thomas G. Long, The Witness of Preaching, 268f.

pekte Übungen und Methoden bereithalten.[567] Anders als im deutschsprachigen Kontext gehören zum regulären homiletischen Ausbildungsumfang in den USA Kurse, die sich allein den praktischen Dimensionen des Predigens widmen. Es finden sich zahlreiche Monographien und Lehrbücher, die das Wissen der praktischen Rhetorik für den homiletischen Kontext fruchtbar machen und Predigerinnen und Predigern zu einem professionelleren Predigen anleiten und weiterbilden.[568] Auf Grund der großen Relevanz, die der praktischen Dimension des Predigens beigemessen wird, warnt Long davor, die Bedeutung der Performance beim Predigen zu überschätzen. Wichtiger als eine perfekte Performance ist die theologisch und homiletisch-rhetorisch stimmige Gestaltung der Predigt. Wenig zielführend stuft Long es ein, das Vorhaben, möglichst „authentisch" und natürlich zu predigen, zu perfektionieren. Viel wichtiger sei es, mit Begeisterung, Hingabe und Freude zu predigen.[569]

Aktuelle Überlegungen, ob Predigten durch digitale Hilfsmittel unterstützt werden sollten, nimmt Long ebenfalls in den Blick. Er plädiert grundsätzlich dafür, aus didaktischer und methodischer Perspektive die Formen und Medien zu wählen, die sich funktional als nützlich erweisen und den Fokus des Predigens nicht verengen oder verstellen. Dies betrifft beispielsweise auch die optimale Predigtlänge. Long betont hier den Einfluss von Hörgewohnheiten und -erwartungen aller Beteiligten, wodurch Predigten in ihrer Länge stark variieren können.[570] Die Frage nach der digitalen Aufbereitung betrachtet Long skeptisch. Videos erscheinen ihm nicht so kraftvoll wie das gesprochene Wort und unterbrechen darüber hinaus die Interaktion zwischen Predigerin und Zuhörenden. Er rät daher, das Einspielen von Videos in Predigen genau zu überdenken.[571]

---

567 Vgl. dazu beispielsweise CHARLES L. BARTOW, The Preaching Moment. A Guide to Sermon Delivery, Nashville (TN) 1980; AL FASOL, A Guide to Self-Improvement in Sermon Delivery, Grand Rapids (MI) 1983; RICHARD F. WARD, Speaking from the Heart. Preaching with Passion, Nashville 1992; DERS., Speaking of the Holy: The Art of Communication in Preaching, St. Louis 2001; JANA CHILDERS, Performing the Word; ROBERT WHITE KIRKPATRICK, The Creative Delivery of Sermons, New York (NY) 1944. Vgl. THOMAS G. LONG, The Witness of Preaching, 269.

568 Vgl. beispielsweise JANA CHILDERS/CLAYTON J. SCHMIDT (Hg.), Performance in Preaching. Bringing the Sermon to Life, Grand Rapids (MI) 2009; vgl. TERESA L. FRY BROWN, Delivering the Sermon. Voice, Body and Animation in Proclamation, Minneapolis (MN) 2008.

569 Vgl. THOMAS G. LONG, The Witness of Preaching, 270.

570 Vgl. a. a. O., 278ff.

571 Vgl. a. a. O., 273ff.

3.4 *Kritische Würdigung*

THOMAS G. LONG hat mit *The Witness of Preaching* ein Lehrbuch verfasst, das vor dem Hintergrund der *New Homiletic* einen homiletisch-rhetorischen Ansatz verfolgt. Predigen versteht er im Sinne eines Handwerks, das lehr- und lernbar ist und wesentlich auf theologischen, homiletischen und rhetorischen Grundlagen aufbaut. Long legt dar, mit welchen Kriterien, Überlegungen, Prioritäten oder Orientierungen zentralen homiletischen Fragestellungen zu begegnen ist. Sein Ziel ist es, Predigerinnen und Prediger anzuleiten, *absichtsvoll* zu predigen.

Longs Homiletik hat von Grund auf ein rhetorisches Profil. Er nimmt die Predigt als mündliche Rede wahr, die das Ziel verfolgt, verständlich zu kommunizieren. Ein wichtiges Element in der Predigtvorbereitung ist für Long die Reflexion der eigenen Intention. Das Predigen verfolgt keinen Selbstzweck, sondern die Absicht, Menschen anzusprechen. Im Bild des Bezeugens verarbeitet Long den Ereignischarakter der Predigt. Er betont, dass es nicht nur um die kognitive Ansprache der Zuhörerinnen und Zuhörer geht, sondern nach Möglichkeit alle drei Wirkweisen einer Rede[572] berücksichtigt werden sollen: Eine gute Predigt kommuniziert somit neue Einsichten und Ideen, weckt Emotionen und wirkt sich im Handeln der Hörerinnen und Hörer aus.[573] Auch wenn Long dies nicht mit dem Vokabular der antiken Rhetorik (*docere*, *movere* und *delectare* bzw. den *officia oratoris*) darlegt und reflektiert, greift er zentrale rhetorische Einsichten damit auf und richtet seine Homiletik daran aus.

Der gesamte Prozess der Predigtvorbereitung ist bei Long an der umsichtigen und präzisen Reflexion der eigenen Intention ausgerichtet. Long differenziert zwischen der inhaltlichen Aussageabsicht (*focus*) und der emotionalen oder handlungsbasierten Wirkungsintention (*function*). In den homiletischen Vorarbeiten ist deren Reflexion und Festlegung einer der wichtigsten Schritte.[574] Nach den exegetischen Vorarbeiten und einer ersten gegenwartshermeneutischen Reflexion leitet die Festlegung der eigenen Intention in die Erarbeitung der Predigt über. Im weiteren Prozess sollen alle Ideen, Überlegungen und Formulierungen der homiletischen Gestaltung daran gemessen werden, ob sie dazu beitragen, die inhaltlichen und wirkungsbasierten Absichten umzusetzen. Sie werden damit zum maßgeblichen Kriterium, die innere Geschlossenheit der Predigt sicherzustellen. Auch die einzelnen Moves werden durch dieses Vorgehen angemessen und stimmig konzipiert und darüber hinaus nachvollziehbar und strukturiert bearbeitet. MCKENZIE hebt an Longs Lehrbuch insbesondere hervor,

---

572 Vgl. Kap. II.2.3.

573 Vgl. THOMAS G. LONG, The Witness of Preaching, 219.

574 Vgl. IV.3.2.2. Vgl. ferner, THOMAS G. LONG, The Witness of Preaching, 126ff.

dass es „the clearest depiction [...] of how form arises from focus“[575] bietet. Sie betont, dass es Long gelingt aufzuzeigen, dass das Prinzip „form follows function“[576] auch auf das Predigen zutreffen kann.

In der US-amerikanischen Homiletik ist Longs Lehrbuch wegen seiner klaren Pragmatik und Didaktik weithin anerkannt. Insbesondere für die universitäre Lehre und Predigtpraxis ist *The Witness of Preaching* von großem Gewinn.[577] Longs Herangehensweise, Form und Inhalt als ein Ineinander zu begreifen und die Predigterarbeitung mit Hilfe der Konzentration auf Aussage- und Wirkungsintentionen anzuleiten, erfährt vielfachen Zuspruch.[578]

Longs Anliegen ist es, den Hörerinnen und Hörern spannende, aufschlussreiche, unterhaltsame und für ihre Lebensrealität relevante Predigten zu bieten. Long weiß, dass darüber nur die Hörerinnen und Hörer selbst entscheiden können und es nicht allein in der Hand der Predigenden ist, wie die Hörerinnen und Hörer eine Predigt rezipieren. Darüber hinaus inkludiert Long rezeptionsästhetische Einsichten in seine Homiletik und betrachtet die Hörerinnen beispielsweise als aktiv Beteiligte. Zum Predigtgeschehen kann es auch gehören, dass Hörerinnen und Hörer eigene Erfahrungen machen.

Es ist außerdem hervorzuheben, dass Long in seinem Lehrbuch nicht nur einen spezifischen Predigtstil vermittelt. Er plädiert dafür, abwechslungsreich zu predigen und dabei stets die formale Gestaltung zu finden, die den verschiedenen Anforderungen von biblischen Texten, Hörersituationen und situativen Faktoren gerecht wird und auf sie abgestimmt ist. Predigten können daher unterschiedliche Prägungen haben und mal narrativer, ethischer, exegetischer, abstrakter oder stärker situativ geprägt sein. Auch von ihrem Gedankengang sollen Predigten unterschiedlich aufgebaut sein und nicht immer der gleichen Argumentationslogik folgen. Predigerinnen und Prediger sollten sich nicht auf die für sie angenehmsten Formen beschränken, sondern ihr Repertoire erweitern.

Es ist ein großer Vorzug von Longs Lehrbuch, dass er damit einen inklusiven Ansatz verfolgt. Er möchte Predigerinnen und Prediger unterschiedlicher christlicher Denominationen ansprechen und bemüht sich, möglichst viele Stimmen des homiletischen Diskurses aufzunehmen und in seinem Lehrbuch miteinander ins Gespräch zu bringen. Dies trägt dazu bei, dass sein Ansatz als anschlussfähig wahrgenommen wird. Dieser inklusive Ansatz wurde bereits bei der Erstveröffentlichung in den 1980er Jahren als zukunftsweisend wahrgenommen.[579]

---

575 Alyce M. McKenzie, Form Follows Function. Well-Shaped Sermons for the Twenty-First Century, in: Scott Black Johnson et al. (Hgg.), Questions Preachers Ask. Essays in Honor of Thomas G. Long, Louisville (KY) 2016, 12–25: 17.

576 A. a. O., 16.

577 Vgl. a. a. O., 17f.

578 Vgl. z. B. a. a. O. 17.

579 Vgl. C. J. Childs/Nancy L. deClaissé-Walford, Book review: Thomas G. Long, The Witness of Preaching, 3rd ed., RExp 115,1 (2018), 138–140: 139.

Longs Lehrbuch hat einen wesentlichen Beitrag dazu geleistet, die Homiletik als eigenständige praktisch-theologische Disziplin im US-Kontext zu etablieren. Im US-amerikanischen Kontext galt das Predigen lange Zeit vorrangig als angewandte Theologie. In seinem Lehrbuch gelingt es Long nicht nur, ein überzeugendes Verständnis der Homiletik als eigenständiger theologischer Disziplin zu entfalten, sondern auch zahlreiche homiletisch-theologische Fragestellungen luzide herauszuarbeiten und zu beleuchten.[580]

Eine besondere Stärke Longs, die sich auch in *The Witness of Preaching* niederschlägt, liegt in seiner herausragenden homiletischen Didaktik. Sein Lehrbuch ist nicht nur übersichtlich und kohärent aufgebaut, sondern vermag es auch, konzentriert und ausgewogen in homiletische Sachverhalte und Zusammenhänge einzuführen. Dabei werden zugleich zahlreiche spezifische Fragestellungen tangiert. Long gelingt es, sein Wissen aus langjähriger Forschungsexpertise und Predigtpraxis aufschlussreich und handhabbar zu vermitteln. Der didaktische Mehrwert seines Lehrbuchs zeigt sich nicht zuletzt auch in den zahlreichen Beispielen, die seine Ausführungen begleiten. Die Auswahl der Beispiele ist in verschiedener Hinsicht hervorzuheben: Es handelt sich dabei vielfach nicht um fiktive Szenarien, sondern um Ausschnitte aus realen Predigten, die entweder Long selbst oder verschiedene andere Homiletikerinnen oder Prediger verfasst haben. Nahezu alle Beispiele stellen positive Exempel dar, die eine gute und überzeugende Umsetzung verdeutlichen. In Longs Ausführungen erfüllen alle Beispiele eine klare didaktische Funktion, die nicht nur gelungene Gestaltungsmöglichkeiten präsentieren. Vielmehr tragen die ausführlichen Analysen und Erklärungen dazu bei, konkret aufzuzeigen, warum ein Beispiel als gelungen anzusehen ist. Darüber hinaus illustriert Long auf diese Weise die einzelnen Überlegungen und Kriterien, auf die eine reflektierte Predigterarbeitung angewiesen ist. Longs gesamte Argumentation und seine Konzeption der Predigterarbeitung gewinnen dadurch an Nachvollziehbarkeit und Überzeugungskraft.[581] In besonderer Weise zeigt sich dies an den im Anhang aufgeführten exemplarischen Predigten. Diese druckt Long vollständig ab und bei zwei Predigten analysiert Long präzise ihre Gliederung, ihren inneren Zusammenhang und die Funktionsweise der einzelnen Elemente. Er entwirft darüber hinaus ein Schaubild, das den Predigtaufbau veranschaulicht und aufzeigt, wie die einzelnen Moves und Verbindungselemente der Predigt darauf abgestimmt sind, die Aussage- und Wirkungsintention umzusetzen.[582]

Long gelingt eine überzeugende Weiterentwicklung von DAVID BUTTRICKS homiletischem Ansatz. Er nimmt wesentliche Impulse Buttricks auf, wie zum

---

580 Vgl. ebd. Vgl. ebenso KENYON WRIGHT, Preaching and the People, Book review: Thomas G. Long, The Witness of Preaching, ET 118,11 (2007), 562.

581 Vgl. beispielsweise THOMAS G. LONG, The Witness of Preaching, 126ff.159–170.180ff.220ff. sowie 287–324.

582 Vgl. a. a. O., 297–324.

Beispiel die Konzeption einer Predigt in einzelnen Moves und die Betrachtung der Predigt unter dem Gesichtspunkt der Bewegung.[583] Buttricks innovative Einsichten sind von grundlegender Bedeutung für die Entwicklung von Longs homiletischem Ansatz. Zugleich setzt Long dezidiert eigene Impulse und formuliert nicht nur eigene Sichtweisen auf das Predigtgeschehen, sondern profiliert auch den homiletischen Erarbeitungsprozess auf eigene Weise. Buttricks phänomenologische Orientierung und dessen spezifische Regeln und Vorgaben zum Aufbau sowie zur Ausgestaltung eines Moves oder dessen tendenziell normative Darstellungsweise übernimmt Long beispielsweise nicht.

Bei der Gestaltung von Moves wählt Long eigene Schwerpunkte und bekräftigt die Relevanz rhetorischer Dimensionen. Seine Darstellung ist weniger normativ als bei Buttrick und rückt die Kriterien, an denen die Predigtgestaltung auszurichten ist, in den Vordergrund. Auf diese Weise arbeitet Long noch konstruktiver heraus, welche homiletisch-rhetorischen Kompetenzen es braucht, um eine angemessene und absichtsvolle Predigt in den vielfältigen Einzelfällen homiletischer Praxis zu erarbeiten, die die Menschen in der heutigen Lebenswelt anzusprechen vermag. Die Bedeutung der eigenen Intention als grundlegender rhetorischer Orientierung des homiletischen Arbeitens wird auf diese Weise präzise zur Geltung gebracht. Darüber hinaus ist Longs Homiletik stärker rhetorisch profiliert, was sich beispielsweise an seiner Wahrnehmung aller drei rhetorischen Wirkweisen zeigt. Eine Predigt sollte Long zufolge möglichst auf alle drei Wirkweisen abzielen und damit Einsichten der antiken Rhetorik entsprechen. Longs stärkere rhetorische Ausrichtung zeigt sich sowohl auf hermeneutischer Ebene, da rhetorische Aspekte sein Predigtverständnis prägen, als auch auf der Ebene praktischer Rhetorik und Homiletik, da die Erarbeitung durchweg von rhetorischen Dimensionen bestimmt wird.

In der deutschsprachigen Homiletik ist *The Witness of Preaching* bislang kaum wahrgenommen worden.[584] Dies könnte darauf zurückzuführen sein, dass ein derart rhetorisches und strategisches Predigtkonzept nicht recht in das Bild der *New Homiletic*, das die Dramaturgische Homiletik zeichnet, passen mag. Dabei ist an Longs Konzept hervorzuheben, dass es ihm trotz seines dezidierten rhetorischen Profils gelingt, rezeptionsästhetische Anliegen und Auffassungen in sein Konzept aufzunehmen. Trotz seines Fokus auf die stimmige und angemessene Umsetzung der Aussage- und Wirkungsintention hebt er beispielsweise die aktive Beteiligung der Hörerinnen und Hörer am Predigtgeschehen hervor und betont ihren essenziellen Beitrag am Predigtgeschehen.[585] Das Predigtgeschehen dient nicht der Persuasion, sondern ist ein Ereignis, in dem das Wort Gottes bezeugt und erfahren wird. Dessen ungeachtet ist für Long die Predigt eine Rede,

583 Vgl. Kap. IV.2.3–6; sowie ferner THOMAS G. LONG, The Witness of Preaching, 158ff.

584 Vgl. lediglich ISOLDE KARLE, Praktische Theologie, 220ff.

585 Vgl. THOMAS G. LONG, The Witness of Preaching, 164.

die unter rhetorischen Gesichtspunkten vorzubereiten und zu reflektieren ist, wofür er eine durchdachte und praktische Handlungsorientierung bietet. In dieser Anschlussfähigkeit für beide Diskursstränge liegt eine besondere Leistung Longs. In der deutschsprachigen Homiletik findet sich kein vergleichbarer Ansatz. Daher sollte das homiletische Konzept von Long in der deutschsprachigen Homiletik umsichtig wahrgenommen und rezipiert werden.

V. Fazit

Bis in die Gegenwart hinein erweist sich das Verhältnis von Homiletik und Rhetorik im deutschsprachigen Raum als spannungsreich und ambivalent. Immer wieder wurde in homiletischen Konzeptionen die Bedeutung der Rhetorik herausgearbeitet und versucht, ihr Potenzial für die Predigttheorie und -praxis zu erschließen. Dabei ist beispielsweise an die erste homiletisch-rhetorische Ausarbeitung bei AUGUSTIN zu denken, oder an das deutliche Plädoyer für eine fundierte rhetorische Ausbildung bei MARTIN LUTHER oder FRIEDRICH SCHLEIERMACHER. Wie lange der pejorative Verdacht der Rhetorik gegenüber Bestand hatte, zeigt nicht zuletzt auch die strikte Ablehnung der rhetorisch-homiletischen Reflexion im 20. Jahrhundert durch die dialektische Theologie. Das wechselvolle Verhältnis beider Disziplinen zeigt sich auch in zeitgenössischen homiletischen Entwürfen und Lehrbüchern, obwohl die Rhetorik nicht mehr grundsätzlich abgelehnt wird. Die verschiedenen homiletischen Konzepte der Gegenwart unterscheiden sich in ihren Leitparadigmen und betonen damit rezeptionsästhetische, performative oder rhetorische Dimensionen. Während WILHELM GRÄB die Bedeutung der Rhetorik insbesondere auf hermeneutischer Ebene luzide ausführt, bleibt in seiner Homiletik die angewandte Rhetorik unterbestimmt. In rezeptionsästhetisch geprägten Konzeptionen wie der Dramaturgischen Homiletik von MARTIN NICOL und ALEXANDER DEEG oder der semiotischen Homiletik von WILFRIED ENGEMANN hingegen wird die Predigt primär als (offenes) Kunstwerk verstanden. Der Charakter der Predigt als mündliche (An-)Rede, die auf verständliche Kommunikation abzielt, wird dabei nur wenig berücksichtigt. Homiletik und Rhetorik stehen also auch heute noch in einem spannungsvollen Verhältnis.

Anders sieht es in den Vereinigten Staaten von Amerika aus. Das Verhältnis von Rhetorik und Homiletik ist hier weniger von Spannungen und Ambivalenzen geprägt. Dies liegt zum einen daran, dass die USA nicht unter dem Missbrauch der Rhetorik durch den deutschen Nationalsozialismus litten und der pejorative Verdacht der Rhetorik gegenüber weniger verbreitet ist. Die Ausbildung rhetorischer Kompetenzen ist in den USA darüber hinaus fest im Bildungssystem verankert. Zum anderen hat sich die US-amerikanische Homiletik anders entwickelt: Dort hat keine theologische Strömung zu einer so drastischen und langanhaltenden Ablehnung der Rhetorik geführt, wie dies mit der dialektischen Theologie in der deutschsprachigen Homiletik der Fall war. In den USA gab es ab den 1960er Jahren einen außergewöhnlichen homiletischen Neuaufbruch, durch den die Predigtlehre von Grund auf neu konzipiert wurde. Ein Anliegen von Vertretern der *New Homiletic* war es, auch aus rhetorischer Sicht eine Neuorientierung vorzunehmen. Die verschiedenen Ansätze der *New Homiletic* eint zwar die gemeinsame Ablehnung der traditionellen Predigtweise, aber rhetorische Dimensionen wurden dabei nicht verworfen. Das rhetorische Profil von US-amerikanischen Homiletikkonzepten ist in der deutschsprachigen Homiletik bislang noch nicht hinreichend wahrgenommen und ausgelotet worden.[1] Diese Forschungslücke füllt die vorliegende Studie. Sie zeigt, dass die homiletisch-rhetorischen Konzeptionen von DAVID BUTTRICK und THOMAS G. LONG anregende und wegweisende Impulse für die deutschsprachige Homiletik bieten, die es lohnt wahrzunehmen. Diese Impulse lassen sich in fünf Aspekten zusammenfassen, die abschließend dargestellt werden.

Erstens: **Predigen ist grundsätzlich absichtsvolles Kommunizieren.**
Predigen verstehen Buttrick und Long als absichtsvollen Kommunikationsakt, bei dem eine rhetorische Strategie leitend ist. Trotz großer kreativer Anteile ist das Predigen für sie in erster Linie kein intuitiver oder spontan-kreativer Akt. Buttrick und Long zufolge genügt es nicht, nur punktuell die eigene Intention zu reflektieren. Es bedarf eines strategischen Vorgehens, das alle Dimensionen und Aspekte der Predigtarbeit umfasst und dazu anleitet, Form und Inhalt entsprechend der eigenen Kommunikationsabsicht zu entwickeln. Die Freiheit der Zuhörerinnen und Zuhörer ist unabhängig davon uneingeschränkt zu wahren. Es dürfen keine Manipulations- oder Überredungsabsichten verfolgt werden.

Buttrick begreift die Predigt als Plot und betont damit die strukturelle Gliederung einer Predigt, die von Abwechslung, Spannungsaufbau, aussagekräftigen Veranschaulichungen und einer klaren Kommunikationsabsicht lebt. Das Arrangement der Moves soll auch aus dramaturgischer Sicht überzeugen und das Zuhören erleichtern. Das rhetorisch-strategische Vorgehen zeigt sich bei Buttrick auch daran, dass die schriftliche Ausarbeitung der Predigt erst ganz am Ende vorgesehen ist. Vor der Ausarbeitung werden die einzelnen Moves, die Gesamtstruktur und mit Hilfe eines *image grids* alle Veranschaulichungen und Beispiele entworfen und abgestimmt. Mit klaren didaktischen Hinweisen zum Vorgehen und zur Gestaltung vermittelt Buttrick seine Perspektiven anschaulich. Die größte Schwierigkeit liegt Buttrick zufolge darin, sich auf das Wesentliche zu beschränken, eine stimmige Grundidee zu verfolgen und sich kurz zu fassen.

Long arbeitet – anders als Buttrick und andere Vertreter der *New Homiletic* – nicht mit dem Begriff des Plots. Den gesamten Erarbeitungs- und Überarbeitungsprozess der Predigt konzipiert aber auch er als Verfahren, das eine rhetorische Strategie umzusetzen sucht. Diese hat ihren Ausgangspunkt in der jeweiligen Perikope und wird durch das Formulieren der Aussageintention und Wirkungsabsicht (Statements zu *focus* und *function*) konkretisiert. In der Predigterarbeitung wird bei jedem Arbeitsschritt nach einer angemessenen und stimmigen Umsetzung dieser Intentionen gesucht. Überarbeitungen können sich da-

[1] Siehe aber: ISOLDE KARLE, Praktische Theologie, 220ff.

bei sowohl mit Blick auf den Predigtentwurf als auch auf die beabsichtigten Intentionen ergeben. Zugleich leitet Long dazu an, kleinschrittig zu überprüfen, ob jeder Move, jede Veranschaulichung und das Arrangement der Moves einen Beitrag dazu leistet, die eigene Predigtintention umzusetzen.

Sowohl Buttrick als auch Long gehen davon aus, dass die intensive Reflexion der rhetorischen Strategie für eine Predigt dazu führt, dass diese dem mündlichen Geschehen besser Rechnung trägt. Eine Predigt soll dadurch verständlicher und ansprechender werden und stärker darauf ausgerichtet sein, aktiv gehört zu werden. Die rhetorische Strategie ist wichtiger als eine möglichst eindrucksvolle Performance oder einzigartige Inszenierung. Darüber hinaus legen sie großen Wert auf die innere Geschlossenheit der Predigt und zeigen, wie diese erarbeitet und sichergestellt werden kann. Hierbei ist insbesondere Longs überaus aufschlussreiche homiletische Didaktik hervorzuheben.

Buttrick und Long zeigen damit Wege der Predigtarbeit auf, die es in der Form in der deutschsprachigen Homiletik bisher noch nicht gibt. Vielmehr können ihre Impulse als wegweisend für den deutschsprachigen Diskurs angesehen werden, da sie Möglichkeiten aufzeigen, hiesige Gegensätze miteinander ins Gespräch zu bringen. An der Dramaturgischen Homiletik wird kritisiert, dass sie Predigten befördere, die weder eine Interpretation der biblischen Perikope noch eine verständliche Botschaft erkennen lassen.[2] Wilhelm Gräb befürchtet, dass dadurch „die Predigt [...] zu einem gedanklich inkonsistenten, in seiner ‚Struktur' nicht erkennbaren, von sog. ‚Moves' in die verschiedensten Richtungen getriebenen Spiel mit Worten [gerät]"[3]. Die vorliegende Studie zeigt, dass dies nur deshalb der Fall ist, weil die dramaturgische Homiletik wesentliche Elemente von Buttricks Homiletik nicht rezipiert, wie beispielsweise die Wahrnehmung einer Predigt als absichtsvoller Rede und die Umsetzung einer rhetorischen Strategie. Impulse von Buttrick aber auch von Long können dazu beitragen, die *rhetorischen* Dimensionen dramaturgischer Predigten stärker in den Blick zu nehmen und zu absichtsvolleren und hörerfreundlicheren Predigen anzuleiten.

Zweitens: **Die Reflexion einer spezifischen Intention durchzieht die konkrete Predigtarbeit und strukturiert die Predigtgestaltung.**

Sowohl bei Buttrick als auch bei Long ist die Frage, was der Prediger oder die Predigerin mit einer Predigt intendiert, zentral für die Predigtarbeit. Die intensive exegetische Auseinandersetzung stellt in beiden Konzeptionen den Ausgangspunkt der Überlegungen dar und beeinflusst die Kommunikationsabsichten. Zugleich sind die zahlreichen anderen Faktoren der homiletischen Situation wie die Zuhörerschaft, aktuelle Geschehnisse in der Gemeinde oder der liturgische Kontext angemessen zu berücksichtigen. Für Buttrick ist die eigene Intention das entscheidende Kriterium, um den Plot, d. h. die dramaturgische Ge-

---

2 Vgl. WILHELM GRÄB, Predigtlehre, 43.

3 Ebd.

samtstruktur der Predigt, zu erarbeiten und zu beurteilen. Entsprechend der eigenen Kommunikationsabsichten ist der Spannungsbogen zu konzipieren, sind Veranschaulichungen auszuwählen und Moves präzise zu gestalten und abzustimmen.

In Longs Konzeption leitet die Reflexion der eigenen Intentionen von der exegetischen Auseinandersetzung in die Erarbeitung der Predigt über. Im ersten Schritt sind die intendierten inhaltlichen Aussagen und Wirkweisen (Statements zu *focus* und *function*) festzuhalten. Die homiletische Situation, der liturgische Kontext, die eigene Person und auch die Perspektive der Hörenden müssen dabei berücksichtigt werden. Für die Ausarbeitung der Predigt sind die Aussage- und Wirkungsabsichten wegweisend, da die Predigt ihnen entsprechend gestaltet werden. Es ist jedoch weder Longs noch Buttricks Ziel, eine möglichst beeindruckende Performance oder Inszenierung zu erreichen. Stattdessen geht es insbesondere Long darum, die Perspektive der Predigt, die Interpretation von biblischem Text und heutiger Lebenswelt und die Absicht der Predigt verständlich zu kommunizieren, ohne die Freiheit der Hörerinnen und Hörer sowie die Unverfügbarkeit ihrer Rezeption einzuschränken.

In der deutschsprachigen Homiletik hat zuletzt RUTH CONRAD die Bedeutung der Predigtintention umsichtig reflektiert und für die Wahrnehmung der Predigt als absichtsvoller Rede plädiert.[4] Sie betont: „Die Predigtabsicht lässt sich nicht definitorisch fixieren, verobjektivieren und vereindeutigen. Sie stellt einen Gegenstand beständigen Nachdenkens dar.“[5] Die Predigtabsicht ist somit immer wieder neu zu reflektieren. Dies stellt nicht infrage, dass Rezeption und Wirkung der Predigt unverfügbar sind. Darüber hinaus weist Conrad darauf hin, dass die Predigtabsicht wesentlich von ihrem Inhalt her zu erschließen ist, da sie „in erster Linie weder rhetorisch noch rezeptionsästhetisch zu bestimmen [ist], sondern theologisch-hermeneutisch.“[6] Bei der Frage der Predigtabsicht sieht sie das Potenzial, rhetorische und rezeptionsästhetische Dimensionen miteinander in Einklang zu bringen.[7]

In der Dramaturgischen Homiletik ist die Reflexion der eigenen Intention anfangs nicht eigens berücksichtigt worden. Die Arbeit mit Titeln und Mitteln impliziert die Frage nach den zentralen Aspekten eines Moves, jedoch bleiben die verschiedenen Dimensionen der Kommunikationsabsichten vage. Zudem wird der Fokus stärker auf die sprachliche Gestaltung gelegt. Erst nach Fortbildungen zum dramaturgischen Predigen haben Nicol und Deeg festgestellt, welche grundlegende Relevanz die Reflexion der eigenen Intention hat:

> „In den Fortbildungen [...] wuchs die Einsicht, dass die Stringenz des Gesamtzusammenhangs der Predigt (Structure) wesentlich von einer klaren Intention des Predi-

---

4 Vgl. RUTH CONRAD, Weil wir etwas wollen!

5 A. a. O., 152.

6 Ebd.

7 Vgl. ebd.

> gers oder der Predigerin abhängt. Nur wer mit der Kanzelrede in einer bestimmten Situation eine klare Absicht verfolgt, kann einzelne Moves zu einer stimmigen Structure reihen."[8]

Diese Erkenntnis entspricht dem, was Buttrick in seiner Konzeption von Anfang an betont hat.

Inzwischen sprechen Deeg und Nicol sich dafür aus, die Intention als „Ich-Aussage" zu formulieren. Auch sie halten fest, dass die Reflexion der eigenen Intention nicht mit der Erwartung einher geht, dass die Hörenden die Predigt exakt im beabsichtigten Sinne rezipieren, sondern dass die Rezeption unverfügbar und vielfältig bleibt.[9] Weitere Handreichungen oder Reflexionsmöglichkeiten, ob und inwiefern eine Redeabsicht angemessen formuliert oder stimmig umgesetzt wird, erarbeiten sie nicht.

Die Konzeptionen von Buttrick und Long weisen Möglichkeiten auf, die Reflexion der eigenen Intentionen intensiv in die Predigterarbeitung einzubeziehen, ohne dass sie davon ausgehen, Wirkung und Rezeption der Predigt damit determinieren zu können. Insbesondere Long zeigt auf, wie die eigenen Aussage- und Wirkungsintentionen die Erarbeitung sowie die kritische Durchsicht der einzelnen Moves und des Gesamtaufbaus orientieren können.

Drittens: **Moves haben eine klare Funktion: Sie sollen einen eigenständigen Gedanken oder eine Idee kommunizieren.**

Moves sind bei Buttrick und Long eigenständige Sequenzen einer Predigt, die einen abgeschlossenen Gedanken oder eine neue Idee kommunizieren. Eine Predigt, deren Struktur sich aus mehreren Moves zusammensetzt, soll dem mündlichen Geschehen der Predigt Rechnung tragen und das Zuhören erleichtern. Auch wenn Buttrick dramaturgische Elemente wie den Einfluss der Erzählperspektive und Möglichkeiten des Spannungsaufbaus für die Predigtarbeit entdeckt, ist es nicht sein Anliegen, möglichst beeindruckende und überraschende Predigten zu konzipieren. Für ihn ist entscheidend, klar und verständlich zu predigen. Dafür bedarf es auch veranschaulichender Elemente, doch diese müssen die kommunikative Absicht unterstützen. Buttrick hat weitreichende Vorgaben zum Aufbau eines Moves entwickelt. Einen Move zeichnet aus, *einen* Gedanken oder *eine* Idee zu kommunizieren. Damit die Idee deutlich wird, sieht Buttrick vor, den Kerngedanken eines Moves in den ersten Sätzen eines Moves zu formulieren. Auf mögliche Einwände und Widersprüche wird anschließend kurz und

---

8 MARTIN NICOL/ALEXANDER DEEG, Im Wechselschritt zur Kanzel, 208. Jüngst hat ALEXANDER DEEG erneut festgehalten, wie wichtig ihm die Reflexion der eigenen Intention und die Klarheit über die eigenen Kommunikationsabsichten geworden sind. Vgl. ALEXANDER DEEG, Sympathisch werden – oder: Was ein kleiner Prophet von einem großen Fisch lernen kann, in: KATHARINA BACH-FISCHER et al. (Hgg.), Einander ins Bild gesetzt. Predigten aus der dramaturgisch-homiletischen Werkstatt, Göttingen 2018, 105–114: 113.

9 Vgl. MARTIN NICOL/ALEXANDER DEEG, Im Wechselschritt zur Kanzel, 208.

maßvoll eingegangen, ehe im Hauptteil eines Moves der Gedanke weiter ausgearbeitet und veranschaulicht wird. Gegen Ende eines ca. fünf Minuten langen Moves wird der Kerngedanke erneut formuliert, um anzuzeigen, dass dieser Gedanke nun ausreichend in den Blick genommen wurde und ein neuer Move folgen kann.

Die Ausarbeitung eines Moves bedarf sorgfältiger Vorarbeiten und einer umsichtigen und kritischen Reflexion, die auch die Gesamtstruktur der Predigt und ihre innere Geschlossenheit berücksichtigt. Zur inneren Geschlossenheit einer Predigt trägt beispielsweise bei, dass die Gedanken der einzelnen Moves sich gut ergänzen, die verwendeten Veranschaulichungselemente heterogen sind und die Gedanken der Moves nicht überlagern. Außerdem ist im Vorfeld zu überprüfen: Kann man die Kerngedanken der Moves und den Gedankengang der gesamten Predigt in wenigen, einfachen Sätzen wiedergegeben? Wird dabei das Zusammenspiel der Moves deutlich? Auf diese Weise möchte Buttrick sichergehen, dass die Moves ein harmonisches Ganzes bilden und eine Kommunikationsabsicht erkennen lassen.

Long übernimmt die Konzeption eines Moves in Grundzügen von Buttrick. Er betont, dass jeder Move eine eigene Sequenz darstellt und einen essenziellen Beitrag zur Gesamtbewegung der Predigt leistet. Einen eigenen Schwerpunkt legt Long auf die Reflexion der Intention: Im Zusammenspiel von Aussage- und Wirkungsintentionen werden die einzelnen Moves, ihre Beispiele und Veranschaulichungen aber auch das Zusammenspiel der Moves reflektiert. Dies bedeutet für Long, dass jeder Move nicht nur einen eigenständigen Gedanken formuliert, sondern auch einen essenziellen Beitrag für die gesamte Predigt leistet. Form und Inhalt begreift Long als unauflösliches Ineinander, das durch dieses Verfahren reziprok entfaltet wird.

In der deutschsprachigen Homiletik ist dieses Verständnis eines Moves bislang nicht ausreichend wahrgenommen worden. Lediglich ISOLDE KARLE weist auf das rhetorische Anliegen Buttricks und seinen Gewinn für das Predigthandwerk hin.[10] Darüber hinaus gehen wesentliche Anliegen und Einsichten der Dramaturgischen Homiletik von Martin Nicol und Alexander Deeg auf Impulse von David Buttrick zurück. Von ihm stammt der Gedanke, die Predigt als Bewegung wahrzunehmen, die sich aus dramaturgischer Sicht reflektieren und gestalten lässt, sowie die Begriffe *Moves* und *Structure*. Doch Buttricks Konzeption eines Moves, sein dezidiert rhetorisches Profil sowie zahlreiche andere Aspekte seiner Homiletik bleiben dabei weitgehend unberücksichtigt. Während bei Buttrick und Long deutlich wird, dass jeder Move in sich geschlossen sein und einen eigenständigen Gedanken formulieren soll, ist dies im Konzept der Dramaturgischen Homiletik ganz anders. In der Dramaturgischen Homiletik werden Moves im An-

10 Vgl. ISOLDE KARLE, Praktische Theologie, 220ff. Vgl. DIES., Das Evangelium kommunizieren, 24f.

schluss an Buttrick zwar als „*[b]ewegte* Sequenzen“[11] verstanden, einen bestimmten Aufbau oder einen eingangs geäußerten Kerngedanken findet sich in diesem Konzept aber nicht. Damit unterscheidet sich das Verständnis eines Moves in der Dramaturgischen Homiletik maßgeblich von Buttricks Konzeption. Die Dramaturgischen Homiletik möchte dazu anleiten, „nicht wie bisher in Ideen zu denken (thinking in ideas), sondern narrativ (thinking in story)“[12], damit Predigten weniger zusammenfassenden als entfaltenden Charakter haben.[13] Statt an einem leitenden Gedanken, soll die Arbeit an den (sprachlichen) Mitteln und dem Titel eines Moves die Ausarbeitung orientieren. Auch Deeg und Nicol nehmen dafür wahr, dass bei dramaturgischen Predigten nicht immer zu erkennen ist, wo die verschiedenen Moves beginnen oder aufhören, aus wie vielen Moves eine Predigt besteht oder welchen konkreten Gedanken ein Move jeweils formuliert.[14] Am Konzept der Dramaturgischen Homiletik wurde kritisiert, dass der Fokus zu stark auf der Performance und Inszenierung einer Predigt liegt und nicht auf den mündlichen Redecharakter der Predigt und ihrer Kommunikationsabsicht. An Buttricks Konzept sind diese Kritikpunkte nicht heranzutragen. Die Rückbesinnung auf Buttricks Konzeption eines Moves und die Weiterentwicklung durch Long könnten vielmehr einen Beitrag leisten, der Kritik an der Dramaturgischen Homiletik zu begegnen. Es würde dazu verhelfen, ein rhetorisch profilierteres Verständnis von den Moves einer Predigt zu etablieren und infolgedessen verständlichere sowie aussagekräftigere Predigten zu konzipieren.

Viertens: **Predigten sollen vielseitig und abwechslungsreich sein.**
Buttrick und Long betonen ein zentrales Anliegen der *New Homiletic*: Sie wollen die Gattungsvielfalt der biblischen Texte aufgreifen und homiletisch fruchtbar machen. Es ist eine zentrale Anregung, eine Predigt in ihrer Pragmatik, Dramaturgie und in ihrem Erzähl- oder Argumentationsstil an der jeweiligen biblischen Perikope zu orientieren. Sie plädieren dafür, Predigten vielseitiger zu gestalten und die Diversität biblischer Texte und Gattungen als Bereicherung zu entdecken. Predigten sollten daher abwechslungsweise stärker von diskursiven oder reflexiven, narrativen oder visuellen Elementen leben. In ähnlicher Weise spricht sich auch der Tübinger Rhetoriker JOACHIM KNAPE dafür aus, nicht nur einen Idealtypus von Predigten zu konzipieren, sondern eine größere Gattungsvielfalt anzunehmen.[15] Insbesondere Long nimmt die Vielfalt der Gestaltungsmöglichkeiten in den Blick und leitet dazu an, variabel und abwechslungsreich zu predigen.

---

11 MARTIN NICOL/ALEXANDER DEEG, Im Wechselschritt zur Kanzel, 16 [Hervorhebungen im Original].

12 MARTIN NICOL, Einander ins Bild setzen, 35.

13 Vgl. ebd.

14 Vgl. beispielsweise MARTIN NICOL/ALEXANDER DEEG, Im Wechselschritt zur Kanzel, 208ff.

15 Vgl. JOACHIM KNAPE, Rhetorik und Predigt, 41ff.

Fünftens: **Predigen ist erlerntes Handwerk.**

> „While preaching is not an art, it is artful. There is craft connected with the shaping of sermons. [...] Though some preachers may be unusually gifted, preachers are *not* born, they are *trained*. We learn our homiletic skills.“[16]

Buttrick und Long zufolge ist das Predigen keine Kunst, sondern ein Handwerk. Als Handwerk umfasst es zwar künstlerische Dimensionen, doch es ist in erster Linie eine Fertigkeit, die sich durch Wissen, Übung und Erfahrung ausbilden lässt. Sie stimmen mit dieser Überzeugung mit den Einsichten der antiken Rhetorik überein und leiten daraus differenzierte didaktische Konsequenzen ab.

Vor allem Long zeigt jedoch zugleich eine Offenheit für rezeptionsästhetische Anliegen, die sich in sein rhetorisches Profil einfügen. Das Predigen verstehen Buttrick und Long als Können, das erlernt, geübt und kritisch reflektiert werden kann. Für den Aufbau und die Gestaltung einer Predigt gibt es homiletisch-rhetorische Kriterien, die weitreichende Orientierung bieten. Eine klare eigene Intention ist dabei von zentraler Bedeutung, um absichtsvoll zu predigen. Dass eine Botschaft möglichst unverändert bei den Zuhörerinnen und Zuhörern ankommen soll, ist dabei nicht das Ziel. Vielmehr hebt Long in seiner Homiletik hervor, dass die Predigt auch als Ereignis anzusehen ist, bei dem die Zuhörerinnen und Zuhörer elementar und aktiv beteiligt sind. Long liefert damit wertvolle Impulse für die deutschsprachige Homiletik, die Reflexion der Intention und der Predigtgestaltung enger zu verzahnen und auf die eigene Predigtpraxis anzuwenden.

Auf Grund ihres Verständnisses des Predigens als Handwerk legen Buttrick und Long einen Fokus auf die didaktische Ausarbeitung. Anhand zahlreicher positiver Beispiele zeigen sie auf, wie eine gelungene Umsetzung erfolgen und wie unterschiedlich diese gestaltet sein kann. Darüber hinaus formulieren sie Reflexionsfragen, Arbeitsschritte oder weiterführende Kriterien, um die konkrete Predigtarbeit zu fokussieren. Dies ist nicht nur für Studierende der Theologie von großem Gewinn, sondern auch für Predigerinnen und Prediger, die ihr Predigen weiterentwickeln möchten.

Während der deutschsprachige Diskurs um das angemessene Predigtverständnis vielfach von Polarität und Abgrenzung geprägt ist, weist insbesondere Longs Konzept eine Offenheit auf, rhetorische und rezeptionsästhetische Dimensionen in Einklang miteinander zu bringen. Hierin könnte – ähnlich wie dies auch Ruth Conrad andenkt – ein weiterführender Weg des Miteinanders liegen.[17]

David Buttricks und Thomas G. Longs Homiletikkonzeptionen sind somit als rhetorisch profilierte Konzepte zu sehen, die für die verschiedenen Dimensionen des Predigens wertvolle und innovative Impulse präsentieren. Sie vermitteln anschaulich und aufschlussreich, wie das Handwerk des Predigens zu lernen

[16] David Buttrick, Homiletic, 37 [Hervorhebungen im Original].

[17] Vgl. Ruth Conrad, Weil wir etwas wollen!, 152.

ist und dass und inwiefern rhetorische Kriterien dabei eine zentrale Rolle spielen. Dies zeigt sich insbesondere an der intensiven und umsichtigen Reflexion der Predigtintention und daran, dass das Erarbeiten einer Predigt als Umsetzung einer zuvor erarbeiteten rhetorischen Strategie anzusehen ist. Predigen ist absichtsvolles Kommunizieren, ohne die Zuhörenden zu vereinnahmen oder die Unverfügbarkeit der Wirkung oder der Rezeption aufzugeben. Die hier aufgezeigten Impulse bereichern die deutschsprachige Homiletik und zeigen, wie rezeptionsästhetische und rhetorische Anliegen in der homiletischen Didaktik miteinander verzahnt werden können, statt sie als Alternativen zu betrachten.

Literaturverzeichnis

Abkürzungen gemäß: SIEGFRIED M. SCHWERTNER, IATG[3] – Internationales Abkürzungsverzeichnis für Theologie und Grenzgebiete, Berlin/Boston 2014.

Übernommene Zitate wurden nicht an die neue deutsche Rechtschreibung angepasst, sondern im Original und ohne weitere Kennzeichnung übernommen.

ABBEY, MERRILL R., Communication in Pulpit and Parish, Philadelphia (PA) 1973.

ALLEN, RONALD J., Homiletic. Moves and Structures, Enc. 51,1 (1990), 69–82.

ALLEN JR., O. WESLEY, The Pillars of the New Homiletic, in: DERS., The Renewed Homiletic, Minneapolis (MN) 2010, 1–18.

ANTOR, HEINZ, Art. Plot, in: ANSGAR NÜNNING (Hg.), Metzler Lexikon Literatur- und Kulturtheorie. Ansätze – Personen – Grundbegriffe, Stuttgart/Weimar [5]2013, 603–604.

ARISTOTELES, Poetik. Griechisch/deutsch. Übersetzt und herausgegeben von Manfred Fuhrmann. Bibliografisch ergänzte Ausgabe, Stuttgart 1994.

DERS., Rhetorik. Übers. v. Franz G. Sieveke, München [2]1980.

AURELIUS AUGUSTINUS, Vier Bücher über die christliche Lehre. (De doctrina christiana) Des Heiligen Kirchenvaters Aurelius Augustinus ausgewählte Schriften. Aus dem Lat. übers. und mit Einl. vers. von P. Sigisberg Mitterer (BKV 49), München 1925.

BARTH, KARL, Aber seid getrost!, in: DERS., Predigten 1954–1967, hg. v. H. Stoevesandt (Karl Barth Gesamtausgabe I/19), Zürich 1979, 242–251.

DERS., Das Wort Gottes als Aufgabe der Theologie, in: ALBRECHT BEUTEL (Hg.), Homiletisches Lesebuch. Texte zur heutigen Predigtlehre, Tübingen 1989, 42–58.

DERS., ‚Der Pfarrer, der es den Leuten recht macht', gehalten am 6. Februar 1916 in Safenwil, Hes. 13,1–16, in: DERS., Predigten 1916, hg. v. Hermann Schmidt (Karl Barth Gesamtausgabe I/29), Zürich 1998, 44–61.

DERS., Die Gemeindemäßigkeit der Predigt, in: GERT HUMMEL (Hg.), Aufgabe der Predigt, Darmstadt 1971, 165–178.

DERS., Homiletik. Wesen und Vorbereitung der Predigt. Nachschrift des homiletischen Seminars 1932/33, besorgt v. Günter Seyfferth, Zürich [3]1986.

DERS., Menschenwort und Gotteswort in der christlichen Predigt, in: DERS., Vorträge und kleinere Arbeiten 1922–1925, hg. v. Holger Finze (Karl Barth Gesamtausgabe III), Zürich 1990, 430–457.

DERS., Not und Verheißung der christlichen Verkündigung, in: DERS. Vorträge und kleinere Arbeiten. 1922–1925 (Karl Barth Gesamtausgabe III), hg. v. H. Finze, Zürich 1990, 65–97.

BAUMGARTEN, OTTO, Predigt-Probleme. Hauptfragen der heutigen Evangeliumsverkündigung, Tübingen/Leipzig 1904.

BEUTEL, ALBRECHT, Art. Predigt. II. Geschichte der Predigt, RGG[4] Bd. 6, Tübingen 2003, 1585–1591.

DERS., Art. Predigt VIII. Evangelische Predigt vom 16.–18. Jahrhundert, TRE Bd. 27, Berlin/New York 1997, 296–311.

DERS., In dem Anfang war das Wort. Studien zu Luthers Sprachverständnis, Tübingen 1991.

BIERITZ, KARL HEINRICH, Offenheit und Eigensinn – Plädoyer für eine eigensinnige Predigt, in: EICH GARHAMMER/HEINZ-GÜNTHER SCHÖTTLER (Hgg.), Predigt als offenes Kunstwerk. Homiletik und Rezeptionsästhetik, München 1998, 28–50.

BACH-FISCHER, KATHARINA et al. (Hgg.), Einander ins Bild gesetzt. Predigten aus der dramaturgisch-homiletischen Werkstatt, Göttingen 2018.

BALDICK, CHRIS, Art. Plot, in: DERS., The Oxford Dictionary of Literary Terms, Oxford 2008, abrufbar unter https://www.oxfordreference.com/view/10.1093/acref/9780199208272.001.0001/acref-9780199208272-e-885 [Letzter Zugriff: 06.11.2023].

DERS., Art. Story, in: DERS., The Oxford Dictionary of Literary Terms, Oxford 2008, abrufbar unter https://www.oxfordreference.com/view/10.1093/acref/9780199208272.001.0001/acref-9780199208272-e-1087 [Letzter Zugriff: 06.11.2023].

BARTOW, CHARLES L., The Preaching Moment. A Guide to Sermon Delivery, Nashville (TN) 1980.

BÖHN, ANDREAS, Art. Wirkung, HWRh Bd. 9, Tübingen 2009, 1377–1383.

BRECHT, MARTIN, Martin Luther, Bd. 2 Ordnung und Abgrenzung der Reformation: 1521–1532, Stuttgart (1986).

BROADUS, JOHN A., On the Preparation and Delivery of Sermons, Philadelphia (PA) 1870.

BUTTRICK, DAVID, A captive Voice, Louisville (KY) 1994.

DERS., Homiletic. Moves and Structures, Philadelphia (PA) 1987.

DERS., Interpretation and Preaching, Interp. 35,1 (1981), 46–58.

DERS., On Doing Homiletics Today, in: RICHARD L. ESLINGER (Hg.), Intersections. Post-Critical Studies in Preaching, Grand Rapids (MI) 1994, 88–104.

DERS., On Preaching a Parable. The Problem of Homiletic Method, RefLitM 17,1 (1983), 16–21.

DERS., Speaking Parables, Louisville (KY) 2000.

CARTER, ANNA FLORENCE, Preaching as Testimony, Louisville (KY), 2007.

CHILDERS, JANA, Performing the Word. Preaching as Theatre, Nashville (TN) 1998.

DIES./CLAYTON J. SCHMIDT (Hgg.), Performance in Preaching. Bringing the Sermon to Life, Grand Rapids (MI) 2009.

CHILDS, C. J./DECLAISSÉ-WALFORD, NANCY L., Book review: Thomas G. Long, The Witness of Preaching, 3rd ed., RExp 115,1 (2018), 138–140.

CICERO, MARCUS TULLIUS, De inventione rhetorica. Rhetorik oder von der rhetorischen Erfindungskunst. Übersetzt von Theodor Nüßlein, Darmstadt 1998.

DERS., Orator. Lateinisch-deutsch, hg. und übersetzt von Bernhard Kytzler, 4. durchgesehene Auflage (Sammlung Tusculum), Düsseldorf/Zürich 1998.

DERS., De oratore. Über den Redner. Lateinisch und deutsch. Übersetzt und herausgegeben von Harald Merklin, Stuttgart 1976.

CONFESSIO HELVETICA POSTERIOR (1562/66), in: E.F.K. MÜLLER (Hg.), Die Bekenntnisschriften der reformierten Kirche. Bd. 1, Leipzig 1903. Nachdr. Waltrop 1999, 170–221.

CONRAD, RUTH, Weil wir etwas wollen! Plädoyer für eine Predigt mit Absicht und Inhalt (Evangelisch-katholische Studien zu Gottesdienst und Predigt Bd.2), Neukirchen-Vluyn/Würzburg 2014.

DIES./WEEBER, MARTIN (Hgg.), Protestantische Predigtlehre. Eine Darstellung in Quellen (UTB 3581), Tübingen 2012.

CRADDOCK, FRED B., As One Without Authority, St. Louis (MO), [4]2001.

DERS., Preaching, Nashville (TN) [25]2010.

DEEG, ALEXANDER (Hg.), Erlebnis Predigt. Eine Veröffentlichung des Ateliers Sprache e. V., Leipzig 2014.

DERS., Sympathisch werden – oder: Was ein kleiner Prophet von einem großen Fisch lernen kann, in: KATHARINA BACH-FISCHER et al. (Hgg.), Einander ins Bild gesetzt. Predigten aus der dramaturgisch-homiletischen Werkstatt, Göttingen 2018, 105–114.

DEER OWENS, ANN MARIE, Renowned preaching professor at Vanderbilt dies, abrufbar unter

https://news.vanderbilt.edu/2017/04/27/renowned-preaching-professor-at-vanderbilt-dies/ [Letzter Zugriff: am 06.11.2023].
Die Augsburgische Konfession. Confessio oder Bekanntnus des Glaubens etlicher Fürsten und Städte uberantwortet Kaiserlicher Majestat zu Augsburg Anno 1530, in: Die Bekenntnisschriften der Evangelisch-Lutherischen Kirche (BSLK). Kartonierte Studienausgabe der 12. Auflage von 1998, Göttingen [13]2010, 31–137.
Die Bibel nach der Übersetzung Martin Luthers, revidierte Fassung, Stuttgart 2017.
DITTMANN, KARSTEN, Bewegung und Intention. David G. Buttricks phänomenologische Homiletik, in: PrTh 57,2 (2022), 100–109.
DOCKHORN, KLAUS, Macht und Wirkung der Rhetorik. Vier Aufsätze zur Ideengeschichte der Vormoderne (Res publica literaria Bd. 2), Bad Homburg v. d. H. u. a. 1968.
DOERNE, MARTIN, Art. Homiletik, RGG[3] Bd. 3. Tübingen 1959, 438–440.
DREHSEN, VOLKER, Homiletische Recherche, PTSt(S) 2011/2012,1 (2011), 9–14.
DREWS, PAUL, Art. Predigt, RGG[1] Bd. 4, Tübingen 1913, 1736–1755.
DUDUIT, MICHAEL, A Preaching Interview with Thomas Long and John Killinger, abrufbar unter: https://www.preaching.com/articles/a-preaching-interview-with-thomas-long-and-john-killinger/ [Letzter Zugriff: 06.11.2023].
ECO, UMBERTO, Das offene Kunstwerk, Frankfurt a. M. [7]1996.
EDWARDS, OTIS C., A History of Preaching, Vol. 1, Nashville (TN) 2004.
DERS., A History of Preaching, Vol. 2, Nashville (TN) 2004.
ENGELS, JOHANNES, Art. Genera causarum, HWRh Bd. 3, Tübingen 1996, 701–721.
ENGEMANN, WILFRIED, Einführung in die Homiletik (UTB 2128), 3. durchgehend neu bearbeitete, aktualisierte und erweiterte Auflage Tübingen/Basel 2020.
DERS., Personen, Zeichen und das Evangelium. Argumentationsmuster in der Praktischen Theologie, Leipzig 2003.
DERS., Art. Semiotik. III. Praktisch-theologisch, TRE Bd. 31, Berlin/New York 2000, 134–142.
DERS., Semiotische Homiletik. Prämissen – Analysen – Konsequenzen. Tübingen/Basel 1993.
DERS., „Unser Text sagt ...“. Hermeneutischer Versuch zur Interpretation und Überwindung des „Texttods“ der Predigt, ZThK 93,3 (1996), 450–480.
DERS., Zettel an der Tür, in: DERS., Wider die Verdummung des Salzes. Predigten aus dem Bauch der „Dicken Marie“, Leipzig 1993, 25–29.
ESLINGER, RICHARD L., A New Hearing. Living Options in Homiletic Method, Nashville (TN) 1987.
DERS., The Web of Preaching. New Options in Homiletical Method, Nashville (TN) 2002.
FASOL, AL, A Guide to Self-Improvement in Sermon Delivery, Grand Rapids (MI) 1983.
FECHTNER, KRISTIAN, Predigt und Gottesdienst als Kunsthandwerk, in: DERS./LUTZ FRIEDRICHS (Hgg.), Normalfall Sonntagsgottesdienst? Gottesdienst und Sonntagskultur im Umbruch, Stuttgart 2008, 147–155.
FRANCKE, AUGUST HERMANN, Streitschriften, hg. v. Erhard Peschke, Berlin/New York 1981.
FREDE, DOROTHEA, Die Einheit der Handlung (Kap. 7–9), in: OTFRIED HÖFFE (Hg.), Aristoteles. Poetik, Berlin 2009, 105–121.
FRY BROWN, TERESA L., Delivering the Sermon. Voice, Body and Animation in Proclamation, Minneapolis (MN) 2008.
FUHRMANN, MANFRED, Die antike Rhetorik. Eine Einführung, Mannheim [6]2011.
GANDER, HANS-HELMUTH, Art. Phänomenologie. Philosophisch, RGG[4] Bd. 6, Tübingen 2003, 1253–1255.
GARHAMMER, ERICH/SCHÖTTLER, KARL-HEINRICH (Hgg.), Predigt als offenes Kunstwerk. Homiletik und Rezeptionsästhetik, München 1998.

GEIẞNER, HELLMUT, Zur Theorie rhetorischer Sprechhandlungen, in: JOACHIM DYCK (Hg.), Rhetorik. Ein internationales Jahrbuch, Bd. 1, Stuttgart 1980, 26–42.

GÖTTERT, KARL-HEINZ, Einführung in die Rhetorik. Grundbegriffe – Geschichte – Rezeption (UTB 1599), Paderborn [5]2009.

GRÄB, WILHELM, Gelebte Religion als Thema der Praktischen Theologie, in: CHRISTIAN DANZ et al. (Hgg.), Religion zwischen Rechtfertigung und Kritik. Perspektiven philosophischer Theologie, Frankfurt a. M. 2005, 153–169.

DERS., Leben deuten, in: AGD 23,2 (2009), 26–33.

DERS., Leben deuten, in: LARS CHARBONNIER et al. (Hgg.), Homiletik. Aktuelle Konzepte und ihre Umsetzung, Göttingen 2012, 215–230.

DERS., Praktische Theologie als Praxistheorie, PrakTh 40,3 (2005), 191–196.

DERS., Predigt als Mitteilung des Glaubens. Studien zu einer prinzipiellen Homiletik in praktischer Absicht, Gütersloh 1988.

DERS., Predigtlehre. Über religiöse Rede, Göttingen 2013.

GREENHAW, DAVID M., The Formation of Consciousness, in: THOMAS G. LONG/EDWARD FARLEY (Hgg.), Preaching as a theological task. World, Gospel, Scripture. In Honor of David Buttrick, Louisville (KY), 1–18.

GRICE, HERBERT PAUL, Logik und Konversation, in: GEORG MEGGLE (Hg.), Handlung, Kommunikation, Bedeutung, Frankfurt a. M. 1993 (1975), 243–265.

GRÖZINGER, ALBRECHT, Kein Streit um des Kaisers Bart, in: ALEXANDER DEEG/DIETER RAMMLER (Hgg.) im Auftrag des Ateliers Sprache e. V. im Theologischen Zentrum Braunschweig, Dramaturgische Homiletik. Eine Zwischenbilanz, Leipzig 2020, 13–22.

DERS., Lehrbuch Praktische Theologie, Bd. 2 Homiletik, Gütersloh 2008.

DERS., Mit allen Sinnen sprechen, in: LARS CHARBONNIER et al. (Hgg.), Homiletik. Aktuelle Konzepte und ihre Umsetzung, Göttingen 2012, 153–165.

DERS., Praktische Theologie und Ästhetik, IJPT 2 (1999), 269–294.

DERS., Rhetorik und Stilistik in der Theologie, in: ULLA FIX et al. (Hgg.), Rhetorik und Stilistik/Rhetoric and Stylistics. Ein internationales Handbuch historischer und systematischer Forschung/An International Handbook of Historical and Systematical Research, Halbband 2, Berlin/New York 2009, 1798–1810.

GUTENBERG, NORBERT, Einführung in die Sprechwissenschaft und Sprecherziehung, Frankfurt a. M. 2001.

HALLBAUER, FRIEDRICH ANDREAS, Anweisung zur Verbesserten Teutschen Oratorie. Nebst einer Vorrede von Den Mängeln der Schul-Oratorie. Jena 1725. Nachdr. Kronberg/Ts. 1974.

HELFRICH, RANDOLPH F. et al., Neural Mechanisms of Sustained Attention Are Rhythmic, Neuron 99,4 (2018), 854–865, abrufbar unter https://doi.org/10.1016/j.neuron.2018.07.032 [Letzter Zugriff: 06.11.2023].

HERMELINK, JAN, Die homiletische Situation, Göttingen 1992.

DERS., Homiletik, in: KRISTIAN FECHTNER et al., Praktische Theologie. Ein Lehrbuch (ThW 15), Stuttgart 2017, 152–170.

HOGAN, LUCY LIND/REID, ROBERT, Connecting with the Congregation: Rhetoric and the Art of Preaching, Nashville (TN) 1999.

HOLOCHER, HERMANN, Anfänge der „New Rhetoric", Berlin 1996.

IMMINK, F. GERRIT, Homiletics. The Current Debate, IJPT 8, 1 (2004), 89–121.

DERS., In gesprek met de ‚New Homiletic'. Literatuurbericht homiletiek, PrakTh 28,3 (2001), 371–393.

JENS, WALTER, Art. Rhetorik, RDL Bd. 3, Berlin/New York [2]2001 (1977), 432–456.

DERS., Predigt – Erweckung oder Manipulation? Plädoyer für eine neue Rhetorik, DtPfBl 1976, 720–725.

DERS., Von deutscher Rede, in: DERS., Von deutscher Rede, München 1969, 16–45.

JOSUTTIS, MANFRED, Der Prediger in der Predigt, in: WILFRIED ENGEMANN/FRANK M. LÜTZE (Hgg.), Grundfragen der Predigt. Ein Studienbuch, Leipzig ²2009, 81–103.

DERS., Homiletik und Rhetorik, PTh 57 (1968), 511–527.

KARLE, ISOLDE, Das Evangelium kommunizieren, in: LARS CHARBONNIER et al. (Hgg.), Homiletik. Aktuelle Konzepte und ihre Umsetzung, Göttingen 2012, 19–31.

DIES., Praktische Theologie, Lehrwerk Evangelische Theologie (LETh) 7, Leipzig 2020.

KERNER, HANNS, Die Predigt. Wahrnehmungen zum Gottesdienst aus einer neuen empirischen Untersuchung unter evangelisch Getauften in Bayern, hg. vom Gottesdienstinstitut der Evangelisch-Lutherischen Kirche in Bayern, Nürnberg 2007.

KIRKPATRICK, ROBERT WHITE, The Creative Delivery of Sermons, New York (NY) 1944.

KNAPE, JOACHIM, Allgemeine Rhetorik, Stuttgart ²2015.

DERS., Philipp Melanchthons „Rhetorik" (Rhetorik-Forschungen Bd. 6), Tübingen 1993.

DERS., Rhetorik und Predigt. Wieviel Rhetorik braucht die Predigt?, in: MICHAEL MEYER-BLANCK et al. (Hgg.), Homiletische Präsenz. Predigt und Rhetorik (ÖSP7), München 2010, 29–51.

DERS./DIETMAR TILL, Art. Ornatus, HWRh Bd. 6, Tübingen 2003, 432–440.

KOHLER, EIKE, Mit Absicht rhetorisch. Seelsorge in der Gemeinschaft der Kirche, Göttingen 2006.

KRAMER, OLAF, Art. New Rhetoric, HWRh Bd. 6, Tübingen 2003, 259–288.

KRAUS, MANFRED, Art. Pathos. Definition, HWRh Bd. 6, Tübingen 2003, 689–691.

LANGE, ERNST, Zur Aufgabe christlicher Predigt, in: DERS., Predigen als Beruf. Aufsätze zu Homiletik, Liturgie und Pfarramt, hg. v. Rüdiger Schloz, München ²1987, 52–67.

DERS., Zur Theorie und Praxis der Predigtarbeit, in: DERS., Predigen als Beruf. Aufsätze zu Homiletik, Liturgie und Pfarramt, hg. v. Rüdiger Schloz, München ²1987: 9–51.

LAUSBERG, HEINRICH, Handbuch der literarischen Rhetorik. Eine Grundlegung der Literaturwissenschaft, Stuttgart ⁴2008.

LETTIERI, GAETANO, De doctrina christiana (Über die christliche Wissensaneignung und Lehre), in: Volker Drecoll (Hg.), Augustin Handbuch (UTB 4187), Göttingen 2007, 377–393.

LÖHE, WILHELM, Der evangelische Geistliche. Bd. 2, Neuendettelsau ³1876.

LONG, THOMAS G., Homiletic by David Buttrick, ThTo 45,1 (1988), 108–112.

DERS., Pawn to King Four. Sermon Introductions and Communicational Design, RefR(H) 40,1 (1986), 27–35.

DERS., Preaching and the Literary Forms of the Bibel, Philadelphia (PA) 1989.

DERS., The Significance of David Buttrick's Homiletic, Homiletic 12, 2 (1987), 1–5.

DERS., The Witness of Preaching, Louisville (KY) ³2016.

LOWRY, EUGENE L., The homiletical plot. The sermon as narrative art form, Atlanta (GA) 1980.

DERS., The homiletical plot. The sermon as narrative art form. Expanded edition, Louisville (KY) 2001.

LOWTHER CLARKE, MARTIN, Die Rhetorik bei den Römern, Ein historischer Abriß, Göttingen 1968.

LUTHER, HENNING, Predigt als inszenierter Text. Überlegungen zur Kunst der Predigt, PrTh 18,3 (1983), 89–100.

LUTHER, MARTIN, Der 117. Psalm ausgelegt (1530), in: D. Martin Luthers Werke. Kritische Gesamtausgabe. 30./I. Band (WA 30/I), Weimar 1913, 219–257.

DERS., Predigt am 17. Sonntag nach Trinitatis, bei der Einweihung der Schloßkirche zu Torgau gehalten 1544, gedruckt 1546 (Nr. 35), in: D. Martin Luthers Werke. Kritische Gesamtausgabe. 49. Band (WA 49), Weimar 1913, 588–615.

DERS., Predigten des Jahres 1522, in: D. Martin Luthers Werke. Kritische Gesamtausgabe. 10./III. Band (WA 10/III), Weimar 1905.

DERS., Tischreden (bearb. von Heinrich Fausel), in: DERS., Ausgewählte Werke, hg. von HANS HEINRICH BORCHERDT, Ergänzungsreihe Bd. 3, München [3]1963, 160.

DERS., Wider Hans Worst (1541), in: D. Martin Luthers Werke. Kritische Gesamtausgabe. 51. Band (WA 51), Weimar 1914, 461–572.

DERS., in: KURT ALAND (Hg.), Luther deutsch. Die Werke Martin Luthers in neuer Auswahl für die Gegenwart, Göttingen [4]1983, Bd. 9.

LÜTZE, FRANK, Absicht und Wirkung der Predigt. Eine Untersuchung zur homiletischen Pragmatik (APrTh 29), Leipzig 2006.

MACBRIDE, TIM, Preaching the New Testament as Rhetoric. The Promise of Rhetorical Criticism for Expository Preaching, Eurgene (OR) 2014.

MAIENBERGER, GONSLAV K., Rhetorica I. Reden mit Vernunft. Aristoteles, Cicero, Augustinus, Frankfurt a. M. 1987.

MARTIN, GERHARD MARCEL, Predigt als ‚offenes Kunstwerk'? Zum Dialog zwischen Homiletik und Rezeptionsästhetik, EvTh 44,1 (1984) 46–58.

MCKENZIE, ALYCE M., Form Follows Function. Well-Shaped Sermons for the Twenty-First Century, in: SCOTT BLACK JOHNSON et al. (Hgg.), Questions Preachers Ask. Essays in Honor of Thomas G. Long, Louisville (KY) 2016, 12–25.

MEYER, MARTIN F., Art. Rhetorik. A. Begriff und aktuelle Bedeutung. II. Begriffsgeschichte. 1. Antike, HWRh Bd. 7, Tübingen 2005, 1480–1494.

MEYER, PETER, Predigt als Sprachgeschehen gelebt-religiöser Praxis. Empirisch-theologische Beiträge zur Sprach- und Religionsanalyse auf der Basis komparativer Feldforschung in Deutschland und in den USA (PThGG 15) Tübingen 2014.

MEYER-BLANCK, MICHAEL (Hg.), Handbuch Homiletische Rhetorik (Handbücher Rhetorik Band 11), Berlin/Boston 2021.

MITCHELL, HENRY H., Black Preaching, Philadelphia (PN) 1970.

DERS., The Recovery of Preaching, San Francisco (CA) 1980.

DERS., Black Preaching: The Recovery of a Powerful Art, Nashville (TN) 1990.

MOLTMANN, JÜRGEN, The Church in the Power of the Spirit. A Contribution to Messianic Ecclesiology, New York (NY) 1977.

MUILENBERG, JAMES, Form Criticism and Beyond, JBL 88 (1969), 1–18.

MÜLLER, HANS M., Art. Homiletik, HWRh Bd. 3, Tübingen 1996, 1496–1510.

MYERS, JEFFREY T., Unfinished ‚Errand into the Wilderness'. Tendenzen und Schwerpunkte in der Homiletik in den USA 1960–1985 (EHS 23, 581), Frankfurt a. M. 1996.

NEMBACH, ULRICH, Predigt des Evangeliums. Luther als Prediger, Pädagoge und Rhetor, Neukirchen-Vluyn 1972.

NICHOLS, RANDALL, Building the Word. The Dynamics of Communication and Preaching, San Francisco (CA) 1980.

NICOL, MARTIN, Einander ins Bild setzen. Dramaturgische Homiletik, Göttingen [2]2005.

DERS., Mehr Gott wagen. Predigten und Reden zur Dramaturgischen Homiletik, Göttingen 2019.

DERS., Preaching as Performing Art. Ästhetische Homiletik in den USA, PTh 89,10 (2000), 435–453.

DERS., Preaching from Within. Homiletische Positionslichter aus Nordamerika, PTh 86 (1997), 295–309.

DERS., PredigtKunst. Ästhetische Überlegungen zur homiletischen Praxis, in: WILFRIED ENGEMANN/FRANK M. LÜTZE, Grundfragen der Predigt. Ein Studienbuch, Leipzig [2]2009, 235–242.

DERS., To make things happen. Homiletische Praxisimpulse aus den USA, in: UTA POHL-PATALONG/FRANK MUCHLINSKY (Hgg.), Predigen im Plural. Homiletische Perspektiven, Hamburg 2001, 46–54.

DERS./DEEG, ALEXANDER, Einander ins Bild setzen, in: LARS CHARBONNIER et al. (Hgg.), Homiletik. Aktuelle Konzepte und ihre Umsetzung, Göttingen 2012, 68–84.

DIES., Im Wechselschritt zur Kanzel. Praxisbuch Dramaturgische Homiletik, Göttingen ²2013.

DIES., Texträume öffnen, AGD 23,2 (2009), 34–40.

NIEBERGALL, ALFRED, Die Geschichte der christlichen Predigt, Leit., Bd. 2 (1955), 181–353.

NIEBERGALL, FRIEDRICH, Die moderne Predigt (1905), in: GERT HUMMEL (Hg.), Aufgabe der Predigt, Darmstadt 1971, 9–74.

DERS., Wie predigen wir dem modernen Menschen? Teil 1: Eine Untersuchung über Motive und Quietive, Tübingen (1902) ⁴1920.

DERS., Wie predigen wir dem modernen Menschen? Teil 2: Eine Untersuchung über den Weg zum Willen, 3. Durchgesehene Auflage, Tübingen 1917.

DERS., Wie predigen wir dem modernen Menschen? Teil 3: Predigten, Andachten, Reden, Vorträge, Tübingen 1920.

OTTMERS, CLEMENS, Rhetorik. Aktualisiert und überarbeitet von Fabian Klotz, Stuttgart/Weimar ²2007.

OTTO, GERT, Art. Rhetorik, TRE Bd. 29, Berlin/New York 1998, 177–191.

DERS., Die Kunst, verantwortlich zu reden. Rhetorik – Ästhetik – Ethik, Gütersloh 1994.

DERS., Predigt als Rede, Stuttgart u. a. 1976.

DERS., Rhetorische Predigtlehre. Ein Grundriss, Mainz/Leipzig 1999.

DERS., Von geistlicher Rede. Sieben rhetorische Profile, Gütersloh 1979.

DERS., Wie entsteht eine Predigt?, München 1982.

OTTONI-WILHELM, DAWN, New Hermeneutic, New Homiletic, and New Directions. An U.S.-North American Perspective, in: ALEXANDER DEEG/MARTIN NICOL (Hgg.), Bibelwort und Kanzelsprache. Homiletik und Hermeneutik im Gespräch, Leipzig 2010, 47–71.

PAULSEN, THOMAS, Art. Rhetorik. B. Geschichte. I. Quellengeschichte, HWRh Bd. 7, Tübingen 2005, 1439–1446.

PALISCA, CLAUDE V., Art. Kontrapunkt. Begriff, in: MGG Online, hg. von LAURENZ LÜTTEKEN, Kassel u. a. 2016ff. (zuerst veröffentlicht 1996, online veröffentlicht 2016), https://www.mgg-online.com/mgg/stable/12863 [Letzter Zugriff: 06.11.2023].

PLATON, Gorgias, in: Sämtliche Werke, Übersetzt v. Friedrich Schleiermacher, mit der Stephanus-Numerierung, Hamburg 1959, Bd. 1.

POHL-PATALONG, UTA, Gottesdienst erleben. Empirische Einsichten zum evangelischen Gottesdienst, Stuttgart 2011.

PREUL, RAINER, Pfarrerinnen und Pfarrer als eloquente und gebildete Zeitgenossen, in: REGINA SOMMER/JULIA KOLL (Hg.), Schwellenkunde – Einsichten und Aussichten für den Pfarrberuf im 21. Jahrhundert. Ulrike Wagner-Rau zum 60. Geburtstag, Stuttgart 2012, 104–116.

QUINTILIANUS, MARCUS FABIUS, Institutionis oratoria. Libri XII. Ausbildung des Redners. Zwölf Bücher. Lateinisch und deutsch, hg. u. übers. v. Helmut Rahn. Darmstadt ⁶2015.

REINHART, WERNER, Art. New Criticism, HWRh 6, Tübingen 2003, 241–252.

RHOADS, DAVID, Narrative Criticism and the Gospel of MarkJAAR 50,3 (1982), 411–434.

RICE, CHARLES L., Interpretation and Imagination. The Preacher and the Contemporary Literature, Philadelphia (PA) 1970.

RICHARDS, IVOR A., The Philosophy of Rhetoric, New York (NY) 1965.

RICŒUR, PAUL, The Hermeneutics of Testimony, in: LEWIS S. MUDGE (Hg.), Essays on Biblical Interpretation, Philadelphia (PA) 1980.

RINN, GOL, Gottes Wort, Verkündigung und Kirche. Die systematisch-theologischen Grundlagen der Theologie Eduard Thurneysens, Münster 2000.

RITTELMEYER, FRIEDRICH, Was fehlt der modernen Theologie? Vortrag vor den Freunden der Christlichen Welt in Nürnberg. 28. September 1910. ChW 24 (1910), 1034–1043.

ROBLING, FRANZ-HUBERT, Art. Vir bonus dicendi peritus, HWRh Bd. 9, Tübingen 2009, 1134–1138.

RÖSSLER, DIETRICH, Das Problem der Homiletik, ThPr 1 (1966), 14–28.

DERS., Grundriß der Praktischen Theologie, 2. erweiterte Auflage, Berlin/New York 1994.

ROTH, GERHARD, Bildung braucht Persönlichkeit. Wie Lernen gelingt, Stuttgart ^{2}2015.

ROTH, URSULA, Die Theatralität des Gottesdienstes (PThK 18), Gütersloh 2006.

SCHINDLER, ALFRED, Art. Augustin/Augustinismus. I. Augustin, TRE Bd. 4, Berlin/New York 1979, 645–698.

SCHIRREN, THOMAS, Art. Rhetorik. I. Antike. 1. Griechisch, RGG^{4} Bd. 7, Tübingen 2004, 492–494.

SCHLEIERMACHER, FRIEDRICH D. E., Die praktische Theologie nach den Grundsäzen der evangelischen Kirche im Zusammenhange dargestellt (Sämtliche Werke I/13). Aus Schleiermachers handschriftlichem Nachlasse und nachgeschriebenen Vorlesungen hg. v. Jacob Frerichs, Berlin 1850, Nachdruck Berlin/New York 1983.

DERS., Erste Sammlung 1801 mit den Varianten der 2. Auflage 1806 und der 3. Auflage 1816, in: DERS., Predigten. Erste bis Vierte Sammlung (1801–1820) mit den Varianten der Neuauflagen (1806–1826) (Kritische Gesamtausgabe III/1), hg. v. Günter Meckenstock. Anhang: Günter Meckenstock. Kalendarium der überlieferten Predigttermine Schleiermachers, Berlin/Boston 2012, 1–201.

DERS., Über die Religion. Reden an die Gelehrten unter ihren Verächtern (1799), in: DERS., Schriften aus der Berliner Zeit. 1796–1799 (Kritische Gesamtausgabe I/2), hg. v. Günter Meckenstock, Berlin/New York 1984, 185–326.

SCHMIDT, DANIEL J., Der homiletische Entwurf von Gerhard Aho (1923–1987). Studie zur Rekonstruktion eines nordamerikanischen lutherischen Predigtkonzepts, Leipzig 2014.

SCHÖPSDAU, KLAUS, Art. Exordium, HWRh, Bd. 3, Tübingen 1996, 136–140.

SCHOTT, HEINRICH AUGUST, Theorie der Beredsamkeit mit besonderer Anwendung auf die geistliche Beredsamkeit in ihrem ganzen Umfange dargestellt, 2. verbesserte Auflage, Leipzig 1833 (1815).

SCHRÖER, HENNING, Umberto Eco als Predigthelfer? Fragen an Gerhard Marcel Martin, EvTh 44,1 (1984) 58–63.

SCHWEIZER, ALEXANDER, Homiletik der evangelisch-protestantischen Kirche systematisch dargestellt, Leipzig 1848.

SCHWIER, HELMUT, Inhalte, Formen, Hörerinnen und Hörer. Homiletische Aspekte zur empirischen Untersuchung der Predigtrezeption, in: ALEXANDER DEEG (Hg.), Erlebnis Predigt, Leipzig 2014, 81–97.

DERS./SIEGHARD GALL, Predigt hören. Befunde und Ergebnisse der Heidelberger Umfrage zur Predigtrezeption (Heidelberger Studien zur Predigtforschung Bd. 1), Berlin/Münster 2008.

SEEBERG, REINHOLD, Die Kirche Deutschlands im neunzehnten Jahrhundert, Leipzig ^{3}1910.

SENSING, TIM, An Assessment of Buttrick's Homiletic, RestQ 35,3 (1993), 175–189.

DERS., After the Craddock Revolution. A Bibliographic Essay, Leaven 11,4 (2003), 211–219.

SPANG, KURT, Art. Dreistillehre, HWRh Bd.2, Tübingen 1994, 921–972.

SPENER, PHILIPP JACOB, Pia desideria. Herzliches Verlangen nach Gottgefälliger Besserung der wahren evangelischen Kirche sammt einigen einfältig dahin abzweckenden christlichen Vorschlägen. Aufs neue überarbeitet und mit Anmerkungen versehen von F.W.P. Ludwig Feldner, Niesky 1846.

STEIMLE, EDMUND et al., Preaching the Story, Philadelphia (PA) 1980.
STEINEN, ULRICH VON DEN, Rhetorik – Instrument oder Fundament christlicher Rede?, EvTheol 39,2 (1979), 101–127.
STETTER, MANUEL, Die Predigt als Praxis der Veränderung. Ein Beitrag zur Grundlegung der Homiletik, Göttingen 2018.
STRÄTER, UDO, Art. Predigt B.III. Neuzeit. 1. Reformation bis Gegenwart: Protestantische Predigt, HWRh Bd. 7, Tübingen 2005, 65–84.
TERTULLIAN, De praescriptione haereticum (Prozeßeinrede der Irrlehrer), zitiert nach K. HEILMANN, Quellenbuch der Pädagogik. 5. erw. Auflage Dortmund 1955.
THEREMIEN, FRANZ, Die Beredsamkeit eine Tugend oder Grundlinien einer Systematischen Rhetorik, 2. verbesserte Auflage, Berlin 1837 (1814).
THURNEYSEN, EDUARD, Die Aufgabe der Predigt (1921), in: GERT HUMMEL (Hg.), Aufgabe der Predigt, Darmstadt 1971, 105–118.
DERS., Die neue Zeit. Predigten 1913–1939, hg. v. Wolfgang Gern, Neukirchen-Vluyn 1982.
TILL, DIETMAR, Art. Rhetorik. B. Geschichte. III. Systemgeschichte. 1. Antike, HWRh Bd. 7, Tübingen 2005, 1540–1586.
TROEGER, THOMAS T., Imaging a Sermon, Nashville (TN) 1990.
UEDING, GERT, Art. Rhetorik. A. Begriff und aktuelle Bedeutung der Rhetorik II. Aktuelle Bedeutung der Rhetorik in Wissenschaft und Gesellschaft, HWRh Bd. 7, Tübingen 2005, 1429–1439.
DERS., Klassische Rhetorik, München [5]2011.
DERS./STEINBRINK, BERND, Grundriß der Rhetorik. Geschichte – Technik – Methode, Stuttgart/Weimar [5]2011.
VOIGT, GOTTFRIED, Die Predigt muß etwas wollen, in: WILFRIED ENGEMANN/FRANK M. LÜTZE (Hgg.), Grundfragen der Predigt. Ein Studienbuch, Leipzig [2]2009, 33–42.
WALDE, CHRISTINE, Art. Officium, HWRh Bd. 6, Tübingen 2003, 405–408.
WARD, RICHARD F., Speaking from the Heart. Preaching with Passion, Nashville 1992.
DERS., Speaking of the Holy: The Art of Communication in Preaching, St. Louis 2001.
WESSEL, BURKHARD, Art. Captatio benevolentiae, HWRh. 2, Tübingen 1994, 121–123.
WEYEL, BIRGIT, Der Hörer steckt im Text? Skizze zu einer theologisch-homiletischen Kontroverse, AGD 23,2 (2009), 41–48.
WIELAND, WOLFGANG, Aristoteles als Rhetoriker und die exoterischen Schriften, Hermes 86 (1958), 323–346.
WIESINGER, CHRISTOPH, Authentizität. Eine phänomenologische Annäherung an eine praktisch-theologische Herausforderung (PThGG 31), Tübingen 2019.
WINTZER, FRIEDRICH, Art. Predigt. IX. Evangelische Predigt im 19. und 20. Jahrhundert, TRE Bd. 27, Berlin/New York 1997, 311–330.
DERS., Die Homiletik seit Schleiermacher bis in die Anfänge der ‚dialektischen Theologie' in Grundzügen (APTh 6), Göttingen 1969.
WRIGHT, KENYON, Preaching and the People, Book review: Thomas G. Long, The Witness of Preaching, ET 118,11 (2007), 562.
ZERFAß, ROLF, Grundkurs Predigt. Teil 1. Spruchpredigt. unter Mitarbeit von Klaus Roos, Düsseldorf [4]1995 (1987).
DERS., Grundkurs Predigt. Teil 2. Textpredigt, Düsseldorf 1992.

Abbildungsverzeichnis